线 装 经 典

古文观止

(清)吴楚材 吴调侯 ◎ 编
《线装经典》编委会 ◎ 编

地震出版社

图书在版编目（CIP）数据

古文观止 / (清) 吴楚材, (清) 吴调侯编；《线装经典》编委会编. -- 北京：地震出版社，2024.8
ISBN 978-7-5028-5659-5

Ⅰ.①古… Ⅱ.①吴… ②吴… ③线… Ⅲ.①《古文观止》 Ⅳ.①H194.1

中国国家版本馆CIP数据核字（2024）第096818号

地震版　XM5812/H（6497）

古文观止

（清）吴楚材　吴调侯　编
《线装经典》编委会　编

责任编辑：李肖寅
责任校对：凌　樱

出版发行：地震出版社
　　　　　北京市海淀区民族大学南路9号　邮编：100081
　　　　　发行部：68423031　68467993　传真：68467991
　　　　　总编办：68462709　68423029
　　　　　http://www.seismologicalpress.com
　　　　　E-mail:dz_press@163.com
经销：全国各地新华书店
印刷：三河市中晟雅豪印务有限公司

版（印）次：2024年8月第一版　2024年8月第一次印刷
开本：715×975　1/16
字数：404千字
印张：22
书号：ISBN 978-7-5028-5659-5
定价：68.00元

版权所有　翻印必究
（图书出现印装问题，本社负责调换）

前　言

　　诗文同源。古文，作为中国古代文学史上的绚丽奇葩，与诗歌一样出类拔萃，风姿绰约。古文是古代散文的通称，为我国古代的主要文体之一。从先秦至唐宋，再至明清，古文名家辈出、佳作如林，各种选本可谓浩如烟海。

　　先秦时期的《尚书》是我国最早的历史文献汇编。春秋战国时代，学术领域百家争鸣，精彩纷呈的诸子散文随之出现，《左传》与《战国策》便是其中的杰出代表。秦汉时代，出现了被誉为"史家之绝唱，无韵之离骚"的《史记》。中唐时期，韩愈、柳宗元等人一同发起了声势浩大的古文运动。宋时，由于欧阳修力倡古文，再加上苏氏父子相应和，古文日渐占领文坛。元明清时期的古文继承并发展了唐宋古文运动的精神，其中明代出现了以"前七子"和"后七子"为代表的复古派，主张"性灵说"的公安派等，清代影响最大的古文派别则是桐城派。

　　在众多的古文选本中，《古文观止》堪称最有影响的一部。它最初由清人吴楚材、吴调侯选定，入选之文上起先秦，下迄明末，包括《左传》34篇、《国语》11篇、《公羊传》3篇、《礼记》6篇、《战国策》14篇、韩愈文24篇、柳宗元文11篇、欧阳修文13篇、苏轼文17篇、苏辙文3篇、王安石文4篇……共222篇。

　　《古文观止》中的"观止"二字，出自《左传·襄公二十九年》。吴国的公子季札在鲁国赏周乐，至《韶》舞，赞叹道"德至矣哉！大矣"，认为无美不具，遂言"观止矣"。书名为"观止"，意为尽善尽美，无以超越。其所录文章大都是各个时代的名作选段，通常出于名家之手，多为语言精练、脍炙人口的佳作，既有长篇大论，又有精美短文。体裁以散文为主，兼顾骈韵二体，囊括史传、策论、赠序、游记、诏书、奏章、檄文、墓志、祭文、论辩、书信等，全面反映了我国古代散文的发展概貌和辉煌成就，值得我们细细品味。其中，汉代以前的文章占《古文观止》全书篇幅的三分之一，二吴有意加重它们的分量，是为了使读者更清晰、更全面、更深入地了解中国古代散文的源本，以便打好根基。对于汉代及以后的文章，二吴则集中选择汉文及唐宋八大家文。当然，亦有一些文学价值不高、八股气息浓重的文章入选，这主要是为了适应科举考试时做策论的需要。

《古文观止》之前的古文选本，大多受昭明太子萧统《文选》的影响，以条目为主线，分类烦琐，不便于阅读和使用。而《古文观止》以时代为纲，以作者为目，将同一作者的各类文体的作品集萃于一处，方便查阅。因此，自问世以来的三百多年间，《古文观止》一直被作为私塾、学堂的古文启蒙读本，风行海内，有时甚至到了家家一本的程度。时至今日，《古文观止》的影响仍然很大，仍被视为普及性古文选本的首选。

为了帮助广大古文爱好者更好地理解《古文观止》一书，编者特意在原著基础上，精心选文一百余篇，辑成此书。本书将原文、注释、译文融为一体，附以简明扼要的题解和评析，并对每篇文章的写作背景、思想内容以及写作特点进行了精辟透彻的分析，以期读者能更好地感受典雅的古文。此外，编者不但删去了原书中晦涩、腐旧之作，还将选文顺序进行了重新编排，使读者可以条理分明地欣赏美文。

最后，编者衷心希望读者能够通过本书，理解古文的内涵和精义，领略古代文人超凡的才华和深邃的思想，继而为中华文化的博大与精深喝彩。

目录

先秦文

- 郑伯克段于鄢 ………………… 二
- 周郑交质 …………………… 五
- 石碏谏宠州吁 ………………… 七
- 臧僖伯谏观鱼 ………………… 九
- 曹刿论战 …………………… 一〇
- 齐桓公伐楚盟屈完 …………… 一三
- 宫之奇谏假道 ………………… 一五
- 子鱼论战 …………………… 一七
- 寺人披见文公 ………………… 一九
- 展喜犒师 …………………… 二一
- 烛之武退秦师 ………………… 二二
- 蹇叔哭师 …………………… 二五
- 齐国佐不辱命 ………………… 二六
- 楚归晋知罃 ………………… 二九
- 吕相绝秦 …………………… 三一
- 祁奚请免叔向 ………………… 三四
- 季札观周乐 ………………… 三六
- 子革对灵王 ………………… 三九
- 吴许越成 …………………… 四二
- 祭公谏征犬戎 ………………… 四四
- 召公谏厉王止谤 ……………… 四七
- 展禽论祀爰居 ………………… 四九
- 叔向贺贫 …………………… 五一
- 王孙圉论楚宝 ………………… 五四
- 春王正月 …………………… 五六
- 宋人及楚人平 ………………… 五七
- 虞师晋师灭夏阳 ……………… 六〇
- 晋献公杀世子申生 …………… 六二
- 晋献文子成室 ………………… 六四
- 苏秦以连横说秦 ……………… 六五
- 司马错论伐蜀 ………………… 六九
- 邹忌讽齐王纳谏 ……………… 七二
- 颜斶说齐王 ………………… 七四
- 冯谖客孟尝君 ………………… 七八
- 触詟说赵太后 ………………… 八二
- 乐毅报燕王书 ………………… 八四
- 卜居 ……………………… 八九
- 宋玉对楚王问 ………………… 九一
- 谏逐客书 …………………… 九三

汉文

- 过秦论 ……………………… 九八
- 文帝议佐百姓诏 ……………… 一〇一
- 论贵粟疏 …………………… 一〇三
- 狱中上梁王书 ………………… 一〇七
- 五帝本纪赞 ………………… 一一二
- 项羽本纪赞 ………………… 一一三
- 秦楚之际月表 ………………… 一一五
- 伯夷列传 …………………… 一一七
- 屈原列传 …………………… 一二〇
- 游侠列传序 ………………… 一二五
- 太史公自序（节选）………… 一二八
- 报任安书 …………………… 一三二

武帝求茂材异等诏 ...... 一四〇	祭十二郎文 ...... 二一五
答苏武书 ...... 一四一	柳子厚墓志铭 ...... 二一九
诫兄子严敦书 ...... 一四六	驳复仇议 ...... 二二三
前出师表 ...... 一四八	箕子碑 ...... 二二七
	捕蛇者说 ...... 二二九

西晋六朝文

陈情表 ...... 一五二	种树郭橐驼传 ...... 二三一
兰亭集序 ...... 一五四	梓人传 ...... 二三四
归去来兮辞 ...... 一五六	钴鉧潭西小丘记 ...... 二三八
桃花源记 ...... 一六〇	贺进士王参元失火书 ...... 二四〇
五柳先生传 ...... 一六二	
北山移文 ...... 一六三	

宋 文

唐 文

谏太宗十思疏 ...... 一六八	待漏院记 ...... 二四四
为徐敬业讨武曌檄 ...... 一七〇	岳阳楼记 ...... 二四六
滕王阁序 ...... 一七三	谏院题名记 ...... 二四九
春夜宴桃李园序 ...... 一七六	义田记 ...... 二五一
吊古战场文 ...... 一七八	朋党论 ...... 二五三
陋室铭 ...... 一八一	纵囚论 ...... 二五六
阿房宫赋 ...... 一八三	梅圣俞诗集序 ...... 二五八
原 毁 ...... 一八五	丰乐亭记 ...... 二六一
杂说四 ...... 一八九	醉翁亭记 ...... 二六三
师 说 ...... 一九〇	秋声赋 ...... 二六五
进学解 ...... 一九三	泷冈阡表 ...... 二六八
圬者王承福传 ...... 一九六	管仲论 ...... 二七二
讳 辩 ...... 一九九	辨奸论 ...... 二七五
争臣论 ...... 二〇一	刑赏忠厚之至论 ...... 二七七
与于襄阳书 ...... 二〇六	范增论 ...... 二八〇
送孟东野序 ...... 二〇八	贾谊论 ...... 二八三
送李愿归盘谷序 ...... 二一一	晁错论 ...... 二八六
送董邵南序 ...... 二一四	喜雨亭记 ...... 二八八
	凌虚台记 ...... 二九一
	放鹤亭记 ...... 二九三
	石钟山记 ...... 二九五
	前赤壁赋 ...... 二九八

方山子传 ………………… 三〇〇
六国论 …………………… 三〇三
上枢密韩太尉书 ………… 三〇六
寄欧阳舍人书 …………… 三〇八
游褒禅山记 ……………… 三一二

明 文

送天台陈庭学序 ………… 三一六
阅江楼记 ………………… 三一八
卖柑者言 ………………… 三二一
豫让论 …………………… 三二三
深虑论 …………………… 三二六
象祠记 …………………… 三二八
报刘一丈书 ……………… 三三一
吴山图记 ………………… 三三四
沧浪亭记 ………………… 三三六
蔺相如完璧归赵论 ……… 三三七
徐文长传 ………………… 三四〇

先秦文

郑伯克段于鄢

《左传·隐公元年》

【题解】

　　《左传》一般认为是由春秋末年鲁国史官左丘明撰写的一部编年体史书。这部史书系统而详细地记述了春秋时期各国政治、军事、经济、文化、外交等方面的重大事件。《左传》不仅具有史料价值，文学价值也很高，尤其是书中关于战争的描写，引人入胜。

　　《郑伯克段于鄢》讲述的是发生在春秋初期，郑国统治集团内部争斗的一个历史事件，反映了统治阶层钩心斗角、互相打击的矛盾冲突。

【原文】

　　初，郑武公娶于申，曰武姜，生庄公及共叔段。庄公寤生①，惊姜氏，故名曰寤生，遂恶之。爱共叔段，欲立之。亟请于武公，公弗许。

　　及庄公即位，为之请制。公曰："制，岩邑也，虢叔死焉。他邑唯命。"请京，使居之，谓之京城大叔。

　　祭仲曰："都城过百雉，国之害也。先王之制：大都，不过参国之一；中，五之一；小，九之一。今京不度，非制也，君将不堪。"公曰："姜氏欲之，焉辟害？"对曰："姜氏何厌之有？不如早为之所，无使滋蔓。蔓，难图也。蔓草犹不可除，况君之宠弟乎？"公曰："多行不义必自毙，子姑待之。"

　　既而大叔命西鄙、北鄙贰于己。公子吕曰："国不堪贰，君将若之何？欲与大叔，臣请事之；若弗与，则请除之，无生民心。"公曰："无庸，将自及②。"

　　大叔又收贰以为己邑，至于廪延。子封曰："可矣，厚将得众。"公曰："不义不昵，厚将崩。"

　　大叔完聚，缮甲兵，具卒乘，将袭郑，夫人将启之。公闻其期，曰："可矣！"命子封帅车二百乘以伐京。京叛大叔段，段入于鄢。公伐诸鄢。五月辛丑，大叔出奔共。

　　书曰："郑伯克段于鄢。"段不弟，故不言弟；如二君，故曰克；称郑伯，讥失教也；谓之郑志，不言出奔，难之也。

　　遂置姜氏于城颍，而誓之曰："不及黄泉，无相见也。"既而悔之。颍考叔为颍谷封人，闻之，有献于公。公赐之食，食舍肉。公问之。对曰："小人有母，皆尝小人之食矣，未尝君之羹，请以遗③之！"公曰："尔有母遗，繄我独无！"颍考叔曰："敢问何谓也？"公语之故，且告之悔。对曰："君何患焉！若阙④地及泉，隧而相见，其谁曰不然？"公从之。公入而赋："大隧之中，其乐也融融！"姜出而赋："大隧之外，其乐也泄泄！"遂为母子如初。

君子曰："颍考叔，纯孝也，爱其母，施⑤及庄公。《诗》曰：'孝子不匮，永锡⑥尔类。'其是之谓乎！"

【注释】

① 寤生：指胎儿出生时脚先出来，即逆产。
② 自及：自己赶上（将要发生的灾祸），即自取灭亡的意思。
③ 遗：赠予，赠给。这里是带给的意思。
④ 阙：通"掘"，挖。
⑤ 施：延伸。这里有"影响"的意思。
⑥ 锡：通"赐"。

【译文】

当初，郑武公娶申国之女武姜为妻，武姜为郑武公生庄公和共叔段。因庄公出生时脚先出，故而使武姜受惊，所以武姜为庄公取名寤生，也因此对他十分厌恶。相反，武姜十分喜爱小儿子共叔段，想要立共叔段为太子，且多次请求郑武公，却均遭拒绝。

待庄公即位后，武姜又请求庄公封制邑给共叔段。庄公回答说："制邑地势十分险要，之前虢叔曾在那里丧命。倘若您选择其他地方，我一定答应。"于是武姜就请庄公把京邑封给共叔段，庄公应允，使共叔段居于京邑，国人因此称共叔段为"京城太叔"。

大夫祭仲进言道："假若分封的都城城墙超过三百丈，就会成为国家的隐患。先王例法：大都邑的城墙不能超过国都城墙的三分之一，中都邑的城墙不能超过国都城墙的五分之一，小都邑的城墙不能超过国都城墙的九分之一。现在，京邑的城墙不合法度，有违先王例法，如不更正，就会置您于不堪的境地。"庄公答道："武姜想要如此，我如何才能避祸呢？"祭仲回答道："武姜的欲望哪里有满足的时候！不如早做打算，以防止事态恶化。假若事态蔓延下去，到时就难以控制了。蔓延的野草尚且难以根除，何况您的爱弟？"庄公说："不公正不合理的事情干多了，必然自取灭亡，姑且静待事情发展吧。"

不久之后，太叔将郑国西部和北部边境地区暗中归于自己管辖区内，成为两属之地。公子吕对庄公进谏说："国家无法容忍一地二主情况的存在，您打算如何处理这件事情？假如您想让位于太叔，那么请允许我去侍奉他；假如您不打算让位，那么就请您想办法除掉他，以防止百姓心生二意。"庄公却说："用不着，他会自取灭亡的。"

后来，太叔又公开将两属之地划归到自己辖区之内，且把自己的势力范

古文观止　先秦文　郑伯克段于鄢　三

围一直扩展至廪延。公子吕对庄公说："现在可以兴师问罪了，他的属地再扩大，就会控制更多的百姓。"庄公说："对国君不义，对兄长不亲，土地多了，灭亡之日也就不远了。"

太叔修固城池，集结百姓，备齐盔甲、武器、步兵、战车，准备袭击郑国首都新郑。届时，武姜将在城中开城门与其里应外合。庄公探听到共叔段袭城的日期，说："可以动手了。"于是，他命公子吕率二百战车前去京邑讨伐共叔段。京邑的百姓纷纷叛离共叔段，于是共叔段逃至鄢城。庄公乘机发兵讨伐鄢城。在隐公元年五月二十三日，共叔段逃到了共地。

《春秋》中记载："郑伯在鄢这个地方打败了共叔段。"因共叔段做弟弟的不本分，所以不说他为庄公之弟；庄公与共叔段如同两位国君相争，所以用"克"字；称庄公为"郑伯"，是讽喻他没有教化好弟弟；郑庄公的本意就是要赶走共叔段，因而不说共叔段自行出奔，而是说郑伯"克"段，如此行文含有责难庄公之意。

这件事情发生之后，庄公把武姜安置在城颍，并发誓说："除非到了黄泉，否则永不相见。"说完不久便感到后悔。当时，在颍谷有一个治理疆界的封吏，叫作颍考叔，他听说这件事情后，就以献礼为名觐见庄公。庄公赏赐他酒食，他将肉留下不吃。庄公就问他为何如此。他说："小人家有老母，凡我孝敬的食物她都吃过了，但是还没有吃过君主赏赐的肉，请您允许我将这些肉带回去敬献老母。"庄公对他说："你有母亲可以敬献，唯独我无人可敬献。"颍考叔就说："敢问您这是何意？"庄公就把缘故告诉了颍考叔，还对他说了自己的悔意。颍考叔听后说道："您何必为此事烦忧？如果您挖一条地道直至泉水涌出，然后在地道中与您母亲相见，那么谁还会说您有违誓言呢？"庄公听从了颍考叔的建议。庄公入地道时吟诗说："地道之中，其乐融融！"武姜在出地道时也吟诗道："地道之外，其乐泄泄！"自此，他们母子和好如初。

君子说："颍考叔，不愧为至孝之人，他爱他的老母，同时把这爱施与了庄公。《诗经》中说：'孝子只要不停止尽孝，就能永久地感化他人。'讲的大概就是这种情况吧。"

【评析】

本文布局严谨、结构紧凑，故事情节跌宕起伏、扣人心弦。文章以庄公寤生使武姜生厌而偏爱共叔段起始，拉开故事序幕；接着写共叔段在京邑暗中不断扩大势力，厉兵秣马预谋夺权，这是故事进程中的第一个小高潮；庄公表面放纵共叔段的不轨，心中却暗藏杀机，这是矛盾的进一步激化；随后，庄公伺机发兵讨伐，一举将共叔段赶至共地，并将武姜安置在城颍，且立誓不到黄泉永不相见，至此，故事进入高潮；最后，庄公接受颍考叔的建议，在地道中母子相见，整个故事圆满结束。

全文叙事依明、暗两线,共叔段在明,庄公在暗。明里的共叔段借助武姜之力图谋不轨,意欲夺权;暗里的庄公则委婉周旋,不动声色。狂妄的共叔段违反先王例法,不仅安然居于京邑,甚而"命西鄙、北鄙贰于己""又收贰以为己邑,至于廪延",且厉兵秣马、纠结百姓,公然挑战;而洞若观火的庄公表面上不动声色,蓄意放纵,暗中却设置陷阱,引蛇出洞,他的绵里藏针连身边大臣都被瞒过。因而,这一明一暗的对比分外清晰,字面上是共叔段处处抢占先机、嚣张得不可一世,实质上却是庄公一人操控了全局。全篇短短六七百字,情节如此紧凑,描写如此精彩,读之令人拍案。

此外,文中对重要人物的刻画也极其传神。围绕君权之争,不同身份、不同立场的人物在作者的生花妙笔下一个个立体地展现在我们面前:精明老练、无情无义、善于玩弄政治手段的郑庄公,狂妄自大、贪得无厌、无智无谋的共叔段,自私自利、昏聩不堪的武姜,忠诚耿直、办事稳重的祭仲,急躁冒进、直爽率真的公子吕,聪明智慧、纯朴孝顺的颍考叔……读完全文,脑海中他们的形象无一不是那么鲜明、那么清晰。

中国历史绵延五千余年,在这漫长的岁月中,为争君位骨肉相残之事并不鲜见,而《郑伯克段于鄢》可谓史书中详细记载王室争斗的第一文。

周郑交质

《左传·隐公三年》

【题解】

公元前770年,周平王迁都洛邑(今洛阳),史称东周。周平王是借助郑国的力量才得以东迁,所以郑武公、郑庄公父子掌握了东周的朝政大权。之后,周王室日趋衰落,郑国逐渐强大。公元前720年(鲁隐公三年),周、郑之间发生交换质子的事件。但此举并没有使周、郑和平相处,郑国接连不断地骚扰周王室直接管辖的温地与成周,导致周、郑关系破裂。《周郑交质》讲述的就是这一历史事件。

【原文】

郑武公、庄公为平王卿士。王贰于虢,郑伯怨王。王曰:"无之。"故周、郑交质。王子狐为质于郑,郑公子忽为质于周。

王崩,周人将畀①虢公政。四月,郑祭足帅师取温之麦。秋,又取成周之禾。周、郑交恶。

君子曰："信不由中②，质无益也。明恕而行，要之以礼，虽无有质，谁能间之？苟有明信，涧、溪、沼、沚之毛，蘋、蘩、蕰、藻之菜，筐、筥、锜、釜之器，潢污行潦之水，可荐于鬼神，可羞③于王公，而况君子结二国之信。行之以礼，又焉用质？《风》有《采蘩》《采蘋》；《雅》有《行苇》《泂酌》，昭忠信也。"

【注释】

①畀：给予，授予。
②中：同"衷"，内心。
③羞：这里是"进献"的意思。

【译文】

郑武公、郑庄公父子都曾是周平王的执政大臣。周平王又让西虢公也参与政事，为此郑庄公心怀怨恨。平王解释说："没有此事。"因此周、郑互交人质。周王子狐入郑国做人质，郑公子忽入周做人质。

周平王驾崩后，周人欲让西虢公总揽执政大权。四月，郑国大夫祭足率兵强割了周王室属地温地的麦子。秋季，又掠取成周的庄稼。由此，周、郑关系恶化。

君子说："信任非发自于真心，即使交换人质也于事无补。若能以真诚、宽容之道行事，同时以礼制相约束，即使没有交换人质，又有谁能离间他们呢？若是存有诚信，则山涧、小溪、池沼、小洲之中的野草，浮萍、白蒿、水藻之类的野菜，方筐、圆筐、有足的锅、无足的锅之类的器具，静止的水或流动的水，都可以用来祭祀鬼神，甚而用来进献给王公，更何况君子缔结的国与国之间的信约。按照礼义行事，又何须互换人质？《诗经·国风》中有《采蘩》《采蘋》，《诗经·大雅》中有《行苇》《泂酌》，都是借用菲薄之物来祭祀表示忠信的啊。"

【评析】

本文短小精悍，作者以简练的文笔揭示了春秋初期周王室与其诸侯国之一的郑国之间的微妙关系，对虚伪的周平王、强势的郑庄公的刻画也带有鲜明的时代特色。

公元前770年周平王东迁到洛邑（今河南洛阳）。历史上称平王东迁以前为西周，以后为东周。自东周始，周王室权势日渐衰败，而各诸侯之间为争霸主纷争不断，甚至于堂堂周天子竟为了消除郑庄公对其的猜忌而与郑国互换人质，此举在历史上极为鲜见。

作者在简要介绍了周、郑两国互换人质的起因经过和结果之后，更以辛辣的笔触借君子之口，从"信""义"的角度对此事进行了评价，这在以直记史实为主的《左传》中，十分少见。作者不仅批判了周、郑两国的不诚不信，还进一步指出，如果内心不存诚意，只靠人质维系关系，那么决裂终将难以避免。同时，文中直接将郑国与周王朝并称两国，实是讥讽之语。

虽然在当时作者作此文意图宣扬封建礼教、维护封建统治，但其对诚信原则的阐释仍值得今人学习和发扬。且不可否认的是，本文对研究春秋初期的社会现状也具有重要意义。透过本文我们知道，当时周王室衰微，而各诸侯国却日渐兴盛，这便昭示着旧有的统治秩序即将被打破，而诸侯争霸的序幕就要拉开，中国历史就要翻开新的一页。

石碏谏宠州吁

《左传·隐公三年》

【题解】

卫庄公非常宠溺自己的儿子州吁，对他爱好武事这种犯忌的行为也不加以制止。卫国大夫石碏觉得问题很严重，于是多次进谏庄公，但意见一直不被采纳。本文讲的就是公元前720年，石碏劝谏卫庄公对待儿子应"教之以义方，弗纳于邪"的事件。

【原文】

卫庄公娶于齐东宫得臣之妹，曰庄姜。美而无子，卫人所为赋《硕人》也。又娶于陈，曰厉妫。生孝伯，蚤死。其娣①戴妫生桓公，庄姜以为己子。

公子州吁，嬖人②之子也。有宠而好兵。公弗禁。庄姜恶之。

石碏谏曰："臣闻爱子，教之以义方，弗纳于邪。骄、奢、淫、佚，所自邪也；四者之来，宠禄过也。将立州吁，乃定之矣；若犹未也，阶之为祸。夫宠而不骄，骄而能降，降而不憾，憾而能眕③者，鲜矣。且夫贱妨贵，少陵长，远间亲，新间旧，小加大，淫破义，所谓六逆也。君义，臣行，父慈，子孝，兄爱，弟敬，所谓六顺也。去顺效逆，所以速祸也。君人者将祸是务去，而速之，无乃不可乎！"弗听。

其子厚，与州吁游，禁之不可。桓公立，乃老④。

【注释】

① 娣：古代姐姐称妹妹为"娣"。

② 嬖人：出身低贱而受宠的人，这里指卫庄公的宠妾。

③眕：稳重，克制。
④老：告老还乡。

【译文】

卫庄公娶齐国太子得臣之妹庄姜为妻。庄姜貌美如花，可惜没有儿子。卫国人曾谱写乐歌名曰《硕人》以赞庄姜之美。后来庄公又娶了一位陈国人，名叫厉妫。厉妫生下一子名叫孝伯，不幸孝伯早夭。而随厉妫陪嫁来的妹妹戴妫则生下了桓公，庄姜将桓公视为己出。

公子州吁为庄公的宠妾所生。庄公十分疼爱州吁，即便州吁十分喜爱武事，庄公也很放纵他，而庄姜却很厌恶州吁。

大夫石碏对庄公谏言道："我听说一个人如果疼爱他的儿子，就要以仁义和礼制教导他，以免他误入歧途。骄、奢、淫、逸，就是误入歧途的起始。这四种恶习都因为宠溺过度。所以，如果您打算立州吁为太子，就应早做决断；如果不做决断，就会引发祸乱。得宠而不骄纵，骄纵却又能安然于下位，身处下位却又心中无怨，心中有怨却又能克制自己，这样的人世间少有。况且，以卑贱之人妨害高贵之人，以年少之人欺凌年长之人，以关系较远之人离间关系亲近之人，以新人离间旧人，以地位低下之人欺压地位在上之人，以淫乱之人祸害仁义之人，这些是人们平素所说的六件违逆之事。而君主仁义，大臣服膺，父亲慈爱，儿子孝顺，兄长友爱，弟弟恭敬，这是人们素常所说的六件顺礼之事。如果违背顺礼之事而作逆礼之事，则会招致灾祸。身为君主，理应竭力消除祸患，现在却使祸患加速到来，这似乎是不可行的吧！"庄公没有听从石碏的谏言。

石碏的儿子石厚与州吁交游甚密，石碏曾试图阻止，却徒劳无功。后来桓公即位，石碏便告老归乡。

【评析】

全文以庄公宠溺公子州吁"好兵"一事起始，引出了大夫石碏关于"爱子，应教之以义方"的言论，深刻揭示了宠溺儿子的危害。

石碏开口便开门见山，直点主题，提出"爱子，应教之以义方"的观点。随后，从反面论证，提出若对儿子宠溺过度，易使其养成骄、奢、淫、逸这四种恶习。接着又劝庄公若要立州吁就需早做决断，从而将话题轻松转到州吁身上。之后，石碏又连用顶真，将骄、奢、淫、逸易导致的恶果悉数道出，继而引出"六逆"和"六顺"的话题，告诫庄公莫要"去顺效逆"而应尽力消除祸患。寥寥一百余字，石碏便将"教子以义方"的重要和紧迫彰显得淋漓尽致。

石碏的这番言论，语气虽委婉，道理却强硬。他如此良苦用心只为尽人臣之责。可叹庄公未能采纳，为后来州吁叛乱、杀桓公而自立埋下了隐患。

臧僖伯谏观鱼

《左传·隐公五年》

【题解】

春秋时期的礼制十分严格，身为国君不仅要自己遵守，还要为百姓树立榜样，稍有差池就会"乱政"。而"乱政"频发就会导致一个国家逐渐衰亡。这篇文章讲述的是公元前718年，鲁隐公想到棠地观看渔民如何捕鱼，遭到了鲁国大夫臧僖伯的反对。臧僖伯指出，国君言行必须符合礼法，成为臣民的表率，以此劝阻鲁隐公前去观鱼。

【原文】

春，公将如棠观鱼者。

臧僖伯谏曰："凡物不足以讲大事，其材不足以备器用，则君不举焉。君将纳民于轨物者也。故讲事以度轨量，谓之轨；取材以章①物采，谓之物。不轨不物，谓之乱政。乱政亟行，所以败也。故春蒐、夏苗、秋狝、冬狩，皆于农隙以讲事也。三年而治兵，入而振旅②，归而饮至，以数军实③。昭文章，明贵贱，辨等列，顺少长，习威仪也。鸟兽之肉不登于俎，皮革齿牙、骨角毛羽不登于器，则君不射，古之制也。若夫山林川泽之实，器用之资，皂隶之事，官司之守，非君所及也。"

公曰："吾将略地④焉。"遂往，陈鱼而观之。僖伯称疾不从。

书曰："公矢鱼于棠。"非礼也，且言远地也。

【注释】

①章：通"彰"，使明显。
②振旅：整顿军队。
③军实：指军用车辆、器物和战斗中的俘虏等。
④略地：到外地巡视。

【译文】

春天，鲁隐公打算到棠地察看人们捕鱼。

臧僖伯进谏道："但凡不能用作宗庙祭祀等大事的，材质不能用来制作礼器的，君主就无须亲自参与经办。君主是引导百姓遵守法律规范和行为准则的人。所以以大事来衡量法度，称作轨；选择能彰显器物文采的材料，称作物。不合法度，选用材料无关宗庙，就是乱政。屡屡乱政，就会导致败亡。所以春、夏、秋、冬四季田猎，都选在农闲时进行，且主要用来讲习军事。每隔三年，就要进行军事演习，演习完毕，进入国都时要整肃军队，回到宗庙时要进行祭祀，同时要宴饮臣下、清点收获。（举行活动时）要使（车马、服饰等）色彩鲜艳，以明确贵贱，分辨级别，序明长幼，这些都是为了演习军队的威武和礼仪。鸟兽之肉不能装入祭器，它们的皮革、牙齿、骨角、毛羽也都不能用来制作兵器，君主不能射猎它们，这是自古以来的礼法。至于像山林、河流、水泽等产出之物，日常器物所用的材料，都是卑微小吏的差事，是主管官吏的责任，而非国君应该过问的。"

　　隐公说："我打算视察边境之地。"于是他便前往棠地，并让人将捕鱼器具一一陈列，以供其观赏。臧僖伯则自称身体有疾而未跟从隐公入棠地。

　　《春秋》记载："鲁隐公在棠地使人们陈列渔具。"此为批评隐公有违礼法，并且还指出棠地是距离国都较远之地。

【评析】

　　本文中臧僖伯力劝鲁隐公不要前去棠地观鱼，但其言语中全无"观鱼"二字，而是围绕"礼"字展开劝谏。

　　臧僖伯的高明之处在于他的委婉和旁敲侧击。他并不直接点明隐公观鱼不合礼法，而是从"轨""物"之道入手，讲军事演习所取猎物均为祭祀和制作兵器之用，而选取一般器具材料则是下等官吏的职责，从而暗喻隐公若去观鱼则不合礼制。

　　本文是"婉而讽"中的佳作。臧僖伯费尽口舌、入情入理地为隐公讲解观鱼之不合礼法，无奈为君者总是一意孤行，虽然明知臣子之言在情在理，却也不愿放弃享乐。但鉴于谏言的委婉、在理，隐公也不好发作，只好说"吾将略地焉"。

　　最后，隐公虽未听从臧僖伯的劝告，依然"矢鱼于棠"。也正因如此，我们今日才能读到这篇谏文，也算一桩幸事。

曹刿论战

《左传·庄公十年》

【题解】

　　公元前684年，齐桓公以鲁国曾帮助同自己争夺君位的公子纠为借口，发兵攻打鲁国。当时，齐国国力强大而鲁国衰微。本文讲述的就是这一历史事件：在齐鲁长勺大战中，由于鲁国采取了曹刿的计策，最终大胜齐国。此战充分体现出曹刿卓越的政治才能和军事才华。

【原文】

十年春，齐师伐我。公将战。曹刿请见。其乡人曰："肉食者①谋之，又何间焉？"刿曰："肉食者鄙，未能远谋。"乃入见。问："何以战？"公曰："衣食所安，弗敢专也，必以分人。"对曰："小惠未徧②，民弗从也。"公曰："牺牲玉帛，弗敢加也，必以信。"对曰："小信未孚③，神弗福也。"公曰："小大之狱，虽不能察，必以情。"对曰："忠之属也，可以一战。战则请从。"

公与之乘。战于长勺。公将鼓④之，刿曰："未可。"齐人三鼓，刿曰："可矣。"齐师败绩。公将驰之。刿曰："未可。"下视其辙，登轼而望之，曰："可矣。"遂逐齐师。

既克，公问其故。对曰："夫战，勇气也，一鼓作气，再而衰，三而竭。彼竭我盈，故克之。夫大国，难测也，惧有伏焉。吾视其辙乱，望其旗靡，故逐之。"

【注释】

①肉食者：吃肉的人，指居高位、得厚禄的人。
②徧：同"遍"，遍及，普遍。
③孚：诚信感人。
④鼓：作动词，击鼓进军。

【译文】

鲁庄公十年的春天，齐国发兵攻打鲁国。鲁庄公着手备战，一个叫曹刿的人要去见他。曹刿的乡亲说："这样的事，自有吃肉的贵族公卿去谋划，不需要你参与吧？"曹刿答道："贵族公卿愚钝，见识短浅，怎么可能深谋远虑。"随即觐见庄公，并问道："不知大王要凭借什么同齐国作战？"

庄公说："衣服、食物这样可以安抚民心的东西，我一定不独自享受，肯定会分给百姓。"

曹刿说："这些都是小恩小惠，而且不可能使每个百姓都能领受，所以他们不会一心追随您。"

庄公说："祭祀用的牺牲、玉帛等祭品，我不敢夸大虚报，一定做到诚实可信。"

曹刿说："这点诚信很难取得神的信任，神必然不会因此保佑您。"

庄公说："大大小小的案件，我即使无力一一明察，但一定尽心尽力。"

曹刿说："这是尽职尽责的行为，可以凭这个与齐国作战。如果作战的话，我请求跟大王一同前去。"

庄公与曹刿乘同一辆战车，带兵在长勺（今山东曲阜北，一说莱芜东北）与齐军对阵。战事之初，庄公就要命人击鼓，指挥军队前进，曹刿急忙阻拦："时机未到。"等到齐军三次击鼓之后，他才说："现在可以了。"齐军大败而逃，庄公立即下令追击，曹刿再次阻拦："不行。"然后下车仔细观察齐军战车留下的车辙，又登车凭轼观望齐军败退的情形，之后才对庄公说："可以了。"鲁军随即追击齐军。

克敌制胜之后，庄公询问取胜原因，曹刿说："作战需要勇气，第一次击鼓，能够最大程度地激起士兵的勇气，第二次击鼓的时候勇气开始低落，第三次击鼓勇气就已经消耗殆尽了。敌军失去勇气，我军却士气正盛，所以能打胜仗。不过齐国是大国，难以猜测，恐怕设埋伏，我见他们战车的车辙纷乱，连军旗都东倒西歪了，才确信齐军是战败而退，所以才同意追击。"

【评析】

公元前684年，周室衰微，诸侯争霸。齐桓公意图恃强凌弱，以弱小的鲁国曾经帮助哥哥公子纠与自己争夺王位为借口，兴师攻打鲁国。鲁国隐士曹刿听说之后，立即为鲁庄公献计献策，使鲁军大败齐国。本文论述了曹刿对此次战争的评论，以及他在作战时活用"一鼓作气，再而衰，三而竭"的原理，从而击退强敌齐国的史实，赞美了曹刿高超的战略思想和卓越的军事才能，说明只有取信于民，正确运用战术，并把握好战机，才能赢得战争的胜利。

全文脉络清晰，有详有略。首先通过曹刿与鲁庄公的问答体现出曹刿的战略思想——想要打胜仗，必须取得人民的信任、获取人民的支持。然后简洁地叙述战争中曹刿发挥重要作用，两次阻止、改正庄公错误命令并最终使鲁国战胜齐国的过程。最后曹刿论述取胜的原因，体现了他智勇双全、善于把握有利时机克敌制胜的才华。

本文无论是人物对话还是叙述，都言简意赅，明白晓畅。曹刿的语言尤其精彩，如觐见后对庄公答案的反驳，简洁明确，有理有据；再如战场上，他临危不惧，指挥用语明确、得当。此外，散句、排比、偶句的运用错落有致，也增强了叙事写人的生动效果。值得一提的是，在写作过程中，作者始终紧紧围绕"论战"这一主题，极力表现曹刿长于深谋远虑的卓越才华，以此证明"肉食者鄙"的论断。

长勺之战是中国军事史上以寡敌众、以弱胜强的著名战例，而在描写古代战争的叙事散文中，《曹刿论战》也无疑是一篇难得的佳作。

齐桓公伐楚盟屈完

《左传·僖公四年》

【题解】

公元前656年的春天，齐桓公在打败蔡国之后，又联合诸侯国军队大举进犯楚国。在大兵压境的情况下，楚成王先派使者到齐军中质问齐桓公为何要侵犯楚国，随后又派屈完到齐军中进行交涉，双方先后展开了两次针锋相对的外交斗争，最终达成妥协，订立盟约。本文用精练的语言描绘了这场外交斗争的激烈场面，将齐桓公、管仲、屈完等人的形象描绘得活灵活现。

【原文】

春，齐侯以诸侯之师侵蔡。蔡溃，遂伐楚。楚子使与师言曰："君处北海，寡人处南海，唯是风马牛不相及也，不虞①君之涉吾地也，何故？"管仲对曰："昔召康公命我先君太公曰：'五侯九伯，女②实征之，以夹辅周室。'赐我先君履：东至于海，西至于河，南至于穆陵，北至于无棣。尔贡包茅不入，王祭不共③，无以缩酒，寡人是征④。昭王南征而不复，寡人是问。"对曰："贡之不入，寡君之罪也，敢不共给？昭王之不复，君其问诸⑤水滨！"

师进，次⑥于陉。

夏，楚子使屈完如师。师退，次于召陵。齐侯陈⑦诸侯之师，与屈完乘而观之。齐侯曰："岂不榖是为？先君之好是继。与不榖同好，何如？"对曰："君惠徼福于敝邑之社稷，辱收寡君，寡君之愿也。"齐侯曰："以此众战，谁能御之？以此攻城，何城不克？"对曰："君若以德绥⑧诸侯，谁敢不服？君若以力，楚国方城以为城，汉水以为池，虽众，无所用之。"

屈完及诸侯盟。

【注释】

①虞：料到。
②女：同"汝"。
③共：同"供"，供给。
④征：惩罚。
⑤诸："之于"的合音字。
⑥次：军队临时驻扎。
⑦陈：同"阵"，这里用作动词，指列阵。
⑧绥：安抚。

【译文】

　　春天，齐桓公亲率各诸侯国的军队侵犯蔡国。蔡国溃败，齐桓公又领军意欲攻打楚国。楚成王派遣使臣前往齐军驻地对齐桓公说道："您居于北方，楚国居于南方，两国原本风马牛不相及。不料您现在却率军来到我国国土，不知是何缘故？"齐国宰相管仲答道："从前，召康公曾对齐国先王太公下令说：'五等诸侯和九州官吏，如有违法之人，你均有权讨伐，以辅佐周朝。'并为太公划定了可以讨伐的疆界：东至海边，西至黄河，南至穆陵，北至无棣。现在，楚国理应献包茅于周王，而楚君却没有进献，以致周王在祭祀时因缺少裹束的包茅而无法给神、祖敬酒，所以，我国君如今来兴师问罪。此外，昭王南巡为何现在尚未返回，我君也要查问此事。"楚使回答道："没有进献包茅，确是我国君之过，我们怎敢不进献呢？至于昭王因溺水而亡未能返回，此事您应当去汉水之滨问，与我楚国没有关系。"

　　于是，齐军继续行进至陉邑方临时驻扎下来。

　　到了夏天，楚成王派屈完为使臣到齐军交涉。齐军退驻至召陵。齐桓公让诸侯国的军队一字列开，而自己与屈完同乘一辆战车前去检阅。齐桓公对屈完说道："诸侯们难道是因为我而来的吗？他们是为了继承先王与楚国的友好关系。齐楚两国恢复友好，怎么样？"屈完回答说："承蒙您惠临我国，这是我国的荣幸，您忍辱接纳我们国君，这正是我们国君的心愿。"齐桓公说："我率领诸侯军队前来，试问谁能抵挡？若以这些军队攻打城池，还有何城不能攻破？"屈完回答道："假若您用仁德安抚诸侯，谁敢不服？假若您用武力，那么楚国就将方城山当作城墙，把汉水当作护城河，即便您兵马众多，怕也奈何不得！"

　　后来，屈完代表楚君与诸侯国订立了盟约。

【评析】

　　本文以生动传神之笔记载了这一历史事件，不仅展现了齐、楚两国之间的斗智斗勇，还让我们从楚使、管仲、屈完、齐桓公各自的言语中，领略到了春秋时期大国之间的外交辞令艺术。

　　齐国联合诸侯国大兵进犯楚国，此时处于弱势的楚国表面上虽然承认了齐国的霸主地位，但在与齐国的谈判中，楚使却始终临危不惧、不卑不亢。他在恭敬之余不失幽默地据理力争给人留下了深刻印象。

　　随后，使臣屈完面对诸侯军队的强大阵容和齐桓公的盛气凌人，从容不迫，沉稳应对。他以雄辩的口才迫使齐桓公不敢小觑楚国，从而使楚国得以与诸侯国结盟。

　　文中的对话描写极为成功，将管仲的强词夺理、齐桓公的不可一世、楚使的随机应变、屈完的不卑不亢刻画得淋漓尽致。

不得不提的是，本文自传世以来流传颇广，以致齐桓公霸气十足的问语"以此众战，谁能御之？以此攻城，何城不克？"成为后人起草战争檄文的常用之语。可见，本文对后世影响之深。

宫之奇谏假道

《左传·僖公五年》

【题解】

晋国于公元前678年后逐渐强大，开始开拓疆土，并将首要目标定在国土南边的虞、虢两国。为免去绕路的麻烦，使攻打虢国进展顺利，晋国决定向虞国借路。公元前658年，宫之奇规劝虞公不要借道，但虞公不听，晋献公顺利达到目的。

公元前655年，晋国再次"假道于虞以伐虢"，宫之奇第二次规劝虞公。不过"虞公贪璧马，而忘远图"，最终害人害己。这篇文章讲述的就是第二次"假道"这一历史事件。

【原文】

晋侯复假道于虞以伐虢。宫之奇谏曰："虢，虞之表也。虢亡，虞必从之。晋不可启，寇不可玩①，一之为甚，其可再乎？谚所谓'辅车相依，唇亡齿寒'者，其虞、虢之谓也。"

公曰："晋，吾宗也，岂害我哉？"对曰："大伯、虞仲，大王之昭也。大伯不从，是以不嗣。虢仲、虢叔，王季之穆也，为文王卿士，勋在王室，藏于盟府。将虢是灭，何爱于虞？且虞能亲于桓、庄乎？其爱之也，桓、庄之族何罪，而以为戮，不唯逼乎？亲以宠逼，犹尚害之，况以国乎？"

公曰："吾享祀丰洁，神必据②我。"对曰："臣闻之，鬼神非人实亲，唯德是依。故《周书》曰：'皇天无亲，唯德是辅。'又曰：'黍稷非馨，明德唯馨。'又曰：'民不易物，唯德繄③物。'如是，则非德，民不和，神不享矣。神所冯④依，将在德矣。若晋取虞，而明德以荐馨香，神其吐之乎？"

弗听，许晋使。宫之奇以其族行。曰："虞不腊⑤矣。在此行也，晋不更举矣。"冬，晋灭虢。师还，馆于虞，遂袭虞，灭之，执虞公。

【注释】

①玩：玩忽，指不以严肃的态度对待。
②据：依靠，依从。这里有庇护、保佑的意思。

③繄：是。
④冯：通"凭"，凭借。
⑤腊：腊祭，周代的祭名，指每年年终祭祀祖先的活动。

【译文】
　　晋献公打算再次借道虞国以讨伐虢国。宫之奇劝谏虞公说："虢国是我们虞国的屏障，假若虢国灭亡了，虞国必定不保。晋国的野心不可助长，对待外寇绝对不可轻视。我们曾经借路给晋国，已经是过分之举了，怎么能再次借路给他们呢？常言道'辅车相依，唇亡齿寒'，这就如同虞、虢两国的关系。"
　　虞公却说："晋国与我国同宗，他们难道会害我不成？"宫之奇回答说："太伯和虞仲都是周太王之子，太伯不遵从父命，所以没能继承王位。虢仲与虢叔都是王季的子孙，是文王麾下掌管国政的大臣，也曾为周王室立下过汗马功劳，如今他们受封的典册还珍藏在盟府之中。但现在晋国却要讨伐虢国，他们对虞国还会心存爱惜吗？何况对于晋献公而言，虞国难道比桓叔和庄伯的后代与其更亲密吗？桓叔和庄伯的后代有何罪过，却遭到晋献公的杀戮，还不是因为他们对晋献公构成了威胁？至亲的同宗威胁到晋献公，他尚且要将其铲除，更何况如今我国对他们构成了威胁呢？"
　　虞公说："我们的祭品丰盛而且洁净，神灵一定会保佑我们的。"宫之奇答道："我听说，鬼神对人不论亲疏，他们只保佑有德之人。所以《周书》记载：'上天对人不分亲疏，他们只保佑有德之人。'还记载：'五谷并不芳香，高尚的品德才是馨香的。'又记载：'普通人的祭品没有什么异同，只有有德之人的祭品才算祭品。'如此说来，如果君主缺乏仁德，百姓就不会和乐，神灵也不会接受他的祭品。神灵所看重的，只有德行。如果晋国消灭了虞国，崇尚德行，以芳香的祭品向神灵进献祭品，神灵难道不会接受吗？"
　　虞公没有听从宫之奇的劝谏，应允了晋国使者借路的请求。宫之奇便举族迁出了虞国。他说："虞国今年无法举行腊祭了，晋国这一次会一并灭掉虞国，而不会再次发兵。"冬天，晋国成功灭掉了虢国。回师途中，在虞国安营扎寨，随后伺机偷袭虞国，一举将其歼灭，俘虏了虞公。

【评析】
　　《左传》虽以叙事见长，但也精于记述言论。本篇即以对话形式为我们讲述了事情的经过。同时，通过这些生动形象的对话，也让我们对故事中的人物性格有了清晰的了解和认识。
　　作者开篇即言"晋侯复假道于虞以伐虢"，简单明了地交代了事情发生的背景和起因。随后便是宫之奇和虞公之间的对话。通过这些对话，我们清楚地看到宫之奇的远见卓识和虞公的愚昧无知。宫之奇十分明了晋献公"先灭虢，再灭虞"的狼子野心，所以他极力劝阻虞公不要借道给晋国，且准确分析了虞、虢两国唇齿相依的关系。同时，宫之奇还驳斥了虞公妄想依靠同族关系和神灵的保佑而免于灾难的愚昧思想，指出神灵重德不重人。

宫之奇的谏言分别阐述了三层含义：首先他指出虞、虢两国唇齿相依的关系，接着揭露了晋献公的冷酷无情，最后论述为政以德的道理。分析透彻，言辞犀利，且多处运用修辞手法，不仅生动而且使言辞的说服力增强。

遗憾的是，冥顽不化的虞公被自己的贪心所害，最终没有理睬宫之奇的劝阻，而使晋献公的阴谋得逞，他自己也沦为晋国的阶下之囚。可悲可叹之余，也令人恨其不争。

子鱼论战

《左传·僖公二十二年》

【题解】

公元前639年，觊觎霸主地位的宋襄公召集诸侯会盟，却受到楚国的蔑视和羞辱。为报复楚国，第二年，他起兵攻打依附于楚国的郑国。楚国为救郑而出兵攻宋。双方在泓水展开大战。由于迂腐昏聩的宋襄公指挥不当，导致宋军大败。于是，宋国的百姓纷纷指责宋襄公，但他却执迷不悟，以假仁假义来为自己辩护。看到这种情况，宋国大司马子鱼对他进行了一番严厉的批评教育。

【原文】

楚人伐宋以救郑。宋公将战，大司马固谏曰："天之弃商久矣，君将兴之，弗可赦也已！"弗听。

及楚人战于泓，宋人既成列，楚人未既济。司马曰："彼众我寡，及其未既济也，请击之。"公曰："不可。"既济而未成列，又以告。公曰："未可。"既陈而后击之，宋师败绩，公伤股，门官歼焉。

国人皆咎公。公曰："君子不重伤①，不禽②二毛。古之为军也，不以阻隘也。寡人虽亡国之余，不鼓不成列。"子鱼曰："君未知战。勍③敌之人，隘而不列，天赞我也。阻而鼓之，不亦可乎？犹有惧焉。且今之勍者，皆吾敌也。虽及胡耇，获则取之，何有于二毛？明耻、教战，求杀敌也。伤未及死，如何勿重？若爱重伤，则如勿伤；爱其二毛，则如服焉。三军以利用④也，金鼓以声气也。利而用之，阻隘可也。声盛致志，鼓儳⑤可也。"

【注释】

①重伤：伤害已受伤的人。
②禽：同"擒"。二毛：头发花白，指老人。
③勍：强。
④利用：凭借有利条件作战。
⑤儳：混乱，无序，不成阵列。

【译文】

　　楚国为救郑国而出兵攻打宋国。宋襄公决定迎战。大司马子鱼劝谏道："上天已经灭亡商朝很久了，您意欲复兴商朝，这是不可宥赦的！"宋襄公不听。

　　宋襄公率军在泓水与楚军交战，宋军已经列队整齐，而楚军尚有士兵未渡河。子鱼便对宋襄公说："敌众我寡，现在趁楚军还未完全渡河，请您下令出击。"宋襄公回答说："现在还不行。"待楚军全部渡河却尚未列队整齐时，子鱼再次请求宋襄公下令出击。襄公依然回答道："现在还不行。"待到楚军列队整齐后，宋襄公下令出击，结果宋军惨败，襄公大腿受伤，宋军侍卫官也遭全歼。

　　宋人纷纷谴责宋襄公。宋襄公辩解道："君子从不伤害受伤之人，也从不俘虏白发苍苍的老人。古人率军作战，从不截击陷于危险地带的敌兵。我虽是亡商的后裔，但也绝不出击尚未列队的敌军。"子鱼反驳道："您还是不懂如何作战啊！强悍的敌人，在地势险要之处尚未列队，这是天助我也。此时阻击他们，有什么不可？即便如此还怕不能战胜他们呢。况且这些强悍的人都是我们的敌人。虽然他们中有老人，但作战时就应尽数擒获，哪里顾得上是不是白发苍苍之人？让士兵们懂得耻辱、教导他们如何作战，为的就是能够杀敌。如果敌兵伤而未死，为何不杀死他们？如果您爱惜受伤之人，那还不如不去杀伤他们；如果您爱护老人，那还不如直接投降。军队作战就要抓住战机谋求胜利，鸣金击鼓就是为了鼓舞士气。有战机就要利用，阻击敌人在险要之地是完全可行的。声势大，士气自然就高，而攻击敌人在其未列队之前也是无可厚非的。"

【评析】

　　本文以时间为轴线，以顺叙手法记述了宋楚两国泓水一战的全部过程。从中我们清楚地了解到宋襄公的妇人之仁和子鱼的善于作战。

　　文章起始先交代战争背景，即楚军为救郑而攻打宋国。然后写子鱼以违背天道为由劝谏襄公不要迎战，为后文宋军大败埋下伏笔。襄公执意迎战后，子鱼随军积极谋划。在楚军尚未完全渡河之时，子鱼劝襄公抓住战机下令出击。无奈襄公迂腐，认为君子不应乘人之危，故而错失战机。随后，楚军全部渡河但尚未列队整齐，子鱼再谏襄公立即出击。可叹襄公依然抱持迂腐的君子之德，再次贻误战机。结果，宋军溃败。

　　文章先叙后议，前半部分记述战争过程，后半部分则以对话形式着重写子鱼论战。宋襄公兵败后以君子之德为自己辩解，而子鱼却有力地驳斥了襄公的妇人之仁。他开门见山地指出"君未知战"，然后针对襄公之语一一予以批驳。先以"隘而不列，天赞我也"驳襄公的"不以阻隘"，再以"明耻、教战，求杀敌也"驳襄公的"君子不重伤，不禽二毛"，然后指出正确的作战方法，即"三军以利用也，金鼓以声气也"。可谓见解独到、力透纸背，以致时至今日，子鱼之言仍被世人所借鉴。

寺人披见文公

《左传·僖公二十四年》

【题解】

　　晋国的公子重耳流亡国外十九年，在秦穆公的协助下才得以回国并推翻晋怀公的统治，继承君位，史称晋文公。吕甥等人是晋惠公、晋怀公的旧党，因担心受到新上台的晋文公的打击，所以发动叛乱，还想火烧晋文公。寺人披知道这一阴谋后，向晋文公告发此事。《寺人披见文公》讲述的就是这一历史事件。寺人，指宦官。

【原文】

　　吕、郤畏逼，将焚公宫而弑晋侯。寺人披请见。公使让[1]之，且辞焉，曰："蒲城之役，君命一宿，女即至。其后余从狄君以田[2]渭滨，女为惠公来求杀余。命女三宿，女中宿至。虽有君命，何其速也？夫袪犹在，女其行乎！"对曰："臣谓君之入也，其知之矣；若犹未也，又将及难。君命无二，古之制也。除君之恶，唯力是视。蒲人、狄人、余何有焉？今君即位，其无蒲、狄乎？齐桓公置射钩而使管仲相。君若易之，何辱命焉？行者甚众，岂唯刑臣！"

　　公见之，以难告。晋侯潜会秦伯于王城。己丑晦，公宫火。瑕甥、郤芮不获公，乃如[3]河上，秦伯诱而杀之。

【注释】

①让：责备。
②田：打猎。
③如：往，到。

【译文】

　　吕甥和郤芮担心遭到晋文公的迫害，于是预谋火烧王宫并趁机杀死晋文公。寺人披此时求见晋文公。晋文公拒绝召见，且遣人指责他说："蒲城之战中，献公命你过一宿之后再到达，结果你当天就赶到了。后来我陪同狄国国君去渭河边狩猎，你奉惠公之命前来谋杀我。惠公命你三天后赶到，而你第二天就赶到了。虽说是奉了君命，也不用这样急速吧？当时被你割下的衣袖如今尚在，你还不赶快走！"寺人披回答说："臣本以为您做了君主就会懂得为君之道，如果您还是不知道如何为君，那么您又要大难临头了。对国君之命绝无二心，这是古人的制度。除去君主所厌恶的人，唯有竭尽全力。至于那人究竟是蒲人还是狄人，又有什么关系呢？现在您继承了王位，难道不应该知道潜在蒲城和狄国那样的祸患吗？齐桓公当年能放下一箭之仇而任用管仲为相。如果您和齐桓公不同，那我焉敢不听从您的命令马上离开呢？只怕到时要走的人多了，又何止我这样一个受过刑的人呢！"

　　于是晋文公召见了寺人披，寺人披便把吕甥等人的阴谋告诉了晋文公。三月，晋文公秘密地在王城会见秦穆公。三月最后一天，晋国王宫失火。吕甥和郤芮没有擒获晋文公，他们到达黄河边时，秦穆公引诱他们过河并杀了他们。

【评析】

　　本文以对话形式间接刻画了寺人披这个人物。通过对话，我们知道了寺人披和晋文公之间的种种恩怨，而在对话中寺人披的形象也渐渐清晰。他与晋文公之间的恩怨可谓由来已久。在晋文公未即位之前，他曾多次奉命谋害过晋文公，待晋文公即位后，他又马上对其展露自己的忠心。偏他又善于机变，讲道理头头是道，故而最终使文公放下了先前的恩怨。由此可知寺人披的能言善辩和晋文公的宽广胸怀。

　　寺人披对晋文公质问的答复可分为五个层次进行理解。首先，寺人披坦言自己如今投诚是相信文公已经知道了为君之道，这是给晋文公戴高帽；其次，他抛出"君命无二"这一冠冕堂皇的大道理，为自己之前的谋杀行为进行开脱；第三，寺人披反问文公，"今君即位，其无蒲、狄乎？"一方面再为自己开脱，同时暗喻文公即位后强敌环伺，即将大难临头；第四，寺人披引出齐桓公不计前嫌重用管仲一事，将文公与桓公作比，含有激将之意；最后一句，寺人披进一步激将，言如果文公如此气量狭小，则他失去的将不只是寺人披一人。

　　寺人披如墙头草般见谁得势便依附于谁，此种行为虽不可取，但他的话并非完全没有道理。他的一番对答有理有据，可谓无懈可击。

展喜犒师

《左传·僖公二十六年》

【题解】

公元前634年，齐孝公出兵攻打鲁国。在敌强我弱的情况下，鲁僖公派使臣展喜前去周旋。面对不可一世的齐孝公，展喜不卑不亢，沉着应对。他机智地利用齐国"尊周"的旗号和周成王让齐鲁两国先君订立的盟约，有理有据地驳斥了齐孝公侵犯鲁国的不当行为，以及此举将对齐国造成的严重危害，迫使齐孝公撤军回国，挽救了鲁国的危机。

【原文】

齐孝公伐我北鄙。公使展喜犒师，使受命于展禽。

齐侯未入竟，展喜从之，曰："寡君闻君亲举玉趾，将辱于敝邑，使下臣犒执事。"齐侯曰："鲁人恐乎？"对曰："小人恐矣，君子则否。"齐侯曰："室如县罄，野无青草，何恃而不恐？"对曰："恃先王之命。昔周公、大公股肱周室，夹辅成王。成王劳之，而赐之盟，曰：'世世子孙，无相害也！'载在盟府，太师职之。桓公是以纠合诸侯，而谋其不协，弥缝其阙①，而匡救其灾，昭旧职也。及君即位，诸侯之望曰：'其率②桓之功。'我敝邑用不敢保聚，曰：'岂其嗣世九年，而弃命废职？其若先君何？君必不然。'恃此以不恐。"

齐侯乃还。

【注释】

①阙：通"缺"，这里是裂痕的意思。
②率：因循，沿着。

【译文】

齐孝公率军攻打鲁国北方边境。鲁僖公便派展喜为使臣前去犒劳齐国军队，去之前让他先向展禽请教外交辞令。

齐孝公统率大军还没有进入鲁国边境，展喜便到了齐国军中。他对齐孝公说："我们君主听说您亲劳大驾，光临我们鲁国，便派我来犒劳您和您的侍从。"齐孝公说："是你们鲁国人恐惧了吧？"展喜答道："无德小人恐惧，君子大夫则不恐惧。"齐孝公说："你们鲁国人家中无一物，野外无青草，你们倚仗什么不恐惧呢？"展喜答道："依仗先王之命。昔日，鲁国始祖周公与齐国始祖太公辅助周王朝，并共同辅佐成王。成王为犒劳他们，就赏赐他们并让他们盟誓，说：'齐、鲁两家世代友好，绝不相互残害！'如今盟约尚在盟府中，由太史官收藏。而齐桓公当年之所以集合各国诸侯，商量如何解决彼此之间的矛盾、弥补彼此之间的罅隙，且救助各国灾难，就是为了履行当年的盟约。您即位以后，其他诸侯都满怀希望地说：'他必定会继承桓公的功业。'我们鲁国因此不敢集结兵力，人们都说：'难道他即位刚刚九年，就丢弃使命、放弃职责了吗？那他将来如何面见先君？他一定不会这样做的。'正因如此，人们才不感到恐惧。"

齐孝公因此便班师回国了。

【评析】

一位成功的外交官凭借其三寸不烂之舌，不仅能挑起战争，也能在瞬间化解战争。例如本文中的展喜。展喜奉鲁僖公之命表面上前去犒劳齐军，实则是劝齐孝公撤兵。他在请教其兄展禽之后，便胸有成竹地来到齐军阵营说服齐孝公退兵，且最终不辱君命说服成功。

文中，展喜答复齐孝公的一段话可谓不卑不亢，委婉礼貌且毫无畏惧。展喜先举出成王之遗命，暗示齐孝公此次伐鲁有违盟约；然后又举出齐桓公当年盟约诸侯一事，夸赞齐桓公的仁德，暗示齐孝公若伐鲁则有负先君；最后，展喜则借诸侯和鲁国百姓之口，说齐孝公身为人君定不会做有负先王先君之事，以此截断了孝公伐鲁之路。展喜从头至尾未提齐国伐鲁一事，实则是给齐孝公撤兵留下余地。如此条理清晰、论述有力之言辞，可见展禽之远见卓识和展喜之随机应变。

所谓唇枪舌剑，能言善辩有时胜似千军万马。而所谓的英雄本色也并非只有在硝烟弥漫的战场上才能显现。若仅凭言辞便能化干戈为玉帛，使百姓免遭涂炭，则比沙场上的英雄更让人钦佩。

烛之武退秦师

《左传·僖公三十年》

【题解】

公元前630年，晋、秦两国借口郑国曾对晋文公无礼且与楚国亲近，联合起来攻打郑国。郑国危在旦夕。郑文公派老臣烛之武前去面见秦穆公，希望通过外交手段化解郑国的危机。烛之武围绕"郑亡利秦还是利晋"展开论述，以有理有据的言辞打动了秦穆公，从而瓦解了秦晋联军，不费一兵一卒便解除了郑国的危难。

【原文】

晋侯、秦伯围郑，以其无礼于晋，且贰于楚也。晋军函陵，秦军汜南。

佚之狐言于郑伯曰："国危矣！若使烛之武见秦君，师必退。"公从之。辞曰："臣之壮也，犹不如人；今老矣，无能为也已！"公曰："吾不能早用子，今急而求子，是寡人之过也。然郑亡，子亦有不利焉！"许之。

夜缒①而出。见秦伯，曰："秦、晋围郑，郑既知亡矣。若亡郑而有益于君，敢以烦执事。越国以鄙远，君知其难也，焉用亡郑以陪②邻？邻之厚，君之薄也。若舍郑以为东道主，行李③之往来，共其乏困，君亦无所害。且君尝为晋君赐矣，许君焦、瑕，朝济而夕设版焉，君之所知也。夫晋，何厌之有？既东封郑，又欲肆其西封。若不阙秦，将焉取之？阙秦以利晋，唯君图之！"

秦伯说，与郑人盟，使杞子、逢孙、杨孙戍之，乃还。子犯请击之，公曰："不可。微④夫人之力不及此。因人之力而敝⑤之，不仁；失其所与，不知；以乱易整，不武。吾其还也。"亦去之。

【注释】

①缒：用绳子拴住人或东西从上往下送。
②陪：通"倍"，增加，扩大。
③行李：指外交使臣。
④微：非，没有。
⑤敝：失败，这里指伤害。

【译文】

晋文公联合秦穆公出兵围攻郑国，理由是郑文公曾经冒犯晋文公，并且对晋国有了二心，又依附楚国。晋国在函陵（今河南新郑北）驻军，秦国则在汜水南岸（今河南中牟南）驻军。

郑国大夫佚之狐对郑文公说："国家将有难了！如果让烛之武去见秦国国君，敌师一定会退。"郑文公听从了他的话，并召见烛之武。不料烛之武却说："我壮年的时候都不如别人，现在垂垂老矣，更加无能为力了。"郑文公愧疚地说："我早先没有重用您，现在情势危急了才来求您，的确是我不对。但是郑国亡了，对您也没有好处啊！"烛之武就答应了。

当天夜里，烛之武从城上缘绳而下，到城外拜见秦穆公，他说："秦晋两国围郑，郑国已经知道自己就要灭亡了。如果郑国亡了对秦国有利，那么就烦劳您的军队了。越过别的国家把远方的国家当作边境，您知道它的难度，怎么能用灭郑来增强邻国的实力呢？邻居强大了，相当于您实力削弱啊！如果放过郑国，让它成为您在东方道路上的主人，为来往的使者提供食宿，对您没有坏处。况且您曾有恩于晋惠公，他答应将焦、瑕两邑送给您作为报答，可他早晨渡过黄河，晚上就命人修筑工事防御，这您是知道的。晋国怎么会有知足的时候，他在东面把郑国作为疆界，肯定会再向西扩张。如果不侵占秦国，它从哪里取得土地？损害秦国而助益晋国，您还是要仔细考虑这件事。"

秦穆公很高兴，随即跟郑国结盟，并派大夫杞子、逢孙、杨孙帮忙戍守郑国，自己则率军回国了。晋国大将子犯请求攻打秦军，晋文公说："不行。没有秦国国君的帮助我不会有今天。依靠别人的力量之后再去侵犯他，是为不仁；失掉了盟国，是为不智；以分裂搅乱联合，为之不武。我们还是回去吧！"于是晋国的军队也撤离了郑国。

【评析】

《左传》工于记言，许多外交辞令简而精、曲而达、婉而有致，后世学者称之为"行人辞令之美"。《烛之武退秦师》就是具有行人（即外交特使）辞令之美的一篇佳作，主要讲述了公元前630年，秦、晋两大强国意图联合攻打郑国，郑国使臣烛之武在国难当头之际，只身赴秦营，说服秦穆公撤兵的历史故事。

本文曲折跌宕、张弛得体。如秦、晋大军压境，郑国"国危矣"，郑文公的紧张可想而知，而大夫佚之狐的话则让他看到了一丝希望。不料此时情势又有了转折——烛之武因长期不得志而心有不满，不想担此重任。郑国真的没希望了吗？郑文公的自责不仅增添了文章的戏剧性，也使烛之武权衡之下，答应了走一趟。

文章的重点是烛之武说服秦穆公的一番话，他不顾安危，"夜缒而出"，一心为郑国担忧，最看重的当然是郑国的利益。但是在秦穆公面前，他绝少提及郑国，只是充分发挥欲扬先抑的论辩技巧，分析秦、晋两国的利益关系和不愉快的往事，使秦穆公终于在"动之以情、晓之以理"的劝说下同意撤兵。区区百余字，让烛之武长于辩论、不卑不亢、有勇有谋的形象呼之欲出。

本文虽短，但在叙述时却能够处处照应，如将秦、晋围郑的原因归结为"以其无礼于晋，且贰于楚也"。此前两年，晋、楚爆发了城濮之战，郑国出兵助楚使晋怀恨在心，所以战争的原因在于晋国，而与它的盟国秦国没有多大关系，秦、郑之间并无根本冲突，这就为秦穆公接受烛之武的劝说埋下了伏笔。此外，"夜缒而出"也照应了"秦、晋围郑""国危矣"等语。

蹇叔哭师

《左传·僖公三十二年》

【题解】

烛之武退秦军后，秦穆公派遣杞子等人驻扎在郑国。公元前628年，晋文公去世，秦穆公灭郑攻晋、称霸中原的野心日益膨胀。恰在这时，秦穆公接到杞子的密报，杞子说自己已经掌管了郑国的北门，如果秦军来袭，里应外合，必定能攻克郑国。这番话对秦穆公具有很大的诱惑力，他不顾老臣蹇叔的劝阻，执意出师伐郑。

【原文】

杞子自郑使告于秦曰："郑人使我掌其北门之管，若潜师以来，国可得也。"穆公访[1]诸蹇叔。蹇叔曰："劳师以袭远，非所闻也。师劳力竭，远主备之，无乃不可乎？师之所为，郑必知之；勤而无所，必有悖心；且行千里，其谁不知？"公辞焉。召孟明、西乞、白乙，使出师于东门之外。

蹇叔哭之，曰："孟子！吾见师之出，而不见其入也！"公使谓之曰："尔何知？中寿[2]，尔墓之木拱矣！"

蹇叔之子与师，哭而送之，曰："晋人御师必于崤。崤有二陵焉：其南陵，夏后皋之墓也；其北陵，文王之所辟风雨也。必死是间，余收尔骨焉！"秦师遂东。

【注释】

①访：访问，这里是咨询、请教的意思。

②中寿：一般指六十余岁。蹇叔已经七八十岁，过了中寿的年龄。这里如同现在口语中的"老不死"。

【译文】

身在郑国的秦国大夫杞子派使臣密告秦穆公说："郑王命我掌管国都北门的钥匙，如果此时秦国秘密派兵前来攻打郑国，就定能占领郑国国都。"秦穆公为此事询问蹇叔。蹇叔说："让士兵跋山涉水偷袭远方的国家，这是从来没有听说过的事情。士兵长途跋涉必然疲惫不堪，而远方的国家也必然有所防备，这大概不可行吧？秦军如此兴师动众，郑国必然察觉。到时士兵们如此辛苦却毫无所获，心中必有怨言。况且要出兵千里，还有谁会不知道呢？"秦穆公却不听劝告。他召集孟明、西乞、白乙，命他们率兵从秦国东门出师。

蹇叔哭着说道："孟明啊，我只能看着秦军出师，却看不到秦军回师了。"

秦穆公派使臣对蹇叔说道："你懂什么？你如果活到中寿就死，你墓地里的树怕都要有一抱那么粗了。"

蹇叔的儿子随军出行，蹇叔哭着前去送行，说："晋军必定会在崤山地区阻截你们。崤山共有两座山峰：南面那座是夏王皋的墓地；北面那座则是文王当年避雨之地。你一定会在这两峰之间丧命，到时候我会去那里为你收尸！"秦军向东出发。

【评析】

本文分为两部分：前一部分蹇叔痛陈攻郑之害，力劝秦穆公不要攻郑，以免徒劳兴师最后一无所获；后一部分则是秦穆公毅然决定攻郑之后，蹇叔两次哭师。

蹇叔深知"劳师以袭远"的危害，所以他从三个方面力劝秦穆公。首先，郑国距秦国路途遥远，秦军长途跋涉疲惫不堪，而以劳攻逸是用兵大忌，况且被郑国察觉后他们有充足的时间准备迎战，这会使秦军胜算降低；其次，士兵们跋涉千里却一无所获，必然心生怨恨，这对秦君十分不利；最后，秦国出兵攻打郑国，途中需经晋国，到时晋国必定出兵阻截。这三条层层深入，将攻郑之害分析得透彻清晰。可惜秦穆公利令智昏，完全沉浸在即将占领郑国的喜悦之中，所以毅然决定出兵攻郑。

秦师出发前，蹇叔两次哭送。第一次是在得知秦要出师之时，他对大将孟明说道："吾见师之出，而不见其入也！"其中饱含对秦国士兵的不舍和痛惜。第二次则是在送军之时，这次他哭的是他的儿子。他清楚地预料到儿子的丧命之地，所以与其说他是送儿出征，不如说是与儿永别。"余收尔骨焉"一语，将其因诀别爱儿而无比痛楚的心情描写得淋漓尽致。

事情的结果正如蹇叔所预料的那样：秦、晋两军在崤山交战，秦军全军覆没。对此，我们除了赞叹蹇叔的远见卓识和深谋远虑之外，不免也哀叹秦穆公的利令智昏。

此文言近旨远，发人深省。

齐国佐不辱命

《左传·成公二年》

【题解】

公元前589年，齐国进攻鲁国，卫国出兵援助鲁国失败。于是鲁国、卫国向晋国求救，晋国出动大军与鲁、卫会合，共同抵抗齐国。双方在鞌（今济南西北）展开激战，最后齐军败逃，晋军紧追不舍。危急关头，齐顷公派国佐宾媚人前去议和。本文即记述了此事。

【原文】

晋师从齐师，入自丘舆，击马陉。齐侯使宾媚人赂以纪甗、玉磬与地。"不可，则听客之所为。"

宾媚人致赂，晋人不可，曰："必以萧同叔子为质，而使齐之封内尽东其亩。"对曰："萧同叔子非他，寡君之母也。若以匹敌，则亦晋君之母也。吾子布大命于诸侯，而曰必质其母以为信，其若王命①何？且是以不孝令也。《诗》曰：'孝子不匮，永锡尔类'若以不孝令于诸侯，其无乃非德类也乎？先王疆理天下，物土之宜而，布其利。故《诗》曰：'我疆我理，南东其亩。'今吾子疆理诸侯，而曰'尽东其亩'而已，唯吾子戎车是利，无顾土宜，其无乃非先王之命也乎？反先王则不义，何以为盟主？其晋实有阙②。四王之王也，树德而济同欲焉；五伯之霸也，勤而抚之，以役王命。今吾子求合诸侯，以逞无疆之欲。《诗》曰：'布政优优，百禄是遒。'子实不优，而弃百禄，诸侯何害焉？不然，寡君之命使臣则有辞矣。曰：'子以君师辱于敝邑，不腆③敝赋，以犒从者。畏君之震，师徒挠败，吾子惠徼齐国之福，不泯其社稷，使继旧好。唯是先君之敝器、土地不敢爱。子又不许，请收合馀烬，背城借一。敝邑之幸，亦云从也。况其不幸，敢不唯命是听。'"

【注释】

①王命：指先王关于实行孝道的命令。
②阙：同"缺"，过失。
③腆：丰厚。

【译文】

晋军追击齐军，自丘舆入齐国，攻打马陉。齐君派遣宾媚人用从纪国掠夺的甗、玉磬和土地贿赂晋国，以此求和。还嘱咐说："如果他们不答应，就听从他们的要求。"

宾媚人将礼物进献给晋国，同时提议求和，晋国人不答应，要求道："一定要用萧国国王同叔的女儿做人质，同时把齐国封地内的田地全部改为东西走向。"宾媚人回答说："萧国国王同叔的女儿并非他人，而是我齐君的母亲；假若以地位来论，她也算是晋君的母亲。您此次前来，是为了将周王之命传与诸侯，现在又说要以他人的母亲作为人质以示诚信，这难道也是周王的命令吗？况且这还是不孝的命令。《诗经》上说：'只要孝子不停止尽孝，就一定会感化他的同类。'假若周王以如此不孝之命来号令诸侯,那不就是以不孝之德感染同类吗?先王治理天下、划分土地之时,会遵循土地所适宜之物,以各得其利。所以《诗经》中说:'我的国土我治理,或南北或东西之向的土地。'现在,您要求诸侯治理田界'一定要东西走向',这只考虑到您的战车通行便利,却完全忽视了土地是否适宜,这岂不是违反了先王之命吗?有违先王即是不义,不义之人怎么可以做盟主呢?这确是晋国的过失。禹、汤、文、武四个先王之所以能成就王业,是因为他们广树德行,满足诸侯共同的愿望;夏伯昆吾、商伯大彭、豕韦,周伯齐桓、晋文这五伯之所以能成就霸业,是因为他们不仅勤政而且能安抚诸侯,以共同辅佐周天子。现在,您联合诸侯只是为了满足您心中无止境的欲望。《诗经》上说:'为政美好宽和,百种福禄就会齐集而来。'您如果施政不开明、宽和,就是自弃福禄,这对诸侯有何危害?您如果不答应我们的求和,我君还命令我告诉您:'您以国君之身躬临我国,我们只能以微薄的财物犒劳您的部下。因为害怕您的威严,我们战败了。您如果施惠与齐国,而不灭亡我们,与我们继续友好相处,先王留给我们的敝器和土地我们不敢独自享用。您若不同意求和,我们只能整顿残兵败将,背城一战。我国若能侥幸不败,依然会顺从贵国;如若不幸失败,到时候又怎敢不唯命是从?'"

【评析】

本文讲述的是齐、晋鞍之战后,战败的齐国向晋国求和,齐国佐宾媚人和之时紧扣晋人的无理要求进而大肆发挥,最终说服晋国同意言和的故事,颂扬了齐国佐宾媚人的机智善辩。

战争伊始本是齐国无理,而晋军出战实是接受鲁、卫两国的求救,可谓以有道而伐无道,在道义上晋国完全凌驾于齐国之上。可惜面对齐国的求和,晋人竟然提出以齐国国君之母为质和要求齐国变更田地方向的无理要求,以致将自己的正义之师,变成了以强凌弱的无理之师。

聪明的宾媚人抓住晋人的无理要求,强力予以反驳。他先指出晋人要求齐国以国君之母为质有违孝道,然后又说要求齐国改变田地走向有违先王之命,这就给晋王扣上了不孝不义的罪名。最后,他又向晋国示弱,说如果晋国不同意求和,齐军只有拼死一战,但不论结果如何,齐国都会尊重晋国的要求,如此又给足了晋王面子。

宾媚人善于把握局势,他据理力争且软硬兼施,最终使齐国由无理变为有理,从而迫使晋国答应求和,达到了他此行的目的。同时宾媚人的辩言引经据典,颇具文采,不仅显示了他高超的外交才能,也展现了他渊博的学识。

楚归晋知䓨

《左传·成公三年》

【题解】

公元前597年，晋国和楚国发生战争，最后楚胜而晋败。楚国活捉晋国大夫知䓨，而晋国也生擒楚国公子谷臣。八年后，晋、楚两国交好，于是晋国提议互换人质，楚共王同意。

《楚归晋知䓨》讲述了知䓨被释放回国前与楚共王的对话。双方一个是将被释放的俘虏，一个是大国之君，二人有问有答，言辞让人回味无穷。

【原文】

晋人归楚公子谷臣与连尹襄老之尸于楚，以求知䓨。于是荀首佐中军矣，故楚人许之。

王送知䓨，曰："子其怨我乎？"对曰："二国治戎，臣不才，不胜其任，以为俘馘。执事不以衅鼓，使归即戮①，君之惠也。臣实不才，又谁敢怨？"王曰："然则德我乎？"对曰："二国图其社稷，而求纾其民，各惩其忿以相宥②也，两释累囚③以成其好。二国有好，臣不与及，其谁敢德？"

王曰："子归，何以报我？"对曰："臣不任④受怨，君亦不任受德，无怨无德，不知所报。"王曰："虽然，必告不穀。"对曰："以君之灵，累臣得归骨于晋，寡君之以为戮，死且不朽。若从君之惠而免之，以赐君之外臣首，首其请于寡君而以戮于宗，亦死且不朽。若不获命，而使嗣宗职，次及于事，而帅偏师以修封疆，虽遇执事，其弗敢违。其竭力致死，无有二心，以尽臣礼，所以报也。"王曰："晋未可与争。"重为之礼而归之。

【注释】

①即戮：接受杀戮。
②宥：原谅，宽恕。
③两释累囚：双方释放拘禁的囚犯。累，系，捆绑，引申为拘禁。
④不任：担当不起，不该担当。

【译文】

晋国人计划将楚国公子谷臣与连尹襄老的遗体还给楚国，以便换回知䓨。此时荀首已经升任晋国中军副帅，所以楚国答应了晋国的要求。

楚王在为知䓨送行时问他："您怨恨我吗？"知䓨答道："晋楚两国交战，

老臣无能，未能尽职尽责，因而被俘。您的兵将没有杀我并用我的鲜血来涂染战鼓，而是放我回去接受晋国的处罚，这是您对我的恩惠。老臣无才，怎敢怨恨他人呢？"楚王继续问："那您感激我吗？"知罃说："晋楚两国各自从本国利益出发，希望能减轻百姓痛苦，所以彼此克制自己的怨恨而相互宽容，并相互释放囚犯以求和解，两国这样做并非只为老臣，我又该感激谁呢？"

楚王继续问道："您这次回去之后，会用什么报答我呢？"知罃回答道："老臣担当不起怨恨楚国的罪名，您也担当不起施人恩惠的美名。既然没有怨恨，也没有恩惠，不知道为什么要报答。"楚王说道："尽管如此，您也应该告诉我您回国之后的打算。"知罃说："如果蒙您恩惠，我能够活着回到晋国，即使我们国君将我处死，我死而无憾。如果再蒙您的恩惠，我没有被处死，而是把我交给您的外臣荀首，荀首将我处死在我的宗庙之中，我也死而无憾。但是，假若我国国君不杀我，而是让我继承先祖职位，继续在军中任职，率领军队守卫边疆，那么即便遇到贵国军队，也不敢回避。我会不遗余力以致战死沙场，决不顾惜自己的性命，以此来尽自己为臣的职责，这就是我报答楚王的方式。"楚王说："不可再与晋国争斗了。"于是，他对知罃加倍礼遇，并放他回国。

【评析】

　　楚王，一国之君，高高在上，不可一世；知罃，楚国的俘虏，身陷囹圄，朝不保夕。他们一个虚情假意、暗结私情，一个不卑不亢、柔中带刚。本文只通过四段对答便将这两人的形象刻画得栩栩如生，令人称赞。

　　晋、楚两国为缓和矛盾，答应互放囚犯。这段对话便发生在楚王即将释放知罃之时。知罃之父荀首当时已是晋国中军副帅，楚王以"怨我""德我""报我"等试探性语句问于知罃，明显带有暗攀交情之意。而知罃对此自然心如明镜，他明白此刻自己尚处于虎口之中，一不小心便会丧命。所以，他抱定一条信念，一切围绕"公心"回答楚王的每一个问题。他以"臣实不才，又谁敢怨"对楚王的"怨我"，字字谦卑，句句自责，委婉地绕开"怨"字；又以"二国有好，臣不与及，其谁敢德"对楚王的"德我"，处处强调国家利益，巧妙地将私情搁置一边，占尽道理；然后，又以"无怨无德，不知所报"对楚王的"报我"，打消了楚王试图笼络他的念头；最后，更以"竭力致死，无有二心"这样充满正气、不卑不亢的回答，将话题落入"臣事君以忠"的君臣之礼上，从而感动了为君的楚王。

　　知罃的机智答语，不仅保住了自己的性命、获得了楚王的尊重，也为晋国赢得了荣耀，甚至使楚王不自觉地说出"晋未可与争"这样灭自己威风长他人志气的话语。由此可知，"自爱自重，人恒重之"，一个人只有自尊自爱，才能最终获得他人的尊重。

吕相绝秦

《左传·襄公二十一年》

【题解】

吕相，名魏相，因为食邑在吕，所以又称吕相，是晋国的大臣。公元前580年，秦、晋交恶，晋国派吕相前往秦国与之绝交，于是产生了这篇外交辞令。随后，秦、晋在麻隧发生大战。

【原文】

晋侯使吕相绝秦，曰："昔逮我献公及穆公相好，戮力①同心，申之以盟誓，重之以昏姻。天祸晋国，文公如齐，惠公如秦。无禄，献公即世。穆公不忘旧德，俾我惠公用能奉祀于晋。又不能成大勋，而为韩之师。亦悔于厥心，用集我文公，是穆之成也。

"文公躬擐甲胄，跋履山川，逾越险阻，征东之诸侯——虞、夏、商、周之胤②，而朝诸秦，则亦既报旧德矣。郑人怒③君之疆场，我文公帅诸侯及秦围郑。秦大夫不询于我寡君，擅及郑盟。诸侯疾之，将致命于秦。文公恐惧，绥靖诸侯，秦师克还无害，则是我有大造④于西也。

"无禄，文公即世，穆为不吊，蔑死我君，寡我襄公，迭⑤我殽地，奸绝我好，伐我保城，殄灭我费滑，散离我兄弟，挠乱我同盟，倾覆我国家。我襄公未忘君之旧勋，而惧社稷之陨，是以有殽之师。犹愿赦罪于穆公，穆公弗听，而即楚谋我。天诱其衷，成王殒命，穆公是以不克逞志于我。

"穆、襄即世，康、灵即位。康公我之自出，又欲阙翦⑥我公室，倾覆我社稷，帅我蟊贼，以来荡摇我边疆，我是以有令狐之役。康犹不悛，入我河曲，伐我涑川，俘我王官，翦我羁马，我是以有河曲之战。东道之不通，则是康公绝我好也。

"及君之嗣也，我君景公引领西望曰：'庶⑦抚我乎！'君亦不惠称盟，利吾有狄难，入我河县，焚我箕、郜，芟夷我农功，虔刘⑧我边陲。我是以有辅氏之聚。君亦悔祸之延，而欲徼福于先君献、穆，使伯车来命我景公曰：'吾与女同好弃恶，复修旧德，以追念前勋。'言誓未就，景公即世，我寡君是以有令狐之会。君又不祥，背弃盟誓。

"白狄及君同州，君之仇雠，而我之昏姻也。君来赐命曰：'吾与女伐狄。'寡君不敢顾昏姻，畏君之威，而受命于吏。君有二心于狄，曰：'晋将伐女。'狄应且憎，是用⑨告我。楚人恶君之二三其德也，亦来告我曰：'秦背令狐之盟，而来求盟于我，昭告昊天上帝、秦三公、楚三王曰："余虽与晋出入，余惟利是视。"不穀恶其无成德，是用宣之，以惩不一。'诸侯备闻此言，斯是用痛心疾首，昵就寡人。寡人帅以听命，惟好是求。君若惠顾诸侯，矜哀寡人，而赐之盟，则寡人之愿也。其承宁⑩诸侯以退，岂敢徼乱？君若不施大惠，寡人不佞，其不能以诸侯退矣。敢尽布之执事，俾执事实图利之！"

【注释】
①勠力：并力，合力。
②胤：后代。
③怒：侵犯。
④造：功劳。
⑤迭：通"轶"，突然进犯。
⑥阙翦：损害。
⑦庶：也许，大概。表示推测和希望。
⑧虔刘：杀戮。
⑨是用：因此。
⑩承宁：平息。

【译文】
　　晋厉公派遣吕相前往秦国与秦绝交，吕相这样说："之前，我国献公和贵国穆公相处友好，两国勠力同心，并以盟约来示好，用通婚来巩固这种友好关系。但是上天有意降祸晋国，文公逃奔至齐国，惠公逃奔至秦国。献公不幸去世，穆公不忘旧情，使惠公得以在晋国的宗庙祭祀先祖，并继承王位。可惜最终穆公未能成就此大功，反而使秦、晋两国爆发了韩原之战。穆公此后感到愧悔，所以他协助文公即位，这是穆公对晋国的恩惠。

　　"我文公亲自披甲戴盔，跋涉山川，跨越险阻，征伐东方诸侯，使虞、夏、商、周的后裔都来朝见秦王，这样就已经报答了秦国旧日的恩德。郑国人侵占秦国边境，文公亲率诸侯协同秦军与郑军作战。秦国大夫未与我国君协商，便擅自与郑国盟约。诸侯对此心怀痛恨，要找秦王拼命。文公担忧不已，只得安抚诸侯，最终秦军能安然班师，正是我国君对秦国的恩惠。

　　"晋国不幸，文公去世，而穆公却不来吊唁，这是轻视文公，欺我襄公，接着你们又袭击我们的崤地，破坏我们的友好，攻打我们的城堡，灭绝我们的邻邦滑国，离散我们的兄弟，扰乱我们的同盟，颠覆我们的国家。我们襄公没有忘记君王旧日对我国的恩情，但又害怕国家的覆亡，因此才会有崤之战。我们希望能够求得穆公的宽恕，但是穆公却不接受，反而拉拢楚国意图谋害我们。上天同情我们的衷心，使楚成王丧命，进而使穆公对我国的意图未能得逞。

"秦穆公、秦襄公去世后，秦康公、秦灵公即位。康公是我们晋献公的外甥，但他居然想要削弱我们国君的宗室，意图灭掉我国。他率领我国的孟贼公子雍来扰乱我国边境，因此我们才有了令狐之战。之后，秦康公毫无悔改，又侵入我国河曲一带，攻打涑川，抢掠我国王官民众，夺取我国的羁马，导致了秦、晋河曲之战。秦国与东边的晋国不通往还，正是由于康公与我们断绝关系的缘故。

"您即位以后，我们景公怀着殷切的希望说：'您该来安抚我们了吧！'但您还是不打算与我国盟约。甚至趁我们与狄国作战之时，侵略我国黄河地区，烧我箕、郜两地，抢我农作物，杀我边陲百姓。因此，我们才在辅氏聚众还击。您也为我们两国战祸蔓延而感到后悔，想要向我国先王晋献公和贵国先王秦穆公祈福，所以您派伯车传令给我们景公说：'我和你摒弃前嫌，重修旧好，一起来追悼先王的功德吧。'可惜盟誓尚未举行，景公就去世了。之后，我国君厉公与您在令狐举行了盟誓。遗憾的是，您再次失信，背弃了誓约。

"白狄与您同处雍州，他虽是您的仇敌，却是我们的姻亲啊。您传令给我们说：'我与你们一起讨伐白狄。'我国君因慑于您的威严而不敢顾及姻亲关系，于是遵从了您的命令。但您又转而对白狄示好，还对他说：'晋国要来讨伐你。'白狄表面应承您，暗里却憎恨您，所以他将这些告诉了我们。楚国人同样憎恨您的出尔反尔，也对我们说：'秦国背弃令狐盟约，来与我们结盟，他们昭告上天、秦国的三位先王以及楚国的三位先王，发誓道："我们与晋国，完全是因利而结盟。"楚王厌恶秦国这种心无诚意的做法，所以公开了此事，表示对他们反复无常的惩罚。'诸侯们听到此话，心痛不已，纷纷前来与我们相交。我国国君率领诸侯听命于您，只是为了彼此友好。如果您肯开恩念及我们与诸侯之间的盟约，便是成就了我们的心愿。这样我们也好去安抚其他诸侯，请他们撤兵，如此一来，他们还怎敢引发战乱呢？您若不开恩，我们君王寡才，怕是无法劝诸侯们退兵。我所能说的就是这些了，希望您能认真考虑一下其中的利害得失。"

【评析】

本文措辞得当，条理清晰，有理有据，无懈可击，堪称中国古代外交辞令之范本。

文中，吕相口若悬河、滔滔不绝，表面上是在历数从秦穆公、晋献公起始，秦、晋两国之间的关系变化，实际上则是变相地罗列秦国背叛晋国的条条罪状。吕相对秦国的谴责一气呵成、酣畅淋漓，可谓晋国声讨秦国的战斗檄文。

秦、晋两国之间恩怨纠缠数十年，其中的是是非非绝非三言两语所能表达清楚。然而吕相却能以其三寸不烂之舌将这些恩怨历史尽数道出，令人叫绝。言辞中，他将秦国对晋国的恩惠如蜻蜓点水般轻轻带过，却将秦国对晋国的背信弃义、出尔反尔作为重点反复提及。他甚至还颠倒是非，将晋国理亏的崤之战也最终说成是因为秦国气量狭小，所以两国无法和解。不经意间，就将秦国国君描画成一个言而无信、唯利是图、心胸狭窄的小人。

最后，吕相将话题落入当下，谴责秦国背弃盟约，挑拨晋国与白狄之间的关系。在将秦国批驳得体无完肤的同时，也为晋厉公将要联合诸侯共同讨伐秦国找足了理由。

全篇洋洋洒洒千字，读来却一气呵成、气势不凡，足见晋人之文采。同时，这篇辞令极大地鼓舞了晋军气势，以致在后来的交战中，秦军果然大败。

祁奚请免叔向

《左传·襄公二十一年》

【题解】

春秋时期，晋国的范氏、栾氏两大家族相互争斗。虽然范宣子把女儿嫁到栾家，此女还为栾家生一子栾盈，但两家矛盾并未得到有效改善，仍然是你争我斗。栾盈成人后，乐善好施，声望日高，威胁到了外祖父范宣子的地位。栾盈的父亲去世后，母亲与人私通，栾盈非常不满。他母亲索性与娘家人勾结起来，诬陷栾盈，将他逼逃到楚国。栾盈的同党羊舌虎被杀，羊舌虎的哥哥叔向也被囚禁起来。

【原文】

栾盈出奔楚，宣子杀羊舌虎，囚叔向。

人谓叔向曰："子离①于罪，其为不知乎？"叔向曰："与其死亡若何？《诗》曰：'优哉游哉，聊以卒岁。'知也！"

乐王鲋见叔向曰："吾为子请。"叔向弗应。出，不拜。其人皆咎叔向。叔向曰："必祁大夫。"室老闻之曰："乐王鲋言于君无不行，求赦吾子，吾子不许；祁大夫所不能也，而曰必由之，何也？"叔向曰："乐王鲋，从君者也，何能行？祁大夫外举不弃仇，内举不失亲，其独遗我乎？《诗》曰：'有觉德行，四国顺之。'夫子，觉者也。"

晋侯问叔向之罪于乐王鲋。对曰："不弃其亲，其有焉。"于是祁奚老矣，闻之，乘驲而见宣子，曰："《诗》曰：'惠我无疆，子孙保之。'《书》曰：'圣有谟勋，明征定保。'夫谋而鲜过、惠训不倦者，叔向有焉，社稷之固也，犹将十世宥之，以劝能者。今壹不免其身，其弃社稷，不亦惑乎？鲧殛而禹兴；伊尹放大甲而相之，卒无怨色；管、蔡为戮，周公右王，若之何其以虎也弃社稷？子为善，谁敢不勉？多杀何为？"宣子说②，与之乘，以言诸公而免之。不见叔向而归，叔向亦不告免焉而朝。

【注释】

①离：同"罹"，遭受，遭遇。
②说：通"悦"，这里有赞同的意思。

【译文】

栾盈因得罪范宣子而逃亡至楚国。宣子杀了栾盈的同党羊舌虎，并将叔向囚禁起来。

有人问叔向："您获罪被抓，难道是您不够明智吗？"叔向回答说："被囚禁相比于被杀死和逃亡如何？《诗经》上说：'轻松自在，悠悠闲闲地过完人生。'这样的人才是明智的。"

乐王鲋来看望叔向，并对叔向说："我为您向国君求情。"叔向没有回答。乐大夫离开时，叔向也没有拜谢他的好意。叔向的家人和朋友都为此抱怨叔向。叔向却说："此事必须祁大夫出面才行。"管家听到后说："乐王鲋向国君求情，还没有被拒绝过，他想要为您求情，您却不理睬；而祁大夫无法办到此事，您却说必须他才行。这是为什么？"叔向说："乐王鲋是服从国君的人，他求情怎么能行？而祁大夫举荐人才外不避仇，内不避亲，难道他还会唯独将我遗漏吗？《诗经》中说：'有德之人，四方万国都会顺从他。'祁大夫正是有德之人啊！"

晋君向乐王鲋询问叔向的罪行。乐王鲋回答说："他没有抛弃他的亲人，大概是同谋吧。"已经老迈的祁奚听说叔向被囚禁，便乘坐驿站的马车前来见宣子，并对宣子说："《诗经》云：'给我无边恩惠之人，其子子孙孙永葆恩泽。'《尚书》曰：'圣贤之人有功勋，就要明确地加以保护。'有谋略而少过失、教诲人而不知疲倦，叔向正是这样的人啊！国家能得以稳固，就应宽恕他十世的罪行，以此来勉励那些贤良之人。现在，因为一件小事就舍弃这样的社稷之才，这难道不是太糊涂了吗？鲧被杀而任用禹，伊尹先放逐太甲后又辅佐他，太甲终无怨色；管叔、蔡叔被杀，周公却辅佐成王。而现在您怎么能因为羊舌虎而抛弃国家的柱石呢？您若行善，谁敢不尽力？为何要多杀人呢？"宣子听后很高兴，与祁奚共乘一辆车，向晋平公进言赦免了叔向。祁奚没有去见叔向就先行回家了，叔向也未向祁奚拜谢就去朝见国君了。

【评析】

《左传》惯用以言行记人的手法，轻轻几笔就将人物刻画得活灵活现。本文即是例证。

　　文章伊始，面对他人的询问，身陷囹圄的叔向居然能悠然诵诗，足见他的乐观豁达和稳重从容。此外，从叔向对乐王鲋和祁奚的评价可以看出，他识人之深和他的浩然正气。而乐王鲋在晋君面前的进谗和祁奚急匆匆面见宣子所说的一番肺腑之言，不仅印证了叔向对他们的评价，也将他们一奸一忠的形象刻画得入木三分。

　　不得不提的是，文中对反衬与烘托手法的灵活运用，也对人物性格的刻画起到了强化作用。例如，乐王鲋在狱中向叔向主动示好，表示愿意代其向晋君求情，但遭到叔向的冷遇之后，又在晋君面前故作猜疑，这就反衬了乐王鲋的巧言令色。再如祁奚不顾年迈匆匆为叔向辩言，更从侧面烘托了乐王鲋的小人行径。而祁奚与叔向之间，一个为救贤良奔波求情不求回报，一个坦荡荡接受恩情不去拜谢，君子形象由此可见。

季札观周乐

《左传·襄公二十九年》

【题解】

　　鲁国是春秋时期各诸侯国中传统文化底蕴最为深厚的国家，对周朝的典籍、文物、乐舞等保存得比较完整。公元前554年，吴国公子季札出访鲁国。季札早就仰慕周文化，于是提出观赏周朝乐舞的请求，并最终如愿以偿。

【原文】

　　吴公子札来聘，请观于周乐。

　　使工为之歌《周南》《召南》，曰："美哉！始基[①]之矣，犹未也，然勤而不怨矣。"

　　为之歌《邶》《鄘》《卫》，曰："美哉，渊乎！忧而不困者也。吾闻卫康叔、武公之德如是，是其《卫风》乎？"

　　为之歌《王》，曰："美哉！思而不惧，其周之东乎？"

　　为之歌《郑》，曰："美哉！其细已甚，民弗堪也。是其先亡乎！"

　　为之歌《齐》，曰："美哉！泱泱乎，大风也哉！表东海者，其大公乎？国未可量也。"

　　为之歌《豳》，曰："美哉！荡乎！乐而不淫[②]，其周公之东乎！"

　　为之歌《秦》，曰："此之谓夏声。夫能夏则大，大之至也，其周之旧乎！"

　　为之歌《魏》，曰："美哉！沨沨乎！大而婉，险而易行！以德辅此，则明主也。"

为之歌《唐》，曰："思深哉，其有陶唐氏之遗民乎！不然，何忧之远也？非令德之后，谁能若是？"

为之歌《陈》，曰："国无主，其能久乎！"

自《郐》以下无讥焉。

为之歌《小雅》，曰："美哉！思而不贰，怨而不言，其周德之衰乎？犹有先王之遗民焉！"

为之歌《大雅》，曰："广哉，熙熙乎！曲而有直体，其文王之德乎！"

为之歌《颂》，曰："至矣哉！直而不倨，曲而不屈，迩而不逼，远而不携，迁而不淫，复而不厌，哀而不愁，乐而不荒，用而不匮，广而不宣，施而不费，取而不贪，处而不底，行而不流。五声和，八风平，节有度，守有序。盛德之所同也。"

见舞《象箾》《南籥》者，曰："美哉！犹有憾。"见舞《大武》者，曰："美哉！周之盛也，其若此乎？"见舞《韶濩》者，曰："圣人之弘也，而犹有惭德。圣人之难也。"见舞《大夏》者，曰："美哉！勤而不德，非禹，其谁能修之？"见舞《韶箾》者，曰："德至矣哉！大矣，如天之无不帱③也，如地之无不载也！虽甚盛德，其蔑以加于此矣。观止矣！若有他乐，吾不敢请已！"

【注释】

①始基：开始。

②淫：过度。

③帱：覆盖。

【译文】

吴国的公子季札前去访问鲁国，并请求欣赏周朝的乐舞。

鲁人让乐工为其演奏《周南》《召南》，季札听后赞叹道："真美啊！周朝的教化开始奠基了，但是还不够完善，不过百姓都勤劳而没有怨言。"

为其演奏《邶风》《鄘风》和《卫风》，他赞叹道："真美啊，内涵如此深厚！虽然忧伤却又不困惑。我从中听到卫康叔、武公的德行教化了。这应该就是《卫风》吧？"

为其演奏《王风》，他赞叹道："真美啊！忧思却不畏惧，这大概是周朝东迁以后的乐曲吧！"

为其演奏《郑风》，他赞叹道："真美啊！只是繁细甚，百姓怕是承受不了了。这个国家大概要先灭亡吧？"

为其演奏《齐风》，他赞道："真美啊！泱泱然气势宏大，颇具大国风范！不愧为东海诸国的表率，这莫非是太公的国家？这个国家的前程将不可限量。"

为其演奏《豳风》，他赞道："真美啊！坦坦荡荡，乐而有节！这大概是周公东征时期的乐曲吧？"

为其演奏《秦风》，他赞道："这是夏声！能发出夏声，则声音自然嘹亮，嘹亮至此，难道是周朝旧地的乐曲？"

为其演奏《魏风》，他赞道："真美啊！轻灵飘逸！声音嘹亮而婉转，紧凑又充满变化。若得贤人辅佐，就一定能成为明君！"

为其演奏《唐风》，他说道："多么深沉的忧思，难道是陶唐氏的遗民吗？不然，为何有如此深沉的忧愁呢？如果不是有德之人的后代，谁能如此？"

为其演奏《陈风》，他说道："国家没有君主，还能够维持长久吗！"

而自《郐风》之后，他便不再加以评论了。

为其演奏《小雅》，他赞道："真美啊！有忧思却没有背弃之心，虽怨恨却并不言明，这是周王朝衰败时期的乐曲吧？不过还有先王的遗民存在。"

为其演奏《大雅》，他赞道："多么深厚宽广，多么和乐美好啊！曲折舒缓却又刚而不屈，这大概说的是文王的德行吧？"

为其演奏《颂》，他赞道："真是美到了极致！刚直却又不傲慢，曲折却又不卑微；亲近却又不放肆，遥远却又不疏散；变化却又有制约，重复却又不厌烦；哀伤却又不发愁，快乐而又不放荡；使用却又不匮乏，宽广却又不显露；施与却又不损耗，索取却又不贪婪；宁静却又不凝滞，流动却又不泛滥。五音相和，八音协调；节奏富有韵律，乐器配合有序。这样的乐曲，与圣贤之人的美德是相同的啊！"

季札又看了《象箾》《南籥》两种舞蹈，说道："真美啊！可惜仍有不足之处。"又看了《大武》舞，说："真美啊！周朝盛世，大概就是这个样子吧！"又看了《韶濩》舞，他感叹道："圣人如此至德，却仍有不完善的地方，看来圣人要追求尽善尽美也不容易。"又看了《大夏》舞，说："真美啊！百姓勤奋却又不自恃有功，除了大禹，谁还有如此德行呢！"看了《韶箾》舞，他说道："这是最美的德行！真伟大啊，就像苍天一样无不覆盖，就像大地一样无不承载！即使有再大的功德，怕也无法超越他了。我们所欣赏的乐舞已经尽善尽美了！如果还有其他的乐舞，我也不敢请求欣赏了。"

【评析】

本文以流水账形式记述了季札欣赏的乐曲和舞蹈以及他对这些乐曲和舞蹈的评论。此评说虽是当场有感而发、流于口语，但却真实而形象地抒发了季札当时的感受。

季札的评论充分反映了他不凡的音乐造诣以及惊人的判断能力。他不仅随口道出乐曲中深含的乐理，甚至还能精准地判断出这些音乐舞蹈的出处和创作的时代背景。不仅如此，他还充分发挥想象，将乐曲、舞蹈与政治、民生和社会风气联系在一起，从乐舞中品评各国的政治得失和未来发展方向。这种欣赏能力着实令人叹服。

而本文在《左传》中独树一帜，颇似一篇文学评论。众所周知，古代的《诗》都是入乐的，而本文其实就是对《诗》的评论。从这个角度来讲，本文的历史文献价值超乎寻常。

本文还给了我们一个极为重要的启示，那就是在欣赏艺术时，要展开想象的翅膀，将艺术与生活结合起来，不能单一、片面地就艺术而论艺术。要注意将生活中的感情积淀融入艺术欣赏中去，这样才能更深刻地体会艺术的魅力。

子革对灵王

《左传·昭公十二年》

【题解】

我国历史上从来都不乏直言敢谏的忠臣，他们将个人的利益抛到一边，以国家社稷为重，即使"逆龙鳞"也要进谏，被杀也在所不惜。而本文却抛开传统的谏臣形象，以曲折动人的文字为我们展现了一位成熟老练的谏臣的风采。

【原文】

楚子狩于州来，次于颍尾，使荡侯、潘子、司马督、嚣尹午、陵尹喜帅师围徐以惧吴。楚子次于乾溪，以为之援。雨雪，王皮冠，秦复陶，翠被，豹舄，执鞭以出，仆析父从。

右尹子革夕，王见之，去冠被，舍鞭，与之语，曰："昔我先王熊绎与吕伋、王孙牟、燮父、禽父并事康王，四国皆有分，我独无有。今吾使人于周，求鼎以为分，王其与我乎？"对曰："与君王哉！昔我先王熊绎辟在荆山，筚路蓝缕以处草莽，跋涉山林以事天子，唯是桃弧棘矢以共御王事。齐，王舅也；晋及鲁、卫，王母弟也。楚是以无分，而彼皆有。今周与四国服事君王，将唯命是从，岂其爱鼎？"王曰："昔我皇祖伯父昆吾，旧许是宅。今郑人贪赖其田，而不我与。我若求之，其与我乎？"对曰："与君王哉！周不爱鼎，郑敢爱田？"王曰："昔诸侯远我而畏晋，今我大城①陈、蔡、不羹，赋皆千乘，子与有劳焉。诸侯其畏我乎？"对曰："畏君王哉！是四国者，专足畏也；又加之以楚，敢不畏君王哉！"

工尹路请曰："君王命剥圭以为鏚柲，敢请命。"王入视之。

析父谓子革："吾子，楚国之望也。今与王言如响，国其若之何？"子革曰："摩厉以须，王出，吾刃将斩矣。"

王出，复语。左史倚相趋过。王曰："是良史也，子善视之。是能读《三坟》《五典》《八索》《九丘》。"对曰："臣尝问焉。昔穆王欲肆其心，周行天下，将皆必有车辙马迹焉。祭公谋父作《祈招》之诗以止王心，王是以获没②于祗宫。臣问其诗而不知也；若问远焉，其焉能知之？"王曰："子能乎？"对曰："能。其诗曰：'《祈招》之愔愔，式昭德音。思我王度③，式如玉，式如金。形④民之力，而无醉饱之心。'"

王揖而入，馈不食，寝不寐，数日。不能自克，以及于难。

仲尼曰："古也有志：'克己复礼，仁也。'信善哉！楚灵王若能如是，岂其辱于乾溪？"

【注释】

①大城：修筑城墙，扩大面积。
②没：通"殁"，死亡。
③度：仪表、风度。
④形：法则，标准，引申为衡量。

【译文】

楚灵王在州来打猎，在颍尾驻扎后，派荡侯、潘子、司马督、嚣尹午、陵尹喜率领军队将徐国团团围住以威胁吴国。随后，楚灵王又在乾溪驻扎以声援他们。天空下着雪，楚灵王头戴皮帽，身穿秦国送的羽衣，肩披翠羽，脚蹬豹皮鞋，手执马鞭走出大帐，仆析父在他身后跟着。

傍晚时分，右尹子革求见，灵王召见了他。楚灵王摘下帽子，脱下披肩，放下鞭子，对子革说道："以前，我们先王熊绎与吕伋、王孙牟、燮父、禽父共同侍奉周康王，周王分别赐予他们四个国家宝器，只有我们楚国没有受赐。假如现在我遣人向周王请求把宝鼎赏赐给我们，他会答应吗？"子革回答说："当然会给君王！从前我们的先王熊绎住在偏僻的荆山，驾着柴车衣衫褴褛栖身于荒草丛中，又跋山涉水穿越森林前来辅佐周天子。却只以桃木弓和棘木箭为礼献给周天子。而齐国国君是周天子的舅父；晋国、鲁国和卫国的国君则是周天子的亲兄弟。正是这个原因，楚国才没有被赏赐宝物，而他们都有。现在，周朝以及这四个诸侯都服侍君王，他们对您唯命是从，难道还会吝惜宝鼎吗？"楚灵王又说："从前，我皇祖伯父昆吾居住在许国故土。现在，郑国贪图那片土地，不肯把土地还给我们。假如我现在求取这片土地，他会给我们吗？"子革回答说："会的！周王朝都不吝惜宝鼎，郑国岂敢吝惜这些土地？"

楚灵王接着说："从前，其他诸侯国都疏远我，却因畏惧晋国而追随他，现在我已经把陈、蔡和不羹等地的城池大加修筑，这些地方的兵车多达数千辆，这其中也有你的功劳。如今，诸侯会畏惧并追随我吗？"子革回答说："会畏惧您的！仅是这陈、蔡等四国的力量就足以使他们畏惧了，更何况再加上楚国，他们岂敢不畏惧您？"

这时，工尹路前来请示说："您命我剖开玉圭来装饰斧柄，请问要做成何种样式？"楚灵王随他进去察看。

析父就对子革说："您在楚国德高望重。但是今天您同君王的对话就像是他的回声一样，如此下去，国家怎么办？"子革说："我已经把刀锋磨好，等到君王一出来，我就要斩断他的邪念了。"

楚灵王出来后，又接着和子革谈话。左史倚相快步走过来。灵王说："他是位很好的史官，你要善待他。这个人能诵读《三坟》《五典》《八索》《九丘》。"子革回答说："我曾经问过他。从前周穆王想要实现周游天下的欲望，打算在各国都留下他的车辙马迹。祭公谋父就写了一首诗叫《祈招》，用来阻谏穆王的野心，穆王也因此才能在祗宫得以善终。我问那首诗，他却说不知道，假如问年代更为久远的事，他岂不是更不知道？"楚灵王说："那你知道那首诗吗？"子革说："知道。这首诗这样说：'祈求安详平和，以此彰显周王美德。希望我王的风度如同美玉一样纯洁，如同金子一样坚实。使用民力不过度，对自身欲望也不放纵。'"

楚灵王听子革讲完后，拱手作揖，然后进入寝室。此后连续几天灵王都茶饭不思、卧床难寐。可惜最终没有克制自己的欲望，因而招祸丧身。

孔子说："古书上曾这样记载：'能克制自己的欲望以恢复古礼，这才是仁。'"讲得真好！楚灵王如果能做到这样，又怎么会在乾溪受辱呢？

【评析】

本文记录了子革劝谏楚灵王莫要纵欲一事。作者以深入而细致的笔触刻画了两个人物：一个是狂妄自大、野心勃勃的楚灵王；另一个则是老成稳重、劝谏有方的子革。

楚灵王一生戎马倥偬、肆意而为，但在征讨徐国之时却积累了满心的怨气。所以当子革求见他时，他正有满腔怒火，因而，他一开口便接连三问。这三问事实上代表了楚灵王的三个欲望：首先他追述先王当年侍奉周康王时没有得到康王的平等对待，如今他想要向周王索取宝鼎以平息旧日的怨气；其次，他又提出当年他的先祖曾居住在郑国故土，现在想要讨回这片土地；最后，他提到先前诸侯疏远他而亲近晋国，如今他要让诸侯畏惧他继而亲近楚国，以报当年受欺凌之仇。

这三问清晰明了地反映了楚灵王的狂妄自大和不自量力。而子革面对这颇为无理的三问，自知楚灵王如此做太过放纵，最后难免会因此招祸，但他又深知灵王的暴躁和自大，因而故意顺着灵王。他的三答几乎就是顺水推舟甚至是推波助澜。读至此，子革在读者心目中似乎就是一个唯唯诺诺、阿谀奉承的奸佞小人。但是，此后剧情发生了逆转。灵王再次回来的时候，子革则故意讽刺灵王所欣赏的史官孤陋寡闻，居然不知道《祈招》这首诗。灵王自然不知是计，便随口问到了这首诗。待子革将这首诗诵读之后，楚灵王方才醒悟——原来是子革借诗讽谏。

灵王听到此诗后向子革拱手作揖，可见子革的委婉劝谏起到了作用。而此后几天灵王的寝食难安则更见子革劝谏的功效。虽然最后楚灵王没能克制住自己的欲望而招致屈辱，但不得不承认子革的劝谏的确触及了灵王的内心。身为谏臣，能做到这样着实不易。

吴许越成

《左传·哀公元年》

【题解】

公元前494年，吴王夫差击败越国，越王勾践派大夫文种向夫差求和，夫差想要答应，但遭到了大夫伍员（即伍子胥）的反对。伍子胥指出，越国一旦休养生息，强大后就会对吴国造成很大威胁。

这篇文章记载了伍子胥劝谏吴王斩草除根，不要与越国和谈的事件，但吴王没有采纳。"吴许越成"意思就是吴国答应越国的求和请求。

【原文】

吴王夫差败越于夫椒，报檇李也。遂入越。越子以甲楯五千保于会稽，使大夫种因吴太宰嚭以行成。

吴子将许之。伍员曰："不可。臣闻之：'树德莫如滋，去疾莫如尽。'昔有过浇杀斟灌以伐斟鄩，灭夏后相。后缗方娠，逃出自窦，归于有仍，生少康焉，为仍牧正。惎①浇能戒之。浇使椒求之，逃奔有虞，为之庖正，以除其害。虞思于是妻之以二姚，而邑诸纶，有田一成，有众一旅。能布其德，而兆其谋，以收夏众，抚其官职。使女艾谍浇，使季杼诱豷，遂灭过、戈，复禹之绩，祀夏配天，不失旧物②。今吴不如过，而越大于少康，或将丰之，不亦难乎？句践能亲而务施，施不失人，亲不弃劳，与我同壤，而世为仇雠。于是乎克而弗取，将又存之，违天而长寇雠，后虽悔之，不可食已。姬之衰也，日可俟也。介在蛮夷，而长寇雠，以是求伯③，必不行矣。"

弗听。退而告人曰："越十年生聚，而十年教训，二十年之外，吴其为沼乎！"

【注释】

①慭：毒，狠。
②旧物：指过去的典章制度。
③伯：通"霸"。

【译文】

　　吴王夫差率兵在夫椒大败越军，为在檇李之战中丧命的父亲报了仇。随后，夫差乘胜进攻越国。越王勾践率领士兵五千人一面坚守会稽山，一面派大夫文种试图通过吴国太宰嚭向吴王求和。

　　夫差意欲答应文种的求和。伍员劝阻道："不可答应求和。臣听说过：'树立德行要靠日积月累，去除毒瘤则需干净彻底。'古时过国的国君浇杀死斟灌然后又攻打斟鄩，最后杀死了夏后相。而夏后相的妻子缗当时正怀有身孕，她从城墙的小洞里逃回娘家有仍国，并生下了儿子少康。少康长大后做了有仍国的牧正。少康对浇心存怨恨，且时刻警戒浇。浇派臣子椒四处打探少康的下落，少康便潜逃至虞国，做了庖正，这才躲过杀身之祸。后来虞国国君又把他的两个女儿嫁给了少康，还把纶地封给他。于是少康有了十里见方的土地和五百人的部下。他广施恩惠，开始着手准备复国的计划。他召集夏朝遗民旧部，给他们封官晋爵。同时他还派女艾到浇那儿做间谍，又派季杼去引诱浇的弟弟豷，最终灭亡了过国和戈国，复兴了夏禹的王业。祭祀夏朝的先祖，奉祀上天，保持了夏国当年的典章制度。现在的吴国比不上当年的过国，而越王勾践却强于少康。如果与越国讲和，他日一旦越国强盛起来，岂不是吴国的重大隐患！勾践能亲近百姓，且善施恩惠而不遗漏任何一个有功之人。越国与我国相邻，而且又是世代仇敌。在这种情况下，战胜它却又不趁机消灭它，反而与它讲和使其得以保全，这样做有违天意且是助长仇敌，若是待到将来消灭不了它时，便要后悔莫及。姬姓的衰亡指日可待。而处在蛮夷之间，却又让仇敌恣意强大，以这样的方式来谋取霸业，显然是行不通的。"

　　吴王却不听伍员的劝阻。伍员出来后对他人说："越国用十年的时间生养人口、积聚财富，再用十年时间教化百姓、训练军队，二十年后，吴国宫室怕要变为池沼了。"

【评析】

　　本文是一篇讽谏之文，故事虽然平常，但伍员的讽谏之言却独具特色。他并没有为夫差大讲道理，而是借用少康复兴夏朝的故事讽喻夫差不要姑息养奸，以免养虎为患。

　　少康中兴一事历来为历史学家所津津乐道，且多被作为励志故事勉励人们奋发图强。但伍员却一反常理，他暗将勾践喻为少康，以此告诫夫差切莫因妇人之仁而使勾践有东山再起、卷土重来的机会。伍员对少康经历的描述详尽、生动，而且句句紧扣当下，颇令人信服。可叹最终吴王未能听从伍员的谏言，放了勾践一条生路。勾践此后卧薪尝胆、励精图治，二十年后终于灭掉吴国，验证了伍员"越十年生聚，而十年教训，二十年之外，吴其为沼乎"的预言。

　　伍员的谏言虽未能被吴王采纳，但对后世却影响深远。其中，"去疾莫如尽"一语，尤为后人称道。

祭公谏征犬戎

《国语·周语上》

【题解】

　　《国语》是我国最早的一部国别体史书。它记载了周朝王室和鲁国、齐国、晋国、郑国、楚国、吴国、越国等诸侯国的重要历史事件，时间从周穆王西征犬戎（约公元前947年）到智伯被灭（约公元前453年）。至于国语的作者是谁，一直以来都存在着争议。一般认为，这部史书是由战国初期一些熟悉各国历史的人，在整理周朝王室和各诸侯国史料的基础上，加工汇编而成的。本书以"语"为主，以"国"分目，重点记述了"邦国成败，嘉言善语"，故名《国语》。

　　《祭公谏征犬戎》是《国语》的第一篇，记载了周穆王即将远征犬戎而祭公极力劝谏的事。可惜，周穆王最终没有听从祭公的劝告，导致"荒服者"不来朝拜。

【原文】

　　穆王将征犬戎，祭公谋父谏曰："不可。先王耀德不观兵。夫兵戢①而时动，动则威，观则玩②，玩则无震。是故周文公之《颂》曰：'载戢干戈，载櫜弓矢。我求懿德，肆于时夏，允王保之。'先王之于民也，茂正其德而厚其性，阜③其财求而利其器用，明利害之乡④，以文修之，使务利而避害，怀德而畏威，故能保世以滋大。

　　"昔我先世后稷，以服事虞、夏。及夏之衰也，弃稷弗务，我先王不窋用失其官，而自窜于戎、翟之间，不敢怠业，时序⑤其德，纂修其绪，修其训典，朝夕恪勤，守以惇笃，奉以忠信，奕世载德，不忝前人。至于武王，昭前之光明而加之以慈和，事神保民，莫不欣喜。商王帝辛，大恶于民。庶民弗忍，欣戴武王，以致戎于商牧。是先王非务武也，勤恤民隐而除其害也。

"夫先王之制：邦内甸服，邦外侯服，侯、卫宾服，蛮、夷要服，戎、翟荒服。甸服者祭，侯服者祀，宾服者享，要服者贡，荒服者王。日祭、月祀、时享、岁贡、终王，先王之训也。有不祭则修意，有不祀则修言，有不享则修文，有不贡则修名，有不王则修德，序成而有不至则修刑。于是乎有刑不祭，伐不祀，征不享，让不贡，告不王。于是乎有刑罚之辟，有攻伐之兵，有征讨之备，有威让之令，有文告之辞。布令陈辞而又不至，则增修于德而无勤民于远，是以近无不听，远无不服。

"今自大毕、伯仕之终也，犬戎氏以其职来王，天子曰：'予必以不享征之，且观之兵。'其无乃废先王之训而王几顿乎！吾闻夫犬戎树惇，能帅⑥旧德而守终纯固，其有以御我矣！"

王不听，遂征之，得四白狼、四白鹿以归。自是荒服者不至。

【注释】

①戢：收藏，聚集。
②玩：玩忽，轻慢。
③阜：满足，使……丰富。
④乡：通"向"，所在。
⑤序：传布，宣扬。
⑥帅：通"率"，遵循。

【译文】

周穆王意欲出征犬戎，祭公谋父劝谏道："此行不可。先王历来宣扬德治而不崇尚武力。军队平日养精蓄锐，只在必要时方可动用，一旦出兵必要显示神威，若只是炫耀武力，就会导致滥武，而滥武就会使军队丧失神威。所以周公在《颂·时迈》中说：'收好戈与盾，藏好弓与箭。我王只求美德，望其传遍华夏，相信我国定能长保封疆。'先王对于百姓，总是鼓励他们端正德行、修身养性，并满足他们求富的欲望使他们的工具更加便利，使他们明白何为利害，同时对他们施以礼乐加以教化，让他们从事正当的劳作以趋利避害，并且心怀仁德且畏惧天威。正因如此，先王的基业才能永世相传并日渐壮大。

"从前，我们先王世代相继担任后稷一职，尽心尽力地侍奉虞、夏两朝。待夏朝衰败之时后稷一职被废除，我们先王不窋在失官之后逃奔到戎、狄一带。但他始终不敢怠惰于农事，经常自勉以修正自己的德行，继承先祖的基业、遵守他们的教诲、维护他们的礼制。朝夕勤勉，无一时不淳厚、忠守诚信，且世世代代传承先王的美德，力争不玷污先祖。武王即位之后，继续以仁慈和善之心将先人美德发扬光大，诚心侍奉神灵，保护百姓，神灵和百姓莫不为此欣喜。而商纣王帝辛暴虐成性、危害百姓。百姓不堪忍受他的暴政纷纷拥戴武王，也因此导致了商郊的牧野大战。但这并不是因为武王崇尚武力，而是他体恤百姓，为民除害。

"先王礼制规定：王畿之内的为甸服，王畿之外的为侯服，侯圻与卫圻之间的为宾服，蛮夷之地的为要服，戎狄之地的为荒服。甸服之地要供天子日祭所需，侯服之地要供天子月祀所需，宾服之地要供天子四季时享所需，要服之地要供天子岁贡，荒服之地要在天子即位当天朝贡一次。这日祭、月祀、时享、岁贡以及终王的规矩，是先王留下的遗训。如果有不供日祭的，天子就要反省自己内心是否有不足之处；有不供月祀的，天子就要注意自己的言行是否有不当之处；有不供时享的，天子就要检查自己的政令是否有不适之处；有不纳岁贡的，天子就要审视那些尊卑名号是否有不妥之处；有在天子登基之日不来朝见的，天子就要进一步修正自己的德行。如果这一切都一一做到了，还有不遵守礼制的，此时就可施以刑罚。于是，就有了刑罚以惩戒不供日祭之人，就可以出兵讨伐不供月祀之人，就可以领兵征讨不供时享之人，就可以谴责不纳岁贡之人，就可以告诫不来朝贡之人。所以也就有了惩戒的法律、讨伐的军队、征讨的武备、谴责的训令以及告诫的政令。如果发布政令后依然有不遵守礼制的，天子就应进一步修正自己的德行，而绝不能轻易劳民远征。所以，近处的诸侯没有不听从天子政令的，而远方的部落也没有不归服于天子的。

"现在，自从大毕、伯士逝世之后，犬戎的君长一直依照先王礼制对荒服的规定来朝见天子。而天子却说：'我将依据宾服不供时享的罪名去征讨犬戎，用来炫耀军队的神威。'这不是要废弃先王遗训从而破坏'荒服者王'的规定吗？我听说犬戎如今的君长立心惇厚，遵循其先王的德行且能恒久守之，这在道义上就已经能抵御我们了。"

周穆王最终没有听从祭公的劝谏，依然领兵前去讨伐犬戎。结果只得到了四只白狼、四只白鹿便班师回朝了。而自此之后，荒服之地的诸侯再也不来朝见他了。

【评析】

《国语》一书的特点就是以记"语"为主，着重记述"邦国成败，嘉言善语"。因而本文全篇五百一十二个字，除去首尾两段简要的叙述，其余四百七十八字皆为祭公进谏之语。

祭公始终围绕"先王耀德不观兵""观则玩，玩则无震"的观点，从先王礼制出发，详细分析了穆王讨伐犬戎的利弊关系，最后明确此次讨伐因"师出无名",所以有百害而无一利。言语间晓之以理、动之以情,层层深入、有理有据地对周穆王进行劝谏。可惜穆王一心向战,未能采纳祭公良言,虽然"得四白狼、四白鹿以归",却最终落得"自是荒服者不至"的凄凉境地。

　　穆王的得失充分为祭公证言的同时,也给后世之人上了生动的一课,使人们明白"为政以德"的道理,明白穷兵黩武的下场只能是众叛亲离。

召公谏厉王止谤

《国语·周语上》

【题解】

　　周厉王是我国历史上有名的暴君,他的暴政引起了国人的强烈不满,百姓纷纷谴责他。周厉王于是采用高压政策压制民间舆论。召公规劝周厉王不要壅民之口,而应"宣之使言",但周厉王不听,最终为自己招来了祸患。

【原文】

　　厉王虐,国人谤王。召公告曰:"民不堪命矣!"王怒,得卫巫,使监谤者,以告,则杀之。国人莫敢言,道路以目。王喜,告召公曰:"吾能弭①谤矣,乃不敢言。"

　　召公曰:"是鄣之也。防民之口,甚于防川。川壅②而溃,伤人必多,民亦如之。是故为川者决之使导,为民者宣之使言。故天子听政,使公卿至于列士献诗,瞽献曲,史献书,师箴,瞍赋,矇诵,百工谏,庶人传语,近臣尽规,亲戚补察,瞽、史教诲,耆、艾修之,而后王斟酌焉,是以事行而不悖。民之有口,犹土之有山川也,财用于是乎出,犹其原隰之有衍沃也,衣食于是乎生。口之宣言也,善败于是乎兴,行善而备败,所以阜财用、衣食者也。夫民虑之于心而宣之于口,成而行③之,胡可壅也?若壅其口,其与能几何?"

　　王弗听,于是国人莫敢出言,三年,乃流王于彘。

【注释】

①弭:平息,消除。

②壅:堵塞。

③行:这里是流露的意思。

【译文】

　　周厉王暴虐成性,百姓纷纷谴责他。召公告诉厉王说:"百姓已经不堪重压了。"厉王听后大怒，便将卫地的巫师召来，命他们前去监视那些谴责自己的人。只要被巫师汇报过的人，厉王便将他们杀掉。自此，百姓再不敢说话，路上见面之后以眼神示意。厉王为此感到高兴，他对召公说："我能够制止诽谤了，他们不敢再抱怨了。"

召公回答道："您这是封住了他们的口舌而已。封住百姓的口舌，比堵塞河流还要恐怖。河流若被堵塞，就会一溃千里，到时候受伤的人会更多，封住百姓口舌的后果也是如此。因此，治理河道要疏通河流，治理百姓要引导百姓敢于直言。所以，天子处理朝政，应使公卿、大夫以及列士都呈献民间诗歌，使乐官们都呈献民间歌谣，使史官都呈献史书，使少师都能进箴言，使没有眸子的盲人朗诵，使有眸子却看不见的盲人吟咏，使百工诤谏，使百姓的言语能够传达上廷，使左右近臣能够悉心规劝，使宗室姻亲能够以正纠偏，使乐官、史官能够教诲不倦，使元老重臣能够劝诫不厌，然后再有天子亲自斟酌取舍。只有这样，政事才能得以施行，且不违背情理。百姓有口舌，犹如土地上有山川河流一样，财富、器物都从这里生产出来；又犹如大地上有高原、平川、洼地和沃野一样，衣服、食物都从这里生产出来。百姓的议论，就是国家治理成败的反映。为政以善，才能避免坏事的发生，才能增加财富、器物和衣食。百姓心中考虑什么，口里就说什么，这是内心想法的自然流露，怎么能制止得了呢？如果真要封住百姓的口舌，那这个国家还能维持多久呢？"

周厉王不听劝告，于是百姓们都不敢乱讲话。三年之后，周厉王就被国人放逐至彘地去了。

【评析】

本文体现了《国语》以记言为主的一般特点，将谏言的原因、经过、结果分三段介绍得清晰详尽。

起始，作者以"厉王虐，国人谤王"七字言简意赅地介绍了谏言背景。然后又简短地写了召公将百姓谤王的事情禀报周厉王，周厉王召巫师监视百姓，最后"民莫敢言"，而周厉王得意扬扬地向召公炫耀自己能"弭谤"。至此谏言的原因已交代得清清楚楚。

而后，便是召公的谏言。召公以"防民之口，甚于防川"的道理起领全段，用形象地比喻为厉王详细论述"防民之口"的危害。又以"天子听政"总领下文，大讲特讲"宣之于口"的好处，可谓苦口婆心、用心良苦。

最后一段，作者简要地交代了厉王不听谏言的悲惨下场。

全文从总体上看，虽然结构上依然保持了《国语》的一贯作风，但在语言上却颇具特色，尤其是召公关于"防民之口，甚于防川"的精彩论述，可谓震古烁今，影响深远。

展禽论祀爰居

《国语·鲁语上》

【题解】

在我国古代，人们对祭祀非常重视，认为它是和兵戎一样的国家大事。一天，一只叫"爰居"的海鸟在鲁国都城的东门外停留了三天没有离开，执政大夫臧文仲认为它是神灵，于是让百姓前去祭祀。鲁国大夫展禽认为这样做很不恰当，便针对此事阐述了自己对祭祀问题的看法。

【原文】

海鸟曰"爰居"，止于鲁东门之外三日，臧文仲使国人祭之。

展禽曰："越哉，臧孙之为政也！夫祀，国之大节也；而节，政之所成也。故慎制祀以为国典。今无故而加典，非政之宜也。

"夫圣王之制祀也，法施于民则祀之，以死勤事则祀之，以劳定国则祀之，能御大灾则祀之，能捍大患则祀之。非是族也，不在祀典。昔烈山氏之有天下也，其子曰柱，能植百谷百蔬；夏之兴也，周弃继之，故祀以为稷。共工氏之伯九有也，其子曰后土，能平九土，故祀以为社。黄帝能成命百物，以明民共财，颛顼能修之。帝喾能序三辰以固民，尧能单均刑法以仪民，舜勤民事而野死，鲧障洪水而殛死，禹能以德修鲧之功，契为司徒而民辑，冥勤其官而水死，汤以宽治民而除其邪，稷勤百谷而山死，文王以文昭，武王去民之秽。故有虞氏禘黄帝而祖颛顼，郊尧而宗舜；夏后氏禘黄帝而祖颛顼，郊鲧而宗禹；商人禘舜而祖契，郊冥而宗汤；周人禘喾而郊稷，祖文王而宗武王；幕，能帅颛顼者也，有虞氏报焉；杼，能帅禹者也，夏后氏报焉；上甲微，能帅契者也，商人报焉；高圉、大王，能帅稷者也，周人报焉。凡禘、郊、祖、宗、报，此五者国之典祀也。

"加之以社稷山川之神，皆有功烈于民者也；及前哲令德之人，所以为明质①也；及天之三辰，民所以瞻仰也；及地之五行，所以生殖也；及九州名山川泽，所以出财用也。非是不在祀典。

"今海鸟至，己不知而祀之，以为国典，难以为仁且智矣。夫仁者讲功，而智者处物②。无功而祀之，非仁也；不知而不能问，非知也。今兹海其有灾乎？夫广川之鸟兽，恒知避其灾也。"

是岁也，海多大风，冬暖。文仲闻柳下季之言，曰："信吾过也，季子之言不可不法也。"使书以为三策。

【注释】

①质：诚信。

②处物：考察事理，了解事物的规律。

【译文】

有只名叫"爰居"的海鸟在鲁国都城东门外已经停留两天了，于是执政大夫臧文仲便让都城的百姓前去祭祀它。

展禽听说这件事情后说道："真是太迂腐了，臧孙竟然如此治理国政！祭祀可谓国家的重要制度，而制度是国政得以顺理实施的保证。所以，应当慎重地制定祭祀之礼并将其作为国家大典。而现在竟然毫无缘由地增加祭典，这显然不是处理国政的适宜之法。"

"圣王制定祭祀之礼依循这样的原则：但凡能够施行法令而受到百姓拥护之人，祭祀他；但凡辛勤办事而以身殉国之人，祭祀他；但凡因功劳卓著而使国家基业得以奠定之人，祭祀他；但凡能够抵御重大灾难之人，祭祀他；但凡能够抵御重大祸患之人，祭祀他。如果不属于以上五种情形的，则不在祭祀之列。很久以前，烈山氏享有天下的时候，他的儿子名叫柱，柱能种植各种谷物和蔬菜，后来夏朝兴起，周人的祖先弃继承了柱的事业，所以人们把他当作谷神进行祭祀。共工氏称霸天下的时候，他的儿子名叫后土，后土能够治理九州的土地，所以人们把他当作土地神进行祭祀。黄帝能够为百物命名，并能教化百姓使之共享财产；颛顼能够继承并光大黄帝的事业；帝喾能够根据日月星辰的变化规律而制定历法，使百姓能够安居乐业；尧能够公平实施刑法，使百姓有法可依；舜能够勤政爱民，以致身死苍梧之野；鲧因治理洪水无功而被处死；禹以其高尚的德行接替鲧的事业，继续治理洪水；契做司徒，教导百姓和睦相处；冥为政勤勉，治水时死于水中；商汤以宽政治理百姓，并最终消灭了暴君夏桀；后稷勤于农事，最后死于黑水山中；文王以文治著称；武王伐纣为民除害。所以有虞氏禘祭黄帝，祖祭颛顼，郊祭尧，宗祭舜；夏后氏禘祭黄帝，祖祭颛顼，郊祭鲧，宗祭禹；商人禘祭舜，祖祭契，郊祭冥，宗祭汤；周人禘祭喾，郊祭稷，祖祭文王，宗祭武王；幕能承继颛顼的功业，有虞氏报祭于他；杼能继承禹的功劳，夏后氏报祭于他；上甲微能继承契的功业，商人报祭于他；高圉、太王能够继承稷的功业，周人报祭于他。但凡禘祭、郊祭、祖祭、宗祭、报祭，这五种祭祀之礼才是国家应有的祭祀大典。

"除此以外，还有土地、五谷以及山川的神灵，他们都是有功于百姓的神；还有前代有智慧、有美德之人，他们都是百姓所信任的人；以及天上的日月星辰，它们是百姓所崇拜的事物；还有地上的金、木、水、火、土五行，它们是人们繁衍生存的根基；又有九州的名山大川，它们是人们财产、器物的来源。如果不属于这些事物，则不在祭祀之列。

"现在海鸟停留在鲁国，还不知道什么原因就去祭祀它，甚至将其列为国家的祭典，这确实很难被认为是仁德和明智的行为。仁爱的人追求功效，明智的人善于处理事务。海鸟对于民众毫无功绩，如此祭祀毫无仁德可言；不知道祭祀的制度却又不请教他人，这是不明智的。今年海上也许有什么灾难了吧？因为生活在汪洋大海中的鸟兽常常能预先知道灾难的发生从而躲避灾难。"

这一年，海上常起暴风，冬季也较往年温暖。臧文仲听到展禽之语，说道："这的确是我做错了。展禽之语不可不牢记啊！"于是，他让人把展禽的话记下来，写成三份简策。

【评析】

本文开篇即言鲁国都城东门外有一只名叫"爰居"的海鸟停留两天不走，因此执政大夫臧文仲便命人前去祭祀。简单交代了展禽论祀爰居的背景。然后便写展禽对此事的议论，衔接十分自然。

展禽的一番驳斥是文章重点，论据充分，分析透彻。他以祭祀乃国之大典为由，驳斥了臧文仲的轻率。接着援古证今，详细讲述了圣人的祭祀之礼。他先指出圣人只在五种情况下进行祭祀，即："法施于民则祀之，以死勤事则祀之，以劳定国则祀之，能御大灾则祀之，能捍大患则祀之。"除去这五种情况，其他的一概不在祭祀之列。然后他又从烈山氏讲起，列举大量古人祭祀的事例予以佐证。令人信服之余，也让人不得不赞叹他的渊博学识。

之后，展禽又进一步说明人们祭祀社稷山川之神、前哲令德之人、天之三辰、地之五行以及九州名山川泽的原因。言它们皆是从各个方面有功于民且为人所崇敬的。这就更加反衬出海鸟爰居的无功、无德，继而说明了祭祀海鸟的不正确和不明智。

最后臧文仲听到展禽的一番言论后，不仅承认自己的过错，还命人将展禽之言记录下来，显示了臧文仲的宽大胸襟。

叔向贺贫

《国语·晋语八》

【题解】

本文也称《叔向论忧德不忧贫》。全篇记述了叔向与韩宣子的对话。叔向用栾、郤两个家族的事例阐述了贫不足忧的道理，并指出应重视个人的道德修养：有德行，福及子孙；无德行，家破人亡。

【原文】

叔向见韩宣子，宣子忧贫，叔向贺之。

宣子曰："吾有卿之名，而无其实①，无以从二三子，吾是以忧，子贺我何故？"对曰："昔栾武子无一卒之田，其官不备其宗器，宣其德行，顺其宪则，使越②于诸侯，诸侯亲之，戎、狄怀之，以正晋国，行刑不疚③，以免于难。及桓子骄泰奢侈，贪欲无艺④，略则行志，假贷居贿，宜及于难，而赖武之德，以没其身。及怀子，改桓之行，而修武之德，可以免于难，而离桓之罪，以亡于楚。夫郤昭子，其富半公室，其家半三军，恃其富宠，以泰⑤于国，其身尸于朝，其宗灭于绛。不然，夫八郤，五大夫三卿，其宠大矣，一朝而灭，莫之哀也，唯无德也。今吾子有栾武子之贫，吾以为能其德矣，是以贺。若不忧德之不建，而患货之不足，将吊不暇，何贺之有？"

宣子拜稽首焉，曰："起也将亡，赖子存之。非起也敢专承之，其自桓叔以下嘉吾子之赐。"

【注释】

①实：实际，这里指财产。
②越：传播。
③疚：病，毛病，缺点。
④艺：限度。
⑤泰：骄横。

【译文】

叔向去见韩宣子（又名韩起），宣子正在为钱财匮乏而发愁，叔向却反而祝贺他。

宣子说："我空有正卿之名，实际上却没有钱财，无法跟卿大夫们结交，所以我满腹愁肠，而你为什么要恭喜我呢？"叔向答道："当初栾武子并无百顷田地，他掌管祭祀，家里却连祭祀的器具都不齐全，可是他能够传播美德，并且遵循法制，所以闻名于诸侯各国。诸侯们愿意亲近他，连戎、狄也归附他，他就是凭借这些德政使晋国安定下来，执行法度，毫无弊病，从而避免了灾难。可是王位传到桓子的时候，桓子骄奢淫逸，贪得无厌，胡作非为，放利聚财，等到大难临头的时候，依赖父亲栾武子的余德，才得以善终。等到怀子执政后，没有延续父亲桓子的罪孽，而是一心学习祖父武子的德行，本来可以凭借这个幸免于难，但还是受到父亲罪孽的连累，只能逃亡到楚国。那个郤昭子，他的财产有国库的一半之多，他家里的仆人抵得上三军的一半，他依仗着自己的财富和势力过着奢侈无度的生活，结果被杀后陈尸朝堂，宗族也在绛邑被灭了。如果不是这样的话，八个姓郤的——有五个做大夫，三个做公卿，权势够大吧，可是一旦全族被诛，没有一个人同情，只因为他们平时不修德行。现在你有栾武子的清贫，我觉得你能够继承他的德行，所以要恭喜你。如果你不忧虑在道德上没有建树，却一心只为财产匮乏而发愁，我要为你哀悼还来不及，又怎么会祝贺你呢？"

　　宣子于是下拜，并恭行跪拜叩头之大礼，说："我正在趋向灭亡的时候，全靠你的忠言拯救了我。不但我本人蒙受你的教诲，就是先祖桓叔以后的子孙，也都会感激你的恩德。"

【评析】

　　本文也题作《叔向论忧德不忧贫》。全篇突出体现了《国语》长于记言的艺术特色，用人物对话的方式，通过叙述栾、郤两个家族由兴盛到衰落的事例，阐明了叔向的主要观点，即人不应该为贫穷忧虑，而应该重视道德建设。前辈德行深厚，可以福及子孙，反之，则会祸及后人，即所谓的"父祖作孽，报在子孙"。

　　文章开头颇具吸引力，"宣子忧贫，叔向贺之"，令人心存疑问，之后作者便通过对话展开论述。叔向先举出栾氏家族的事例，当年栾武子虽然贫穷却能够传播美德，所以国家安定，自己也避免了灾难，这个福分甚至使他荒淫无道的儿子桓子得以善终，而桓子的暴虐却连累了他一心修德的儿子怀子。郤昭子的教训也很沉痛，要财富有财富，要权势有权势，却不知收敛，过分骄纵，终于不得善终，连宗族都被灭了。

　　栾氏家族和郤氏家族从兴旺走向没落，韩宣子应该是知道过程的，但是叔向则通过回顾历史向他剖析了悲剧产生的内在原因，从而得出贫穷不可怕、可怕的是不能建德的结论，这也是本文的中心论点。韩宣子听了这一番振聋发聩之语，犹如醍醐灌顶，难怪他要下拜叩头，以示感激，可见叔向的劝说效果十分显著。

　　另外，韩宣子自始至终言辞恭谨、举止有礼，由此看出古人从善如流，并非虚言。

王孙圉论楚宝

《国语·楚语下》

【题解】

春秋时期，晋、楚两国因为争霸经常发生冲突。楚国大夫王孙圉出访晋国时，遭到了晋国赵简子的诘难。赵简子故意向王孙圉询问楚国国宝的情况，践踏了楚国的尊严。王孙圉运用聪明才智，机智地予以回击，使赵简子自讨没趣，丝毫没占到便宜。

【原文】

王孙圉聘于晋，定公飨之，赵简子鸣玉以相，问于王孙圉曰："楚之白珩犹在乎？"对曰："然。"简子曰："其为宝也，几何矣。"

曰："未尝为宝。楚之所宝者，曰观射父，能作训辞，以行事于诸侯，使无以寡君为口实。又有左史倚相，能道训典，以叙百物①，以朝夕献善败于寡君，使寡君无忘先王之业；又能上下说乎鬼神，顺道其欲恶，使神无有怨痛于楚国。又有薮曰云，连徒洲，金、木、竹、箭之所生也。龟、珠、角、齿、皮、革、羽、毛，所以备赋②，以戒不虞③者也。所以共币帛，以宾享于诸侯者也。若诸侯之好币具，而导之以训辞，有不虞之备，而皇神相之，寡君其可以免罪于诸侯，而国民保焉。此楚国之宝也。若夫白珩，先王之玩也，何宝焉？

"圉闻国之宝六而已：圣能制议百物，以辅相国家，则宝之；玉足以庇荫嘉谷，使无水旱之灾，则宝之；龟足以宪④臧否，则宝之；珠足以御火灾，则宝之；金足以御兵乱，则宝之；山林薮泽足以备财用，则宝之。若夫哗嚣之美，楚虽蛮夷，不能宝也。"

【注释】

①百物：各种事物。
②赋：军需物资。
③不虞：出乎意料的事。
④宪：表明。

【译文】

王孙圉出访晋国，晋定公设宴款待。身穿由叮当作响的玉佩装饰的礼服的赵简子担任宴会的傧相，他向王孙圉问道："楚国的国宝白珩还在吗？"王孙圉回答说："在。"赵简子又问："它作为楚国的国宝，已经多长时间了？"

王孙圉答道："我们不曾把它当作国宝。楚国的国宝有观射父，他谈吐高雅，常以使者身份往来于诸侯国之间，且能使他国无法将我国作为话柄。我们的国宝还有左史倚相，他能引经据典解说各种事物，且时时以古人的成败得失告诫国君，使其不忘先王功业。此外他还能博得所有神灵的喜悦，顺应他们的好恶，以使他们对楚国没有怨恨之心。我们的国宝还有一个叫作'云'的大泽（即云梦），它接连徒洲，那里出产金属、木材、竹材、箭材等，还出产龟甲、珍珠、兽角、象牙、虎豹皮、犀牛皮、鸟羽、牦牛尾等，这些东西既可作兵器之用，又可用来作为礼物，献享诸侯。如果诸侯喜爱这些礼物，我们又用优美的辞令去开导他们，以防备意外的变故，再加上神灵的保佑，那么我们的国君便可免于诸侯的责罚，国家和百姓也都能得以保全了。这些才真正是楚国的国宝。至于白珩，那只不过是先王的玩物罢了，能算什么珍宝呢？

　　"我听说一个国家的珍宝只有六种：明达的圣者能够评判各种事物，以此来辅佐国君治理国家，因而将他们视作珍宝；祭祀用的美玉可以保证五谷丰登，避免水旱灾害，因而将它们视作珍宝；龟甲可以预言善恶吉凶，因而将它们视作珍宝；珍珠可用来抵御火灾，因而将它们视作珍宝；金戈可以用来抵御兵变，因而将它们视作珍宝；山林湖泽可以供给充足的财物，因而将它们视作珍宝。至于其他叮当作响的美玉，楚国虽然地处蛮夷之地，也不能将它们视作珍宝啊！"

【评析】

　　春秋时期，晋、楚两国都是实力颇强的大国。为扩大自己的势力和影响，他们之间经常发生冲突。且不说战场上的刀光剑影，即便是在外交场合，也是硝烟弥漫。本文就描写了楚国大臣王孙圉在晋国访问时，与晋国大臣赵简子之间的口舌之争。

　　全文分为三段，首段简要介绍事情发生的背景。王孙圉出使晋国，晋王设宴款待。席间，晋臣赵简子不仅"鸣玉以相"，而且询问楚宝白珩，显然是对楚国尊严的公然挑衅。王孙圉面对此种情形，如何不卑不亢、针锋相对？且看第二段王孙圉的"论宝"。

　　王孙圉首先即言"未尝为宝"，这就先给了赵简子一个下马威。接着又从正面阐述楚国以观射父、左史倚相这些人才和云梦这些盛产各种物资的土地为宝。本段最后一句："若夫白珩，先王之玩也，何宝焉？"语气中的轻蔑和不屑，使"鸣玉以相"的赵简子相形见绌。

　　最后一段承接上段，王孙圉站在国家的高度，正面陈述"国之宝六而已"，立意又进一层。相比之下，以佩玉为宝、以奢华为荣的赵简子更显得浅薄和无知。

　　文中对王孙圉没有一句正面描写，但通过他的言辞，便将一个内涵深厚、机智善辩的外交家形象呈现在了我们面前。由此足见《国语》之特色。

春王正月

《公羊传·隐公元年》

【题解】

《公羊传》是专门解释《春秋》的著作，也称《春秋公羊传》，它与《左传》《穀梁传》合称"春秋三传"。《公羊传》采用经传合并的方式，逐句论述《春秋》经文的大义，维护宗族、等级等观念和制度。

这篇文章是《公羊传》的第一篇，论述了《春秋》经文"元年春正月"的含义，以自问自答的形式重点突出儒家思想。

【原文】

元年者何？君之始年也。春者何？岁之始也。王者孰谓，谓文王也。曷为先言"王"而后言"正月"？王正月也。何言乎王正月？大一统也。

公何以不言即位？成公意也。何成乎公之意？公将平国而反之桓。曷为反之桓？桓幼而贵，隐长而卑。其为尊卑也微，国人莫知。隐长又贤，诸大夫扳①隐而立之。隐于是焉而辞立，则未知桓之将必得立也。且如桓立，则恐诸大夫之不能相②幼君也。故凡隐之立，为桓立也。隐长又贤，何以不宜立？立适，以长不以贤；立子，以贵不以长。桓何以贵？母贵也。母贵则子何以贵？子以母贵，母以子贵。

【注释】

①扳：通"攀"，引。这里指拥戴。
②相：辅佐。

【译文】

"元年"是什么意思呢？元年的意思是指国君即位当年。"春"又是什么意思呢？春是一年的起始。"王"指何人呢？王指周文王。为什么先说"王"而后再说"正月"？因为是周文王在位时的正月。为什么要说"王正月"？是对周天子一统天下的尊重。

为什么鲁隐公不说即位呢？这是鲁隐公自己的意愿。鲁隐公为什么有此意愿呢？因为隐公计划将国家治理好之后，再把王位还给桓公。为什么要还给桓公呢？因为桓公虽然年幼，但地位尊贵，隐公虽然年长，地位却较桓公卑微。只是他们在尊卑方面的差距不明显，连国都里的人都不知道。隐公年长且贤良，诸大夫都拥戴他并将他立为国君。隐公如果辞让不肯即位，就不知道将来桓公能不能当上国君了。况且，如果立桓公为君，则恐怕诸大夫不能辅佐年幼的君主。所以总而言之，隐公的即位，是为了将来能让桓公即位。隐公年长且贤良，为什么不适宜立为国君呢？因为立正妻之子时，以年长论而不以贤良论；立媵妾之子时，以地位论而不以年长论。桓公为什么地位尊贵呢？因为他的母亲地位尊贵。母亲尊贵，为什么儿子地位就尊贵呢？因为儿子凭借母亲而尊贵，母亲也凭借儿子而尊贵。

【评析】

《公羊传》的体例是先引经文，然后自问自答，以此逐句解说《春秋》经义，此点参看本文可知。

此外，"借史立论"也是《春秋》的一大特色。即以本文为例，文中讲述了鲁惠公去世以后，鲁国上下关于立何人为君而出现的争论。《春秋》中只说"元年春王正月"，而不说鲁隐公即位。作者便就此展开议论，解释隐公不愿自称即位的原因，从而引出"立适，以长不以贤；立子，以贵不以长"的儒家观点。隐公贤且长，但却不能被立为君主，原因就是他的母亲地位不够尊贵。桓公年幼，但因其地位尊贵，所以应当被立为储君。而为了保证桓公将来能够顺利继承王位，隐公便代其为政，待他将国家治理好之后，便需还政于桓公。

其次，本文最后又从嫡长子继承制中阐发了"母凭子贵，子凭母贵"的观点，再一次宣扬了儒家的尊卑思想。

《春秋》经义晦涩难懂，而解说《春秋》的史书又往往沉闷乏味，缺乏趣味性。但本文的议论却跌宕起伏，读之令人耳目一新。

宋人及楚人平

《公羊传·宣公十五年》

【题解】

春秋时期是一个战乱频发的时代，诸侯国彼此征战不休，人民深受其苦。楚国大夫申舟因擅自跨过宋国边境，被宋国大夫华元杀死。楚国立即出兵攻宋，宋则死守都城，双方在城下僵持长达九个月之久。这篇文章是对《春秋》中"宋人及楚人平"一句的解释，讲的是经过宋国大夫华元与楚国司马子反的共同努力，最终楚宋达成和谈的事。

【原文】

　　外平不书，此何以书？大其平乎己也。何大乎其平乎己？

　　庄王围宋，军有七日之粮尔；尽此不胜，将去而归尔。于是使司马子反乘堙而窥宋城，宋华元亦乘堙而出见之。司马子反曰："子之国如何？"华元曰："惫矣！"曰："何如？"曰："易子而食之，析①骸而炊之。"司马子反曰："嘻！甚矣惫！虽然，吾闻之也，围者柑马而秣之，使肥者应客，是何子之情也？"华元曰："吾闻之，君子见人之厄②则矜之；小人见人之厄则幸之。吾见子之君子也，是以告情于子也。"司马子反曰："诺，勉之矣！吾军亦有七日之粮尔，尽此不胜，将去而归尔。"揖而去之。

　　反③于庄王。庄王曰："何如？"司马子反曰："惫矣！"曰："何如？"曰："易子而食之，析骸而炊之。"庄王曰："嘻！甚矣惫！虽然，吾今取此，然后而归尔。"司马子反曰："不可。臣已告之矣，军有七日之粮尔。"庄王怒曰："吾使子往视之，子曷为告之。"司马子反曰："以区区之宋，犹有不欺人之臣，可以楚而无乎？是以告之也。"庄王曰："诺，舍而止。虽然，吾犹取此，然后归尔。"司马子反曰："然则君请处此，臣请归尔。"庄王曰："子去我而归，吾孰与处于此？吾亦从子而归尔。"引师而去之。

　　故君子大其平乎己也。此皆大夫也。其称"人"何？贬。曷为贬？平者在下也。

【注释】

①析：劈开。
②厄：困难。
③反：通"返"。

【译文】

　　鲁国以外的国家之间停止战争彼此讲和，这些事情《春秋》是不做记载的，而宋、楚和谈之事为何又记载呢？这是赞扬华元和司马子反两人的自作主张。为什么要赞扬他们的自作主张呢？

　　楚庄王率兵围困宋国都城，而楚军的军粮只够维持七日。假若七日之后仍然不能取胜，楚军便只能撤兵回国。于是，楚庄王便让司马子反登上土山去窥探宋国的情形。恰巧宋华元也登上土山向外瞭望。司马子反便对华元说："你们国家现在怎么样了？"华元叹道："都衰竭不堪了。"司马子反又问："衰竭到什么程度了呢？"华元回答说："百姓们彼此互换孩子将他们杀死吃掉，把死人的骨头劈开烧火。"司马子反说道："啊！如此严重！虽然这样，但我之前有所听闻，被围困的国家将木头塞进马嘴然后再喂它，还用肥壮的马应对宾客。而您为什么对我实话实说呢？"华元答道："我听说君子看到他人受苦就会心生怜悯，小人看到他人受苦就会暗自庆幸。我看您是君子，所以就以实情相告。"司马子反说："好。再努力坚持吧。我国军中也只有七天的口粮了，假如军粮用尽时还不能取胜，我们就打算回国了。"说完躬身作揖，然后离开。

司马子反回来见到庄王。庄王问他说："宋国现在怎么样了？"司马子反回答说："他们已经衰竭不堪了。"庄王问："衰竭到什么程度了呢？"司马子反回答说："百姓们互换孩子杀了吃掉，劈开死人骨头用来烧火。"庄王说道："哎呀！看来真是衰竭不堪了。但是，我们现在还是要攻取宋国，然后再回去。"司马子反说："恐怕不行。我已经告诉他们，我们只有七日的军粮了。"庄王大怒，说道："我让你前去探听情况，你为何将我方情形也以实相告？"司马子反答道："他们小小的宋国，尚且有如此诚信的大臣，难道堂堂楚国却没有这样的大臣吗？因此，我也以实相告。"庄王说："好，那就建筑房屋然后住下，我一定要攻取宋国后，方才回国。"司马子反说道："既然这样，那您就住下来吧，但请允许我回去。"庄王说："你离开我独自回去，我跟谁住在这里呢？我和你一同回去好了。"于是庄王率领楚军回国。

所以君子赞美司马子反和华元自作主张讲和。他们都是诸侯国的大夫。而《春秋》为什么不称他们大夫，而称他们"人"呢？其中含有贬义。为何要贬低他们？因为讲和的人都是臣子。

【评析】

全文开头和结尾部分都属议论，这是典型的《公羊传》注解《春秋》的方式。开头写"外平不书，此何以书？大其平乎己也"，点明《春秋》破例记载本文所记之事，是为了赞颂华元和司马子反自作主张让两国议和。结尾又以"平者在下也"批评他们如此讲和是越权行为。暂不论此种说法是否与《春秋》经义相符，但这种寓褒于贬的写法确是《春秋》所惯用的。

正文分两段叙述了华元和司马子反议和的全部过程。因为庄王使司马子反"乘堙而窥宋城"，恰巧此时"宋华元亦乘堙而出见之"，所以便有了以下的一段对话。司马子反连问宋国现在的情形如何，华元均一一以实情作答。司马子反起初虽然感动，却仍有疑惑。因而他说："虽然，吾闻之也，围者柑马而秣之，使肥者应客，是何子之情也？"而华元关于君子与小人的一番论述，彻底打消了司马子反心中的疑虑，所以司马子反一面鼓励宋人再努力坚持，一面也据实相告楚军的情形，最后还躬身作揖方才离去。由此足见司马子反对于华元坦率、诚信的敬重。

第三段是司马子反回去之后与楚庄王之间的一段对话。司马子反将探听的情报告于庄王，庄王立即喜形于色，意欲攻取宋国。待司马子反说自己也将楚军实情告于华元之后，庄王虽大怒，仍坚持攻取宋国。而司马子反一句"臣请归尔",表达了自己对攻宋的反对,由此制止了楚宋之间的一场大战。

全文情节跌宕,扣人心弦。作者巧妙运用了巧合、悬念、伏笔等技巧,牢牢抓住了读者的好奇心理。此外,文章对司马子反、华元和楚庄王的刻画也十分成功。

虞师晋师灭夏阳

《穀梁传·僖公二年》

【题解】

《穀梁传》是"春秋三传"之一,据《汉书·艺文志》记载,此书的作者是鲁人谷梁子。《穀梁传》也是采用经、传合并的方式逐句地论述《春秋》经文大义。文中第一句"虞师、晋师灭夏阳"是《春秋》经文中的一句话,后面的传文即是对此话的解释。

【原文】

"虞师、晋师灭夏阳。"

非国而曰"灭",重夏阳也。虞无师,其曰"师",何也?以其先晋,不可以不言师也。其先晋何也?为主乎灭夏阳也。夏阳者,虞、虢之塞邑也。灭夏阳而虞、虢举[1]矣。

虞之为主乎灭夏阳,何也?晋献公欲伐虢,荀息曰:"君何不以屈产之乘、垂棘之璧,而借道乎虞也?"公曰:"此晋国之宝也。如受吾币而不借吾道,则如之何?"荀息曰:"此小国之所以事大国也。彼不借吾道,必不敢受吾币。如受吾币,而借吾道,则是我取之中府[2]而藏之外府,取之中厩而置之外厩也。"公曰:"宫之奇存焉,必不使受之也。"荀息曰:"宫之奇之为人也,达心而懦,又少长于君。达心则其言略,懦则不能强谏,少长于君,则君轻之。且夫玩好在耳目之前,而患在一国之后,此中知以上乃能虑之。臣料虞君,中知以下也。"公遂借道而伐虢。

宫之奇谏曰:"晋国之使者,其辞卑而币重,必不便于虞。"虞公弗听,遂受其币,而借之道。宫之奇又谏曰:"语曰:'唇亡则齿寒。'其斯之谓与!"挈其妻子以奔曹。

献公亡虢五年而后举虞。荀息牵马操璧而前曰:"璧则犹是也,而马齿加长矣。"

【注释】

[1] 举:拔取,攻占。

②府：古时国家收藏财物、文书的地方。

【译文】

《春秋》载："虞师、晋师灭夏阳。"

夏阳是邑地，不是一个国家，为何用灭字？这说明重视夏阳。而虞国并未出兵，为什么说"虞师"呢？这是因为虞国引导晋军前来，所以不能不说虞师。虞国怎么引导晋国呢？因为虞国对灭夏阳起到了主导的作用。夏阳，是虞国和虢国交界处的重要城镇。夏阳一旦被灭，虞国、虢国两国就等于被攻占了。

虞国为什么对灭夏阳起到了主导作用呢？因为晋献公想要讨伐虢国，荀息献策说："您为何不用屈地所产的宝马、垂棘所产的美玉去向虞国借道呢？"晋献公说："这些都是晋国的宝贝。假如虞国接受了这些礼物却又不借道给我们，那怎么办呢？"荀息说道："这些本来是小国侍奉大国的方式。如果他不借道给我们，一定不敢接受我们的礼物。如果他接受了我们的礼物，而借道给我们，那我们只不过是将美玉从晋宫的仓库里取出放在宫外的仓库里；把宝马从宫中的马厩中牵出拴进宫外的马厩中而已。"献公说："他们国家的宫之奇尚在，他肯定会阻止虞公接受这些礼物的。"荀息说道："宫之奇这个人呢，内心通达，却又心存怯懦，他的年龄比虞公稍大一些。内心通达则言语简略，心存怯懦就不会强力阻谏虞公，年龄稍长于虞公，虞公就不会太看重他。况且，珍贵的玩物摆在面前，而灭国之祸远在他国灭亡之后，这些只有中等智力以上的人才能考虑得到。我料定虞公必是中等智力以下的人。"于是，献公就向虞国借道要去讨伐虢国。

宫之奇劝谏虞公说："晋国使者言辞谦卑，所送礼物又如此贵重，这对虞国必定不利。"虞公却不听劝告，欣然接受了晋国的礼物，并借路给晋国。宫之奇再次劝谏说："古语言：'唇亡齿寒。'大概说的就是这种情况吧！"随后他便携带妻子儿女，逃奔到了曹国。

晋献公攻占虢国之后，又过了五年就灭掉了虞国。荀息牵着当初送给虞公的宝马，拿着当初送给虞公的美玉，对晋献公说："美玉依然还是那块美玉，而马的牙齿却增加了。"

【评析】

在《古文观止》中，晋国"借道伐虢"一事共有两篇文章予以记载，一篇选自《左传》的《宫之奇谏假道》，一篇便是本文。本文选自《穀梁传》，其与《宫之奇谏假道》的区别在于，前一篇侧重于记载宫之奇的谏言，而本文侧重于写荀息。

公元前658年，晋献公计划讨伐虢国。因虞国与虢国比邻而居，所以荀息建议晋献公以重金贿赂虞公，然后向虞国借路。虞国大夫宫之奇预见到晋国伐虢背后对虞国的阴谋，因而力劝虞公不要借道。可惜虞公不听劝阻，结果虞国也被晋国灭掉。

全文行文简练，详略得当，尤其是对荀息的刻画可谓入木三分。从荀息向晋献公献策之时对献公讲的一番话，可以看出荀息此人深谙韬略，精通计谋。例如当献公顾虑虞国接受贿赂却又不答应借道时，荀息便为献公做了一番鞭辟入里的分析，甚至说把美玉和宝马送给虞公，实际上就相当于"取之中府而藏之外府，取之中厩而置之外厩也"，言语中显见其对将来谋取虞国的胸有成竹。再看他对宫之奇的分析。他由宫之奇"达心而懦，又少长于君"，判断出其"言简""不能强谏"和"君轻之"。果不其然，宫之奇在劝谏虞公未果后携妻带子出奔他国，这恰与荀息的分析相吻合，可见荀息的知人之深和看人之准。而最后，晋国攻下虞国后，荀息"牵马操璧"，口中说道："璧则犹是也，而马齿加长矣。"如此潇洒、风趣，将荀息胜利之后的得意模样刻画得活灵活现，可谓点睛之笔。

晋献公杀世子申生

《礼记·檀弓上》

【题解】

《礼记》是我国古代一部关于典章制度的书籍，是西汉礼学家戴德和他的侄子戴圣编订的。书中多数篇章可能出自孔子及其弟子之手，还有一些出自先秦的其他典籍。《礼记》主要记载和论述了先秦的礼制、礼仪，是研究先秦历史不可或缺的资料。

《晋献公杀世子申生》选自《礼记·檀弓上》，讲述了晋国历史上著名事件"骊姬之难"中的一个小片段。

【原文】

晋献公将杀其世子申生。公子重耳谓之曰："子盖言子之志于公乎？"世子曰："不可。君安骊姬，是我伤公之心也。"曰："然则盖行乎？"世子曰："不可。君谓我欲弑君也，天下岂有无父之国哉？吾何行如之？"

使人辞于狐突曰："申生有罪，不念伯氏之言也，以至于死。申生不敢爱其死。虽然，吾君老矣，子少，国家多难。伯氏不出而图吾君，伯氏苟出而图吾君，申生受赐而死。"再拜稽首①乃卒。是以为恭世子也。

【注释】

①稽首：叩头到地，最恭敬的跪拜礼。

【译文】

晋献公意欲杀死太子申生。公子重耳对申生说:"你为何不将你的委屈向君主讲明呢?"申生回答说:"不行啊。君主因为有了骊姬才感到幸福,如果我去揭发骊姬,就会使君主伤心。"重耳说:"那你为什么不逃跑呢?"申生回答说:"不行。君主一心认为我要弑君,天下又有哪个国家可以容忍弑父之人呢?我又能逃到哪里去呢?"

申生遣人前去向他的老师狐突辞别,并说:"申生有罪,没有牢记您当初的教诲,以致今日陷入死亡的境地。申生不敢贪生怕死。然而,我们的国君已经年老,他宠爱的儿子奚齐又年少,国家以后必定会多灾多难。假如您不出来为国君出谋划策便罢了,如果您愿意出来为国君筹划政事,申生虽死,也感激您的恩惠。"于是,拜了两拜,便自杀身亡了。因此世称申生为"恭世子"。

【评析】

本文以寥寥百余字讲述了一个感人至深的故事。全篇中,除了重耳与申生之间的一段对话,和申生临死前派人转告给他的老师狐突的一段遗言,全无其他议论和客观描述。但仅是这些,就足以让人感动。

晋献公晚年,因其宠妃骊姬想要献公立自己的儿子奚齐为国君,于是就想方设法陷害晋国世子申生,让献公误以为申生要谋害他。这便是"晋献公将杀其世子申生"的原因所在。申生面对骊姬的诬陷和献公的误会,为了奉行"忠孝",选择了默默地承受这份委屈。

他与重耳之间的对话,让人为之动情。他说自己不愿向父王申明自己的委屈,因为怕父亲知道真相后伤心;他也不愿出逃到其他国家,因为怕把父亲的过错宣扬出去。如此至孝,读之怎能不让人心生崇敬之情?

而他临死前派使者前去向他的老师狐突辞别时所讲的一番话,更是句句带泪,字字泣血。他无时无刻不惦念自己的国家,不惦念自己的父王,哪怕在蒙受重大委屈即将与世诀别之时。"吾君老矣,子少,国家多难"这十个字,既表现了他对国家政治局势的清醒认识,也显示了他忧国忧君的忠孝情怀。读来不禁令人潸然泪下。

在今人看来,申生的言行未免带有愚忠愚孝的成分,但他对父亲、对国家发自肺腑的深切关爱,仍是值得我们赞颂的。

晋献文子成室

《礼记·檀弓下》

【题解】

晋国正卿赵武（谥"献文"）的新居建成了，大夫们纷纷前去向他表示祝贺。其中张老的贺词别具一格，不同凡响，而赵武的答词也别出心裁，意义非凡。这一贺一答，可谓珠联璧合，令人赞叹。

【原文】

晋献文子成室，晋大夫发焉。张老曰："美哉轮焉！美哉奂焉！歌①于斯，哭于斯，聚国族于斯！"文子曰："武也，得歌于斯，哭于斯，聚国族于斯，是全要②领以从先大夫于九京也。"北面再拜稽首。君子谓之善颂、善祷。

【注释】

①歌：此处代指祭礼。
②要：通"腰"。

【译文】

晋国献文子新房落成之后，晋国大夫纷纷前去道贺。张老说："真美啊，真高大啊！真美啊，真华丽啊！我们可以在这里唱祭歌，我们可以在这里哀伤哭泣，我们也可以在这里设宴款待国宾和宗族！"献文子说："我赵武，能够在这里唱祭歌、哀伤哭泣，能够在这里宴请国宾和宗族，这说明我可以免于刑戮而得以善终，死后也能和先祖们一起葬于九京之地了。"于是再向北面拜了两拜，叩头致谢。君子都称赞他们一个善于赞颂，一个善于祷告。

【评析】

本文是《古文观止》春秋部分的最后一篇。全文仅有七十六个字，却有叙有议，浑然一体。

学习本文应当了解本文主人公献文子的一些背景。献文子即是著名京剧剧目《赵氏孤儿》中的孤儿赵武，他是晋国名臣赵衰、赵盾的后代，是晋国卿大夫赵朔的遗腹子。当年，赵家被奸臣屠岸贾陷害，灭门九族。而赵武却在其父的门客公孙杵臼和程婴的救助下幸免于难。十五年后，程婴与赵武在朝中大臣韩厥的帮助下灭掉了权臣屠岸贾，使得赵氏冤情大白于天下。赵武成年后被封为大夫，而本文所记新屋落成一事，大约就在这个时候。

来庆贺新屋落成的宾客自然不少，但作者独选张老的贺词，这是因为张老贺词的不同凡响。张老开口即言："美哉轮焉！"毫不掩饰自己的夸赞之情。随后"歌于斯，哭于斯，聚国族于斯"一句，则大出人们意料。在如此喜庆之时，张老一反常调，说了些哀伤丧气的话。宾客们大多疑惑不解，不知张老究竟何意。而文子却对张老之语心领神会，因而立即以祷词加以回应。"全要领以从先大夫于九京也"一句，揭示了张老颂词的深意在于预祝主人得以善终，且保其家族永远昌盛。张老的祝词与文子的祷词相互应和，将其与赵氏家族的悲痛历史结合在一起，则"善颂、善祷"一评语，可谓贴切至极。

苏秦以连横说秦

《战国策·秦策一》

【题解】

《战国策》是我国古代的一部史学名著，由西汉刘向编订而成，记载了春秋到秦汉245年间的历史，因记述战国策士的策论而得名。它是一部国别体史书，分列十二国，共三十三篇。《战国策》中不少文章的艺术性都极强，文辞优美，非常大气，称得上是先秦散文中的优秀篇章。

《苏秦以连横说秦》描写的是战国时期最具代表性的策士苏秦的事迹。他先以连横之策说秦，但不被接受，之后勤奋读书，终成合纵派的领军人物。

【原文】

苏秦始将连横说秦惠王曰："大王之国，西有巴、蜀、汉中之利，北有胡貉、代马之用，南有巫山、黔中之限，东有崤、函之固。田肥美，民殷富，战车万乘，奋击①百万，沃野千里，蓄积饶多，地势形便，此所谓天府，天下之雄国也。以大王之贤，士民之众，车骑之用，兵法之教，可以并诸侯，吞天下，称帝而治。愿大王少留意②，臣请奏其效。"

秦王曰："寡人闻之，毛羽不丰满者不可以高飞；文章③不成者不可以诛罚；道德不厚者不可以使民；政教不顺者不可以烦大臣。今先生俨然不远千里而庭教之，愿以异日。"

苏秦曰："臣固疑大王之不能用也。昔者神农伐补遂，黄帝伐涿鹿而禽蚩尤，尧伐驩兜，舜伐三苗，禹伐共工，汤伐有夏，文王伐崇，武王伐纣，齐桓任战而霸天下。由此观之，恶④有不战者乎？古者使车毂击驰，言语相结，天下为一；约从连横，兵革不藏；文士并饬，诸侯乱惑；万端俱起，不可胜理；科条既备，民多伪态；书策稠浊，百姓不足；上下相愁，民无所聊；明言章理，兵甲愈起；辩言伟服，战攻不息；繁称文辞，天下不治；舌敝耳聋，不见成功；行义约信，天下不亲。于是，乃废文任武，厚养死士，缀甲厉兵，效胜于战场。夫徒处而致利，安坐而广地，虽古五帝、三王、五霸、明主贤君，常欲坐而致之，其势不能，故以战续之。宽则两军相攻，迫则杖戟相撞，然后可建大功。是故兵胜于外，义强于内，威立于上，民服于下。今欲并天下，凌万乘，诎⑤敌国，制海内，子元元，臣诸侯，非兵不可。今之嗣主，忽于至道，皆惛⑥于教，乱于治，迷于言，惑于语，沉于辩，溺于辞。以此论之，王固不能行也。"

说秦王书十上而说⑦不行。黑貂之裘敝，黄金百斤尽，资用乏绝，去秦而归。赢縢履蹻，负书担囊，形容枯槁，面目犁黑，状有愧色。归至家，妻不下纴，嫂不为炊，父母不与言。苏秦喟然叹曰："妻不以我为夫，嫂不以我为叔，父母不以我为子，是皆秦之罪也。"乃夜发书，陈箧数十，得太公《阴符》之谋，伏而诵之，简练以为揣摩。读书欲睡，引锥自刺其股，血流至足。曰："安有说人主不能出其金玉锦绣，取卿相之尊者乎？"期年，揣摩成，曰："此真可以说当世之君矣。"

于是乃摩燕乌集阙，见说赵王于华屋之下，抵掌而谈。赵王大悦，封为武安君，受相印。革车百乘，锦绣千纯⑧，白璧百双，黄金万镒，以随其后，约从散横，以抑强秦。故苏秦相于赵而关不通。

当此之时，天下之大，万民之众，王侯之威，谋臣之权，皆欲决于苏秦之策。不费斗粮，未烦一兵，未战一士，未绝一弦，未折一矢，诸侯相亲，贤于兄弟。夫贤人在而天下服，一人用而天下从。故曰："式于政，不式于勇；式于廊庙之内，不式于四境之外。"当秦之隆，黄金万镒为用，转毂连骑，炫熿于道，山东之国，从风而服，使赵大重。且夫苏秦特穷巷掘门、桑户棬枢之士耳。伏轼撙衔，横历天下，庭说诸侯之主，杜左右之口，天下莫之伉⑨。

将说楚王，路过洛阳。父母闻之，清宫除道，张乐设饮，郊迎三十里；妻侧目而视，侧耳而听，嫂蛇行匍伏，四拜自跪而谢。苏秦曰："嫂，何前倨而后卑也？"嫂曰："以季子位尊而多金。"苏秦曰："嗟乎！贫穷则父母不子，富贵则亲戚畏惧。人生世上，势位富贵，盖⑩可以忽乎哉？"

【注释】
①奋击：能够奋勇杀敌的士卒。
②少留意：稍加注意。
③文章：指法令条文。
④恶：何。
⑤诎：通"屈"。
⑥惛：通"昏"，认识糊涂，不明事理。

⑦说：前一个"说"是劝说、游说的意思；后一个"说"是主张、意见的意思。

⑧纯：匹、束。

⑨伉：通"抗"，匹敌。

⑩盖：通"盍"，何。

【译文】

苏秦起初主张连横战略，他劝秦惠王说："秦国西面有巴、蜀、汉中等物产富饶的地方，北面有胡人地区的贵重兽皮和代地的良马，南面有巫山、黔中等可以作为屏障的重地，东面又有崤山、函谷关等易守难攻的要塞。肥沃的土地，富裕的百姓，万余辆战车，百余万战士，千里沃野，充足的资源，有利的地形，这就是上天赐予的粮仓，天下最强大的国家。凭借大王您的贤德，秦国士兵与百姓的众多，训练有素的战车和骑兵，运用巧妙的兵法和策略，完全能够兼并诸侯，一统天下，称帝而统治天下人。希望大王能认真考虑一下，并允许我具体陈述秦国统一天下的功效。"

秦惠王说："我听说，羽毛不丰满的鸟儿没有能力高飞上天；法制不健全的国家，不能够惩罚犯人；没能广泛施恩于百姓的君主，没权力役使百姓；政治、教化不顺应天意民心的君主，也不能劳烦臣子带兵出战。我非常感激先生郑重地奔赴千里，当面指教我，但是关于这些事情，希望以后再接受您的指教。"

苏秦说："我本来就怀疑大王不会采用我的策略。当初神农讨伐补遂，黄帝在涿鹿之战中擒获蚩尤，尧帝流放驩兜，舜帝大战三苗，大禹征共工，商汤讨伐夏桀，周文王攻打崇侯，周武王灭商，齐桓公通过战争称霸天下。由此可以看出，想称霸怎么会不打仗呢？古代，各诸侯国的使臣频繁往来，嘴上说要结成联盟，统一天下，虽然讲究约从（纵）连横，但是战争从来没有停止过。谋士们纷纷以巧言游说，诸侯们不知道怎么办好了，结果什么纷乱都产生了，根本无法一一处理。法令完备的国家，百姓又多加敷衍，政令、税册繁多，百姓贫困不堪。上上下下互相埋怨，百姓更是无所依靠。道理说得清清楚楚，战争却更加频繁。游说之人活动越多，战争就越不能停止。旁征博引，言辞华美，天下照样不太平。所以说客们把舌头都说破了，听的人把耳朵都说聋了，还是没有什么成效。诸侯国表面上以道义、诚信相约束，天下人还是难以亲善。鉴于这种情况，放弃文治，依靠武力，用优厚的待遇奉养敢于以死相拼的战士，制作各种甲胄，磨光各种刀枪，到战场上一分胜负。什么也不做就想得到好处，光是坐着就能扩张土地，即使远古五帝（黄帝、颛顼、帝喾、唐尧、虞舜）、三王（夏禹、商汤、周武王）、五霸（齐桓公、晋文公、秦穆公、楚庄王、宋襄公）以及许多贤能的君王有这样的想法，希望不用刀兵就能达到目的，但是当时的形势根本不允许他们按兵不动，所以只能通过战争解决问题。距离远的就用弓箭等互相攻击，距离近的就短兵相接，这样才可以建功立业。因此军队在国外无往不利，道义就可以在国内加强，君王的权威就会增加，百姓也会服从统治。如今想要吞并天下，凌驾于大国之上，使敌国屈服，使四海臣服，使百姓成为子女，使诸侯接受号令，必须使用武力。今天的一国之主，往往都忽视了这个根本的道理，在教化百姓、治理国家上显得昏聩而混乱，常常迷惑、沉溺于一些能言善辩之人的言辞中。根据以上情况可以推测，大王您一定不会使用我所主张的用战争手段统一天下的谋略。"

　　为了使秦王接受自己的主张，苏秦前后上书十几次，但是均不被采纳。这时，他的黑貂皮衣穿破了，百余斤黄金也用完了，生活失去来源，他只好离开秦国返回家乡洛阳。他裹着绑腿，穿着草鞋，背着书，扛着口袋，体态憔悴，脸色黑黄，面有愧色。到家后，妻子没有理他，依然在纺机上织布，嫂子不给他做饭，父母也不跟他说话。苏秦叹息着说："妻子不把我当丈夫，嫂子不把我当小叔子，父母不把我当儿子，这都是我的错啊！"当晚，他便从数十个书箱中找出姜太公所著的《阴符》，然后趴在桌子上朗读，并选择重要的内容加以钻研。读着书困了想睡觉的时候，他就拿起锥子刺自己的大腿，血一直流到脚上。他说："哪有去游说君王却无法让他拿出金银珠宝，并使自己得到卿相尊位呢？"一年后，苏秦觉得自己的研究成功了，便自语道："凭这个真的可以说服当世的国君了。"

　　于是苏秦就走到赵国燕乌集（宫殿名）前面的楼台，在华丽的屋宇之下游说赵王，两人相谈甚欢。赵王非常高兴，封苏秦为武安君，并授予相印。随后苏秦带着赵王所赐的百辆兵车、千束锦绣、百对白璧、万镒黄金，到各国去约定合纵，拆散连横，以此压制强秦。所以苏秦在赵国做丞相的时候，秦兵在六国合纵的压力下不敢出函谷关。

　　当时，普天之下，无数的百姓、威武的王侯以及掌权的谋臣，行事都要根据苏秦的决策。不征用一斗粮食，不动用一件兵器，没派一个战士出征，没用坏一把弓，没损失一支箭，就使天下诸侯和睦相处，甚至比亲兄弟还要亲。由此可见，只要贤明的人站在合适的位子上，天下人就会顺服。所以说："应该运用政治威力解决问题，而不必用武力来处理一切问题；要运用朝廷的决策，而不必靠对外用兵解决问题。"苏秦站在权力巅峰的时候，有黄金万镒供他使用，他所指挥的战车和骑兵绵延不断，在路上张扬炫耀，崤山以东的国家（指楚、燕、韩、魏等国）莫不望风服从，大大提高了赵国的威望。要说苏秦，当初只不过是一个住在偏僻小巷，以墙洞为门、砍桑做窗、用弯曲的木头作门框的贫寒之士罢了。如今却坐上豪华的四马战车，伏身在车前横木上，游历天下，在各诸侯国的朝堂上游说君王，使诸侯王的亲信不敢开口，天下没有谁敢与他对抗了。

后来，苏秦要去游说楚威王的时候，路过洛阳。他的父母听说后，急忙打扫房间、清扫道路，还雇用乐队、大摆宴席，亲自到郊外三十里迎接；苏秦的妻子不敢正视他，只能侧着耳朵听他说话；他的嫂子像蛇一样伏在地上，四次跪拜谢罪。苏秦说："嫂子为什么以前待我那样傲慢，现在又这么谦卑呢？"嫂子回答说："因为季子（苏秦字季子）现在地位尊贵且有黄金万两。"苏秦感叹道："哎！穷困潦倒的时候，父母都不把我当儿子，现在富贵了，亲戚又如此惧怕我。可见人活在这个世上，财势地位、荣华富贵，怎么能忽视呢？"

【评析】

战国时期，礼崩乐坏，诸侯争霸。一群谋士四处游说，他们朝秦暮楚，其演说辞藻华丽，气势如虹，就是想凭借辩才获得尊贵的地位。本文是《战国策》中的名篇，记述了战国时期最著名的说客、谋士、合纵派的领军人物苏秦游说秦惠王失败之后发奋苦读，最终到赵国为相，威震六国的故事。

文章首先叙述苏秦游说秦王的经过及结果。苏秦初出茅庐，尽管演讲精彩，但是他只知道地势等外部条件而不熟悉秦国的政治内幕，所以其建议没有被秦王采纳。这一部分内容为读者塑造了一个当时具有代表性的谋士形象——苏秦口若悬河，旁征博引，各种修辞手段信手拈来，展示了一个活脱脱的纵横家的风采，可见文章的人物刻画十分精彩。

接着，文章运用大量独白来揭示人物心理，推动情节发展。苏秦在秦国身无分文之后，落魄地回到故乡洛阳，遭到了家人的冷遇，"妻不以我为夫，嫂不以我为叔，父母不以我为子，是皆秦之罪也"，辛酸地道出了他发奋的动力；"安有说人主不能出其金玉锦绣，取卿相之尊者乎"，是他在苦读期间对自己的鼓励和对未来的憧憬；"此真可以说当世之君矣"，显示了他的自信和勇气。

为了使情节更加精彩，作者还移花接木，将周显王派人为苏秦清扫道路、设宴慰劳的史实，附会到苏秦的父母等亲人身上，尤其是用苏秦嫂嫂的前倨后恭来反衬苏秦当年的落魄、今日的显赫。通过这种对比来讽喻当时的世态人情，可见作者用心良苦。

司马错论伐蜀

《战国策·秦策一》

【题解】

公元前316年，巴蜀相攻，均求助于秦，秦惠王欲趁机灭蜀，却因韩国攻打秦国而举棋不定,遂召集群臣商议。秦国大将司马错主张伐蜀,而张仪主张攻韩,两人围绕伐蜀还是伐韩的问题展开了一番唇枪舌剑,最终秦惠王采纳了司马错的建议,派兵一举灭掉了蜀国,为秦国的富强奠定了坚实的基础。

【原文】

司马错与张仪争论于秦惠王前。司马错欲伐蜀,张仪曰:"不如伐韩。"王曰:"请闻其说。"

对曰:"亲魏善楚,下兵三川,塞轘辕、缑氏之口,当屯留之道,魏绝南阳,楚临南郑,秦攻新城、宜阳,以临二周之郊,诛周主之罪,侵楚、魏之地。周自知不救,九鼎宝器必出。据九鼎,按图籍,挟天子以令天下,天下莫敢不听,此王业也。今夫蜀,西僻之国,而戎狄之长也。敝①兵劳众不足以成名;得其地不足以为利。臣闻:'争名者于朝,争利者于市。'今三川、周室,天下之市朝也,而王不争焉,顾②争于戎狄,去王业远矣。"

司马错曰:"不然。臣闻之:'欲富国者,务广其地;欲强兵者,务富其民;欲王者,务博其德。三资者备,而王随之矣。'今王之地小民贫,故臣愿从事于易。夫蜀,西僻之国也,而戎狄之长也,而有桀、纣之乱。以秦攻之,譬如使豺狼逐群羊也。取其地,足以广国也;得其财,足以富民。缮兵不伤众,而彼已服矣。故拔一国,而天下不以为暴;利尽西海,诸侯不以为贪。是我一举而名实两附,而又有禁暴止乱之名。今攻韩劫天子,劫天子,恶名也,而未必利也,又有不义之名。而攻天下之所不欲,危!臣请谒其故:周,天下之宗室也;韩,周之与国也。周自知失九鼎,韩自知亡三川,则必将二国并力合谋,以因③乎齐赵,而求解乎楚、魏。以鼎与楚,以地与魏,王不能禁。此臣所谓'危',不如伐蜀之完④也。"惠王曰:"善。寡人听子。"

卒⑤起兵伐蜀,十月取之,遂定蜀。蜀主更号为侯,而使陈庄相蜀。蜀既属,秦益强富厚,轻诸侯。

【注释】

①敝:疲惫,这里作动词使用。
②顾:反而,却。
③因:依靠。
④完:完备,完满,妥善。
⑤卒:终于。

【译文】

司马错与张仪在秦惠王面前论战。司马错主张讨伐蜀国,而张仪反对说:

"不如攻打韩国。"秦惠王对他们说:"我愿意听听你们各自的理由。"

张仪回答说:"我们先亲近魏国和楚国,然后出兵攻打三川,阻住镮辕和缑氏山的山口,挡住屯留的险道,让魏国切断南阳的交通,让楚国出兵南郑,秦兵则攻打新城和宜阳,这样便能兵临二周近郊,到时就可以声讨周王的罪行,欲加之罪就是他侵犯了楚、魏。周王室自知在劫难逃,就一定会将九鼎宝器交出。拿到了九鼎宝器,再按照地图和户籍,就可以挟持周天子以号令天下诸侯。到时,天下诸侯有谁敢不听从呢,这才是霸王之业。而蜀国,不过是西边蛮荒之地的小国,是戎狄聚集之地。如此兴师动众地前去讨伐,不足以成就威名;即使攻占了蜀地,也不能获得足够的利益。臣听说过:'在朝堂之上争取功名,在市场之上争取利益。'现在,三川和周室,正是争取名利之地,而大王却放弃不争,只顾攻占戎狄之地,这就远离了霸王之业。"

司马错反驳说:"不对。臣听说过:'要想使国家富裕,就务必要扩大疆域;要想使军队强大,就务必要使百姓富裕;要想成就霸业,就务必要使德行深厚。这三个条件具备了,也就可以称王于天下了。'现在,秦国国土狭小,百姓贫苦,所以臣愿意从较为容易的事情做起。蜀国,是西部蛮荒之地的小国,戎狄聚集之地,现在又有夏桀、商纣之时的暴乱。以秦国的兵力攻取它,就如同豺狼追逐羊群那样容易。攻取了蜀地,就可以扩充秦国的疆域;获取蜀地的财富,就可以使百姓富裕。这样既能锻炼秦国军队,又不会造成大量伤亡,而蜀国肯定愿意就范。因此,消灭一个国家,而天下人又不认为我们残暴;取尽了蜀国的物产,诸侯们也不认为我们贪婪。所以,这实在是名利双收之举,同时还可以获得制止暴乱的美名。相反,如果去攻打韩国,劫持周天子,挟持天子必然导致恶名,却不一定有利益可图,还会获得不义之名。各国都以周为尊,而我们却去攻打,这是很危险的!臣请您细听其中的缘故:周朝,是天下诸侯的宗室;韩国,是周朝的邻国。周朝如果知道即将失去九鼎宝器,韩国如果知道即将丢掉三川之地,那么这两个国家必然会结盟而共同谋划应对,同时,依靠齐国、赵国、且向楚国、魏国求救。周朝若将九鼎宝器送给楚国,韩国若将土地送给魏国,对此您是无法禁止的。这就是我所说的攻打韩国的危险,其远不如讨伐蜀国那样万无一失。"惠王听后说:"好。我就听你的吧。"

最后秦国出兵讨伐蜀国,这年十月攻下蜀地,平定了蜀国。蜀国的君主更改称号为侯,秦王派大臣陈庄出任蜀相。蜀国归于秦国后,秦国日益强盛富裕,从此更加轻视其他诸侯。

【评析】

本文围绕如何成就秦国霸业,究竟应当"伐韩"还是"伐蜀"的问题,展开激烈讨论。张仪与司马错各执一词,针锋相对,互不相让。

张仪主张伐韩。他先陈述伐韩之利，即出兵三川，进逼周室，然后"据九鼎，按图籍，挟天子以令天下"，只此一战便可称霸天下。接着他又陈述伐蜀之弊，即：蜀地偏僻，戎狄之长，荒原贫瘠。胜不足以成名，取不足以获利，无名无利，且劳师动众，可谓"去王业远矣"。

而司马错主张伐蜀。他先是断然驳斥了张仪对伐蜀之弊的分析，然后明确地指出成就霸业所需要具备的三个条件：地广、民富、德博。接着，他又针对秦国现在"地小民贫"的现状，指出：伐蜀，一可以扩地，二可以获利，三可以获美名，一举三得。最后，他有理有据地指出了伐韩之弊，即伐韩不仅会丧失名声，而且不易成功。

从他们的分析可以看出，张仪的论战缺乏可操作性，他描绘的蓝图固然美好，可惜太过高谈阔论，好高骛远。而司马错的论战则从实际出发，立论坚实，分析透彻，步步稳扎稳打，具有现实操作性。所以，最后秦惠王采纳了司马错的建议，伐蜀之后果然"秦益强富厚"，为日后秦国一统天下打下了坚实的基础。

作者用生花妙笔描写了张仪与司马错两人的精彩论战，为我们刻画了两个截然不同的政治家形象。一个口若悬河，滔滔不绝；一个沉着冷静，以理服人。全文层次分明，论战精彩，令人百读不厌，不愧为《战国策》中的名篇。

邹忌讽齐王纳谏

《战国策·齐策一》

【题解】

本文是《战国策》中最为经典的篇章之一，虽然文中所讲的故事未必都是事实，但却给人们以深刻的启迪和教育，很值得我们仔细品味。

齐相邹忌虽然气质潇洒，容貌俊美，但与城北徐公比起来还有很大差距，但他的妻妾、客人都说他比徐公更美。邹忌经过认真的观察思考之后，发现自己受到了蒙蔽，因此便以自身的生活感悟委婉地劝导齐威王广开言路，改革弊政，从而收到了良好的效果。

【原文】

邹忌修八尺①有余，而形貌昳丽。朝服衣冠，窥镜，谓其妻曰："我孰与城北徐公美？"其妻曰："君美甚，徐公何能及公也！"城北徐公，齐国之美丽者也。忌不自信，而复问其妾曰："吾孰与徐公美？"妾曰："徐公何能及君也！"旦日，客从外来，与坐谈，问之："吾与徐公孰美？"客曰："徐公不若君之美也。"

明日，徐公来。孰视之，自以为不如；窥镜而自视，又弗如远甚。暮，寝而思之，曰："吾妻之美我者，私我也；妾之美我者，畏我也；客之美我者，欲有求于我也。"

　　于是入朝见威王曰："臣诚知不如徐公美，臣之妻私臣，臣之妾畏臣，臣之客欲有求于臣，皆以美于徐公。今齐地方千里，百二十城，宫妇左右，莫不私王；朝廷之臣，莫不畏王；四境之内，莫不有求于王。由此观之，王之蔽甚矣！"王曰："善。"乃下令："群臣吏民，能面刺寡人之过者，受上赏；上书谏寡人者，受中赏；能谤议于市朝，闻寡人之耳者，受下赏。"

　　令初下，群臣进谏，门庭若市。数月之后，时时而间进。期年②之后，虽欲言，无可进者。燕、赵、韩、魏闻之，皆朝于齐。此所谓战胜于朝廷。

【注释】

　　①八尺：战国时各国尺度不一，据出土文物推算，一尺约相当于今18到23厘米。

　　②期年：一整年。

【译文】

　　邹忌身高八尺多，外形俊朗，仪表堂堂。有一天早晨，他穿好朝服，戴上朝冠，一边对着镜子打量自己，一边对妻子说："我和城北的徐公，谁更俊美一些？"他的妻子说："你特别英俊，徐公怎么比得上你。"城北的徐公，是齐国著名的美男子。邹忌不相信自己比他漂亮，又去问小妾："我和城北的徐公，谁更俊美一些？"小妾回答："徐公哪里比得上您啊！"第二天，有客人来拜访，邹忌在交谈中问他："我和城北的徐公，谁更俊美一些？"客人回答："徐公可比不上您漂亮。"

　　过了一天，徐公来拜访了。邹忌认真地端详他，自认为没有他英俊；又照镜子观察自己，更觉得比他差远了。夜里，邹忌躺在床上仔细思考这件事，自语道："我的妻子说我更漂亮，那是偏爱我；小妾说我漂亮，肯定是因为怕我；客人说我漂亮，则是想求我帮忙办事。"

　　于是，邹忌上朝拜见齐威王，说："我深知自己比不上徐公英俊，我的妻子偏爱我，我的小妾惧怕我，我的客人有求于我，所以他们都说我比徐公漂亮。现在齐国土地方圆千里，有一百二十座城邑，后妃、近臣，没有一个不偏爱大王的；文武百官，没有一个不惧怕大王的；全国百姓，没有一个不有求于大王的。这样看来，大王受的蒙蔽实在太深了。"齐威王说："的确如此。"于是下达命令："无论是朝臣还是百姓，能当面指出我的过失的，可受上赏；上书劝谏我的，可受中赏；在大庭广众之下议论批评我，传到我耳朵里的，受下赏。"

命令刚刚颁布，文武百官便纷纷觐见，提出批评和建议，弄得王宫像集市和庙会一样拥挤。几个月以后，还不时有人进谏。一年以后，虽然有人还想说，但是已经没有什么建议好提的了。燕、赵、韩、魏四国听说这种情况，都来向齐国朝拜。这就是所谓的在朝廷之内就能使敌国臣服。

【评析】

本文是先秦散文中的名篇，记述了战国初期，齐国宰相邹忌从妻妾和宾客对自己的谬赞中，认识到了受蒙蔽之害，从而对齐威王进行讽谏，终使齐国威震诸侯的故事。故事未必属实，极有可能是当时流传下来的名人逸事。

全文仅仅三百多字，但是故事情节非常完整，且极具生活气息。邹忌两次"窥镜而自视"，与妻子、小妾、客人的三问三答，以及"暮寝而思"等情节，妙趣横生，令人忍俊不禁。对于邹忌，作者仅用了"修八尺有余""形貌昳丽"等语来形容他的俊朗，而重点用细节、对话以及心理活动来刻画这个人物，使其形象更加鲜明、饱满。

文章详略得当，作者详细描绘了邹忌与徐公比美的情节以及对齐威王的劝谏，而对齐王最初受蔽之深、齐国积弊之多，以及改革的具体措施等，都略而不写。至于齐王颁布政令后的情形，则用"令初下""数月之后""期年之后"等语衔接各个时期的情况，表明纳谏的成效。显然，这样的安排，更能够突出重点。

本文选材精细，辞约意丰。写三问三答，并没有具体描写每个人的情态，邹忌的三问，内容完全相同，既表现了他的怀疑，却又毫无重复之感。三答的意思虽相同，但其中隐藏的深意却大不一样。对于邹忌的劝谏，齐王只用了一个"善"字回答，既恰如其分地显示了他的尊贵，又表明了他的态度和诚意，从而收到了强烈的艺术效果。

颜斶说齐王

《战国策·齐策四》

【题解】

《颜斶说齐王》记述的是齐国名士颜斶与齐宣王关于"国君与士人谁尊谁卑"的争论，反映了战国时期士阶层自身地位的提高和民主思想的抬头，表现出以颜斶为代表的士人不贪权势、洁身自好的可贵品性。

【原文】

　　齐宣王见颜斶，曰："斶前！"斶亦曰："王前！"宣王不悦。左右曰："王，人君也；斶，人臣也。王曰'斶前'，亦曰'王前'，可乎？"斶对曰："夫斶前为慕势，王前为趋士。与使斶为慕势，不如使王为趋士。"王忿然作色曰："王者贵乎？士贵乎？"对曰："士贵耳，王者不贵。"王曰："有说①乎？"斶曰："有。昔者秦攻齐，令曰：'有敢去柳下季垄五十步而樵采者，死不赦。'令曰：'有能得齐王头者，封万户侯，赐金千镒。'由是观之，生王之头，曾不若死士之垄也。"宣王默然不悦。

　　左右皆曰："斶来，斶来！大王据千乘之地，而建千石钟，万石簴。天下之士，仁义皆来役处；辩知并进，莫不来语；东西南北，莫敢不服；求万物无不备具；而百姓无不亲附。今夫士之高者，乃称匹夫，徒步而处农亩；下则鄙野、监门、闾里。士之贱也亦甚矣！"

　　斶对曰："不然。斶闻古大禹之时，诸侯万国。何则？德厚之道，得贵士之力也。故舜起农亩，出于野鄙，而为天子。及汤之时，诸侯三千。当今之世，南面称寡者，乃二十四。由此观之，非得失之策与？稍稍诛灭，灭亡无族之时，欲为监门、闾里，安可得而有乎哉？是故《易传》不云乎：'居上位，未得其实，以喜其为名者，必以骄奢为行。据慢骄奢，则凶从之。'是故无其实而喜其名者削，无德而望其福者约，无功而受其禄者辱。祸必握。故曰：'矜功不立，虚愿不至。'此皆幸乐其名，华而无其实德者也。是以尧有九佐，舜有七友，禹有五丞，汤有三辅。自古及今而能虚成名于天下者，无有。是以君王无羞亟问，不愧下学。是故成其道德而扬功名于后世者，尧、舜、禹、汤、周文王是也。故曰：'无形者，形之君也。无端者，事之本也。'夫上见其原，下通其流，至圣明学，何不吉之有哉？老子曰：'虽贵，必以贱为本；虽高，必以下为基。'是以侯王称孤、寡、不穀，是其贱之本与？夫孤寡者，人之困贱下位也。而侯王以自谓，岂非下人而尊贵士与？夫尧传舜，舜传禹，周成王任周公旦，而世世称曰明主。是以明乎士之贵也。"

　　宣王曰："嗟乎！君子焉可侮哉，寡人自取病②耳！及今闻君子之言，乃今闻细人之行。愿请受为弟子。且颜先生与寡人游，食必太牢，出必乘车，妻子衣服丽都③。"

　　颜斶辞去曰："夫玉生于山，制则破焉，非弗宝贵矣，然太璞不完；士生乎鄙野，推选则禄焉，非不尊遂也，然而形神不全。斶愿得归，晚食以当肉，安步以当车，无罪以当贵，清静贞正以自虞④。制言者，王也；尽忠直言者，斶也。言要道已备矣，愿得赐归，安行而反臣之邑屋。"则再拜而辞去也。

　　君子曰："斶知足矣，归真反璞，则终身不辱也。"

【注释】

①说：说法，根据，理由。
②病：羞辱。
③丽都：华美。
④虞：通"娱"，快乐。

【译文】

齐宣王召见颜斶，说："颜斶，过来！"颜斶也说："大王，您过来。"齐宣王听后非常不高兴。宣王左右的大臣说道："大王，一国之君；颜斶，国君之臣。大王说'颜斶上前来'，你也说'大王上前来'，这样可以吗？"颜斶回答说："我到大王跟前去就是趋炎附势，而大王到我跟前来就是礼贤下士。与其让我趋炎附势，不如让大王礼贤下士。"齐宣王愤怒地说道："是为王者尊贵呢？还是为士者尊贵？"颜斶回答说："士者尊贵，王者不尊贵。"宣王说："你的话有根据吗？"颜斶说："有。从前秦国攻打齐国，秦王下令说：'有谁敢去柳下季坟墓四周方圆五十步的地方砍柴，杀无赦！'又下令说：'有谁能得到齐王的项上人头，则封侯拜相，赏赐千金。'由此可见，活着的齐王的人头，还抵不上死了的柳下季的坟墓。"宣王听后，沉默不语，但是心里很不高兴。

齐宣王左右的大臣都说："颜斶上前来！颜斶上前来！大王拥有千乘之国，有千斤重的大钟，万斤重的钟架。天下的仁义之士都来服侍齐王；所有能言善辩的人都来为齐王出谋划策；四方诸侯，没有不臣服于齐国的；齐王想要的东西没有得不到的；百姓们对齐王也无不拥戴。而今所谓士中的高尚之人，自称匹夫，徒步行走，穿梭于农田之间了；至于士人中的卑微之人，则居于穷乡僻壤之中，以为人守门护庭为生。可见士人地位低贱至极。"

颜斶回答说："不是这样的。我听说古代大禹当政的时候，天下有诸侯万国。这是为什么呢？因为他尊重仁德之士，遵循仁德之道，所以能得到仁德之士的辅佐。因此，舜虽出身民间，长于穷乡僻壤，但他最终成为天子。到了商汤的时代，天下有三千诸侯国。而现在，能称得上诸侯的不过二十四家。由此可见，这难道还不是得'士'与失'士'的政策导致的吗？而在国破家亡之时，就是想做一个守门护庭的人，又怎么能做得到呢？所以，《易经》上说：'居于上位的人，如果无才无德，只知追名逐利，言行间就难免高傲自大。如果高傲自大，就会招来灾祸。'所以，无才无德且沽名钓誉之人，必然使国土日渐消减；没有德行却贪求福禄，就会陷入困窘的境地；没有功勋却贪图俸禄，就必然会蒙受耻辱。而这些无疑都会招致灾祸。所以说：'好大喜功，就无法建功立业；空有志愿而没有行动，就无法实现愿望。'这些都是沽名钓誉、浮华而无才无德之人的最终下场。因此，尧帝有九人佐助，舜帝有七人为友，大禹有五个丞相，商汤有三人辅佐。从古至今，只凭借虚无的名声称王天下的人，还没有出现过。所以，君王不应当以向人求教为耻，而应当不耻下问。从古至今，因其高尚的道德而扬名于后世的，尧、舜、禹、汤、周文王这些都是。所以说：'只有明白事理、通晓规律的人才能主宰一切；而无端无形的事理，则是事物的根本。'那些向上能追本溯源，向下能把握规律，对事物的发展了解得十分透彻的圣人，还会有什么祸事呢？老子曾经说过：'虽贵，也要以贱为根本；虽高，也要以下为基础。'因此，诸侯自称孤、寡、不穀，这不正是以贱为本吗？孤寡者，都是穷困、卑贱、居下位之人。而诸侯们却以此自称，这难道还不是侯、王们谦居人下、尊贤重士的表现吗？尧帝传位给舜帝，舜帝传位给大禹，周成王任命周公旦，世世代代的人们都赞颂他们是明君。这些都是因为他们知道士的尊贵。"

宣王听后说道："啊！君子怎么能随便侮辱呢？寡人现在是自讨没趣啊！现在我听到了君子的话，现在我知道了不尊重士人是小人的行径。我希望您能接受我这个学生。如果先生答应与寡人交往，吃的一定是美味佳肴，外出有马车代步，先生的妻子儿女也都能衣着华丽。"

颜斶辞谢道："美玉，生在深山，如果经过雕琢，就被破坏了，并不是说雕琢之后不好，而是璞玉的天然本质就不完整了。士人，生在穷乡僻壤，被人举荐就做官接受俸禄，不是说他的身份地位不够尊贵，而是他的士人本质就残缺不全了。我愿意回归山林，以粗茶淡饭为美味佳肴，以步行代替乘车，将没有罪过视作地位尊贵，清静舒适、自娱自乐。现在，发布政令的是大王您，而进谏忠良之言的是我颜斶。我要说的要点都已经说完了，希望您能恩准我，使我平安地回到我的故乡。"说完，颜斶拜了两拜，便告辞离开了。

颜斶懂得知足常乐，他如同璞玉一样，回归到了简单质朴的生活当中，因而他终生都不会受到侮辱。

【评析】

本文构思巧妙，起篇以"斶前""王前"两段简短的对话制造矛盾、渲染气氛，随后又以对话的方式，将这矛盾推向高潮。情节跌宕起伏，扣人心弦。

齐宣王的一句"斶前"虽然充满王者的霸气，却因符合他的身份，所以读来极其自然。而颜斶的一句"王前"则有石破天惊的效果。他面对齐宣王的颐指气使，不仅不卑不亢，甚而针锋相对。这就令人称奇了，更奇的是他面对宣王"王贵还是士贵"的疑问，毫不犹豫地回答"士贵"，当着众文武大臣的面使高高在上的宣王颜面扫地。虽然痛快，但也令人担忧他面对盛怒的宣王和纷纷谴责他的众朝臣如何收场。

接下来的一段论述着实精彩。颜斶引经据典地论述了"士为何贵"和"王为何应当重士"的观点。整个论述有理有据，无懈可击，以致最终宣王不仅承认了自己的浅薄，甚而要拜颜斶为师。此时的颜斶又抛出了"玉生于山，制则破焉，非弗宝贵矣，然太璞不完；士生乎鄙野，推选则禄焉，非不尊遂也，然而形神不全"的理论，直率却又不失礼地拒绝了宣王的盛情邀请。随后拜了两拜，拂袖而去。

本文对人物形象的塑造也可圈可点。作者所用的言辞颇为符合人物的身份和地位，且寥寥数语，便将一个傲视权贵、直率敢言的老者形象刻画得栩栩如生。此外，颜斶自比"璞玉"，又将齐王之人头与柳下季的墓地做比，既符合人物身份，又符合人物性格。这种人物描写手法，对后世影响很大。

冯谖客孟尝君

《战国策·齐策四》

【题解】

孟尝君是"战国四公子"之一，手下养着许多门客，冯谖就在其中。冯谖为了报答孟尝君的知遇之恩，巧妙地为他设计了"三窟"，即：焚券买义，帮孟尝君收买人心；借梁王之力逼齐王就范，助孟尝君复位；请立齐国宗庙于薛地，保孟尝君长久平安。如此一来，孟尝君便可高枕无忧了。本文以生动传神的文字刻画了门客冯谖的形象，将他的政治远见和聪明才智描绘得淋漓尽致。

【原文】

齐人有冯谖者，贫乏不能自存，使人属孟尝君，愿寄食门下。孟尝君曰："客何好？"曰："客无好也。"曰："客何能？"曰："客无能也。"孟尝君笑而受之曰："诺。"

左右以君贱之也，食以草具。居有顷，倚柱弹其剑，歌曰："长铗归来乎！食无鱼。"左右以告。孟尝君曰："食之，比门下之客。"居有顷，复弹其铗，歌曰："长铗归来乎！出无车。"左右皆笑之，以告。孟尝君曰："为之驾，比门下之车客。"于是乘其车，揭其剑，过其友曰："孟尝君客我。"后有顷，复弹其剑铗，歌曰："长铗归来乎！无以为家。"左右皆恶之，以为贪而不知足。孟尝君问："冯公有亲乎？"对曰："有老母。"孟尝君使人给其食用，无使乏。于是冯谖不复歌。

后孟尝君出记，问门下诸客："谁习计会，能为文收责于薛者乎？"冯谖署曰："能。"孟尝君怪之，曰："此谁也？"左右曰："乃歌夫'长铗归来'者也。"孟尝君笑曰："客果有能也，吾负之，未尝见也。"请而见之，谢曰：

"文倦于事，愦于忧，而性愞①愚，沉于国家之事，开罪于先生。先生不羞，乃有意欲为收责于薛乎？"冯谖曰："愿之。"于是约车治装，载券契②而行。辞曰："责毕收，以何市而反？"孟尝君曰："视吾家所寡有者。"

驱而之薛，使吏召诸民当偿者，悉来合券。券遍合赴，矫命以责赐诸民，因烧其券，民称万岁。

长驱到齐，晨而求见。孟尝君怪其疾也，衣冠而见之，曰："责毕收乎？来何疾也？"曰："收毕矣。""以何市而反？"冯谖曰："君云'视吾家所寡有者'。臣窃计，君宫中积珍宝，狗马实外厩，美人充下陈。君家所寡有者以义耳！窃以为君市义。"孟尝君曰："市义奈何？"曰："今君有区区之薛，不拊爱子其民，因而贾利之。臣窃矫君命，以责赐诸民，因烧其券，民称万岁。乃臣所以为君市义也。"孟尝君不说，曰："诺，先生休矣！"

后期年，齐王谓孟尝君曰："寡人不敢以先王之臣为臣。"孟尝君就国于薛。未至百里，民扶老携幼，迎君道中，终日。孟尝君顾谓冯谖曰："先生所为文市义者，乃今日见之。"冯谖曰："狡兔有三窟，仅得免其死耳。今有一窟，未得高枕而卧也。请为君复凿二窟。"孟尝君予车五十乘，金五百斤，西游于梁。谓梁王曰："齐放其大臣孟尝君于诸侯，诸侯先迎之者，富而兵强。"于是梁王虚上位，以故相为上将军，遣使者，黄金千斤，车百乘，往聘孟尝君。冯谖先驱诫孟尝君曰："千金，重币也；百乘，显使也。齐其闻之矣。"梁使三反，孟尝君固辞不往也。齐王闻之，君臣恐惧，遣太傅赍③黄金千斤，文车二驷，服剑一，封书谢孟尝君曰："寡人不祥，被于宗庙之祟，沉于谄谀之臣，开罪于君。寡人不足为也。愿君顾先王之宗庙，姑反国统万人乎！"冯谖诫孟尝君曰："愿请先王之祭器，立宗庙于薛。"庙成，还报孟尝君曰："三窟已就，君姑高枕为乐矣。"孟尝君为相数十年，无纤介之祸者，冯谖之计也。

【注释】

①愞：同"懦"。

②券契：指放债的凭证。券分为两半，双方各执其一，履行契约时拼而相契合，即下文所说"合券"。

③赍：送物给人。

【译文】

齐国有个叫冯谖的人，穷得活不下去了，只好托人跟孟尝君求情，想到他门下做个食客。孟尝君问："这人有什么特长吗？"来人回答："他没什么特长。""有什么本事呢？""也没什么本事。"孟尝君笑着答应了："你让他来吧。"

府里的人认为孟尝君肯定瞧不起冯谖，就给他吃很差的东西。冯谖住了一段时间后，便倚在门柱上，用手指弹着剑唱道："剑啊，我们还是回去吧！吃饭连鱼都没有。"亲信报告了这件事，孟尝君说："给他鱼吃，照门下吃鱼的客人那样对待他。"不久，冯谖又弹剑唱道："剑啊，我们还是回去吧！出门连车都没有。"府里的人都笑话他，又向上报告了。孟尝君说："给他准备车马，像对待有车坐的食客那样对待他。"于是冯谖乘着车，高举着剑去访问朋友，并告诉他们："孟尝君把我当作上客看待。"后来过了不久，冯谖又弹着剑唱道："剑啊，我们还是回去吧！在这里怎么养家啊。"府里的人都厌恶他，认为他得寸进尺。孟尝君则问："冯公有家人吗？"属下回答："有个老母亲。"孟尝君便派人给冯谖的母亲送去吃的用的，让她什么都不缺。从此冯谖便不再弹剑唱歌了。

后来孟尝君拿出通告，问门下的食客们："谁熟悉会计工作，能去薛地为我收账啊？"冯谖签了名说："我能。"孟尝君为此奇怪，问："这人谁啊？"身边的人回答："就是以前那个总是唱'剑啊，我们还是回去吧'的人。"孟尝君笑着说："这人果然有点本事，我慢待了他，还没见过。"于是把冯谖请来见面，并向他谢罪："我被琐事搞得疲惫不堪，被忧患弄得头脑发昏，再加上生性鲁钝，整天忙于国事，得罪了您。如果您不认为这是羞辱的话，可以到薛地去收账吗？"冯谖回答："我愿意做这件事。"于是准备好车马，整理好行装，载着债券出发了。辞行的时候问："收完债回来买什么？"孟尝君回答："看我家里缺什么就买什么吧。"

冯谖驱车到了薛地，让手下把欠债的百姓找来核对借契。都核对过了之后，他假托孟尝君的命令，把债款赐给借债的老百姓，随即便烧了债券，百姓高兴得连呼"万岁"。

接着冯谖马不停蹄地赶回齐国国都临淄，并在清晨求见孟尝君。孟尝君因为他回来得这么快而感到奇怪，穿戴整齐后见他，问道："债都收完了？怎么回来得这么快？"冯谖回答："收完了。""买回什么了？"冯谖回答："您吩咐我家里缺什么就买什么。我私下认为，您府中堆满了珍宝，牲口圈里猎犬和骏马都满了，美人更是不缺。您家里只缺'义'而已，所以我就私自做主为您买了'义'。"孟尝君很奇怪："'义'怎么个买法？""今天您有小小的薛地，却不爱护那里的子民，只是用商人的手段从百姓身上获利。所以我假托您的命令，将债款赐给了百姓，并且烧了债券，百姓都喊'万岁'呢。这就是我为您买的'义'。"孟尝君有些不高兴，说："哦，算了算了！"

一年以后，齐湣王对孟尝君说："我不敢把先王（齐宣王）的臣子当作自己的臣子。"孟尝君只好到薛地去。离薛地还差一百里的时候，百姓扶老携幼都在路上迎接，整整一天。孟尝君回头对冯谖说："我今天算是看到先生为我买的'义'了。"冯谖说："聪明的兔子有三个巢穴，这样才能逃脱猎人和猛兽的袭击。今天您用'义'收买了人心，还不能高枕无忧。我请求为您再建两个巢穴。"孟尝君便给他五十辆车和五百斤黄金，冯谖带着这些东西向西到了梁国，对梁王说："齐王免了孟尝君的相位，诸侯国中哪个能请得到他，一定会国家富足，兵强马壮。"于是梁王空出宰相的位置，将原来的宰相封为上将军，然后派遣使者，用百余辆车和千斤黄金去聘请孟尝君。冯谖则派人赶在梁国使者前面告诉孟尝君："千斤黄金，是厚礼；百余辆车，可以看作显贵的使臣。齐王很可能会听说这件事。"梁国派使者往返多次，孟尝君都坚决谢绝聘请不去赴任。齐王听说此事后，上上下下都惶恐不安，便派遣太傅带着黄金千斤、四匹马拉的两辆彩车以及佩剑到薛地去，并修书向孟尝君道歉："由于我不好，遭到祖宗降下的灾祸，我被阿谀奉承的臣子迷惑，得罪了您。我不值得您为我做什么，但是希望您顾念先王的宗庙，回临淄来治理万民吧！"冯谖又告诫孟尝君说："希望您向大王请求，用先王传下来的祭器，在薛邑建立宗庙。"宗庙建成后，冯谖回到临淄对孟尝君说："三个巢穴都已经营造好，您可以无忧无虑地享乐了。"孟尝君在齐国当了几十年宰相，没有遭到丝毫祸患，这都是使用冯谖计谋的结果啊！

【评析】

战国时，各国招贤养士之风盛行，大凡贵族官宦人家，都喜欢招纳江湖人士到自己麾下，不分贵贱，来者不拒。当时以养士多而著称的四个人号称"战国四君子"，即齐国的孟尝君、魏国的信陵君、赵国的平原君和楚国的春申君。本文就记载了孟尝君大方对待门客冯谖，冯谖为报知遇之恩，想方设法巩固孟尝君政治地位的事迹。

文章对冯谖的形象刻画得非常成功，无论别人如何"笑""恶"，他都毫不在乎地一再"倚柱弹其剑，歌曰：'长铗归来乎……'"。得到孟尝君的慷慨对待后，冯谖一心报恩，但是请命到薛地收账时，他竟然擅自做主，"矫命以责赐诸民，因烧其券"。回来后还对孟尝君直言"君家所寡有者以义耳！窃以为君市义"，铮铮的言语、大胆的行动，真实地体现了冯谖的性格特点。

孟尝君对冯谖的自作主张虽然有些"不说"，但是他很快就见识到了效果，"先生所为文市义者，乃今日见之"。此后冯谖正式得到了重用，他积极奔走，出谋划策，经营"三窟"，终于巩固了孟尝君在齐国的地位，使其"为相数十年，无纤介之祸"，这一结果也体现了冯谖非凡的政治才能。

本文在刻画人物时，没有浓墨重彩地大加渲染，只用白描和速写手法，却收到了朴实无华、简洁畅达的效果。另外，文中人物语言生动传神，彰显个性，不但幽默风趣，还非常具有说服力，体现了《战国策》长于记言的特色。

触詟说赵太后

《战国策·赵策四》

【题解】

公元前265年，赵惠文王去世，他的妻子赵太后掌握了国家大权。此时，秦国进攻赵国，连克赵国三座城池，赵国形势危急，只有联齐抗秦才是最佳计策。齐国提出只有让赵太后的少子长安君到齐国当人质，齐才肯出兵救赵。但赵太后坚决不答应。

《触詟说赵太后》记述了赵国左师触詟巧妙地说服赵太后，为拯救国家而让长安君"质于齐"的经过。

【原文】

赵太后新用事，秦急攻之。赵氏求救于齐。齐曰："必以长安君为质，兵乃出。"太后不肯，大臣强谏。太后明谓左右："有复言令长安君为质者，老妇必唾其面。"

左师触詟愿见。太后盛气而揖之。入而徐趋，至而自谢，曰："老臣病足，曾不能疾走，不得见久矣。窃自恕，而恐太后玉体之有所郄①也，故愿望见。"曰："老妇恃辇而行。"曰："日食饮得无衰乎？"曰："恃鬻耳。"曰："老臣今者殊不欲食，乃自强步，日三四里，少益嗜食，和于身。"太后曰："老妇不能。"太后之色少解②。

左师公曰："老臣贱息舒祺，最少，不肖。而臣衰，窃爱怜之。愿令得补黑衣之数，以卫王宫。没死以闻。"太后曰："敬诺。年几何矣？"对曰："十五岁矣。虽少，愿及未填沟壑而托之。"太后曰："丈夫亦爱怜其少子乎？"对曰："甚于妇人。"太后曰："妇人异甚。"对曰："老臣窃以为媪之爱燕后贤于长安君。"曰："君过矣，不若长安君之甚。"左师公曰："父母之爱子，则为之计深远。媪之送燕后也，持其踵为之泣，念悲其远也，亦哀之矣。已行，非弗思也，祭祀必祝之，祝曰：'必勿使反！'岂非计久长，有子孙相继为王也哉？"太后曰："然。"左师公曰："今三世以前，至于赵之为赵，赵王之子孙侯者，其继有在者乎？"曰："无有。"曰："微独赵，诸侯有在者乎？"曰："老妇不闻也。""此其近者祸及身，远者及其子孙。岂人主之子孙则必不善哉？位尊而无功，奉厚而无劳，而挟重器多也。今媪尊长安君之位，而封以膏腴之地，多予之重器，而不及今令有功于国。一旦山陵崩，长安君何以自托于赵？老臣以媪为长安君计短也，故以为其爱不若燕后。"太后曰："诺。恣君之所使之。"于是为长安君约③车百乘质于齐，齐兵乃出。

子义闻之曰："人主之子也，骨肉之亲也，犹不能恃无功之尊，无劳之奉，而守金玉之重也，而况人臣乎！"

【注释】

①郄：通"隙"，欠缺，不舒服。
②解：通"懈"，松弛，消解。
③约：治，备。

【译文】

赵太后刚刚当政的时候，秦国加紧进攻赵国。赵太后向齐国求救。齐国回答："必须将长安君送来当人质，我们才发兵。"赵太后不答应，大臣们极力劝谏，最后太后明确地对众人说："谁再敢提出让长安君去当人质，我就冲他脸上吐唾沫。"

左师公触詟请求拜见太后，太后很生气地等着他。触詟进殿后缓步前行，走到太后面前告罪："老臣的脚有病，实在不能快走。很久没有来拜见您，虽然私下原谅了自己，却担心太后身体欠安，所以想来探望。"太后说："我依靠车子走路。""每天的饮食有没有减少？""也就是喝点粥。""我最近一点儿也不想吃饭，每天强自支撑着走三四里路，才能稍稍增加点食欲，也能锻炼身体。"太后说："我可不行。"脸色稍微和缓了一些。

触詟说："老臣的小儿子舒祺，很不成器。臣渐渐老了，私下也最疼爱他。希望他能进侍卫队工作，保护王宫。所以冒死来跟太后求个情。"太后说："这个简单。他多大了？"触詟说："十五岁了，可能还小，但是臣想在死之前把他托付给您。"太后说："男子也疼爱小儿子吗？"触詟回答："比妇人疼得还厉害。"太后笑了："还是妇道人家更甚。"触詟说："老臣私下认为你疼爱女儿燕后胜过长安君。"太后说："这你可错了，我对燕后的爱远远不及对长安君。"触詟："父母疼爱子女，就会为他做长远的打算。当初燕后出嫁时，她上车后，您在车下握着她的脚后跟哭泣，为她嫁得远而伤心。她出嫁后，您不是不思念她，但是每逢祭祀的时候一定会祈祷'祖宗保佑，不要让我女儿回来'，这不就是为她做长远打算，希望她的子孙可以世世代代在燕国称王吗？"太后说："的确是这样。"触詟说："从现在往前数三代，到赵国建国的时候，赵王的儿子、孙子被封了侯的，他们的后代现在有袭爵的吗？"太后答："没有。"触詟说："不只是赵国，其他国家有吗？"太后回答："我没有听说过。""这就是近的灾难殃及自己，远的灾难连累子孙了。难道身居高位的人的子孙一定没有才德吗？地位尊贵而没有功绩，俸禄厚重却不做实事，还拥有无数的财富。今天您给了长安君尊贵的地位，赐予他肥沃的土地和不计其数的珠宝，却不让他为国家立功。将来您百年归老之后，长安君又凭什么在赵国服众呢？老臣觉得您为长安君考虑得太少了，所以说您疼爱他不如疼爱燕后多。"太后说："好吧，你想让他去哪儿就去哪儿吧。"随后派了百余辆车将长安君送到齐国做了人质，齐国于是出兵救赵国。

子义听说这件事后说道："国君的儿子，骨肉至亲，尚且不能没有功劳就享受尊贵的地位和优厚的俸禄，占有大量的金银玉器，更何况是做臣子的呢！"

【评析】

本文是《战国策》中的名篇。公元前265年，赵惠文王去世后，孝成王继承王位，因其年纪尚轻故由赵太后出面执掌朝政，赵太后就是名扬天下的赵威后。秦国趁赵国政权交接不稳之际，出兵攻赵，一连攻破三座城池。赵国面临亡国之危，于是赵太后不得不请求齐国助赵抗秦。齐国答应出兵帮赵国化解危机，但要求以赵太后的小儿子长安君为人质，对此，赵太后很不乐意。

国家危机日益加深，面对这种情况，诸大臣纷纷劝谏，但仍无法说服赵太后。此时，左师公触詟出面了，他成功地说服了赵太后，让长安君出质齐国，解除了赵国的危机。本文记述的就是他运用自己的才智说服赵太后的经过。文章主要在对话的形式下展开，作者恰当地使用了艺术夸张的手法，将触詟的老谋深算、口若悬河描绘得活灵活现，尤其是"其继有在者乎"以下一连串的反诘句，用语精辟而简约，表现了战国时期政治家的游说特色。

另外，文章也非常注意通过恰当的细节描写来展示人物的心理活动，如太后"盛气而揖之""色少解"等语。

更值得一提的是，作者选材精细而周密。有的内容看似冷僻，但更能为主题服务，例如触詟入宫之时，只字不提长安君为人质之事，只说自己年事已高，放心不下小儿子。他深知自己与太后虽是君臣，但同为父母，父母都会疼爱子女，由此引到长安君的话题上，不仅不会招致太后的反感，反而更容易达到"请君入瓮"的目的。当然，这样的安排也使文章更加生动，更能打动人心。

乐毅报燕王书

《战国策·燕策二》

【题解】

燕王哙在位时期，齐湣王趁燕国动乱而出兵攻打燕国，并抢夺了燕国许多宝物。燕昭王即位后，广招天下能人，并任命乐毅为上将军，联合五国的军队攻克齐国。昭王去世后，燕惠王即位，他猜忌乐毅，遂用骑劫取代了乐毅的职位，乐毅走投无路被迫投奔赵国。后齐国大败燕国，杀死骑劫。燕惠王悔惧，于是给乐毅写信，斥责他忘恩负义。乐毅写信加以反驳，并表明自己的忠心。本文即记述了此事。

【原文】

昌国君乐毅为燕昭王合五国之兵而攻齐，下七十余城，尽郡县之以属燕。三城未下，而燕昭王死。惠王即位，用齐人反间，疑乐毅，而使骑劫代之将。乐毅奔赵，赵封以为望诸君。齐田单诈骑劫，卒败燕军，复收七十余城以复齐。

燕王悔，惧赵用乐毅乘燕之敝以伐燕。燕王乃使人让乐毅，且谢之曰："先王举国而委将军，将军为燕破齐，报先王之仇，天下莫不振动，寡人岂敢一日而忘将军之功哉？会先王弃群臣，寡人新即位，左右误寡人。寡人之使骑劫代将军，为将军久暴露于外，故召将军且休计事。将军过听，以与寡人有隙，遂捐①燕而归赵。将军自为计则可矣，而亦何以报先王之所以遇将军之意乎？"

望诸君乃使人献书报燕王曰："臣不佞，不能奉承先王之教，以顺左右之心，恐抵斧质之罪，以伤先王之明，而又害于足下之义，故遁逃奔赵。自负以不肖之罪，故不敢为辞说。今王使使者数②之罪，臣恐侍御者之不察先王之所以畜幸臣之理，而又不白于臣之所以事先王之心，故敢以书对。

"臣闻贤圣之君，不以禄私其亲，功多者授之；不以官随其爱，能当者处之。故察能而授官者，成功之君也；论行而结交者，立名之士也。臣以所学者观之，先王之举措，有高世之心，故假节于魏王，而以身得察于燕。先王过举，擢③之乎宾客之中，而立之乎群臣之上，不谋于父兄，而使臣为亚卿。臣自以为奉令承教，可以幸无罪矣，故受命而不辞。

"先王命之曰：'我有积怨深怒于齐，不量轻弱，而欲以齐为事。'臣对曰：'夫齐，霸国之余教，而骤胜之遗事也，闲④于兵甲，习于战攻。王若欲攻之，则必举天下而图之。举天下而图之，莫径于结赵矣。且又淮北、宋地，楚、魏之所同愿也。赵若许约，楚、魏、宋尽力，四国攻之，齐可大破也。'先王曰：'善。'臣乃口受令，具符节，南使臣于赵。顾反命，起兵随而攻齐。以天之道，先王之灵，河北之地，随先王举而有之于济上。济上之军，奉令击齐，大胜之。轻卒锐兵，长驱至国。齐王逃遁走莒，仅以身免。珠玉财宝，车甲珍器，尽收入燕，大吕陈于元英，故鼎反于历室，齐器设于宁台。蓟丘之植，植于汶篁。自五伯以来，功未有及先王者也。先王以为顺于其志，以臣为不顿命⑤，故裂地而封之，使之得比乎⑥小国诸侯。臣不佞，自以为奉命承教，可以幸无罪矣，故受命而弗辞。

"臣闻贤明之君，功立而不废，故著于《春秋》；蚤知之士，名成而不毁，故称于后世。若先王之报怨雪耻，夷万乘之强国，收八百岁之蓄积。及至弃群臣之日，遗令诏后嗣之余义。执政任事之臣，所以能循法令，顺庶孽者，施⑦及于萌隶，皆可以教于后世。

"臣闻善作者，不必善成；善始者，不必善终。昔者伍子胥说听乎阖闾，故吴王远迹至于郢。夫差弗是也，赐之鸱夷而浮之江。故吴王夫差不悟先论之可以立功，故沉子胥而不悔；子胥不蚤见主之不同量，故入江而不改。夫免身全功，以明先王之迹者，臣之上计也。离⑧毁辱之非，堕先王之名者，臣之所大恐也。临不测之罪，以幸为利者，义之所不敢出也。

"臣闻古之君子，交绝不出恶声；忠臣之去也，不洁其名。臣虽不佞，数奉教于君子矣。恐侍御者之亲左右之说，而不察疏远之行也。故敢以书报，唯君之留意焉。"

【注释】

①捐：弃。
②数：数落，责备。
③擢：提拔。
④闲：通"娴"，熟练，擅长。
⑤顿命：辱命，延误命令。
⑥比乎：相当于。
⑦施：延续，达于。
⑧离：通"罹"，蒙受，遭遇。

【译文】

昌国君乐毅为燕昭王联合五国大军一起攻打齐国，先后攻占了七十多座城池，并把这些城池全部改作郡县，使其归属燕国。在还有三座城池尚未攻下的时候，燕昭王薨逝。燕惠王继承王位，齐国人运用反间计，使燕惠王对乐毅心生疑虑，于是燕惠王派大将骑劫取代乐毅担任燕军大帅。乐毅逃奔到了赵国，被赵王封为望诸君。后来，齐国大将田单又用计谋诈降骑劫，终于大败燕国，连连收复七十多座城池，使齐国重新复兴。

此时的燕惠王十分后悔，他害怕赵国重用乐毅，进而乘燕国疲惫之时攻打燕国。所以燕惠王就派使者前去谴责乐毅，同时又向其致歉，说："先王将燕国全权托付给了将军，将军为燕国攻占了齐国，为先王报了大仇，天下人莫不为此震惊，我怎么敢有一刻忘了将军的功勋呢？后来恰逢先王遗弃群臣撒手西去，我又刚刚即位，受到左右大臣的误导。我让骑劫取代你的职位，是考虑到将军风餐露宿长期奔波在外，所以想把你召回来共商国是。结果将军误信他人谗言，以为和我产生了罅隙，就抛弃燕国投奔了赵国。将军如果以为自己这样可行，那又打算如何报答先王对将军的知遇之恩呢？"

于是，望诸君乐毅就派人向燕惠王上呈自己的回信，说："我不才，不能奉承先王的教诲，无法顺从左右大臣的心思，担心遭受杀头之罪，从而损伤先王的知人之明，也使您蒙受不义的罪名，所以我选择逃奔赵国。我情愿自己担负不忠的罪名，也不敢为自己争辩。现在，您既然派人来谴责我的罪过，我又担心您无法了解先王器重我的缘由，无法了解我对先王的耿耿忠心，所以斗胆写信答复您。

乐毅对燕昭王说："大王如果要讨伐齐国，就必须与其他诸侯国联合用兵来谋取它。而要与天下诸侯结盟伐齐，没有比结交赵国更合适的了。"

"我听说，贤能英明的君主，绝不会将爵位和俸禄授予自己偏爱的人，而是将它们赐给有大功劳的人；绝不会随意任用自己偏爱的人，只会任用称职的人。所以，先考察才能然后再授予职位，这样做的才是能建功立业的君主；以品行优劣为标准选择朋友，这样的人才是能树立美名的士子。我凭借我的学识进行观察，先王的种种举措都表明他有高于世俗之人的远见卓识，所以我假借为魏王出使的机会来到燕国进行考察。承蒙先王厚爱，把我从众多宾客中选拔出来，让我位列群臣之上，又不与宗室协商便让我担任亚卿。我自以为只要奉行先王的命令，秉承先王的教诲，就可以侥幸免于刑罚，所以我就接受了先王的任命而没有谢辞。

"先王命令我说：'我对齐国心怀怨恨，不管实力强弱，我都要攻打齐国。'我回答说：'齐国之前曾称霸诸侯，至今仍有教化遗存，又因屡打胜仗而威严尚存。他们善于用兵，精于作战。大王如果要讨伐齐国，就必须与其他诸侯国联合用兵来谋取它。而要与天下诸侯结盟伐齐，没有比结交赵国更合适的了。况且，对于齐国的淮北和宋地，楚国和魏国都垂涎已久。赵国如果同意与燕国结盟，再有楚国、魏国、宋国的倾力相助，四国联合攻打，攻占齐国，指日可待。'先王听后说：'好。'于是我就接受了先王的口头授命，准备好符节，向南出使赵国。回来复命之后，接着就联合各国起兵攻打齐国。托苍天神助和先王英明，黄河以北燕国的失地随着军队的前行尽数收回，而我军也直打到济水之滨。进驻济水之滨的燕军，奉命渡河继续攻击齐军，随后大获全胜。燕国的轻装精锐部队长驱直入，一直攻进齐国国都。齐王逃奔到了莒地，才幸免一死。齐国的珍珠玉石、车马甲胄以及珍贵宝器，全部被燕国收入国库。齐国的国宝大吕钟被陈列在元英殿，曾被齐国掠走的燕国大鼎重新被摆在了历室，齐国的珍玩宝器被陈列在宁台，燕国蓟丘的植物被移植到了汶水之滨。自从春秋五霸之后，尚未有人的功劳能赶得上先王。先王认为这样已经达成了他的心愿，认为我也没有辱没使命，所以就划分土地赏赐给我，使我的地位堪比一个小诸侯国。我不才，认为只要奉行先王的命令，秉承先王的教诲，就能幸免于罪，所以就欣然接受而没有谢辞。

"我听说，贤能的君主建立了功业就不会使它废弃，所以能载入史册；有先见之明的士人，成就了功名之后就不会轻易损毁，所以能留青名于后世。像先王这样报了大仇，平定了强大的敌国，收缴了齐国八百年来积蓄的财富，直至自己遗弃群臣撒手西去的时候，仍不忘留下遗命诏告后人遵从遗训。执政任事的大臣，遵循先王遗旨和法令，慎重地处理先王后嗣，并推恩于百姓，这些都可传示后世。

"我听说，善于创业的人不一定有好的成果，善始的人不一定能够善终。从前，吴王阖闾因为采纳伍子胥之计，所以他能远征至楚国郢都。而吴王夫差不是这样，他将伍子胥装入皮囊投之水中。吴王夫差因为不能参悟伍子胥的主张能助他成就功业，所以将伍子胥沉海之后毫无悔意。而伍子胥也因为不能及早明白夫差与阖闾的差别，所以直至被投入江中依然不改初衷。能幸免于杀戮，且能保全自身，证明先王知人之明，是我的上计。遭受诽谤、侮辱和非难，使先王的英明有所损毁，则是我所恐惧的。面临无法预测的罪责，想要侥幸从中谋利，这种背信弃义的事情是我不愿做的。

"我听说古代的君子，即使和对方断绝了交情也不会讲对方的坏话；重臣蒙冤离开自己的国家，也不会为自己的名声辩解。我虽然不才，却也曾多次聆听君子的教诲。深恐大王轻信左右之人的谗言，不对实情进行考察就疏远我，所以，我才冒昧地以书信作答，希望您能费神阅览。"

【评析】

本文不似一般的驳文，没有唇枪舌剑，没有针锋相对。乐毅面对燕惠王的质疑和谴责，没有从正面进行还击，也没有强行为自己辩解。他只是发自肺腑地向燕惠王做了内心剖白。

中国历史上每个朝代都有冤死的忠臣，不是功高震主以致遭到人主猜疑，就是声名显赫受到小人陷害。而乐毅的明智之处就在于他懂得明哲保身。他发现燕惠王对自己有猜疑之心后，不像其他人一样急于回去为自己辩解、证明自己的忠心，而是毅然决然地放弃了自己的名声和在燕国建立的功勋，逃奔到了赵国。

在收到燕惠王的谴责信后，乐毅依然没有在信中针对燕惠王对他的误解进行直接反驳，而是将自己如何被先王简拔在侧、自己如何为先王建立赫赫功勋等事情，如讲故事般娓娓道来。在乐毅充满真情的叙述中，他委婉地道出了先王对自己的信任和自己对先王的忠心，同时也暗示了燕惠王的听信谗言和用人不当。文中，"臣闻贤明之君，功立而不废""臣闻善作者，不必善成""臣闻古之君子，交绝不出恶声"等段落，都可算作乐毅给燕惠王的忠告。

乐毅写给燕惠王的信从整体上看，措辞委婉，不卑不亢，贴切的遣词中又略带有几丝哀怨，情感真挚，令人动容。乐毅心如朗月，文如溪流，他以俱佳的人品和文品，赢得了后世之人的尊重。

卜　居

《楚辞》

【题解】

屈原，名平，字原，楚国贵族后代，兼具文学素养和政治才干，曾担任过楚怀王的左徒、三闾大夫等官职。他抨击当时黑暗的社会现实，并提出联齐抗秦，此主张遭到反动贵族集团的反对。他也惨遭迫害，长期流放在外，最后投汨罗江自尽。

"楚辞"是战国时期以屈原为代表的楚国人在民间歌谣的基础上，创造出来的一种新文体。西汉刘向将屈原、宋玉等人相关方面的作品汇编成集，命名为《楚辞》。《卜居》是《楚辞》中的一篇。本文通过问卜，提出了如何为人处世这样严肃的问题。

【原文】

屈原既放，三年不得复见。竭智尽忠，而蔽障于谗。心烦虑乱，不知所从。乃往见太卜郑詹尹曰："余有所疑，愿因先生决之。"詹尹乃端策拂龟曰："君将何以教之？"

屈原曰："吾宁悃悃款款①，朴以忠乎？将送往劳来，斯无穷乎？宁诛锄草茅以力耕乎？将游大人以成名乎？宁正言不讳以危身乎？将从俗富贵以偷生乎？宁超然高举以保真乎？将哫訾②栗斯③，喔咿嚅唲④，以事妇人乎？宁廉洁正直以自清乎？将突梯滑稽，如脂如韦，以絜楹乎？宁昂昂若千里之驹乎？将氾氾若水中之凫乎？与波上下，偷以全吾躯乎？宁与骐骥亢轭乎？将随驽马之迹乎？宁与黄鹄比翼乎？将与鸡鹜争食乎？此孰吉孰凶？何去何从？世溷浊而不清：蝉翼为重，千钧为轻；黄钟毁弃，瓦釜雷鸣；谗人高张，贤士无名。吁嗟默默兮，谁知吾之廉贞？"

詹尹乃释策而谢曰："夫尺有所短，寸有所长；物有所不足，智有所不明；数有所不逮，神有所不通。用君之心，行君之意，龟策诚不能知此事！"

【注释】

①悃悃款款：忠实诚恳，以真心待人。以：而。

②呫嗫：阿谀奉承。
③栗斯：献媚的样子。
④喔咿嚅唲：强颜欢笑的样子。喔咿，强笑声。嚅唲，屈从的样子。

【译文】
　　屈原被放逐之后，有三年时间未见到楚怀王。他竭尽智慧报效国家，却因奸佞小人陷害致使与怀王之间产生隔阂；屈原心烦意乱，不知如何是好。于是他就去拜见太卜郑詹尹，对他说："我心中有很多疑惑，希望先生能帮助解答。"詹尹便摆正蓍草，拂去龟甲上的尘灰，问道："不知先生有何见教？"
　　屈原说："我是诚恳朴实，忠心耿耿呢？还是要四处交结逢迎来摆脱困境呢？我是垦荒除草，勤于耕作呢？还是应当结交权贵以成就名声呢？我是直言不讳以致身陷危境呢？还是应当流于世俗与富人结交而苟且偷生呢？我是超然物外以保持本真呢？还是应当阿谀逢迎、强颜欢笑去迎合那个妇人呢？我是廉洁正直以保持清白呢？还是应当圆滑世故，毫无气节地去趋炎附势呢？我是昂然站立如日行千里的骏马呢？还是应当浮游水面如随波逐流而保全自身的野鸭呢？我是与良马并肩奔驰呢？还是应当追随劣马的足迹呢？我是与黄鹄比翼齐飞呢？还是应当与鸡鸭相互争食呢？这些，哪些是吉？哪些是凶？我应当何去何从？世道如此混浊不清：重视蝉翼，轻视千钧；黄钟被毁，瓦罐却响如雷鸣；奸佞小人嚣张跋扈，贤良之士却默默无名。唉！沉默吧，世上之人又有谁知道我的廉洁和忠贞呢？"
　　詹尹放下蓍草，抱歉地说："尺有所短，寸有所长；事物都有不足的地方，人的智慧也有无法明了的时候；占卜也有难以预料的地方，神灵也有无法洞察的时候。依照您的心愿，践行您的主张吧，龟甲和蓍草实在不知道如何为您解答这些事情！"

【评析】
　　《卜居》一文中，屈原借向郑詹尹问卜之机，以连连发问的方式抒发了自己心中的苦闷和疑惑。虽然此事无法考证是否属实，但屈原心中对自己人生观和处事方式的质疑和反思，以及他对黑暗社会的不满和控诉，却是非常真实的。
　　本文开篇先简单介绍了屈原的境况，即"屈原既放，三年不得复见。竭智尽忠，而蔽障于谗"。因为小人陷害，致使屈原被楚怀王误会，放逐三年仍不召见。屈原感到渺无希望，前途未卜，"心烦虑乱，不知所从"，故求助于太卜郑詹尹。然虽说是求助，实则是控诉。但看屈原一气呵成的八个设问，字里行间都透露着他对那个黑白颠倒、混乱无序的现实世界的不满和愤慨。屈原以"宁……将……"的句式，将心中郁积的悲愤喷薄而出，毫无遮掩。而在这酣畅淋漓的宣泄之中，也多少夹杂了一丝报国无门的无奈和遗憾。

全文以屈原问卜开篇，以詹尹"释策而谢"收尾，一气呵成，张力十足。同时八个设问一以贯之，文采斐然。读罢此文，我们眼前会浮现一位廉洁正直、高傲倔强却又容颜憔悴、形容枯槁的老者，正漫步行吟于泽畔——那就是品性高洁、忧国爱民的屈原。

宋玉对楚王问

《楚辞》

【题解】

宋玉是战国后期楚国著名的辞赋家。据说他是屈原的学生，曾在楚怀王、楚襄王时担任过文学侍从一类的官职。他的作品极富想象力，且浪漫主义色彩浓厚。本篇以楚襄王提问宋玉回答的形式展开全文，借助比喻和对比手法来表现宋玉孤傲自负的品性。

【原文】

楚襄王问于宋玉曰："先生其有遗行与？何士民众庶不誉之甚也？"宋玉对曰："唯。然。有之。愿大王宽其罪，使得毕其辞。""客有歌于郢中者，其始曰《下里》《巴人》，国中属①而和者数千人。其为《阳阿》《薤露》，国中属而和者数百人。其为《阳春》《白雪》，国中属而和者不过数十人。引商刻羽，杂以流徵，国中属而和者不过数人而已。是其曲弥高，其和弥寡。故鸟有凤而鱼有鲲。凤凰上击九千里，绝②云霓，负苍天，足乱浮云，翱翔乎杳冥之上。夫藩篱之鷃，岂能与之料天地之高哉！鲲鱼朝发昆仑之墟，暴鬐于碣石，暮宿于孟诸。夫尺泽之鲵，岂能与之量江海之大哉？故非独③鸟有凤而鱼有鲲也，士亦有之！夫圣人瑰意琦行，超然独处，世俗之民，又安知臣之所为哉？"

【注释】

①属：连接。
②绝：越过。
③非独：不但。

【译文】

楚襄王问宋玉说："先生大概有不检点的地方吧？为什么士人百

宋玉回答道："是的。的确是这样。有这样的情况。请大王宽恕我的过错，让我把话说完。"

姓都如此非议你呢？"宋玉回答道："是的。的确是这样。有这样的情况。请大王宽恕我的过错，让我把话说完。""有个宾客在郢都唱歌，他开始先唱《下里》、《巴人》，都城中的百姓随声跟唱的有数千人。等他唱《阳阿》、《薤露》，都城中的百姓随声跟唱的有数百人。等到他唱《阳春》、《白雪》时，城中跟唱的百姓不过数十人。最后，他引用商声，刻画羽声，夹杂运用流动的徵声时，都城中的百姓能随声跟唱的只有几个人。如此看来，曲调越是高雅，相和的人就越少。所以，鸟中有凤凰，鱼中有鲲鱼。凤凰振翅高飞九千里，穿越云雾，背负苍天，双脚踏乱浮云，翱翔在深不可测的高天之上。而那在篱笆间穿梭的小鷃雀怎么能了解天地的广阔呢？清晨，鲲鱼从昆仑山麓出发，中午游至渤海之滨晾晒脊背，夜晚则投宿在孟诸。而那在一尺见方的水池中游动的小鲵鱼，又怎能和鲲鱼一起测量江海的深广呢？而且，不光是鸟中有凤凰，鱼中有鲲鱼，士中亦有高人雅士。圣人有远大的志向和高尚的品德，超出常人而独自存在，而一般的世俗之人，又怎么能理解我的所作所为呢？"

【评析】

本文言辞简洁，通俗易懂。宋玉面对楚襄王对他为人方面的责问，长篇大论地为自己辩解。虽是辩解，却无一字是说自己，而是借助大量比喻和对比，讲明了自己为何为世人所非议的原因。宋玉先是谦卑地承认自己确实不被世人所称赞，然后请大王恕罪，接着便开始了极为精彩的辩解。宋玉所举第一个事例是郢中歌者。歌者在唱"下里巴人"时，城中百姓"和者数千人"；当其唱"阳春白雪"时，和者不过数十人；而当其"引商刻羽，杂以流徵"时，国中和者不过数人而已。由此形象地阐明了"曲高和寡"的道理，从而将自己为世人所不解的原因暗寓其中。接着，宋玉又用鸟中凤凰翱翔天际、鱼中大鲲悠游于江海，比喻自己有远大志向和高尚情操，标榜了自己的与众不同，也表现了自己的孤傲清高。这些比喻和自比全部围绕雅、俗二字展开。作者表面上没有一字提及自己，而事实上却是句句都在说自己。直至最后一句："夫圣人瑰意琦行，超然独处，世俗之民，又安知臣之所为哉？"宋玉方点明主旨，明确而高傲地道出了自己与世俗之人的不同。

全文论证严谨，有理有据，为后世学者作论说之文树立了典范。

谏逐客书

李斯

【题解】

战国末期，韩国因担心秦国会出兵攻打自己，于是派水工郑国到秦国，建议秦王在泾阳西北开凿渠道（即郑国渠），引泾水入洛水，想以此阻止秦国向韩国发兵。后此事被秦国察觉，秦国宗室大臣提出逐客的主张。秦丞相李斯也在被驱逐之列，他因此写下《谏逐客书》。

【原文】

秦宗室大臣皆言秦王曰："诸侯人来事秦者，大抵为其主游间于秦耳，请一切逐客。"李斯议亦在逐中。

斯乃上书曰："臣闻吏议逐客，窃①以为过矣！昔穆公求士，西取由余于戎，东得百里奚于宛，迎蹇叔于宋，求丕豹、公孙支于晋，此五子者，不产于秦，而穆公用之，并国二十，遂霸西戎。孝公用商鞅之法，移风易俗，民以殷盛，国以富强，百姓乐用，诸侯亲服，获楚、魏之师，举地千里，至今治强。惠王用张仪之计，拔三川之地，西并巴、蜀，北收上郡，南取汉中，包九夷，制鄢、郢，东据城皋之险，割膏腴之壤，遂散六国之从，使之西面事秦，功施到今。昭王得范雎，废穰侯，逐华阳，强公室，杜私门，蚕食诸侯，使秦成帝业。此四君者，皆以客之功。由此观之，客何负于秦哉！向②使四君却客而不内，疏士而不用，是使国无富利之实，而秦无强大之名也。

"今陛下致③崑山之玉，有随、和之宝，垂明月之珠，服太阿之剑，乘纤离之马，建翠凤之旗，树灵鼍之鼓。此数宝者，秦不生一焉，而陛下说之，何也？必秦国之所生而然后可，则是夜光之璧不饰朝廷，犀象之器不为玩好，郑、魏之女不充后宫，而骏马駃騠不实外厩，江南金锡不为用，西蜀丹青不为采。所以饰后宫、充下陈、娱心意、说耳目者，必出于秦然后可，则是宛珠之簪、傅玑之珥、阿缟之衣、锦绣之饰，不进于前，而随俗雅化、佳冶窈窕赵女不立于侧也。夫击瓮叩缶、弹筝搏髀，而歌呼呜呜、快耳目者，真秦之声也。郑、卫、桑间，韶虞、武象者，异国之乐也。今弃击瓮而就郑卫，退弹筝而取韶虞，若是者何也？快意当前，适观而已矣。今取人则不然，不问可否，不论曲直，非秦者去，为客者逐。然则是所重者在乎色乐珠玉，而所轻者在乎人民也。此非所以跨海内、制诸侯之术也。

"臣闻地广者粟多，国大者人众，兵强则士勇。是以泰山不让土壤，故能成其大；河海不择细流，故能就其深；王者不却众庶，故能明其德。是以地无四方，民无异国，四时充美，鬼神降福，此五帝、三王之所以无敌也。今乃弃黔首以资敌国，却宾客以业诸侯，使天下之士，退而不敢向西，裹足不入秦，此所谓'藉④寇兵而赍盗粮'者也。

"夫物不产于秦，可宝者多；士不产于秦，而愿忠者众。今逐客以资敌国，损民以益仇，内自虚而外树怨于诸侯，求国之无危，不可得也。"

秦王乃除逐客之令，复李斯官。

【注释】

①窃：谦辞，私下。
②向：原先，当时。
③致：罗致，收罗。
④藉：借给。

【译文】

秦国的王公大臣纷纷对秦王说："诸侯各国之士言称来为秦国效力者，多数都只是为了其主子在秦国进行游说，搬弄是非罢了，请下令将这些人逐出。"李斯也在被逐名单中。

于是李斯上书说："臣耳闻大臣们商议要驱逐客卿，臣认为这样做有失妥当。昔日秦穆公遍访贤能之人，由余是从西边戎地找来的，百里奚则是从东边宛地得来的，又把宋国的蹇叔迎来，从晋国请来丕豹、公孙支。这五人都不是秦国人，但是秦穆公对他们委以重任，在他们的辅佐下，吞并了二十余小国，称霸西戎。秦孝公听从商鞅的建议，推行变法，变换旧的风俗，人民因此生活富足，国家因此繁荣昌盛，老百姓团结在秦国周围，诸侯纷纷俯首称臣。又击败楚魏两国，占领了方圆千里的土地，到现在还统治牢固。秦惠王采纳张仪的计策，攻取了洛阳一带，向西吞并了巴蜀，北上占领上郡，南下获取汉中，囊括九夷之地，控制鄢、郢之民，东面占据雄关要塞，割取肥美的土地，终于成功击散合纵六国，使他们直到现在仍西向臣服于秦国。秦昭王得到范雎的辅佐后，废除了穰侯，将华阳君扫地出门，增强皇室的势力，杜绝权贵的垄断局面，蚕吃桑叶般渐渐吞并诸侯的土地，使秦统一天下，成就帝王之业。这四位先王的帝业都有客卿的汗马功劳。这样看来，客卿们又哪里辜负了秦国呢？倘若四位先王拒客卿于门外，疏离他们而不加以重用，秦国就不会有富足之实，也不会有强大之名了。

"现如今陛下网罗昆山美玉，收藏随侯珠宝、和氏璧玉，挂着明月珠，佩上太阿剑，跨上纤离马，摇着翠凤旗，敲响灵鼍鼓。这些宝物，没有一样产自秦国，但是陛下照样喜爱，为什么呢？如果非要是产自秦国的才可以用的话，那夜光璧玉便不能再装饰朝廷，犀角、象牙做的雕饰不能再为您赏玩，后宫将再也寻觅不到郑魏两国女子的身影，马厩里将再也找不到駃騠这样的良马，江南的金锡不能用，西蜀的丹青也不应该被用作颜料。所有装点宫殿、充实后宫、娱情赏怀、悦人耳目的东西如果都被要求是产自秦国才可以的话，那些用宛地珍珠装点的簪子、镶着珠子的耳环、东阿丝织的衣物、刺绣的装饰都不会供奉于陛下眼前，那些能俗能雅、亭亭玉立的赵国女子就不能在您身边侍奉。那些敲打坛坛罐罐，拍着大腿弹筝而歌，呜呜呀呀娱人耳目的确实是秦国的音乐。郑卫的民间音乐，韶虞、武象等，则是别国的乐曲了。现如今陛下弃瓮不听，转而去赏郑卫之乐，不听弹筝之音，而就韶虞之乐，又是为何？只是因为这些乐曲能够给人带来快乐，赏人耳目罢了。如今陛下却不这样用人，只要不是秦国人，不管可不可用，不论是非曲直，一概加以驱逐。这样看来，陛下对声色珍宝的重视要甚于对人才的重视了。这可不是用来巩固天下、臣服诸侯的治国之略啊！

"我听说土地辽阔则物产丰富，国力强大则人口众多，军队强盛则士兵勇猛。正是因为泰山不排斥泥土，才能成就其巍峨；黄河、大海不捐弃细流，才变得如此辽阔；成就帝业的人不离弃百姓之流，才能够昭示自己的盛德。所以，土地不分东南西北，民众不分本国异国，四季丰盈，鬼神赐福，这是三皇五帝无敌于天下的缘由。现在，您打算离弃百姓，让他们去投奔别国，驱逐客卿，让他们去辅佐诸侯，使天下的士人不敢西向而进，停止前往秦国效力的步伐，这正是给流寇之徒以武器，给鸡鸣狗盗之辈以粮食啊！

"不是产自秦国的东西堪作宝物的很多，不是生于秦国的人愿意效力的也不少。如今，驱逐客卿使其帮助敌国，减少百姓使仇人的力量增强，使自己内虚而外患无穷，如此做法还想要保证国家的安稳，是不可能的。"

于是秦王废除了逐客令，李斯的官位也得以恢复。

【评析】

战国末年，为阻止秦国出兵，韩国派水工郑国到秦国进行游说，让秦国开凿了郑国渠，以此阻挡秦国的进攻。施工之中，秦王方才发现这原是韩王的"疲秦之计"。秦国的王公大臣借口这一事件，建议秦王下令驱逐六国客卿。李斯本是楚国人，当然在被逐之列。此即《谏逐客书》写作的背景。

刘勰《文心雕龙·论说》中评价此文："顺情入机，动言中务，虽批逆鳞，而功成计合，此上书之善说也。"当此时，秦王想一统天下的心思已是"路人皆知"，李斯正是抓住秦王的这一图谋，对症下药地展开论辩。他开篇便旗帜鲜明地亮出自己的观点，直言逐客的做法是错误的。值得注意的是，李斯将逐客的想法安插在"吏"的身上，不至于一开始就引起秦王的反感。紧接着李斯怀古追昔，用大量秦先王纳客的事例，论证客卿为秦国的繁荣昌盛所做的突出贡献，顺势提出反驳："客何负于秦哉！"这样一来，精明的秦王不会不加以深思。

话锋一转，李斯又从反面论证如果秦王不纳客将要面临的局面，以形势之严峻反衬客卿对秦国的重要作用。

　　然后李斯一一清点秦王的声色愉悦、珠宝珍藏，使贪婪的秦王幡然悔悟：原来后宫佳丽无数，多来自赵国；宫内典藏装饰，却也有无数异国风情。李斯就此做出点评：取人为何不同于观物？"是所重者在乎色乐珠玉，而所轻者在乎人民也"，而这绝不是"跨海内、制诸侯之术"。雄心勃勃的秦王闻此不免三思。李斯又提及"不让土壤"的泰山、"不择细流"的河海，从正面给出仿效的例子，再指出不如此做将要面临的困境。

　　文"常行于所当行，常止于不可不止"，李斯在论述逐客令与国之安危的关系之后，戛然而止，留给秦王无限思索的空间。这一逻辑严密，从正面、侧面反复进行的论辩立竿见影，逐客令得以废，李斯官得以复。

汉文

过秦论

贾谊

【题解】

贾谊是西汉初年杰出的辞赋家、政论家，二十来岁时就被汉文帝召为博士。他主张革新，整顿官场，清明吏治，因此触犯了权贵的利益，被贬为长沙王太傅。他的政论文和辞赋都很精彩，政论文以直击时政、切中要害、观点独特著称。

在本文中，作者详细阐述了秦日益强大及一统天下的过程，分析了其最终灭亡的原因，希望汉朝的统治者能以史为鉴，不要步秦朝的后尘。

【原文】

秦孝公据崤函之固，拥雍州之地，君臣固守，以窥周室。有席卷天下、包举宇内、囊括四海之意，并吞八荒①之心。当是时也，商君佐之，内立法度，务耕织，修守战之备；外连衡而斗诸侯。于是秦人拱手而取西河之外。

孝公既没，惠文、武、昭蒙故业，因遗策，南取汉中，西举巴蜀，东割膏腴之地，收要害之郡。诸侯恐惧，会盟而谋弱秦。不爱珍器、重宝、肥饶之地，以致天下之士，合从缔交，相与为一。当此之时，齐有孟尝，赵有平原，楚有春申，魏有信陵。此四君者，皆明智而忠信，宽厚而爱人，尊贤而重士，约从离横，兼韩、魏、燕、楚、齐、赵、宋、卫、中山之众。于是六国之士，有宁越、徐尚、苏秦、杜赫之属为之谋，齐明、周最、陈轸、召滑、楼缓、翟景、苏厉、乐毅之徒通其意，吴起、孙膑、带佗、倪良、王廖、田忌、廉颇、赵奢之伦制其兵。尝以什倍之地，百万之众，叩关而攻秦。秦人开关而延敌，九国之师，逡巡逃而不敢进。秦无亡矢遗镞之费，而天下诸侯已困矣。于是从散约解，争割地而赂秦。秦有余力而制其弊，追亡逐北，伏尸百万，流血漂橹。因利乘便，宰割天下，分裂河山，强国请服，弱国入朝。

延及孝文王、庄襄王，享国之日浅，国家无事。及至始皇，奋六世之余烈，振长策而御宇内，吞二周而亡诸侯，履至尊而制六合。执敲扑以鞭笞天下，威震四海。南取百越之地，以为桂林、象郡。百越之君俛首系颈，委命下吏。乃使蒙恬北筑长城而守藩篱，却匈奴七百余里。胡人不敢南下而牧马，士不敢弯弓而报怨。

于是废先王之道，燔百家之言，以愚黔首；隳名城，杀豪俊，收天下之兵聚之咸阳，销锋镝，铸以为金人十二，以弱天下之民。然后践华为城，因河为池，据亿丈之城，临不测之溪以为固。良将劲弩，守要害之处，信臣精卒，陈利兵而谁何。天下已定，始皇之心，自以为关中之固，金城千里，子孙帝王万世之业也。

始皇既没，余威震于殊俗。然而陈涉，瓮牖绳枢之子，氓隶之人，而迁徙之徒也，材能不及中庸，非有仲尼、墨翟之贤，陶朱、猗顿之富。蹑足行伍之间，俛起阡陌之中，率罢弊之卒，将数百之众，转而攻秦。斩木为兵，揭竿为旗，天下云集响应，赢②粮而景从，山东豪俊遂并起而亡秦族矣。

且夫天下非小弱也，雍州之地，崤函之固，自若也。陈涉之位，不尊于齐、楚、燕、赵、韩、魏、宋、卫、中山之君也；锄櫌③棘④矜⑤，非铦于钩、戟、长铩也；谪戍之众，非抗于九国之师也；深谋远虑，行军用兵之道，非及曩时之士也。然而成败异变，功业相反。试使山东之国与陈涉度长絜大，比权量力，则不可同年而语矣。然秦以区区之地，致万乘之权，招八州而朝同列，百有余年矣。然后以六合为家，崤函为宫。一夫作难而七庙隳，身死人手，为天下笑者，何也？仁义不施，而攻守之势异也。

【注释】

①八荒：八方。荒，远方。
②赢：负担。
③櫌：锄柄。
④棘：棘木。
⑤矜：杖。

【译文】

秦孝公占有崤山、函谷关这几个险要的关塞，坐拥雍州大片的土地，一方面君臣牢牢地守住本土，另一方面又暗中觊觎周朝，大有并吞天下的野心。当时，秦孝公有商鞅的辅助，对内完善法令制度，提倡耕作纺织，修造用于攻守的武器；对外采纳连横的策略，使诸侯各国互相残杀。秦国不费吹灰之力夺得黄河以西的辽阔土地。

秦孝公去世后，惠文王、武王、昭襄王继承先王未竟的事业，因袭前人的策略，兼并南边的汉中，攻占西边的巴蜀，东面则割据肥美的土地，收取险要的郡县。诸侯国不胜恐慌忧惧，纷纷集会结盟谋求削弱秦国。他们不惜用贵重的器具、珍贵的宝物、肥美的土地多方招致天下有志之士，约定相约合纵，结成一体。这个时候，齐国有孟尝君，赵国有平原君，楚国有春申君，魏国有信陵君。这四个人，都是明智且忠诚守信之人，对人宽厚、友爱，尊敬贤者，重视有谋略之人，他们一起约定纵向联合，瓦解秦国的连横之策，并网聚了韩、魏、燕、楚、齐、赵、宋、卫、中山各国的力量。于是六国有宁越、徐尚、苏秦、杜赫等为他们出谋划策，有齐明、周最、陈轸、召滑、楼缓、翟景、苏厉、乐毅一班人为他们传递讯息；有吴起、孙膑、带佗、倪良、王廖、田忌、廉颇、赵奢等人替他们训练士兵。他们曾经凭借十倍于秦国的土地，出动百万之师，闯进函谷关，攻打秦国。秦国人开门迎敌，九国的将领却畏畏缩缩、踌躇犹豫，不敢向前。秦国一箭未发，诸侯各国的军队已经陷入困顿。于是合纵的盟约解散，诸侯各国争相割地供奉秦国。秦国有余力利用他们的弱点，乘胜追击败走的敌军，直杀得伏尸百万，血流成河。看到形势有利于自己，秦国又趁机席卷天下，蚕食诸侯各国的江山，使强国臣服，弱国朝拜。

到了孝文王、庄襄王的时候，他们在位时间不长，没有什么大事。轮到秦始皇做国君时，他延续六位先王的勋绩，挥动长鞭驰骋天下，并吞东西二周，灭亡诸侯，登上最高位置统治天下。他动用酷烈的刑罚役使民众，气势威震四海。他向南攻取越族上百个部落的土地，设置桂林郡和象郡。百越的部落首领，纷纷俯首称臣，听命于秦国小吏。秦王又派蒙恬在北边筑起长城守卫国土，把匈奴赶到七百里开外。自此，匈奴人不敢南下牧马，六国遗老遗少不敢起兵反叛。

于是，秦始皇废弃先人的治国之道，焚毁诸子百家的著述，妄图使百姓愚昧；破坏各个诸侯国的名城，杀害他们的豪才俊杰，把天下的兵器齐聚咸阳，集中销毁，铸成十二个铜人，以此削弱民间的力量。紧接着，他以华山为城墙，把黄河当作护城河，凭借广大的城墙，加上深不可测的护城河，自以为就是铜墙铁壁了。派遣大将带上强弓劲弩，守卫险要之地，再让忠实的大臣率领精锐士卒盘查出入的行人。天下已经平定了，秦始皇自以为关中固若金汤，就像千里长城金铜铸成，形成了子孙万代称帝为王的基业。

秦始皇驾崩后，余威犹在，震慑边远地区。但是，陈涉只是一个农夫，家里穷得用破瓮做窗户、绳子做门轴，被贬到边境充军，才能赶不上普通人，没有孔子、墨子的才能，也没有陶朱公、猗顿的财富。他置身于士卒之中，而又从中奋起，率领疲劳散乱的士卒，带着这几百人，掉头攻打秦朝。砍下树枝作为兵器，树起竹竿作为旗帜，振臂一呼，应者云集，人们纷纷带上粮食，跟随他一同作战，崤山以东的豪俊纷纷起来响应，秦朝于是灭亡了。

秦朝的势力此前并未见丝毫衰退，雍州土地的辽阔，崤山和函谷关的险固还是同从前一样。陈涉的身份也没有比齐、楚、燕、赵、宋、卫、中山各国的君主高贵；他们当作武器的锄头和木棍，不比那

陈涉砍下树枝作为兵器，树起竹竿作为旗帜，振臂一呼，应者云集。

钩戟长矛锋利；谪守边境的士卒，作战能力不能和九国的军队相提并论；至于深谋远虑，行军用兵的策略，也比不上那个时候的谋士。可是成败的结果却不是这样，功业也正好与此相反。倘使让崤山以东的诸侯国与陈涉一起比较优势短缺，力量大小，也是不可等量齐观的。秦国以一块小地盘，千余人马的兵力，使诸侯各国同朝称臣，已经有一百多年了。之后天下为一人所有，崤山和函谷关为宫。不想陈涉一人起兵发难，天子七庙倾覆，皇子皇孙性命不保，被天下人嘲笑，这是为什么呢？不施行仁义，导致攻守的形势发生变化了啊！

【评析】

文章标题"过秦论"是"论秦之过"的意思。原文有上、中、下三部分，从多个角度分别论述秦朝的过失，从中总结出秦朝速亡的教训，对后世的影响很大。

作者贾谊是西汉初年的政治家、文学家，他写作此篇的目的在于为汉王朝巩固统治提供政治借鉴。"然秦以区区之地，致万乘之权，招八州而朝同列"，而后"一夫作难而七庙隳，身死人手，为天下笑"，中间的原因就在于"仁义不施，而攻守之势异也"。对一国之君来说，这是一篇具有警示意义的史论。

文章说理论事一气呵成，如行云流水，而在语言上则明显带有赋作的特征，讲究铺陈，大肆渲染。例如文章开头就连用"席卷天下""包举宇内""囊括四海""并吞八荒"四个四字词语，说的都是吞并天下的意思。同时多用排比、对偶、对比等手法，使文章气势充沛，流利顺畅。

文章铺陈叙述，只在篇末点题。金圣叹有批语："秦过只是末句'仁义不施'之语，便断尽此通篇文字。……至于前半有说六国时，此只是反补秦；后半有说秦时，此只是反衬陈涉。最是疏奇之笔。"此语精当。

文帝议佐百姓诏

刘恒

【题解】

汉文帝刘恒是一位明君，他在位期间不仅自己力行节俭，还尽力减轻百姓负担。公元前163年，因水旱灾害造成全国大部分地区粮食歉收，文帝为此发布诏书（即本篇文章）减少赋税。他在诏书中列举了自己的过失，要求百官坦率地提出帮助百姓的意见，把自己"以德化民"的作风表达得酣畅淋漓。

【原文】

间者数年比不登，又有水旱疾疫之灾，朕甚忧之。愚而不明，未达其咎。意者朕之政有所失而行有过与？乃天道有不顺，地利或不得，人事多失和，鬼神废不享与？何以致此？将百官之奉养或费，无用之事或多与？

何其民食之寡乏也？夫度田非益寡，而计民未加益，以口量地，其于古犹有余，而食之甚不足者，其咎安在？无乃百姓之从事于末①以害农者蕃，为酒醪以靡谷者多，六畜之食焉者众与？细大之义，吾未能得其中。其与丞相、列侯、吏二千石、博士议之，有可以佐百姓者，率意远思，无有所隐。

【注释】

①末：指工商，相对农业而言。

【译文】

近年来，农作物连续歉收，同时水旱灾害和瘟疫广为流行，我为此深感忧虑。我愚钝而不够明智，所以不明白其中的缘由。仔细猜想，难道是我在制定政策上有失误，而在实施时有过错吗？或者是天时不顺、地利不得、百姓不能和睦相处、神灵被我们遗弃而没有被祭祀吗？为什么事情会发展至此呢？或者是百官们的俸禄过于优厚，无用的事情办得太多了吗？

为什么百姓们如此缺衣少食呢？经过丈量，全国的耕地并没有减少；又经过统计，全国的人口并没有增多；按人口来计算土地，它与之前相比甚至还多出一些，但是百姓们的粮食却变得不足了，问题出在哪里呢？难道是百姓中从商的人数增多了，使农业生产大受损失，因为酿酒而使粮食大肆浪费，六畜饲养得又太多了吗？上面这些原因，我无法判断轻重主次。因此，要和丞相、列侯、二千石俸禄的官吏、博士们协商这个问题。如果有能帮助百姓的意见，可以坦率、大胆地提出来，不要有所隐瞒。

【评析】

《议佐百姓诏》一文是汉文帝刘恒在国家连年遭受自然灾害、全国农业歉收的情况下发布的诏书。在诏书中，他向众朝臣征集建议，以便采取措施减轻百姓的负担。

此诏书的与众不同之处在于，它通篇布满了作者的疑惑和提问。作者几乎没有从正面直接给出自己的意见，而是通过疑问的方式委婉地表达自己的见解。

诏书开篇就列举了国家的严峻形势，提出了作者心中的忧虑。接着，作者用一系列问句，将自己的疑惑和询问一一列举出来。作者先是自疑，先问自身在施政上是否存在过错，这是从自身找原因；接着论说是否是官员们的俸禄太高或者无用的事情办得太多从而造成了浪费，这便将问题推展到了文武大臣身上；最后，作者又从百姓层面出发，怀疑是否是商业危害到了农业。这一系列猜测和质疑从上至下涵盖了所有臣民，体现了文帝胸怀的宽广和先正己再正人的帝王本色。

诏书的结尾，文帝诚恳地向文武百官征询意见。他希望百官们能从百姓的利益出发，坦率地献言献策，"无有所隐"。

本文言辞简练、语言质朴，读来毫无拖沓之感，正如衣食住行处处节俭的文帝本人，是文如其人的最好例证。

论贵粟疏

晁错

【题解】

晁错是汉文帝、汉景帝时期的政治家。他一贯主张重农抑商，认为国家要想安定，必须重视农业，抑制商业。这在当时有一定的积极意义。

西汉初年，国家经济凋敝，汉高祖采取休养生息的政策恢复农业生产。文帝即位后继续奉行这一政策，但随着商业的发展出现了粮食价格低、农民流离失所的社会现象。如何解决这一问题，晁错在这篇奏疏中进行了详细的论述。

【原文】

圣王在上，而民不冻饥者，非能耕而食之，织而衣之也，为开其资财之道也。故尧、禹有九年之水，汤有七年之旱，而国无捐瘠者，以畜积多而备先具也。今海内为一，土地人民之众不避禹、汤，加以亡天灾数年之水旱，而畜积未及者，何也？地有遗利，民有余力，生谷之土未尽垦，山泽之利未尽出也，游食之民未尽归农也。

民贫，则奸邪生。贫生于不足，不足生于不农，不农则不地著，不地著[1]则离乡轻家，民如鸟兽。虽有高城深池，严法重刑，犹不能禁也。夫寒之于衣，不待轻暖；饥之于食，不待甘旨；饥寒至身，不顾廉耻。人情，一日不再食则饥，终岁不制衣则寒。夫腹饥不得食，肤寒不得衣，虽慈母不能保其子，君安能以有其民哉？明主知其然也，故务民于农桑，薄赋敛，广畜积，以实仓廪，备水旱，故民可得而有也。

民者，在上所以牧之，趋利如水走下，四方无择也。夫珠玉金银，饥不可食，寒不可衣，然而众贵之者，以上用之故也。其为物轻微易藏，在于把握，可以周海内而无饥寒之患。此令臣轻背其主，而民易去其乡，盗贼有所劝，亡逃者得轻资也。粟米布帛，生于地，长于时，聚于力，非可一日成也。数石之重，中人弗胜，不为奸邪所利，一日弗得而饥寒至。是故明君贵五谷而贱金玉。

今农夫五口之家，其服役者不下二人，其能耕者不过百亩，百亩之收不过百石。春耕，夏耘，秋获，冬藏，伐薪樵，治官府，给徭役；春不得避风尘，夏不得避暑热，秋不得避阴雨，冬不得避寒冻，四时之间，无日休息。又私自送往迎来，吊死问疾，养孤长幼在其中。勤苦如此，尚复被水旱之灾，急政暴虐，赋敛不时，朝令而暮改。当其有者半贾②而卖，亡者取倍称之息；于是有卖田宅、鬻子孙以偿债者矣。而商贾大者积贮倍息，小者坐列贩卖，操其奇赢，日游都市，乘上之急，所卖必倍。故其男不耕耘，女不蚕织，衣必文采，食必粱肉；亡农夫之苦，有阡陌之得。因其富厚，交通王侯，力过吏势，以利相倾；千里游遨，冠盖相望，乘坚策肥，履丝曳缟。此商人所以兼并农人，农人所以流亡者也。今法律贱商人，商人已富贵矣；尊农夫，农夫已贫贱矣。故俗之所贵，主之所贱也；吏之所卑，法之所尊也。上下相反，好恶乖迕，而欲国富法立，不可得也。

方今之务，莫若使民务农而已矣。欲民务农，在于贵粟；贵粟之道，在于使民以粟为赏罚。今募天下入粟县官，得以拜爵，得以除罪。如此，富人有爵，农民有钱，粟有所渫③。夫能入粟以受爵，皆有余者也。取于有余，以供上用，则贫民之赋可损，所谓损有余、补不足，令出而民利者也。顺于民心，所补者三：一曰主用足，二曰民赋少，三曰劝农功。今令民有车骑马一匹者，复卒三人。车骑者，天下武备也，故为复卒。神农之教曰："有石城十仞，汤池百步，带甲百万，而无粟，弗能守也。"以是观之，粟者，王者大用，政之本务。令民入粟受爵，至五大夫以上，乃复一人耳，此其与骑马之功相去远矣。爵者，上之所擅，出于口而无穷；粟者，民之所种，生于地而不乏。夫得高爵与免罪，人之所甚欲也。使天下人入粟于边，以受爵免罪，不过三岁，塞下之粟必多矣。

【注释】

①地著：附着于土地，不离开家乡。
②贾：同"价"。
③渫：散出，流通。

【译文】

圣明的君主在位时，子民不会饥寒交迫，这不是因为君王能亲自耕作供给他们粮食，亲自纺织提供他们衣物，而是因为他会为他们开创增加财富的道路。所以，尧舜时期连续九年发洪水，商汤时连续七年干旱，而国家都没有因此出现被丢弃的饿殍和饥饿的人，这是因为储备积聚得多，提前做好准备了。如今四海归一，土地面积之大、子民数量之多不逊于禹、汤之时，也没有连年的水旱天灾，而国家的储备却不及禹、汤之时，这是为什么呢？土地没有完全开发，劳力没有全部使用，能生长谷物的田地没完全开垦出来，森林河海没有充分利用，无所事事的人尚未全部回家种地罢了。

民生艰难，奸邪的念头就会生发出来。贫困是由于物产不丰富，物产不丰富是由于不务农，不务农就不能扎根于一个地方，不扎根就会远走他乡，轻视家园，如鸟兽般四散各地。即便是有高高的城墙，深不可测的护城河，用严法重刑也不能阻止的啊。人受冻的时候不会还想着要有了裘衣才穿，挨饿的时候不会等着有了珍馐才吃，忍饥挨饿时，哪还顾得上尊严。通常情况下，人一天不吃上两顿饭就会饿，整年不做衣服就会觉得冷。肚子饿时没有充饥的，身上冷时没有御寒的，便是那慈母也不能保住她的孩子，国君又怎能留住他的子民呢？圣明的君主深明这个道理，所以致力于让百姓养蚕种地，降低赋税、减轻征敛，增加粮食储备，以便充实粮仓，防备水涝干旱，然后才能够保住子民。

作为百姓，要看君王如何管理，他们本身追逐利益，如同往低处流的水一样，无论东南西北。金银珠宝这些玩意儿，不能当饭吃，不能当衣服穿，然而众人都认为它很宝贵，乃是因为皇帝对它的需要。这些物品小且轻，收藏方便，握在手上就可以周游四海，而不会忍饥挨饿。这会导致臣子很容易就背叛他们的君王，百姓易于离乡背井，鸡鸣狗盗之徒也得到鼓舞，逃亡的人携带财物更加方便。粮食布匹原来都长在地里，在相应的季节里生长，还要消耗一定的人力，不是一天可以长成的。几石重的粮食，一般人搬不动，所以不为奸邪之人看上；但是一天没有粮食，饥寒就会找上门来。所以圣明的君主看重五谷甚于金玉。

农村里一个五口之家，能够参与劳作的不下两人，只有不到百亩的田地可供耕作，而这百亩田地的农作物收成不超过百石。春天犁地，夏天除草，秋天收获，冬天贮藏，还加上砍柴禾，修缮官府，服劳役；春天不能躲避风尘，夏天不能避暑，秋天不能逃避阴雨，冬天不得御寒，春夏秋冬，日日劳作。此外，还有个人的应酬交际，凭吊逝者，探望病人，侍奉老的，抚育小的。如此劳累，还要经常遭受水涝干旱，官府又急征暴敛，赋税无度，早上下命令，晚上就更改。有粮食的时候半价就卖了，然后交税，没有粮食时就只好借高利贷。于是就有了变卖田产，卖儿鬻女来还债的人。而那些为商的，有本事的就囤积居奇，待价而沽，能力小的就开店摆摊，牟取利润，每天穿梭在集市里，趁朝廷需要急切的时候以成倍的价格卖出。所以，他们男的不耕地，女的不纺织，衣着华美，饮食精致，不像农民那样辛苦，却能享有他们的劳动果实。凭借富贵，结交王侯，权势压过官吏，彼此借助钱财倾轧不休。他们四处巡游，所到之处，冠盖云集，络绎不绝，车辆牢固，马儿壮实，足蹬丝鞋，绸衣曳地。这就是商人剥削农民，农民流离失所的原因了。如今，虽然法令轻贱商人，但是商人却很富贵；法令尊崇农民，但农民却贫贱不堪。所以，一般人所看重的，正是您所轻贱的；而官吏鄙夷的，却是法令所尊崇的。上下相反，善恶不分，都已经这样了，还想要国家富强、法令确立，是不可能的了。

当今之要务，没有甚于让百姓务农的了。想要使百姓愿意务农，就要抬高粮价；要想抬高粮价，就要让百姓能用粮食求赏免责。号召天下人向官府缴纳粮食，或用来封爵，或用来免罪。如此一来，富人享有爵位，农民手中有钱，粮食也得到合理流通。那些能上缴粮食以求得到爵位的人，都是有钱人。把他们多余的财富取来供朝廷使用，贫苦人民的赋税就可以降低，正所谓"损有余、补不足"，只要一实施这个法令，老百姓就能获利。顺应民心，有三大优点：一是国君的取用充足，一是百姓的赋税减轻，再就是能提倡农业生产。现在的规定是百姓进奉一匹战马的，可以免除三个人的兵役。战马是战备物资，所以可以代替兵役。神农氏这样教导："即便有十仞高石头砌成的城墙，百步宽沸腾的护城河水，百万枕戈待旦的军士，如果没有粮食，那是守不住的。"由此看来，粮食是国君最重要的东西，是国家政务之本。现在老百姓纳粮封爵，到五大夫往上，才免除一个人的兵役，与进奉战马相比，功用太小了。爵位，是皇上所独有的，开口就能赐予，而且取之不竭；而粮食，是老百姓种出来的，生长在土地中，也不会缺乏。能封得很高的爵位，还能用来免罪，是人们非常向往的事。若使天下百姓缴纳粮食，支援边防，换得爵位与无罪，那么用不着三年，边地的粮食就会日见其多了。

【评析】

疏是一种文体，在论说文范畴之内，用于下级向上级分析问题，表明看法，疏通道理。晁错是西汉政治家，一贯主张加强中央集权，重农抑商。这是他写给汉文帝的奏疏。作者在文中提出"贵粟"的主张，提倡发展农业生产，使民"入粟于边"，以"受爵免罪"，国家也得以粮库充实，边防巩固。汉文帝采纳了这一主张，并加以推行，到汉武帝时，粮食就非常充足了。

全文采用正反对比的方式，围绕"贵粟"展开论述。首段描述尧、舜、商汤时期粮食储备多，即便连年水涝旱灾，而"国无捐瘠者"，汉王朝处于太平盛世，却"畜积未及"，造成这种反差的根本原因是什么呢？就在于国君是否"贵粟"。紧接着，对比描写没有粮食时，百姓流离失所，"虽慈母不能保其子"，粮库充实时，"民可得而有也"，从重金玉的弊端着手，论证"贵粟"的好处。然后，从农夫的辛劳，商人的不劳而获论证社会现状的黑暗，让文帝感受到实施"贵粟"改革的迫切。最后，顺理成章地提出"贵粟"的具体做法——"使民以粟为赏罚"。作者步步为营，层层逼近中心，多角度剖析问题，直至最后提出解决问题的方法。层次清晰，逻辑严密，流畅顺达。

本文作者提倡重农抑商，对巩固西汉王朝的统治起到了一定的积极作用，但在现代社会，则需要用辩证、发展的眼光来对待这一主张。

狱中上梁王书

邹阳

【题解】

邹阳是汉文帝、汉景帝时期的政治家。他一开始侍奉吴王刘濞，后刘濞叛乱，他离开吴王侍奉梁孝王。梁孝王刘武是窦太后的小儿子，一直有嗣位计划。邹阳对此坚决反对，再加上羊胜、公孙诡大进谗言，他被投入监狱。邹阳狱中上书，慷慨陈词，最终打动了梁孝王而获释。

本文就是邹阳在狱中的上书。即使在狱中，他也没有谄媚、哀怜之词，依然不卑不亢、理直气壮，表现出了"抗直""不苟合"的性格特点，这也是他"有智略"的体现。

【原文】

臣闻"忠无不报，信不见疑"，臣常以为然，徒虚语耳。昔荆轲慕燕丹之义，白虹贯日，太子畏之；卫先生为秦画长平之事，太白食昴，昭王疑之。夫精变天地而信不谕两主，岂不哀哉！今臣尽忠竭诚，毕议愿知，左右不明，卒从吏讯，为世所疑。是使荆轲、卫先生复起，而燕、秦不寤也。愿大王熟察之。

昔玉人献宝，楚王诛之；李斯竭忠，胡亥极刑。是以箕子阳狂，接舆避世，恐遭此患也。愿大王察玉人、李斯之意，而后楚王、胡亥之听，毋使臣为箕子、接舆所笑。臣闻比干剖心，子胥鸱夷，臣始不信，乃今知之。愿大王熟察，少加怜焉。

语曰："有白头如新，倾盖如故。"何则？知与不知也。故樊於期逃秦之燕，藉荆轲首以奉丹事；王奢去齐之魏，临城自刭，以却齐而存魏。夫王奢、樊於期非新于齐、秦而故于燕、魏也，所以去二国死两君者，行合于志，慕义无穷也。是以苏秦不信于天下，为燕尾生；白圭战亡六城，为魏取中山。何则？诚有以相知也。苏秦相燕，人恶之燕王，燕王按剑而怒，食以駃騠；白圭显于中山，人恶之于魏文侯，文侯赐以夜光之璧。何则？两主二臣，剖心析肝相信，岂移于浮辞①哉！

故女无美恶，入宫见妒；士无贤不肖，入朝见嫉。昔司马喜膑脚于宋，卒相中山；范雎拉胁折齿于魏，卒为应侯。此二人者，皆信必然之画，捐②朋党之私，挟孤独之交，故不能自免于嫉妒之人也。是以申徒狄蹈雍之河，徐衍负石入海，不容于世，义不苟取比周于朝以移主上之心。故百里奚乞食于道路，穆公委之以政；宁戚饭牛车下，桓公任之以国。此二人者，岂素宦于朝，借誉于左右，然后二主用之哉？感于心，合于行，坚如胶漆，昆弟不能离，岂惑于众口哉？故偏听生奸，独任成乱。昔鲁听季孙之说逐孔子，宋任子冉之计囚墨翟。夫以孔、墨之辩，不能自免于谗谀，而二国以危。何则？众口铄金，积毁销骨也。秦用戎人由余而伯中国，齐用越人子臧而强威、宣。此二国岂系于俗，牵于世，系奇偏之浮辞哉？公听并观，垂明当世。故意合则胡越为兄弟，由余、子臧是矣；不合则骨肉为仇敌，朱、象、管、蔡是矣。今人主诚能用齐、秦之明，后宋、鲁之听，则五伯不足侔③，而三王易为也。

是以圣王觉寤，捐子之之心，而不说田常之贤，封比干之后，修孕妇之墓，故功业覆于天下。何则？欲善无厌也。夫晋文亲其仇，强伯诸侯；齐桓用其仇，而一匡天下。何则？慈仁殷勤，诚加于心，不可以虚辞借也。

至夫秦用商鞅之法，东弱韩、魏，立强天下，卒车裂之。越用大夫种之谋，禽劲吴而伯中国，遂诛其身。是以孙叔敖三去相而不悔，於陵子仲辞三公为人灌园。今人主诚能去骄傲之心，怀可报之意，披心腹，见情素，堕肝胆，施德厚，终与之穷达，无爱于士，则桀之犬可使吠尧，跖之客可使刺由，何况因万乘之权，假圣王之资乎！然则荆轲湛七族，要离燔妻子，岂足为大王道哉！

臣闻明月之珠，夜光之璧，以暗投人于道，众莫不按剑相眄④者。何则？无因而至前也。蟠木根柢，轮囷⑤离奇，而为万乘器者，以左右先为之容也。故无因而至前，虽出随珠、和璧，祇怨结而不见德；有人先游，则枯木朽株，树功而不忘。今夫天下布衣穷居之士，身在贫羸，虽蒙尧、舜之术，挟伊、管之辩，怀龙逢、比干之意，而素无根柢之容，虽竭精神，欲开忠于当世之君，则人主必袭按剑相眄之迹矣。是使布衣之士不得为枯木朽株之资也。

是以圣王制世御俗，独化于陶钧之上，而不牵乎卑辞之语，不夺乎众多之口。故秦皇帝任中庶子蒙嘉之言以信荆轲，而匕首窃发；周文王猎泾渭，载吕尚归，以王天下。秦信左右而亡，周用乌集而王。何则？以其能越挛拘之语，驰域外之议，独观乎昭旷之道也。

今人主沈谄谀之辞，牵帷廧之制，使不羁之士与牛骥同皁，此鲍焦所以愤于世也。

臣闻盛饰入朝者不以私污义，砥厉名号者不以利伤行。故里名"胜母"，曾子不入；邑号"朝歌"，墨子回车。今欲使天下寥廓之士笼于威重之权，胁于位势之贵，回面污行，以事谄谀之人，而求亲近于左右，则士有伏死堀穴岩薮之中耳，安有尽忠信而趋阙下者哉！

【注释】

①浮辞：没有根据的流言。

②捐：抛弃。

③侔：比。

④睨：斜视。
⑤轮囷：盘绕弯曲的样子。

【译文】

　　我听说"忠心就一定会得到报答，诚信就一定不会被怀疑"，我过去也这样认为，但现在想来这些不过是空话罢了。从前，荆轲仰慕燕太子丹的仁义并决定为其舍身刺秦，以致上天感动，出现白虹惯穿太阳的景象，而太子丹却对其并不放心；卫先生为秦国谋划长平之战，以至上天出现太白星进入昴宿的景象，但是秦昭王却疑心他。荆轲与卫先生的精诚使得天地动容，而两位君主却仍不相信他们，这难道不令人感到悲哀吗？现在，为臣尽忠竭诚，将我的全部见解和盘托出，但由于您听信左右的谗言，最终还是让狱吏审讯我，使我被世人怀疑。就像使荆轲和卫先生再生，而燕太子丹和秦昭王却仍未觉悟。但愿大王能够对此事予以明察。

　　从前卞和献宝给楚王，却被楚王砍掉双腿；李斯一心为秦国尽忠，最后被秦二世处以极刑。所以，箕子佯装疯狂，接舆避世隐居，都是因为害怕遭受这种祸害啊。希望大王能够认真考察卞和和李斯的诚心，将楚王与秦二世的偏听偏信抛诸脑后，不要让我被箕子和接舆嘲笑。臣听说比干被剖心，伍子胥被装入皮囊抛入江中，臣之前不相信，现在才明白。希望大王能够对此事明察秋毫，对臣稍加怜悯。

　　俗话说："有人相处到了白头仍然彼此陌生，而有人刚一见面便如同故交。"这是为什么呢？关键在于知心与不知心。所以，樊於期从秦国逃奔到燕国，将自己的头借给荆轲以帮助燕太子丹成就刺秦之事；王奢从齐国逃奔到魏国，在城门上自杀以退却齐军从而保全魏国。王奢和樊於期并非与齐国和秦国是新交，也并非与燕国和魏国是故交。他们之所以离开秦、齐两国，而愿以死报效燕太子丹和魏文侯，是因为他们彼此志向相投，他们对道义的仰慕之情永无穷尽。因此，苏秦不被各诸侯国信任，却对燕国如尾生那样守信而亡；白圭为中山作战连失六座城池，却帮助魏国夺取了中山国。这是为什么呢？因为君臣之间的彼此相知。苏秦在燕国担任宰相时，有人向燕王进谗言，燕王怒而按剑，却将良马的肉赏赐给苏秦；白圭因为攻取中山而在魏国显贵，有人向魏文侯进谗言，文侯却将夜光璧赏赐给白圭。这是为什么呢？因为这两对君臣，彼此推心置腹、肝胆相照，这种信任岂能因他人的不实言辞而有所改变！

　　所以，女人无所谓美丑，只要入了宫就会受人嫉妒；士人无所谓贤良与不贤良，只要入了朝廷就会受人排挤。从前，司马喜在宋国遭受膑刑，后来在中山国担任丞相；范雎在魏国被打断了肋骨、敲碎了牙齿，后来被秦国封为应侯。这两个人，都对自己的计谋十分确信，因而不会结党营私，而是独来独往，因而不免会受人嫉妒。所以，申徒狄跳进雍水，徐衍负石入海，他们不容于世俗，却仍能坚持正义，不肯与其他朝臣蝇营狗苟以求改变君主的心意。所以，百里奚在路上乞讨，秦穆公将他委以重任；宁戚在车下喂牛，齐桓公任他为宰相。他们难道是素来在朝廷做官，依靠结交的亲信为其美言，然后才被两位君主任用的吗？心有灵犀，言行相和，彼此信任如胶似漆，即便是亲兄弟都不能离间他们，难道还会被其他人的言辞所迷惑吗？所以偏听偏信容易产生奸邪，单听一个人的言辞容易酿成祸乱。从前鲁国听信季孙氏的逸言驱逐了孔子，宋国采纳子冉的计谋囚禁了墨子。以孔子、墨子的辩才，尚且不能使自己免受谗言的危害，从而使鲁、宋两国处于危险境地。这是为什么呢？因为众人的言辞能将金子熔化，日积月累的诽谤能将骨头销蚀。秦国任用戎人由余称霸了中原，齐国任用越人子臧使齐威王、齐宣王两代昌盛。这两个国家岂是被世俗所牵制、被片面的言辞所左右的？公正地听取各种意见，全面地考察各种情况，就能给当世树立一个明智的典范。所以，如果情投意合，则吴、越也可成为兄弟，譬如由余和子臧；彼此不和，就是亲兄弟也会成为仇敌，譬如丹朱、象、管叔、蔡叔。现在的君主，如果能借鉴齐国和秦国的明智，而抛弃宋国、鲁国的偏听偏信，则三王的业绩也是容易做到的。

因此，圣明的君主如果能觉悟这一点，就会舍弃子之那样的"忠心"，厌恶田常那样的"贤良"，而像周武王那样封赐比干的后人，并为被纣王残害的孕妇修建坟墓，因此他成就的功业才能覆盖天下。这是为什么呢？因为他们向善的心永无止境。晋文公愿意亲近昔日的仇敌，终于成为诸侯中的霸主；齐桓公任用昔日的仇人管仲，终于一统天下。这是为什么呢？因为他们仁慈亲切，对臣民以诚相待，而不是以虚情假意相待。

至于秦国任用商鞅变法，往东削弱韩国、魏国，很快就在天下诸侯之间强盛起来，最后却将商鞅处以车裂之刑。越王采纳大夫文种的计谋，擒获吴王夫差而称霸中原，最后却命文种自杀。所以，孙叔敖三次辞谢楚国丞相之职而不后悔，於陵子仲辞掉三公之聘而为人灌溉菜园。现在的君主如果能摒除骄傲之心，心中怀有令人甘愿报效的诚意，袒露心迹，流露真情，披肝沥胆，广施恩惠，自始至终与人同患难、共甘苦，对士人的喜爱毫不吝啬，那么夏桀的狗也可向着尧狂吠，盗跖的门客也可去刺杀许由。更何况还有君主的权势、圣王的地位可以凭借呢？然而，荆轲被诛杀七族、要离被人烧死妻子儿女之事，难道还用我给大王仔细陈述吗？

我听说明月珠、夜光璧，如果在暗中抛给路上的人，人们无不手按宝剑、怒目相向。为什么呢？因为它们是无缘无故被抛掷到眼前来的。弯曲的树枝和树根，虽然形状古怪，反而能成为君主的玩物，这是因为君主左右的人对它进行了装饰。所以，无缘无故到来的东西，即使是随侯珠、和氏璧，也只会让人结怨而不会受到爱护；有人先行为其美言，就算是枯木朽株，也会被重视而加以利用。如今，天下间出身平民、家境贫苦的士人，即使胸怀尧、舜那样的治国方略，拥有伊尹、管仲那样的辩才，怀有龙逄、比干那样的忠心，但是因为缺乏树根那样的装饰，虽然竭尽全力，想要效忠当今的君主，君主也一定会手按宝剑怒目相向。这样就使得平民之士连枯木朽株的机遇都无法得到。

因此，圣明的君主治理天下，应当心有主见，像陶钧制作的转轮运转自如，而不被阿谀奉承所牵制，不被众人的意见所左右。所以，秦始皇因听信中庶子蒙嘉的谗言轻信了荆轲，使得荆轲得以图藏匕首进行行刺；周文王在泾水、渭水狩猎，带着吕尚回国，从而得以称王于天下。秦始皇听信左右而导致亡国，周文王任用偶然相识的吕尚而称王天下。这是为什么呢？因为文王能跨越羌语方言，听取中原以外人们的建议，独自看到了光明而开阔的大道。

当今的君主沉浸在阿谀奉承之中，受制于宫中妃嫔，使得那些思想不被世俗约束的士子与牛马同槽，这就是鲍焦之所以嫉恨俗世的原因。

臣听说身着盛装入朝为官的人，不会为徇私情而使自己的节操受到玷污；磨砺自己的意志、珍爱自己名声的人，不会因为私利而败坏自己的言行。所以，但凡遇到以"胜母"为名的里巷，曾子就不愿进入；但凡遇到以"朝歌"命名的都城，墨子就调转车头。如今，想让天下所有志向高远的人都被有权有势之人笼络，然后在地位显贵之人的胁迫下，回过头来玷污自己的德行，去侍奉那些善于阿谀奉承之人，以求能被君主亲近，那么，士人们宁可隐居于山林草木之间直至老死，哪里还会有人来竭诚投奔君主、效忠君主呢？

【评析】

《狱中上梁王书》是邹阳在狱中为自己辩解的作品，也是他的得意之作。《汉书·邹阳传》曾夸赞邹阳有智谋，而本篇则恰好为其佐证。

邹阳在信中并未直陈梁王之过，而是耗费大量笔墨论证知人与不知人的区别，以使梁王警觉自己的错误。本文有两个奇特之处：一是身陷囹圄的邹阳并没有因自己大难临头而胆战心惊，从他通篇的行文来看，此时的邹阳不仅毫无摇尾乞怜之状，甚而处处表露了他的不卑不亢和理直气壮；二是邹阳此书虽用意在于为自己辩解，但在全书当中他几乎很少提及自己，而是引经据典，用大量历史事实来论证自己的观点。

这篇文章气势澎湃，酣畅淋漓，读来令人不禁拍案叫绝。而据史料记载，梁孝王读完此文，大为感动，立即释放了邹阳，并将其视为上宾。可见，文字的力量之大。

五帝本纪赞

司马迁

【题解】

　　司马迁，字子长，我国著名的史学家、文学家。他接替父亲担任太史令后，就开始编撰《史记》。公元前99年，他因李陵事件受到牵连而受腐刑。在大狱里，他依然勤奋著书，出狱后更一心放在此事上，最终完成这部有着"史家之绝唱，无韵之《离骚》"美誉的《史记》。

　　这篇文章是《史记》第一篇《五帝本纪》的最后一段，主要讲述了"本纪"的史料来源以及作者的见解。这种"赞"类似于现在的评论，是司马迁首创的，后世史书一直沿用。

【原文】

　　太史公曰：学者多称五帝，尚矣。然《尚书》独载尧以来，而百家言黄帝，其文不雅驯，荐绅先生难言之。孔子所传《宰予问五帝德》及《帝系姓》，儒者或不传。余尝西至空峒，北过涿鹿，东渐于海，南浮江淮矣。至长老皆各往往称黄帝、尧、舜之处，风教固殊焉。总之，不离古文者近是。予观《春秋》、《国语》，其发明《五帝德》《帝系姓》章矣，顾弟弗深考，其所表见皆不虚。《书》缺有间矣，其轶乃时时见于他说。非好学深思，心知其意，固难为浅见寡闻道也。余并论次①，择其言尤雅者，故著为本纪书首。

【注释】

　　①论次：评论编次。

【译文】

　　太史公说：学者们多称赞五帝，但五帝的时代距离我们已经很久远了。《尚书》中只记载了唐尧以后的部分历史；诸子百家们对黄帝的论述，文字不够典雅规范，士大夫们也很难讲明白。孔子所传下来的《宰予问五帝德》以及《帝系姓》，儒家中有的并不传习。我曾经向西到过崆峒，向北到过涿鹿，向东到过大海，向南到过长江、淮水。在那些年长者常常称颂黄帝、尧、舜事迹的地方，风俗教化也都各不相同。总之，我认为那些和古文记载较为符合的传说，应当就是准确的。我读《春秋》《国语》，其中阐明《五帝德》《帝系姓》的文章，只是缺乏深入的考证，其中的记述也并非没有根据。《尚书》中的记载有缺漏，它所散失的记载常常在其他著作中被发现。假如不是好学深思、内心知道其中深意的人，很难向那些见识浅薄、孤陋寡闻的人讲清楚。我把关于五帝的资料综合编次，选择其中言辞典雅的记载，写成《五帝本纪》，置于全书首章。

【评析】

　　《五帝本纪》是《史记》的开篇第一文。关于此文的写作过程，司马迁在文中做了简略的介绍。他说他写此文遇到了两方面的困惑：一是史料的缺乏。由于时间久远，关于五帝的文字记载少之又少，如《尚书》所记载的历史是从唐尧开始的，所以之前有大量的历史空白需要填补；二是史料的真伪难辨。所谓"百家言黄帝，其文不雅驯"，很多书上关于五帝的记载出入较大，且都缺乏说服力。

　　鉴于以上情况，司马迁决定从两方面入手解决这两个问题：一是进行实地考察，即通过到各地漫游，搜集各种民间传说和可信材料；二是对现存的官方史料进行整理。通过这两项工作，司马迁发现民间传说和信使记载在很多方面都有重合之处，这就使得他所搜集到的资料的可信度大大增强。又经过他"择其言尤雅者"，从而得成此篇。

　　从本篇的写作过程可以看出，司马迁对待史料的审慎态度，以及他在治学上的严谨风格。这些都是值得今人学习的地方。

项羽本纪赞

司马迁

【题解】

　　这篇文章是《史记》中《项羽本纪》的结尾部分，司马迁写出了自己对项羽的评价。项羽崛起于秦末农民起义，是一位悲剧式的英雄。他英勇善战，威震四方，在推翻秦朝暴政的过程中建立了显赫的功勋。不过，秦朝被推翻后，他听信谗言，决策错误，试图凭借武力征服天下，渐渐失去民心，最终兵败身亡。司马迁全面评价了项羽的功与过，对他的结局充满了惋惜之情。

【原文】

　　太史公曰：吾闻之周生曰："舜目盖重瞳子。"又闻项羽亦重瞳子。羽岂其苗裔邪？何兴之暴也！夫秦失其政，陈涉首难，豪杰蜂起，相与并争，不可胜数。然羽非有尺寸，乘势起陇亩之中，三年，遂将五诸侯灭秦，分裂天下而封王侯，政由羽出，号为"霸王"。位虽不终，近古以来未尝有也。及羽背关怀楚，放逐义帝而自立，怨王侯叛己，难矣。自矜①功伐②，奋其私智而不师古，谓霸王之业欲以力征经营天下，五年卒亡其国，身死东城，尚不觉寤而不自责，过矣。乃引"天亡我，非用兵之罪也"，岂不谬哉！

【注释】
①矜：夸耀。
②伐：功劳。

【译文】
太史公说：我听周生说："舜的眼睛大概是双瞳仁。"我又听说项羽也是双瞳仁。项羽难道是舜的后裔吗？不然他为什么能突然兴起啊！秦朝实施暴政，陈涉首先发难，然后豪杰蜂拥而起，相互争夺天下，人数多得不可胜数。然而项羽并没有尺寸的封地，他乘势兴起于民间，只用三年时间，就带领五国诸侯灭掉了秦国，划分天下，分封王侯，天下政令全都自他发出，他还号称"霸王"。他的霸王之位虽然没有保持到最终，但自古以来像他这样的人还未曾有过。待到项羽因怀念楚国，舍弃关中，便放逐义帝而自立为王，此时再埋怨诸侯们背叛自己，要巩固基业已经很难了。项羽自恃有功，独显自己的智慧而不效法古人，他认为建立霸王的功业，应当凭借武力征讨天下、治理天下，结果仅过了五年，就亡了国家，他自己也死于东城。他至死仍不觉悟，也不自责，这显然是不对的。而且他还说"是上天要灭亡我，不是我用兵的罪过"，这难道不荒谬吗？

【评析】
《项羽本纪》是《史记》中的名篇之一，本篇赞语是《项羽本纪》的结尾部分，是司马迁对项羽一生功过的概括总结。

历史的发展既具有偶然性，又具有必然性，譬如项羽的兴起和最终的失败。

项羽的兴起缘于其能抓住历史机遇。他在秦末众多起义军中异军突起，仅用三年时间，就从本无尺寸之地的无名小辈，一举成为天下霸主。"分裂天下而封王侯，政由羽出，号为'霸王'"，一时之间风光无限。秦朝的灭亡可谓历史的必然，而项羽的称霸又是历史的偶然。

再看项羽的失败。司马迁认为项羽失败最根本原因是，其"背关怀楚，放逐义帝而自立"，且"自矜功伐，奋其私智而不师古，谓霸王之业欲以力征经营天下"。也就是说：一、他怀念楚国、从而放弃关中这一战略要地，这是他在战略上的失策；二、他放逐义帝，自立为王，结果闹得众叛亲离、民心尽失，这是他在政治上的过错；三、他不效法古代，不仅居功自傲，而且狂妄自大。这些失策和失误都预示着项羽的必然失败。然而项羽至死不从自身找原因，仍以为是天要亡他，令人可悲可叹。

三年兴，五年败。项羽的一生可谓波澜壮阔、跌宕起伏。尽管项羽最终未能称帝，但司马迁依然将其列入本属记载帝王事迹的本纪之中，可见他对项羽的肯定。

秦楚之际月表

司马迁

【题解】

"表"是用表格的形式编撰某一时期的历史事件，这是司马迁在《史记》中创造出来的一种史书体例。《史记》中共有十篇表，《秦楚之际月表》是第四篇表的序言。

"秦楚之际"指的是秦二世和项羽的统治时期。这一时期，时间虽短，但历史事件颇多，因此司马迁选择按月记述，名为"月表"。

【原文】

太史公读秦楚之际，曰：初作难，发于陈涉；虐戾灭秦，自项氏；拨乱诛暴，平定海内，卒践帝祚，成于汉家。五年之间，号令三嬗①，自生民以来，未始有受命若斯之亟也。

昔虞、夏之兴，积善累功数十年，德洽百姓，摄行政事，考之于天，然后在位。汤、武之王，乃由契、后稷，修仁行义十余世，不期而会孟津八百诸侯，犹以为未可，其后乃放弑。秦起襄公，章于文、缪、献、孝之后，稍以蚕食六国，百有余载，至始皇乃能并冠带之伦。以德若彼，用力如此，盖一统若斯之难也。

秦既称帝，患兵革不休，以有诸侯也，于是无尺土之封，堕坏名城，销锋镝，钼豪杰，维②万世之安。然王迹之兴，起于闾巷，合从讨伐，轶于三代。乡③秦之禁，适足以资贤者为驱除难耳。故愤发其所为天下雄，安在无土不王？此乃传之所谓大圣乎？岂非天哉？岂非天哉？非大圣孰能当此受命而帝者乎？

【注释】

①嬗：更替，变迁。
②维：古籍中维、唯、惟通用，有思考、谋虑的意思。
③乡：通"向"，从前。

【译文】

太史公读秦汉时期的历史说：最初先行发难的是陈涉；用武力消灭秦朝的是项羽；荡平乱世、铲除暴虐、平定天下，最后登基称帝建立汉朝大业的是刘邦。仅仅五年时间，天下发号施令的人就变了三次，人类自古以来，还未有过受命于天下的人变化如此快的。

　　从前，虞舜、夏禹的兴盛，全都经历了数十年的行善积德，他们广施恩德泽及百姓，他们参与治理国家政事，经历了上天的重重考验，然后才得以即位。商汤和周武称王于天下，都是因为从他们的祖先契和后稷开始，就注重广修仁德、推行道义，历经十余世。至周武王时代，未经约定便有八百诸侯在孟津会盟，但他们却仍以为时机尚未到来，直至最后才杀死了商纣。秦朝起始于秦襄公，兴盛于秦文公和秦穆公，到秦献公、秦孝公之后，秦朝才慢慢开始蚕食六国，历时一百多年，直至秦始皇时才最终消灭了其他诸侯国。积累德行到了如此程度，使用武力到了如此程度，可见一统天下的艰难。

　　秦始皇称帝以后，因为有诸侯存在，所以他担忧战争不止。于是，他废除了分封土地的制度，不再给任何有功之人封赏尺寸的土地，同时毁坏名城，销毁兵器，铲除各地豪强，希望能维持万世的帝王霸业。可是，新的帝王霸业又从民间兴起，众多民间的起义军联合起来讨伐秦国，其发展之疾速甚至超过了夏、商、周三个朝代。之前秦朝颁布的种种禁令，恰巧足以帮助贤者刘邦排除危难。所以他愤而发起，一举成为天下英豪，怎么能说没有土地的人就不能称王呢？这不就是传说中的大圣之人吗？这难道不是天意吗？这难道不是天意吗？如果不是大圣之人，怎么能受命于天继而称帝为王呢？

【评析】

　　本文是《秦楚之际月表》的序言。

　　在这篇序言中，司马迁用简练的言语概括了秦楚之际天下间的风云变幻。先是陈胜、吴广的发难，继而项羽以暴制暴灭掉了秦国，最后刘邦平定天下，称帝为王。这三件事情，前后历时也不过五年。在如此短暂的时间内，天下大势历经三次变更，这是亘古未有的。

　　然后作者又用虞舜、夏禹受尽考验方登上帝位，商汤、周武历尽艰辛方统一天下，秦朝历经数代方称霸诸侯的事例，再次反衬秦楚之际王朝更替的频繁和不寻常。

　　最后，作者简要回答了为何在秦楚之际王朝更替如此频繁。这一切都是因为秦朝的暴政。秦朝推行暴政，原是为了维持万世的秦朝霸业，殊不知却在无形中自掘了坟墓。结尾"岂非天哉"两句，指出了秦朝灭亡的必然。

伯夷列传

司马迁

【题解】

　　《伯夷列传》是司马迁为伯夷和叔齐二人作的传，是《史记》中列传的首篇。在这篇传记中，司马迁以孔子的言论为线索，叙述了伯夷和叔齐的事迹，大力赞扬了他们乐善好施、洁身自好、刚直耿介的品格，并在其中融入了自己的感情。

【原文】

　　夫学者载籍①极博，犹考信于六艺，《诗》《书》虽缺，然虞、夏之文可知也。尧将逊位，让于虞舜。舜禹之间，岳牧咸荐，乃试之于位。典职数十年，功用既兴，然后授政。示天下重器，王者大统，传天下若斯之难也。而说者曰："尧让天下于许由，许由不受，耻之逃隐。及夏之时，有卞随、务光者。"此何以称焉？太史公曰：余登箕山，其上盖有许由冢云。孔子序列古之仁圣贤人，如吴太伯、伯夷之伦详矣。余以所闻由、光义至高，其文辞不少概见，何哉？

　　孔子曰："伯夷、叔齐，不念旧恶，怨是用希。求仁得仁，又何怨乎？"余悲伯夷之意，睹轶诗可异焉。其传曰：伯夷、叔齐，孤竹君之二子也。父欲立叔齐。及父卒，叔齐让伯夷。伯夷曰："父命也。"遂逃去。叔齐亦不肯立而逃之。国人立其中子。于是伯夷、叔齐闻西伯昌善养老，"盍往归焉"。及至，西伯卒，武王载木主，号为文王，东伐纣。伯夷、叔齐扣马而谏曰："父死不葬，爰及干戈，可谓孝乎？以臣弑君，可谓仁乎？"左右欲兵之。太公曰："此义人也。"扶而去之。武王已平殷乱，天下宗周，而伯夷、叔齐耻之，义不食周粟，隐于首阳山，采薇而食之。及饿且死，作歌，其辞曰："登彼西山兮，采其薇矣！以暴易暴兮，不知其非矣！神农、虞、夏忽焉没兮，我安适②归矣，于嗟徂兮，命之衰矣！"遂饿死于首阳山。由此观之，怨邪？非邪？

　　或曰："天道无亲，常与善人。"若伯夷、叔齐，可谓善人者非邪？积仁絜行如此而饿死。且七十子之徒，仲尼独荐颜渊为好学，然回也屡空，糟糠不厌，而卒蚤夭。天之报施善人，其何如哉？盗跖日杀不辜，肝人之肉，暴戾恣睢，聚党数千人，横行天下，竟以寿终，是遵何德③哉？此其尤大彰明较著者也。若至近世，操行不轨，事犯忌讳，而终身逸乐，富厚累世不绝。或择地而蹈之，时然后出言，行不由径，非公正不发愤，而遇祸灾者，不可胜数也。余甚惑焉。傥所谓天道，是邪非邪？子曰："道不同，不相为谋。"亦各从其志也。故曰："富贵如可求，虽执鞭之士，吾亦为之；如不可求，从吾所好。""岁寒，然后知松柏之后凋。"举世混浊，清士乃见。岂以其重若彼，其轻若此哉？"君子疾没世而名不称焉。"贾子曰:"贪夫徇财,烈士徇名,夸者死权,众庶冯生。""同明相照,同类相求。""云从龙,风从虎,圣人作而万物睹。"伯夷、叔齐虽贤,得夫子而名益彰;颜渊虽笃学,附骥尾而行益显。岩穴之士,趋舍有时,若此类名堙灭而不称,悲夫!闾巷之人,欲砥行立名者,非附青云之士,恶能施于后世哉!

【注释】

①载籍:书籍,泛指各种图书资料。
②安适:往哪里。安,哪里;适,往。
③是遵何德:干了什么事。

【译文】

　　学者们虽然读过的书籍非常多,但还需要借助六艺进行考证。《诗经》《尚书》虽然有所缺失,但关于虞、夏两朝的文字还是可以知道的。尧在即将退位时,把帝位让给虞舜。舜和禹在即位之前,都经过岳牧的举荐,于是他们先在帝位上试政。他们执政数十年,都政绩卓越,然后才被正式授予帝位。这些显示帝位乃是天下的宝器,帝王乃是天下最大的统治者。所以把天下传给别人是那样子谨慎啊。但有些诸子杂记中说:"尧要让天下给许由,许由不接受,并以此为耻,逃走隐居起来。到了夏朝,又出现了不肯接受让位的卞随和务光。"这是根据什么如此说的呢?太史公说:我登箕山,据说山上可能有许由的坟墓。孔子将古代的仁人、圣人和贤人依序列出,如吴太伯、伯夷这些人,非常详细。我认为由我的所闻可知,许由、务光的德行是最为高尚的,但史书中关于他们却连概略的文字记载都没有,这是为什么呢?

　　孔子说:"伯夷、叔齐不计旧仇,所以他们很少有怨恨。"又说:"他们求仁而得仁,还有什么可怨恨的呢?"我却为伯夷、叔齐的意愿感到悲哀,在看到他们所作的未被《诗经》收录的《采薇》诗后深感惊异。他们的传记上说:伯夷、叔齐是孤竹君的两个儿子。父亲想要立叔齐为国君。等到父亲去世后,叔齐让位于伯夷。伯夷说:"这是父亲的遗命啊。"然后就逃走了。叔齐不肯即位所以也逃走了。国人只好立孤竹君的次子为国君。此时,伯夷、叔齐听说西伯侯姬昌能很好地奉养老人,就一同前去投奔。等他们到达那里的时候,姬昌已经死了,他的儿子武王将他的木制灵牌载在车上,并追尊他为文王,正向东准备讨伐商纣。伯夷、叔齐勒住武王的马头进谏说:"你父亲死了,你不去埋葬他,反而这么快就大动干戈,这样做能说是孝顺吗?身为臣子却去弑君,这样做能说是仁德吗?"武王的左右想要上前杀死他们。姜太公说:"他们都是仁义之士啊。"然后将他们扶起让他们走了。武王平定了殷商之乱后,天下都归顺了周朝,而伯夷、叔齐却以此为耻,他们坚持节义不吃周朝的粮食,隐居于首阳山,靠采摘野菜充饥。

等到他们快要饿死的时候，作了一首歌，歌词为："登上西山啊，采食山上的野菜。以暴制暴啊，却不知道那是错的。神农、虞舜、夏禹等圣君，都匆匆消失不见了。我们又到哪里寻找归宿啊？哎呀，我们就要归天了，命运是如此衰微！"然后就饿死在了首阳山。由这首诗看来，他们是有怨恨呢，还是没有怨恨呢？

　　有人说："天道没有偏私，它常帮助善良的人。"像伯夷、叔齐他们，算得上是善人呢，还是不善之人？他们积累仁德，保持高洁的德行，这样做还饿死在了首阳山。还有孔子的七十二位得意子弟，孔子唯独认为颜渊最为好学，但是颜回却穷困潦倒，连糟糠之类的饭食都常常供应不足，最终早早死去。上天对于善良之人的回报又是怎样的呢？盗跖每日都杀害无辜的百姓，割人肝，吃人肉，暴虐凶残，聚集党徒数千人，横行天下，最后竟然能够善终，这又是遵循的什么仁德呢？这些都是贤人遭难恶人得志的明证。至于近代，那些行为不轨，常做违法乱纪之事，又终身安逸享乐的人，他们财富丰厚历经几代都享用不尽；有的人行事谨慎，行路先选择好地方才落脚，只在适宜的时候才开口说话，从来不走捷径，不是公正的事情坚决不做，像这样谨小慎微却遭遇灾祸的人，却是不可胜数。我对此非常困惑。假如有所谓的天道，那么它究竟是正确的，还是错误的？孔子说："道路不同，就不在一起相互谋划。"应当各自遵从各自的志向。所以孔子说："富贵如果是可以求得的，即使是做执鞭驾车的人，我也愿意；如果富贵是不可求得的，那么我就做我喜欢做的事情。""到了一年中最寒冷的季节，才知道松柏是最后凋谢的。"全世界都混浊的时候，才能发现谁是清廉之士。难道是因为将道义看得过重，将富贵看得太轻的缘故吗？孔子说："君子最痛恨的就是在去世之后声名不被后世传颂。"贾谊说："贪婪的人因为财富而死，烈士因为名声而死，夸耀权势的人因为争权而死，平民百姓则只求能够生存。"《易经》上说："同样明亮的东西相互映照，同属一类的事物相互感应。""云随龙而生，风随虎而起，圣人出现，万物才因之引人注目。"伯夷、叔齐虽然圣贤，但只有得到了孔夫子的赞颂，名声才更加显赫；颜渊虽然专心治学，也是因为跟随了孔子，才使他的德行更加显明。居于岩穴的隐士，不论出仕为官或者隐居山林，都因时而行，他们如果被埋没而不被称颂，是多么可惜啊！普通的士人，想要砥砺意志，广树名声，如果不依靠如孔子这样德高望重的圣人，怎么能留名后世呢！

【评析】

　　本篇是《史记》"列传"中的第一篇。作者用夹叙夹议的手法，为我们讲述了伯夷、叔齐的故事。伯夷和叔齐两兄弟因为都不愿继承王位，纷纷逃出孤竹国。他们计划投奔西伯姬昌，但到了那里得知姬昌已死，反而遇到姬昌的儿子武王率领大军前去伐纣。于是他们就劝谏武王不要讨伐商纣，在劝谏未果后他们便躲进首阳山以采薇为生，直至后来饿死于首阳山。

本篇总共七百余字，而讲述伯夷、叔齐身世的不过二百余字，其余将近五百字都是作者在抒发自己的感情、控诉天道的无情，这恰恰印证了鲁迅对《史记》"史家之绝唱，无韵之《离骚》"的评价。

作者将心存仁义的伯夷、叔齐最终饿死于首阳山，而暴虐成性、横行人间的盗跖却骄奢淫逸、得以善终进行对比，抒发了作者对于天道的质疑，强力揭发了"天道无亲，常与善人"之语对世人的欺骗性。

当然，商朝末年，在商纣王残暴的统治下，百姓们苦不堪言。武王率兵伐纣不仅顺应天意，同时也顺应民心，是不可阻挡的历史潮流。相反，伯夷、叔齐固守愚忠、愚孝，其思想和行为明显是对历史发展的制约，是有悖历史发展方向的。而作者却对其大肆褒扬，显然是作者将个人情感掺杂了进去，这一点显然有违史学家以"事实说话"的原则，同时也反映了司马迁思想上的局限性，我们在学习本篇时应当对此有所了解。

屈原列传

司马迁

【题解】

屈原是我国历史上伟大的浪漫主义爱国诗人，战国时期楚国人，曾为楚国的内政外交作出重要贡献，后遭奸人迫害，被罢职流放。屈原虽远离朝廷，但依然心系楚国社稷。最后，他自沉汨罗江，以生命殉葬自己的理想。

这篇文章是《史记·屈原贾生列传》中关于屈原的部分，删除了他的《怀沙》赋全文。本文是现存的关于屈原最早的完整史料。

【原文】

屈原者，名平，楚之同姓也。为楚怀王左徒。博闻强志，明于治乱，娴于辞令。入则与王图议国事，以出号令；出则接遇宾客，应对诸侯。王甚任之。上官大夫与之同列，争宠而心害其能。怀王使屈原造为宪令，屈平属[1]草稿未定，上官大夫见而欲夺之，屈平不与，因谗之曰："王使屈平为令，众莫不知。每一令出，平伐其功，曰以为'非我莫能为也。'"王怒而疏屈平。

屈平疾王听之不聪也，谗谄之蔽明也，邪曲之害公也，方正之不容也，故忧愁幽思而作《离骚》。"离骚"者，犹离忧也。夫天者，人之始也；父母者，人之本也。人穷则反本，故劳苦倦极，未尝不呼天也；疾痛惨怛，未尝不呼父母也。屈平正道直行，竭忠尽智，以事其君，谗人间之，可谓穷矣。信而见疑，忠而被谤，能无怨乎？屈平之作《离骚》，盖自怨生也。《国风》好色而不淫，《小雅》怨诽而不乱，若《离骚》者，可谓兼之矣。上称帝喾，下道齐桓，中述汤、武，以刺世事。明道德之广崇，治乱之条贯，靡不毕见。其文约，其辞微，其志洁，其行廉。其称文小而其指极大，举类迩而见义远。其志洁，故其称物芳，其行廉，故死而不容。自疏濯淖污泥之中，蝉蜕于浊秽，以浮游尘埃之外，不获世之滋垢，皭然[2]泥而不滓者也。推此志也，虽与日月争光可也。

屈原既绌。其后秦欲伐齐，齐与楚从亲[3]，惠王患之。乃令张仪详去秦，厚币委质事楚，曰："秦甚憎齐，齐与楚从亲，楚诚能绝齐，秦愿献商、於之地六百里。"楚怀王贪而信张仪，遂绝齐，使使如秦受地。张仪诈之曰："仪与王约六里，不闻六百里。"楚使怒去，归告怀王。怀王怒，大兴师伐秦。秦发兵击之，大破楚师于丹、淅，斩首八万，虏楚将屈匄，遂取楚之汉中地。怀王乃悉发国中兵，以深入击秦，战于蓝田。魏闻之，袭楚至邓。楚兵惧，自秦归。而齐竟怒，不救楚，楚大困。明年，秦割汉中地与楚以和。楚王曰："不愿得地，愿得张仪而甘心焉。"张仪闻，乃曰："以一仪而当汉中地，臣请往如楚。"如楚，又因厚币用事者臣靳尚，而设诡辩于怀王之宠姬郑袖。怀王竟听郑袖，复释去张仪。是时屈原既疏，不复在位，使于齐，顾反，谏怀王曰："何不杀张仪？"怀王悔，追张仪，不及。

其后，诸侯共击楚，大破之，杀其将唐眛。时秦昭王与楚婚，欲与怀王会。怀王欲行，屈平曰："秦，虎狼之国，不可信，不如毋行。"怀王稚子子兰劝王行："奈何绝秦欢！"怀王卒行。入武关，秦伏兵绝其后，因留怀王，以求割地。怀王怒，不听。亡走赵，赵不内。复之秦，竟死于秦而归葬。

长子顷襄王立，以其弟子兰为令尹。楚人既咎子兰以劝怀王入秦而不反也。屈平既嫉之，虽放流，眷顾楚国，系心怀王，不忘欲反。冀幸君之一悟，俗之一改也。其存君兴国，而欲反覆之，一篇之中三致意焉。然终无可奈何，故不可以反。卒以此见怀王之终不悟也。

人君无愚智、贤不肖，莫不欲求忠以自为，举贤以自佐。然亡国破家相随属[4]，而圣君治国累世而不见者，其所谓忠者不忠，而所谓贤者不贤也。怀王以不知忠臣之分，故内惑于郑袖，外欺于张仪，疏屈平而信上官大夫、令尹子兰，兵挫地削，亡其六郡，身客死于秦，为天下笑，此不知人之祸也。《易》曰："井渫不食，为我心恻，可以汲。王明，并受其福。"王之不明，岂足福哉！令尹子兰闻之，大怒。卒使上官大夫短屈原于顷襄王。顷襄王怒而迁之。

屈原至于江滨，被发行吟泽畔。颜色憔悴，形容枯槁。渔父见而问之曰："子非三闾大夫欤？何故而至此？"屈原曰："举世混浊而我独清，众人皆醉而我独醒，是以见放。"渔父曰："夫圣人者，不凝滞于物，而能与世推移。举世混浊，何不随其流而扬其波？众人皆醉，何不餔[5]其糟而啜其醨？何故怀瑾握瑜，而自令见放为？"屈原曰："吾闻之，新沐者必弹冠，新浴者必振衣。人又谁能以身之察察，受物之汶汶者乎？宁赴常流而葬乎江鱼腹中耳。又安能以皓皓之白而蒙世之温蠖乎？"乃作《怀沙》之赋。于是怀石遂自投汨罗以死。

屈原既死之后，楚有宋玉、唐勒、景差之徒者，皆好辞而以赋见称。然皆祖屈原之从容辞令，终莫敢直谏。其后，楚日以削，数十年竟为秦所灭。自屈原沉汨罗后百有余年，汉有贾生，为长沙王太傅。过湘水，投书以吊屈原。

太史公曰："余读《离骚》《天问》《招魂》《哀郢》，悲其志。适长沙，过屈原所自沉渊，未尝不垂涕，想见其为人。及见贾生吊之，又怪屈原以彼其材，游诸侯，何国不容，而自令若是！读《鵩鸟赋》，同死生，轻去就，又爽然自失矣。"

【注释】
①属：写作。
②皭然：洁白干净的样子。
③从亲：从，通"纵"，从亲，即合纵相亲。
④随属：接连不断。
⑤餔：同"哺"，吃。

【译文】
屈原，名平，和楚国王室是同姓一族。他担任过楚怀王的左徒，学识渊博，记忆力很强，对国家兴衰存亡的道理非常了解，对外交往来、待人接物的辞令又非常熟悉。因此，他入朝就和楚王讨论国家大事、制定政令；对外就接待各国使节，处理与各诸侯国的外交事务。楚怀王对他非常信任。上官大夫和屈原职位相同，他想得到怀王的宠信，因而很嫉妒屈原的才能。有一次，怀王命屈原制定国家法令。屈原刚完成初稿，还没最后修订完成，上官大夫见了就试图将其据为己有，屈原自然不愿给他。他就向楚怀王进献谗言，说："大王您让屈原制定法令，天下人没有不知道的。但每颁布一条法令，屈原就夸耀自己的功劳，说'除了我，这些政令谁也制定不了'。"怀王听了非常生气，因此就疏远了屈原。

屈原痛恨怀王听不进忠言，又因谗佞谄媚之徒的蒙蔽而不能辨明真伪，致使奸佞小人得以陷害公正之人，而正直的人则不被朝廷所容。所以，他忧愁苦闷、沉郁深思，写下了《离骚》。所谓"离骚"，即指遭遇忧患。天，是人类的原始；父母，是人类的根本。人处在困窘之中时，就会追念根本，所以当人在极度疲惫困倦时，没有不叫天的；当人在无法忍受疾病痛苦之时，没有不叫父母的。屈原公正、耿直，他对君王竭忠尽智，却不幸被小人谗害，其处境可说是极度困窘了。他忠心为国，却被君王疑心，他忠心为君，却被小人谗害，因此他怎能没有怨恨？屈原作《离骚》，正是为了发泄心中的怨恨。《诗经·国风》中虽然多有描写男女相恋的诗作，但却并不过分；《诗经·小雅》中虽多是对当政者的谴责，但却不主张公开反叛。而屈原的《离骚》，则兼具两者的长处。屈原在《离骚》中，往上称赞帝喾的丰功伟绩，近世赞颂齐桓的功业，中间讲述商汤、周武的事迹，以这些史实讽喻当时的朝政，阐明道德的深广崇高，国家治乱的前因后果。这些讲述详细完整。他文字简练，内容深邃，他志向高洁，行为清廉。《离骚》的文辞虽然琐碎，但意旨却宏大博深，所举的事例虽然浅近，但寓意深刻。他志向高洁，所以多以香草为喻。他行为廉正，所以至死不乞求宽容。他独自远离污泥浊水，就像蝉蜕皮一般从污浊中解脱出来，继而超脱于尘世之外，不受世俗的污染。他保持清白高洁的品德，可谓出污泥而不染。由此可以推断，他情志高尚，即便说其能与日月争辉也无不可。

　　屈原被贬官后，秦朝想要攻打齐国，齐国与楚国因合纵结盟，关系较好，秦惠王为此十分担忧。于是他命令张仪佯装背叛秦国，带着厚礼来到楚国献给楚王，并说："秦国十分憎恨齐国，而齐国与楚国交相友好，楚国如果能和齐国绝交，秦国愿意献出商、於一带六百里的土地。"楚怀王贪图厚礼和土地就相信了张仪，然后和齐国绝交，并派使臣前去秦国接收土地。张仪却狡赖说："我张仪与楚王约定的是六里，没有听说六百里啊。"楚国使臣大怒，回来后禀告了楚怀王。怀王听后大怒，于是派出大量兵力讨伐秦国。秦国发兵抗击，在丹、淅之地大破楚军，杀死楚兵八万人，并俘虏了楚国大将屈匄，攻取了楚国汉中之地。怀王于是发动全国兵力，深入秦国腹地，与秦军激战于蓝田。魏国听说后，便乘机袭击楚国，直捣楚国的邓城。楚军害怕，于是从秦国撤军。齐国因恼怒楚王的背信弃义，因而不去援救楚国，楚国陷入极大的困境。第二年，秦国割取汉中地区与楚军议和。楚王说："我不愿意要土地，我只愿得到张仪就甘心了。"张仪听说后，就说："以我一个张仪能换取汉中地区，臣愿前往楚国。"张仪到了楚国，又用厚礼贿赂楚国的执事大臣靳尚，让靳尚在怀王的宠姬郑袖面前为他辩解。怀王竟然对郑袖言听计从，释放了张仪，让他回到了秦国。这时，屈原已经被怀王疏远，不在朝中任职，而是出使到了齐国。待屈原从齐国返回后，他劝谏怀王说："为什么不杀了张仪？"怀王十分后悔，派人去追张仪，但是已经来不及了。

　　此后，各诸侯国联合出兵攻打楚国，大败楚军，杀死楚军将领唐昧。当时，秦昭王与楚国结为姻亲，想要与楚怀王会晤。怀王想要去，屈原说："秦国，是虎狼一样凶残的国家，不能相信，不如不去。"怀王的小儿子子兰却劝怀王前去，并说："为何要断绝与秦国的友好关系呢！"怀王最终还是去了。等怀王入了武关，秦国的伏兵就截断了他的后路，并扣留了他，强行要求他割地。怀王大怒，没有答应秦国的要求。后来，怀王逃亡到了赵国，赵国却不接纳他。他只好再次入秦，最后死在了秦国，遗体被运归楚国下葬。

怀王的长子顷襄王继承了王位，他封弟弟子兰为令尹。楚国人都责怪子兰劝怀王入秦而使其最终未能生还。屈原也十分憎恨子兰，虽然他被流放，但他仍一心思念怀王，也从未放弃过想要返回朝廷的愿望。他期盼着君主有朝一日能够醒悟，一改当时一些不好的流俗。他心存君主，渴望振兴国家，使楚国的局势能够得到彻底改变，这些心愿他在每一篇诗作中都反复提及。但最终无可奈何，没有能够返回朝廷。可见怀王至死都没有觉悟。

为人君者，不论愚钝还是智慧，也不论贤德还是不肖，没有不渴望求得忠臣以效忠自己、举荐贤才以辅佐自己的。然而国破家亡的事情却还是相继发生，而圣明君主治理好国家的事情却是好多代都未曾出现过，这都是君主所认为的忠臣并不忠、君主所认为的贤臣并不贤的缘故。楚怀王因为不知道忠臣应尽的职责，所以在内被郑袖迷惑，在外被张仪欺骗，放逐了屈原却宠信上官大夫和令尹子兰，结果楚兵战败，楚地被割，失去了六个郡的土地，自己也客死在秦国，被天下人耻笑，这都是因为不知人所酿成的灾祸啊！《易经》中说："疏浚干净了井水，人们却都不来喝，真是让人伤心，因为井水本就是让人们喝的。如果君王英明，那么大家就都可以得到幸福。"倘若君王不英明，哪里还能得到幸福呢！令尹子兰听说屈原憎恨他的事情后，大怒。最后派上官大夫在顷襄王面前说屈原的坏话。顷襄王大怒并把屈原放逐了。

屈原来到江边，披头散发在湖畔一边行走，一边悲吟。他面容憔悴，形容枯槁。一个渔父看到了就问他说："您不是三闾大夫吗？您为什么到这儿来啊？"屈原说："全世界的人都混浊不堪，只有我自己是清白的，大家都醉了只有我自己是清醒的，所以我被放逐了。"渔父说："圣人，能不被客观事物所局限，能跟随世俗变化而变化。全世界的人都混浊不堪，您为何不随波逐流呢？大家都醉了，您为何不吃些残羹冷炙呢？为什么还一味地怀抱美玉一般的品德，而使自己被放逐呢？"屈原说："我听说，刚刚沐浴过的人一定会弹掉头冠上的尘土、抖落衣服上的灰尘。哪一个人情愿以自己洁净的身体，受到尘世的污染呢！我宁愿投身江水、葬身鱼腹。又怎么能让我清白的品德，蒙受尘世的污染呢！"于是，他写下了《怀沙》之后，就自投汨罗江而死。

屈原死后，楚国有宋玉、唐勒、景差这些人，他们都以喜好辞赋著称。然而他们都只能效仿屈原辞赋中委婉含蓄的特点，最终无法像屈原那样坦言直谏。此后楚国日渐削弱，数十年后被秦国灭亡。自屈原自投汨罗江后又过了百余年，汉代有个贾谊，官任长沙王太傅。他过湘水时，曾写了一篇辞赋，并将其投入江中以凭吊屈原。

太史公说："我读《离骚》《天问》《招魂》《哀郢》，为屈原的志向无法实现感到悲哀。我到长沙时，经过屈原投江的地方，忍不住痛哭流涕，更加感慨他的为人。后来读了贾谊的《吊屈原赋》，又忍不住责怪屈原，以他的才能游说诸侯国,有哪一国不能容他呢,而他却让自己陷入了绝境!我读贾谊的《鹏鸟赋》,他对生死同等视之,对入仕和罢官一样轻视,不禁又怅然若失了。"

【评析】

《屈原列传》一文文采斐然,是《史记》"列传"中的又一名篇。

本文以夹叙夹议的方式讲述了屈原历尽坎坷的一生,以高昂的笔调颂扬了他忠贞不贰的爱国精神,以及他杰出的政治才能和不愿与他人同流合污的高尚节操。同时,作者也以严厉的笔调谴责了楚怀王的昏聩无能,抨击了上官大夫的谄媚无耻、靳尚的贪财好利以及令尹子兰的阴险狡诈。

全文可分为三个部分。第一部分写屈原作《离骚》的背景。因被怀王疏远,是故"忧愁幽思而作《离骚》"。接着作者又歌颂了《离骚》不朽的艺术价值,从而间接地歌颂了屈原的无双才华。第二部分写楚怀王疏远屈原后,被秦国连骗三次,猛烈抨击了楚怀王的"不知人"和"终不悟",也表达了对屈原不幸遭遇的深切同情。第三部分写屈原跳江自杀及其死后对后世之人的影响。屈原与渔父之间的对话非常有名。作者借渔父之口,以问答的方式,由屈原自己道出了他自投汨罗江的原因和他洁身自好的高洁品质。

全文抒情色彩浓厚,作者在叙中夹议,在议中抒情,同时又通过对偶、对比、排比等修辞手法的辅助,使全文的语言表达效果得到了极大的增强,同时也增加了文章的感人力量。

游侠列传序

司马迁

【题解】

本文是《游侠列传》序的部分。游侠是指当时社会上那些重义轻生、一诺千金、侠义冲天的人,即所谓的侠客、剑客或剑侠。

《史记·游侠列传》中,司马迁记述了汉代朱家、剧孟、郭解三位"布衣之侠"的事迹,赞扬了他们行侠仗义而不求报答的侠义精神,认为他们"私义廉洁退让,有足称者"。对刺客、游侠的赞扬,表现了司马迁反抗暴政、追求公正的进步思想。

【原文】

韩子曰:"儒以文乱法,而侠以武犯禁。"二者皆讥,而学士多称于世云。至如以术取宰相、卿大夫,辅翼其世主,功名俱著于春秋,固无可言者。及若季次、原宪，闾巷人也，读书怀独行君子之德，义不苟合当世，当世亦笑之。故季次、原宪终身空室蓬户，褐衣疏食不厌。死而已四百余年，而弟子志之不倦。今游侠，其行虽不轨于正义，然其言必信，其行必果，已诺必诚①，不爱其躯，赴士之厄困。既已存亡死生矣，而不矜其能，羞伐其德，盖亦有足多者焉。

且缓急，人之所时有也。太史公曰：昔者虞舜窘于井廪，伊尹负于鼎俎，傅说匿于傅险，吕尚困于棘津，夷吾桎梏，百里饭牛，仲尼畏匡，菜色陈、蔡。此皆学士所谓有道仁人也，犹然遭此灾眚，况以中材而涉乱世之末流乎？其遇害何可胜道哉！鄙人有言曰："何知仁义，已飨其利者为有德。"故伯夷丑周，饿死首阳山，而文武不以其故贬王；跖蹻暴戾，其徒诵义无穷。由此观之，"窃钩者诛，窃国者侯，侯之门，仁义存"，非虚言也。今拘学或抱咫尺之义，久孤于世，岂若卑论侪俗，与世浮沉而取荣名哉？而布衣之徒，设取予、然诺，千里诵义，为死不顾世，此亦有所长，非苟而已也。故士穷窘而得委命②，此岂非人之所谓贤豪间者邪？诚使乡曲之侠，予季次、原宪比权量力，效功于当世，不同日而论矣。要以功见言信，侠客之义又曷可少哉！

古布衣之侠，靡得而闻已。近世延陵、孟尝、春申、平原、信陵之徒，皆因王者亲属，借于有土卿相之富厚，招天下贤者，显名诸侯，不可谓不贤者矣。比如顺风而呼，声非加疾，其势激也。至如闾巷之侠，修行砥③名，声施于天下，莫不称贤，是为难耳。然儒、墨皆排摈④不载。自秦以前，匹夫之侠，湮灭不见，余甚恨之。以余所闻，汉兴有朱家、田仲、王公、剧孟、郭解之徒，虽时扞当世之文罔，然其私义，廉洁退让，有足称者。名不虚立，士不虚附。至如朋党宗强比周设财役贫，豪暴侵凌孤弱，恣欲自快，游侠亦丑之。余悲世俗不察其意，而猥以朱家、郭解等令与暴豪之徒同类而共笑之也。

【注释】

①已诺必诚：已经答应人家的事情，一定要兑现。

②委命：托身，依靠。

③砥：磨炼。

④排摈：排斥、摈弃。

【译文】

韩非子说："儒家以文字扰乱法制，而游侠则以武力触犯禁令。"这两种人都被讥讽，但儒者却还是多被世人称颂。至于那些以权术获取宰相、卿大夫地位的人，他们辅佐当世君主，其功名都被记载在于史册之中，所以没有什么可以说的了。至于季次、原宪这些人，他们身居陋巷，一心读书，能独善其身且践行君子的仁德，坚持正义，不与世俗苟合，当世之人却也讥笑他们。所以季次、原宪终身居住在简陋空荡的蓬户之中，就连布服粗食都供应不足。他们死后至今已有四百多年了，但他们的弟子依然不知疲倦地纪念他们。现在的游侠，他们的行为虽然不合正统之道，但他们言必行，行必果，一旦承诺一定守信，不顾惜自己的生命，救助他人于危难之中。经历了生死存亡的危机后，不夸耀自己的才能，羞于炫耀自己的恩德，这大概也是他们值得被称赞的地方吧？

何况危机是每个人都常常会遇到的。太史公说：昔日，虞舜曾被困在井中和粮仓中，伊尹曾背着饭锅和砧板做过厨师，傅说曾在傅岩修筑城墙而不为人所知，吕尚曾在棘津受困，夷吾遭受过桎梏，百里奚曾喂过牛，孔子曾在匡地被围困，在陈蔡绝粮。这些都是学士们所认为的有道的仁人，他们还经历如此困厄，何况那些普通且生于乱世之末的人呢？他们经历的灾难哪里能说得尽呢！俗话说："何必知道什么是仁义，谁能给我好处我就认为谁有德行。"所以伯夷耻食周粟，饿死在首阳山上，但周文王和周武王却没有因为伯夷的死而被世人贬低；盗跖和庄𫏋凶残暴虐，但他们的党徒却无穷无尽地称颂他们的仁义。依此观之，"盗窃衣带钩的人被诛杀，窃取国家政权的人被封侯，侯门之中，就有仁义存在"，这句话并非虚言。如今拘泥于学术的人，死守着区区的仁义，长久地孤立于世，哪能与那些以低下的言论谄媚世俗、随波逐流从而窃取名声的人相比呢。而出身平民的游侠，索取和给予都讲究原则，并且重视诺言，他们的义气传颂千里，他们舍生取义，不顾及世俗的言论，这些都是他们的长处，并不是随随便便就能做到的。所以那些士人在穷困窘迫的时候，往往将生死托付给游侠，这不就是人们所说的贤人和豪杰吗？如果果真让乡间的游侠与季次、原宪比权量力，那他们对当时社会的贡献肯定是不能相提并论的。总之，从做事功效和践行诺言方面来说，游侠的义气又怎么能缺少呢！

古代的布衣侠客，已经无处寻觅了。近代的延陵季子、孟尝君、春申君、平原君、信陵君这一班人，都因为是君王的亲属，依仗着有士卿宰相的地位及财富，广招天下贤士，在各国诸侯中名声显赫，不能说他们不是贤人。比如顺着风呼喊，声音并没有更加响亮，而是风势把喊声激荡到远方罢了。至于那些乡间的游侠，修行自己的品德、磨砺自己的意志而名扬天下，没有人不称颂他们，这是十分难得的。然而儒家、墨家都排斥他们，对他们不加记载。秦朝以前，民间的游侠都被历史埋没了，我对此感到十分遗憾。据我所知，汉朝兴起之后有朱家、田仲、王公、剧孟、郭解这些人，虽然他们常常触犯国法，但他们讲求仁义、廉洁谦逊，这些都是值得称道的。他们的名声不是虚传的，士人们也不是毫无理由地依附他们。至于那些结党营私的豪强们，他们狼狈为奸，依仗财势奴役贫苦的百姓，他们巧取豪夺、恃强凌弱，放纵自己的欲望，只求自己快活，就是游侠对他们也是不屑的。我悲叹世俗之人不能考察游侠的真实心意，却错将朱家、郭解等人与暴虐强横之人等同视之，且一并加以讥笑。

【评析】

　　这是一篇为游侠鸣不平的序文。作者运用大量对比，反复赞颂了游侠之义。

　　作者开篇引用韩非的一句话"儒以文乱法，而侠以武犯禁"，很自然地引出儒者和游侠，然后对这两者作了一番对比。作者认为这两者都受到法家的抨击，但是儒者却受到世人的吹捧，而游侠却一直为人所不齿。这是作者为游侠的第一次辩护。他分别列举了两类儒者：一类是依靠儒术取得高官厚禄的人，他们大多阴险狡诈、不讲信义；另一类则是如季次、原宪般的穷儒，他们隐居于陋巷，只知独善其身，而对社会发展毫无用处。这两类儒者相比于处处行侠仗义、除暴安良、劫富济贫的游侠来说，都是不足道的。但社会偏偏给予前者极大的肯定，而对于后者则多加贬斥。这显然是不公平、不正确的。

　　接着，作者又从宏观角度分析了游侠产生的原因，即："且缓急，人之所时有也。"正因为人人都有可能遭遇困厄，而社会又是如此不公平，所以救人于危难之中的"游侠"便应运而生。他们恪守诺言、义薄云天，是人们在危难之中的寄托。从这个层面看，游侠相对于季次、原宪之流，不知要强出多少。

　　最后，作者又将孟尝君、信陵君等贵族游侠与出身平民的布衣游侠做了对比。前者因身份地位的高贵，得以留名史册，而后者却被历史淹没，这又是一个不公平！

　　作者正是通过这些对比，表达了自己对游侠所遭遇的种种不公平待遇的深切同情，揭露了社会的黑暗和不公，也进一步深化了主题。文中所肯定的仁义、诚信、谦让等美德，亦成为后世游侠所共同遵循的道德规范和行为准则。

太史公自序（节选）

司马迁

【题解】

　　《太史公自序》位于《史记》的最后，不仅是《史记》的自序，也是司马迁的自传，人们称它为司马迁自作的列传。本篇不仅概括地讲述了《史记》的主要情况，也介绍了司马迁本人的生平事迹，规模宏大雄伟，文气深沉厚重，是《史记》的纲领性文章。

【原文】

　　太史公曰："先人有言：'自周公卒五百岁而有孔子。孔子卒后至于今五百岁，有能绍明世，正《易传》，继《春秋》，本《诗》《书》《礼》《乐》之际？'意在斯乎！意在斯乎！小子何敢让焉！"

　　上大夫壶遂曰："昔孔子何为而作《春秋》哉？"太史公曰："余闻董生曰：

'周道衰废，孔子为鲁司寇，诸侯害之，大夫雍之。孔子知言之不用、道之不行也，是非二百四十二年之中，以为天下仪表，贬天子，退诸侯，讨大夫，以达王事而已矣。'子曰：'我欲载之空言，不如见之于行事之深切著明也。'夫《春秋》，上明三王之道，下辨人事之纪，别嫌疑，明是非，定犹豫，善善①恶恶，贤贤贱不肖，存亡国，继绝世，补敝起废，王道之大者也。《易》著天地、阴阳、四时、五行，故长于变；《礼》经纪人伦，故长于行；《书》记先王之事，故长于政；《诗》记山川、溪谷、禽兽、草木、牝牡、雌雄，故长于风；《乐》乐所以立，故长于和；《春秋》辨是非，故长于治人。是故《礼》以节人，《乐》以发和，《书》以道事，《诗》以达意，《易》以道化，《春秋》以道义。拨乱世反之正，莫近于《春秋》。《春秋》文成数万，其指数千。万物之散聚皆在《春秋》。《春秋》之中，弑君三十六，亡国五十二，诸侯奔走不得保其社稷者不可胜数。察其所以，皆失其本已。故《易》曰：'失之毫厘，差之千里。'故曰'臣弑君，子弑父，非一旦一夕之故也，其渐久矣'。故有国者不可以不知《春秋》，前有谗而弗见，后有贼而不知。为人臣者不可以不知《春秋》，守经事而不知其宜，遭变事而不知其权。为人君父而不通于《春秋》之义者，必蒙首恶之名。为人臣子而不通于《春秋》之义者，必陷篡弑之诛，死罪之名。其实皆以为善，为之不知其义，被之空言而不敢辞。夫不通礼义之旨，至于君不君，臣不臣，父不父，子不子。君不君则犯，臣不臣则诛，父不父则无道，子不子则不孝。此四行者，天下之大过也。以天下之大过予之，则受而弗敢辞。故《春秋》者，礼义之大宗也。夫礼禁未然之前，法施已然之后；法之所为用者易见，而礼之所为禁者难知。"

壶遂曰："孔子之时，上无明君，下不得任用，故作《春秋》，垂空文以断礼义，当一王之法。今夫子上遇明天子，下得守职，万事既具，咸各序其宜，夫子所论，欲以何明？"

太史公曰："唯唯，否否，不然。余闻之先人曰：'伏羲至纯厚，作《易》八卦。尧舜之盛，《尚书》载之，礼乐作焉。汤武之隆，诗人歌之。《春秋》采善贬恶，推三代之德，褒周室，非独刺讥而已也。'汉兴以来，至明天子，获符瑞②，建封禅，改正朔，易服色，受命于穆清，泽流罔极，海外殊俗，重译款塞，请来献见者，不可胜道。臣下百官力诵圣德，犹不能宣尽其意。且士贤能而不用，有国者之耻；主上明圣而德不布闻，有司之过也。且余尝掌其官，废明圣盛德不载，灭功臣、世家、贤大夫之业不述，堕先人所言，罪莫大焉。余所谓述故事，整齐其世传，非所谓作也，而君比之于《春秋》，谬矣。"

于是论次其文。七年而太史公遭李陵之祸，幽于缧绁。乃喟然而叹曰："是余之罪也夫！是余之罪也夫！身毁不用矣！"退而深唯曰："夫《诗》《书》隐约者，欲遂其志之思也。昔西伯拘羑里，演《周易》；孔子厄陈、蔡，作《春秋》；屈原放逐，著《离骚》；左丘失明，厥有《国语》；孙子膑脚，而论兵法；不韦迁蜀，世传《吕览》；韩非囚秦，《说难》《孤愤》；《诗》三百篇，大抵贤圣发愤之所为作也。此人皆意有所郁结，不得通其道也，故述往事，思来者。"于是卒述陶唐以来，至于麟止，自黄帝始。

【注释】

①善善：表扬善良。
②符瑞：吉祥征兆。

【译文】

太史公说："先父（司马迁的父亲）曾经说过：'自从周公死后，历经五百年才有了孔子。孔子死后，时至今日也已经有五百年了，但是有谁能继承圣明时代的事业，修正《易经》，续写《春秋》，对《诗经》《尚书》《礼记》《乐经》求本探源呢？'他将希望寄予在我的身上啊！他将希望寄予在我的身上啊！我怎么敢推辞呢？"

上大夫壶遂说："以前，孔子为什么要作《春秋》呢？"太史公说："我听董生说过：'周王朝衰败，孔子身为鲁国的司寇，诸侯都嫉恨他，卿大夫也都排斥他。孔子知道他的谏言不可能被采纳，他的政治主张不可能被推行，因而评定了二百四十二年历史的功过是非，为天下人树立了行为准则。他贬斥朝廷，斥退诸侯，声讨大夫，依此阐明王道之所在。'孔子说：'我与其空泛地记载我的主张，不如用历史事实来体现，显得更加深刻且明显。'《春秋》这部书，往上阐明了夏禹、商汤和周文王三王的治世之道；往下辨明了为人处世的纲纪，区别了疑难的事物，辨明了是非的界限，确定了犹豫不决的问题，褒扬了善良，贬斥了邪恶，尊崇了贤能，鄙薄了不肖，保存了消亡的国家，延续了断绝的世事，弥补了政治上的弊端，复兴了已经废弃的事业，这些就是王道中的关键所在。《易经》昭示了天地、阴阳、四时、五行的规律，所以长于变化；《礼》调整了人与人之间的关系，所以长于引导人们的行为；《尚书》记载了先王的事迹，所以长于政治；《诗经》记载了山川、溪谷、禽兽、草木、牝牡、雌雄，所以长于教化；《乐记》使人快乐，所以长于调和性情；《春秋》辨明是非，所以长于治理天下百姓。所以，《礼记》用来节制人们的行为，《乐记》用来调和人们的性情，《尚书》用来知道政事，《诗经》用来抒发感情，《易经》用来阐明变化，《春秋》用来阐明正义。将一个混乱之世治理得上了轨道，没有比《春秋》更为有用的了。《春秋》一书有数万言，其中所阐明的要旨也有数千。万事万物分离聚合，都在《春秋》之中。《春秋》中，臣弑君的事例有三十六起，国家灭亡的有五十二个，诸侯四处奔走仍不能保全其国家社稷的则不可胜数。分析其中的原因，都是因为失去了王道的根本。所以《易经》上说：'失之毫厘，差之千里。'所以说：'臣弑君、子弑父，并不是一朝一夕的缘故，而是慢慢形成的。'所以为君者不可以不知道《春秋》，否则，面前有人进献谗言，自己却看不到，后面有人窃国，自己也不知道。为人臣者也不可以不知道《春秋》，否则，处理日常事务就不知道如何采取适宜的方法，遭遇变故也不知道如何权变。身为国君或者身为人父，如果不知道《春秋》之中的要义，就会蒙受首恶的罪名。身为人臣或者身为儿子，如果不知晓《春秋》中的要义，就会因为预谋篡位和弑君弑父而被诛杀，落得个该死的罪名。其实，他们都认为自己是在行善，却不知道它的意义所在，受到别人毫无证据的谴责也不敢反驳。因为不知道礼义的宗旨，以至于君不像君，臣不像臣，父不像父，子不像子。倘若君不像君，大臣们就会犯上；倘若臣不像臣，就会遭受诛杀；倘若父不像父，就会没有伦理道德；倘若子不像子，就会不孝敬父母。这四种行为，是天下的大过错。如果把天下的大过错加之于这些人身上，他们也不敢推辞不受。所谓《春秋》，就是礼义最重要的宗旨所在。礼的作用就是防患于未然，法的作用就是惩恶于已然；法的作用显而易见，而礼的防范作用则难以被人们察觉。"

　　壶遂说："孔子所处的时代，上没有英明的君主，下贤臣得不到重用，所以孔子才写了《春秋》，流传下这些文字以明断礼义，并将其当作一部圣王之法。现在，太史公您上有英明的君主，下得以恪守本职，万事都具备了，各项事情也都依照秩序行进，您现在论述这些，是要说明什么道义呢？"

　　太史公说："是，是，不对，不对，不是这样。我听先人说过：'伏羲时代民风淳厚，才创作了《易经》八卦。尧舜之时非常兴盛，《尚书》中对此有记载，礼、乐即作于那个时代。商汤、周武时期社会兴隆，诗人对此多加歌颂。《春秋》扬善抑恶，推崇夏、商、周三代的功德，称颂周王朝，而并非全是抨击和讽刺。'自汉朝建立以来，直至当今的圣明之君，得到了上天降下的祥瑞，（于是）举行封禅，更换历法，改易服色，受命于上天，德泽遍及远方，海外与中原风俗不同的地方也都经过数次翻译，来到中国的边关，不计其数的人请求允许其向君主进献礼物。文武百官极力颂扬圣上的功德，却仍无法完全表达心中的颂扬之意。况且，贤良之士若不被任用，就是国君的耻辱；圣上英明，如果他的美德不能被广为流传，就是史官的过错。我曾经做过太史令，如果废弃圣上的美好德政不予记载，使有功之臣以及贵族、贤大夫的功业湮没无闻，抛弃先父的遗愿，这个罪过就太大了。我所记述的这些故事，只是整理了那些民间传说，并不算是创作，而您却将其与《春秋》作比，这就不对了。"

　　于是我依照次序编写了《史记》。写了七年之后，因为李陵事件而横遭大祸，被囚禁了起来。于是自叹道："这是我的罪过！这是我的罪过！身体被毁坏了，没有用处了。"但退一步又深思道："《诗经》和《尚书》，意旨隐晦，文辞简约，是作者对其内心思想的表达。昔日，西伯侯被囚禁在羑里，继而演算出了《周易》；孔子被困在陈、蔡两国，而后著成了《春秋》；屈原被放逐，写就了《离骚》；左丘明双目失明，仍然撰写成了《国语》；孙子遭受膑刑，而论述兵法；吕不韦被贬蜀地，才有《吕览》传世；韩非被秦国囚禁，因而有了《说难》《孤愤》；《诗经》三百篇，大抵都是圣贤之人为了抒发心中的抑郁悲愤之情而作。这些人都是心中怀有忧愁郁结之情，不能得到发泄，所以追述往事，以将期望寄托于将来。"于是，我终于编写了从唐尧直至猎获麒麟的元狩元年的这段历史，而起始于黄帝。

【评析】

《太史公自序》是《史记》的总序，也是作者的自传，本文是《太史公自序》的节选。作者在文中叙写了自己编撰《史记》的目的和自己的一系列遭遇，尤其强调了在李陵事件中自己被施腐刑后内心的极大痛苦和愤而撰《史记》的心理路程的转变。

文章以对话形式展开，主要写了作者与壶遂之间的对答。在对答中我们知道了作者编撰《史记》的目的有两个：一是为了完成父亲的遗愿——续孔子之《春秋》；二是借《史记》抒发自己心中所积郁的种种不快。

此外，作者虽然处处宣称《史记》与《春秋》不属于同类，但这只是自谦之语罢了。《史记》无论写作目的还是写作方式，都与《春秋》有着种种相似之处。而且于文章起始他便提出五百年得一孔子、得一《春秋》，而今五百年已过，理应再有一部史书出世。言外之意，此书便应是《史记》。

本文纵横捭阖，气势轩昂。作者写作《史记》历尽坎坷，尤其在遭受腐刑之奇耻大辱后，更将内心郁结的悲愤之情诉诸笔端，使本文如长江大河，一泻千里，气势磅礴，被后世赞为天下奇文，并将其与《离骚》相提并论。同时，本文也是后世研究司马迁的生平、思想和《史记》的最珍贵的第一手材料。

报任安书

司马迁

【题解】

《报任安书》是司马迁担任中书令时给他的朋友任安写的一封信。在信中，司马迁向朋友讲述了自己所遭受的奇耻大辱，吐露心中的悲痛与愤恨，字里行间充斥着悲愤之情。但他并没有因此消沉，"就极刑而无愠色""隐忍苟活"，目的是要坚持完成《史记》的编撰工作。因此，这封信也是研究《史记》以及司马迁生活、思想的重要文章。

【原文】

太史公牛马走司马迁再拜言。

少卿足下：曩①者辱赐书，教以慎于接物，推贤进士为务。意气勤勤恳恳，若望仆不相师，而用流俗人之言。仆非敢如是也！仆虽罢驽，亦尝侧闻长者之遗风矣。顾自以为身残处秽，动而见尤，欲益反损，是以独抑郁而无谁语。谚曰："谁为为之，孰令听之？"盖钟子期死，伯牙终身不复鼓琴。何则？士为知己者用，女为说己者容。若仆大质已亏缺矣，虽才怀随、和，行若由、夷，终不可以为荣，适足以见笑而自点耳。书辞宜答，会东从上来，又迫贱事，相见日浅，卒卒无须臾之间得竭志意。今少卿抱不测之罪，涉旬月，迫季冬，仆又薄从上雍，恐卒然不可讳，是仆终已不得舒愤懑以晓左右，则长逝者魂魄私恨无穷。请略陈固陋。阙②然久不报，幸勿为过。

仆闻之：修身者，智之符也；爱施者，仁之端也；取予者，义之符也；耻辱者，勇之决也；立名者，行之极也。士有此五者，然后可以托于世，而列于君子之林矣。故祸莫憯于欲利，悲莫痛于伤心，行莫丑于辱先，诟莫大于宫刑。刑余之人，无所比数，非一世也，所从来远矣。昔卫灵公与雍渠同载，孔子适陈；商鞅因景监见，赵良寒心；同子参乘，袁丝变色：自古而耻之。夫中材之人，事有关于宦竖，莫不伤气，而况于慷慨之士乎？如今朝庭虽乏人，奈何令刀锯之余荐天下之豪俊哉？

仆赖先人绪业，得待罪辇毂下，二十余年矣。所以自惟：上之，不能纳忠效信，有奇策材力之誉，自结明主；次之，又不能拾遗补阙，招贤进能，显岩穴之士；外之，不能备行伍，攻城野战，有斩将搴旗之功；下之，不能积日累劳，取尊官厚禄，以为宗族交游光宠。四者无一遂，苟合取容，无所短长之效，可见于此矣。向者，仆亦尝厕下大夫之列，陪奉外廷末议。不以此时引纲维，尽思虑，今已亏形为扫除之隶，在阘茸③之中，乃欲仰首伸眉，论列是非，不亦轻朝廷、羞当世之士邪？嗟乎！嗟乎！如仆，尚何言哉！尚何言哉！

且事本末未易明也。仆少负不羁之才，长无乡曲之誉。主上幸以先人之故，使得奉薄伎，出入周卫之中。仆以为戴盆何以望天？故绝宾客之知，忘室家之业，日夜思竭其不肖之才力，务一心营职，以求亲媚于主上。而事乃有大谬不然者！

夫仆与李陵俱居门下，素非能相善也。趣舍④异路，未尝衔杯酒接殷勤之余欢。然仆观其为人自守奇士，事亲孝，与士信，临财廉，取与义，分别有让，恭俭下人，常思奋不顾身以殉国家之急。其素所蓄积也，仆以为有国士之风。夫人臣出万死不顾一生之计，赴公家之难，斯已奇矣。今举事一不当，而全躯保妻子之臣随而媒蘖其短，仆诚私心痛之。且李陵提步卒不满五千，深践戎马之地，足历王庭，垂饵虎口，横挑强胡，仰亿万之师，与单于连战十有余日，所杀过当，虏救死扶伤不给，旃裘之君长咸震怖，乃悉征其左右贤王，举引弓之民，一国共攻而围之。转斗千里，矢尽道穷，救兵不至，士卒死伤如积。然陵一呼劳军，士无不起，躬自流涕，沫血饮泣，更张空弮，冒白刃，北向争死敌者。陵未没时，使有来报，汉公卿王侯皆奉觞上寿。后数日，陵败书闻，主上为之食不甘味，听朝不怡。大臣忧惧，不知所出。

仆窃不自料其卑贱，见主上惨怆怛悼，诚欲效其款款之愚。以为李陵素与士大夫绝甘分少，能得人之死力，虽古之名将，不能过也。身虽陷败，彼观其意，且欲得其当而报汉。事已无可奈何，其所摧败，功亦足以暴于天下矣。仆怀欲陈之，而未有路。适会召问，即以此指推言陵之功，欲以广主上之意，塞睚眦之辞。未能尽明，明主不深晓，以为仆沮贰师，而为李陵游说，遂下于理。拳拳之忠，终不能自列，因为诬上，卒从吏议。家贫，货赂不足以自赎，交游莫救视，左右亲近不为一言。身非木石，独与法吏为伍，深幽囹圄之中，谁可告诉者！此真少卿所亲见，仆行事岂不然乎？李陵既生降，隤其家声，而仆又佴之蚕室，重为天下观笑。悲夫！悲夫！事未易一二为俗人言也。

仆之先非有剖符丹书之功，文史星历近乎卜祝之间，固主上所戏弄，倡优畜之，流俗之所轻也。假令仆伏法受诛，若九牛亡一毛，与蝼蚁何以异？而世俗又不能与死节者次比，特以为智穷罪极，不能自免，卒就死耳。何也？素所自树立使然也。人固有一死，或重于泰山，或轻于鸿毛，用之所趋异也。太上不辱先，其次不辱身，其次不辱理色，其次不辱辞令，其次诎体受辱，其次易服受辱，其次关木索、被箠楚受辱，其次剔毛发、婴金铁受辱，其次毁肌肤、断肢体受辱，最下腐刑极矣。传曰"刑不上大夫"，此言士节不可不勉励也。猛虎在深山，百兽震恐，及其在槛穽之中，摇尾而求食，积威约之渐也。故士有画地为牢势不可入，削木为吏议不可对，定计于鲜也。今交手足，受木索，暴肌肤，受榜箠，幽于圜墙之中。当此之时，见狱吏则头抢地，视徒隶则心惕息⑤。何者？积威约之势也。及已至是，言不辱者，所谓强颜耳，曷足贵乎！且西伯，伯也，拘羑里；李斯，相也，具于五刑；淮阴，王也，受械于陈；彭越、张敖，南面称孤，系狱抵罪；绛侯诛诸吕，权倾五伯，囚于请室；魏其，大将也，衣赭衣，关三木；季布为朱家钳奴；灌夫受辱于居室。此人皆身至王侯将相，声闻邻国，及罪至罔加，不能引决自裁，在尘埃之中，古今一体，安在其不辱也？由此言之，勇怯，势也；强弱，形也。审矣，何足怪乎！夫人不能早自裁绳墨之外，以稍陵迟，至于鞭箠之间，乃欲引节，斯不亦远乎！古人所以重施刑于大夫者，殆为此也。

夫人情莫不贪生恶死，念亲戚，顾妻子。至激于义理者不然，乃有所不得已也。今仆不幸早失父母，无兄弟之亲，独身孤立。少卿视仆于妻子何如哉？且勇者不必死节，怯夫慕义，何处不勉焉！仆虽怯懦欲苟活，亦颇识去就之分矣，何至自沉溺缧绁之辱哉？且夫臧获婢妾犹能引决，况仆之不得已乎？所以隐忍苟活，幽于粪土之中而不辞者，恨私心有所不尽，鄙陋没世而文采不表于后世也。

古者富贵而名磨灭，不可胜记，唯倜傥⑥非常之人称焉。盖西伯拘而演《周易》；仲尼厄而作《春秋》；屈原放逐，乃赋《离骚》；左丘失明，厥有《国语》；孙子膑脚，兵法修列；不韦迁蜀，世传《吕览》；韩非囚秦，《说难》《孤愤》；《诗》三百篇，大抵圣贤发愤之所为作也。此人皆意有所郁结，不得通其道，故述往事，思来者。乃如左丘无目，孙子断足，终不可用，退而论书策以舒其愤，思垂空文以自见。仆窃不逊，近自托于无能之辞，网罗天下放失旧闻，略考其行事，综其终始，稽其成败兴坏之纪；上计轩辕，下至于兹。为十表，本纪十二，书八章，世家三十，列传七十，凡百三十篇，亦欲以究天人之际，通古今之变，成一家之言。草创未就，会遭此祸，惜其不成，是以就极刑而无愠色。仆诚已著此书，藏之名山，传之其人遭通邑大都。则仆偿前辱之责，虽万被戮，岂有悔哉！然此可为智者道，难为俗人言也。

　　且负下⑦未易居，下流多谤议，仆以口语遇遭此祸，重为乡党所戮笑，以污辱先人，亦何面目复上父母之丘墓乎？虽累百世，垢弥甚耳！是以肠一日而九回，居则忽忽若有所亡，出则不知其所往。每念斯耻，汗未尝不发背沾衣也。身直为闺阁之臣，宁得自引深藏于岩穴邪？故且从俗浮沉，与时俯仰，以通其狂惑。今少卿乃教以推贤进士，无乃与仆私心刺谬乎。今虽欲自雕琢，曼辞以自饰，无益，于俗不信，适足取辱耳。要之，死日然后是非乃定。书不能悉意，略陈固陋。谨再拜。

【注释】

①曩：从前。
②阙：间隔。
③阘茸：卑贱。
④趣舍：趋向废弃。趣，同"趋"。
⑤惕息：胆战心惊。
⑥倜傥：卓越豪迈。
⑦负下：负污辱之名。

【译文】

　　如牛马般奔走的司马迁再拜陈述。

　　少卿足下：此前，承蒙您写信给我，教诲我要谨慎待人接物，把向上推举贤能之士作为自己的要务。信里边辞意亲切，语气诚恳，似乎认为我不遵从您的教诲，反而迎合一般人的看法转换心意。我实在不敢如此！我虽然愚钝无知，但也曾耳闻那些德高望重的长者遗风。只是因为肉体残损，地位低下，动不动就遭人鄙薄，想要做点好事反而弄砸了事情，所以郁郁不得志，且无人可以倾诉。有一条谚语说："为谁做呢？谁又会听呢？"钟子期死后，伯牙再也没有弹过琴。什么原因呢？士人只为了解自己的人效力，女子只为欣赏自己的人打扮。我的身体已经残损不堪，即便才能如随侯珠、和氏璧般杰出，品德同许由、伯夷般高尚，但仍不能引以为荣，害怕会引人发笑自取其辱。本来应该早就回复了您的来信，但适逢我跟随皇帝东巡，后来又忙于琐碎小事，没有时间和您相见，居然没有些许时刻向您敞开胸怀。如今少卿足下罹祸不浅，前途叵测，再过一个月，就是冬末了，我又将陪同皇帝到雍地去，担心您在此期间会遭遇不幸。那样我将再也没有机会把我的愤懑向人诉说，而与世长辞的人九泉之下魂魄也将不得安息。因此，姑且准许我向您简略地陈说一些愚见。这么长时间没有给您回信，还请见谅。

我听说：修洁自身是智慧的表现，兼爱乐施是仁的发端，取舍有当是有义的象征，知道什么叫耻辱是勇士必备的特征，扬名在外是举止的终极目标。士人聚齐了这五种特征才能立足于世，置身于君子的行列之中。所以，祸患中最凄惨的莫过于贪利，悲哀中最苦痛的莫过于心伤，举止中最难堪的莫过于使祖先蒙受耻辱，而所有耻辱都大不过受腐刑。遭受这一刑罚的人，不能与常人等量齐观，这种观点并非一时之议，历来都是这样看待的。昔日，卫灵公和宦官雍渠同乘一车，孔子愤而离开，避到陈国；商鞅通过宦官景监的引荐见到秦孝公，赵良因此感到寒心；宦官赵谈陪汉文帝同乘，袁丝脸色突变：历史上对宦官的鄙夷是由来已久的。那些普通人只要和宦官染上关系，没有不动气伤怀的，更何况那些志向远大的人呢！尽管现在朝廷需要人才，受过腐刑的人又哪里有资格举荐天下的豪才俊杰呢！

依赖先人的荫庇，我得以在皇帝左右服侍，已经有二十余年了。我自思：对上，我不能进谏忠言，赢得能出谋划策、才能出色的美誉，获得皇帝的赏识；次之，又不能拾遗补漏，推举贤德之人，使怀才隐居之士名动天下；对外，不能参军作战，攻城略地，树杀敌擒贼之功；对下，不能累积功劳，爬至高位，享受厚禄，为家室宗族四方朋友增光。这其中没有一条我做到了，只是苟安于现世，勉强找到一个安身之处，至今没有更多建树。我也曾经厕身于下大夫的行列，在外廷发表一点意见。不在当时援引法度，展现自己的才能，现如今身体残缺，已成为扫地的奴隶，地位卑下，却妄图昂首扬眉论辩是非，岂不是轻视朝廷，羞辱士人了吗？唉，唉，像我这样的人，还说什么呢？还有什么好说的呢？

况且事情的开始发端向来不易弄明白。我小时候行为豪放，不受约束，成人后也没有赢得乡里的称道。幸得皇帝看在我先人的份儿上，准许我展露微小的技艺，出入皇宫。我想着戴着盆子怎么观望天空呢？所以闭门不纳客，忘了家庭琐事，日夜不休只是想着穷尽我微薄的才能，专心专意、恪尽职守，但求得到皇上的青睐。而事情却不这样发展。

我和李陵都在朝廷做官，平时并没有什么交往。因为各自的喜好相异，未尝一同饮酒倾诉过友好的友情。但是，我看那李陵确实是一个奇特之人，他孝敬父母，取信士人，廉洁奉公，取舍有当，待人有礼，对人谦虚，常想不顾一切地为国家排忧解难。从他平日修养品德来看，我觉得他有着国士之风。身为人臣，排除万难，不顾一己之性命，奔赴国家的灾难前线，这已经是很了不起的事了。现在李陵行为举止稍有不当，那些平日里只知道保全性命、满脑子只想着妻儿家小的臣子马上开始附会，只言其劣处，我对此感到很痛心。而且李陵率领不足五千步兵，深入虎口，抵达单于的驻地，在虎口悬挂诱饵，气势逼人地向匈奴宣战，对匈奴大军发动进攻。双方鏖战十余天，对方死伤人数超过李陵将士的总数，以致敌军无暇救死扶伤。匈奴的君王、臣子全都被震住了，他们征调左右贤王的所有将士，召集所有会引弓射箭的平民，举国发起进攻，以求围困李陵。李陵率领将士四处转战，达千里之遥，到最后箭用完了，退路也没了，而救兵却迟迟不来，死伤的士兵堆积如山。即便是这样了，只要李陵振臂一呼，鼓舞士气，士兵仍然摇晃着站起来，个个泪流满面，抹了满脸的血，强吞进眼泪，张开没有箭的弓，迎着敌人锐利的刀刃，拼着命，北向以死抗敌。李陵还没有战败时，信使告捷，公卿王侯纷纷举杯向皇上祝贺。不几日，李陵战败的消息传来，皇上因之茶饭不思，上朝听政时也郁郁寡欢。大臣们忧虑恐慌，却无以应对。

　　我不愿再顾及自己身份的卑下低贱，只是因为不忍看到皇上悲痛不已，十分诚挚地打算献上自己的浅陋之见。我认为李陵平日里对待手下一向先人后己，所以士兵能为他拼死效力，这一点古时候的名将也比不过他。虽然他现在兵败被困匈奴，但我看他只是要寻找时机来报效朝廷。事已如此，不可再挽救，但他先前摧毁敌军，所向披靡，论功劳已经可以昭示天下了。我一心想要对皇帝陈说，苦于没有机会。适逢皇帝召见，我就用这些说法陈述李陵的功劳，想要让皇帝宽心，堵塞那些对李陵的埋怨之辞。但是由于我没能清楚地表达我的意思，没能让贤明的皇上加深对我的理解，还以为我有意诽谤贰师将军，为李陵说情，于是把我交由司法官处置。拳拳之心，最终不能表明，我被指责欺君犯上，皇帝同意了这一判决。我家境贫寒，没有足够的钱财为自己赎罪，又没有朋友出面救助，皇帝身边的近臣也没人为我说一句好话。我不是那无情的树木、山石，却独要我与狱吏同处，身陷深牢大狱，谁能听我诉说？这也是少卿足下所亲眼见到的啊，我的境遇难道不是如此吗？李陵已然是活着降敌了，他的家族的名誉已经遭到败坏，而我又蜷缩在囚室里，被天下的人围观嘲笑。可悲啊，可悲！这样的事情不容易细说与常人听的啊！

　　我的祖上没有建立可以获得用来免罪的功绩，太史公掌管文史书籍、天文历法，地位相当于占卜、祭祀的官员，向来只是皇帝戏弄的对象，被当作乐工伶人般豢养，是世人所鄙视的。若法律判决我被诛杀，就像九头牛身上掉了一根毛，与死了一只蝼蚁有何不同？世人又不会把我等同于守节而死的人，只会认为我是智力穷尽而又罪该万死，无法解脱，最终只有一死而已。为什么这样呢？这是我的职业导致的罢了。人终有一死，有的死比泰山还要重，有的死比鸿毛还要轻，只是因为死的价值不同。最重要的是不使先人受辱；其次，不能让身体遭受耻辱；其次，事理和面子上不能受辱；其次，言辞交谈，不能受辱；其次，不能被捆绑受辱；其次，不能遭受穿上囚服之辱；其次，带上刑具，被人抽打的侮辱；其次，剃光头发，颈间绕着铁链的耻辱；其次，破相、截肢之辱；而最下等的，就是宫刑，这是刑罚中最令人感到耻辱的了。《礼记》中说："大夫以上，不加刑罚。"意思是士大夫的操守不能不加以磨砺。猛虎处在山上时，百兽为之惊恐，及其被困囚笼，却曳尾乞食，这是长期使用威力限制它的后果。所以，画地为牢，有气节之士断不肯进去；削木为吏，他也绝不会受审；他们的态度是非常鲜明的啊。如今，捆起手脚，戴上枷锁，肌肤暴露在外，忍受棒打竹抽，被囚禁在深牢之中。这个时候，他们看到狱吏就下跪磕头，看到狱卒就胆战心惊，气都不敢喘。这又是为什么呢？不断受到威逼而导致的罢了。到了如此田地，还说不感到耻辱的，就是脸皮厚的关系了，哪里还谈得上什么尊严呢？文王，一方之霸，被囚禁在羑里；李斯，一国之相，五刑加身；淮阴侯，楚地称王，却在陈地戴上枷锁；彭越、张敖南面封王，却在监狱里获刑；绛侯周勃诛杀诸吕，平定叛乱，权势一度胜过春秋五霸，却被囚于请罪之室；魏其侯窦婴，贵为一国大将，却穿上囚衣，戴上三层枷锁；季布卖身于朱家人为奴；灌夫在拘讯犯罪贵族的居室受辱。这些人都位高权重，名声在外，一旦犯罪受到制裁时，因为做不到果断自决，而落入尘埃之中。古往今来都是如此，怎么会有不受辱呢？如此看来，勇敢或是胆怯，强大或是弱小都是时势的造化。我也总算明白了，有什么好奇怪的呢？而且，人如果不能在遭受制裁之前就自决已经是有些低下了，等到遭受刑罚的时候，再要以死殉节，不是已经来不及了吗！大概正是因为这样，古人对向大夫实施刑罚十分谨慎。

　　人天生贪生怕死，想念父母，眷恋妻儿。而那些被义理激发的人则不这样，那也是有迫不得已的原因。我不幸双亲早早去世，又无亲近的兄弟姐妹，孤身于世。您觉得我对妻子儿女怎样呢？勇敢的人不一定要以死殉节，胆怯之人思慕节义，哪里不可以鼓舞自己呢？虽然我懦弱，想要苟且偷安，但也明知该做与不该做的界限，哪里会甘于遭受牢狱之辱呢？奴才婢女尚能够舍身自杀，更何况像我这样已经不堪忍受了呢？之所以忍辱偷生，关在肮脏的牢房里而没有自杀，只是还有心愿没有完成，担心就此死去的话，我的文采就不能让后来人看到了。

　　古往今来，数不胜数的人生前拥有大量财富，死后却名声不传，只有那些风流倜傥、品节非凡的人才千古流传。文王被囚拘，却推演出《周易》；孔子遭遇困境，却写作了《春秋》；屈原被放逐期间创作了《离骚》；左丘明失明之后完成了《国语》；孙膑被削去膝盖骨后，修撰了兵书；吕不韦被贬蜀地，世间才流传《吕氏春秋》；韩非子秦国被擒，才写了《说难》《孤愤》；《诗经》三百篇，也大多是圣贤抒发不平的作品。这些人都是抑郁在怀，不得排解，所以追忆往事，希冀将来。就像左丘明失明，孙子断腿，不能被重用，于是退而著书立说，借此排解心中的忧闷，希图张扬文采，向后世之人展露自己。我暗地里自不量力，近来借助于笨拙的文辞，网罗天下旧闻轶事，加以考证，从中推演历史成败兴衰的规律。自轩辕帝起，到当下为止，共完成表十篇、本纪十二篇、书八章、世家三十篇、列传七十篇，总计一百三十篇。想通过这些文章探讨自然与人类的关系，通晓古今变化的规律，形成一家之言。草稿还没完成，就遭遇到灭顶之灾，我深悔书稿没有成型，接受最残酷的刑罚的时候也面不改色。一旦我完成此书，我要把它隐匿在那名山之中，授给能读懂它的人，在繁华的大都市里传播。这样一来，我就能弥补之前遭受到的耻辱，即便被碎尸万段，也无怨无悔。但是，这些话只能对有智之人诉说，对着一般俗人是难以启口的。

再说了，背负着奇耻大辱的人难以安身立命，地位低下之士常常遭受谤议。我因为话多罹祸，被乡党之徒嘲笑不已，使我的先人蒙羞，颜面尽失，不敢再上父母的坟前拜祭。百代过后，这种耻辱也只会有增无减。我整日里忧愁满腹，在家里则迷迷糊糊，失魂落魄；在外则不知要前往何处。每每回想起遭受的这种侮辱，总不免汗流浃背，湿透了衣裳。我已然形同宦官，又哪有资格隐居岩穴之中呢？姑且与世浮沉，乘波逐浪，以求内心的狂惑得以通达。如今，少卿足下教导我推举贤德之士，不正与我个人的想法相逆吗？我即便修饰一新，用巧言替自己开脱，也于事无补，世人是不会相信的，我只能自取其辱罢了。人死之日方能盖棺论定。书信没能畅述心怀，仅仅粗略地表陈了我的愚见。再次向您致意。

【评析】

任安是司马迁的朋友，曾经写信给司马迁，叫他利用中书令的职位"推贤进士"，司马迁并没有立即回复。后来任安以事获罪，前途叵测，司马迁提笔回信，细述详委，于是成就了这篇让无数后人为之动容的文章。这篇文章对后世了解司马迁的生活，理解他的思想具有不可替代的作用。全文充溢着一种悲愤的情绪，司马迁将自己蒙受的不白之冤，内心隐忍的苦痛，一一道来，说明自己之所以"函粪土之中而不辞者"，乃是因为"恨私心有所不尽，鄙陋没世而文采不表于后世也"。因为《史记》没有完成，所以"就极刑而无愠色"，他的决心超越了个人得失，相比"死节"之士，体现出了一种进步的生死观。文章情理交融，夹叙夹议，字里行间悲愤之气显露无遗。"若九牛亡一毛，与蝼蚁何以异？"表述出封建社会里小人物备受践踏，毫无尊严；"仆虽怯懦欲苟活，亦颇识去就之分矣，何至自沉溺缧绁之辱哉？"他人对己的不理解，让作者的心备受折磨，以至于失去诉说的欲望；"最下腐刑极矣"，作者明知自己遭受到奇耻大辱，却仍能隐忍苟活，只为了完成著述，这种决心天地也为之动容。作者大量运用典故，选取西伯、孔子、孙膑等人受辱而不自杀的例子，进一步说明自己没有自杀的原因，用排比的句式一气呵成，气势宏伟；对偶、引用、夸张的修辞手法穿插使用，使文气跌宕起伏。

　　作者对文字的掌握已经到了炉火纯青的地步，而最让人感怀的却是作者追求理想的决心：为了自己未竟的事业，隐忍含垢，"就极刑而无愠色"。

武帝求茂材异等诏

刘彻

【题解】

　　汉武帝刘彻是我国古代一位杰出的君主，他不仅具有雄才大略，还能知人善任。为广开言路，汉武帝曾接受董仲舒的建议，建立察举制度，在全国范围内选拔人才。为督促官吏荐举贤能，他还于元封五年（公元前106年）颁布了这篇征召人才的诏书。

【原文】

　　盖有非常之功，必待非常之人。故马或奔踶而致千里，士或有负俗之累而立功名。夫泛驾①之马，跅弛②之士，亦在御之而已。其令州郡察吏民有茂材异等，可为将相及使绝国者。

【注释】

　　①泛驾：马有逸气而不遵循轨辙。
　　②跅弛：不受礼俗的约束而放纵。

【译文】

　　但凡要建立不同寻常的功业，就要依靠非同寻常的人才。所以，有的马站立时虽然不安分但能疾驰千里，有的士人虽然被世俗所唾弃却能成就功名。所以说，那些能掀翻车架的马，那些不受礼俗约束的士人，关键在于如何驾驭他们。现在，下令让各州郡长官考察官吏百姓中的贤良之才，可以推举他们出任将相以及出使远方的国家。

【评析】

　　本篇诏文虽然只有六十八个字，但是短小精悍，势不输人。众所周知，能选入《古文观止》的文章大都是语言精练、措辞精美、便于传诵的佳作。而本文以如此少的字数，能得以入选，足见它的不凡。总结起来，本文得以入选的原因有二：一是语言精练，便于诵读；二是文中大义值得世人称道。了解西汉历史的人知道，西汉时以武帝得人最多。他即位之后，先后颁发过一系列招揽人才的诏书，而本文是其中最为出彩的一篇。文章开篇便说"盖有非常之功，必待非常之人"，可谓下笔不凡，帝王之气尽显。随后武帝便以千里之马与负俗之士类比，指出"非常之人"虽然遭受世俗之人的讥讽，但他们却能成就"非常之功"。而后，又指出"泛驾之马"与"茂材异等"都是不可多得的人才，关键在于如何驾驭他们。由此可见武帝不拘一格的人才观和他的求贤若渴。

最后一句是整篇诏书的主旨所在，也是武帝发布诏书的最终目的。武帝命令文武百官遵照诏书的指示，考察百姓中的优秀人才，再次反映了武帝对于人才的渴望和进步的人才观。

答苏武书

李陵

【题解】

　　李陵，字少卿，西汉名将李广的孙子，也是西汉一名大将。他精通骑射，爱护士卒，很有名望，曾任骑都尉。公元前99年，他率领五千人马深入匈奴境内，因寡不敌众，最后被迫投降。汉武帝因此灭他全族。李陵见归汉无望便留在匈奴，娶单于的女儿为妻，并担任匈奴右校王。

　　李陵投降匈奴后，曾与被扣留此地的苏武多次见面。公元前81年，苏武得以归汉后，写信劝李陵也回汉朝。李陵写信回复，就是这篇《答苏武书》。不过，多数学者都认为这是后人伪造的一封书信。它被南朝《文选》收入，当系选自《李陵集》，所以写作时间最迟不晚于汉朝。

【原文】

　　子卿足下：勤宣令德，策名清时，荣问①休畅，幸甚，幸甚！远托异国，昔人所悲，望风怀想，能不依依！昔者不遗，远辱还答，慰诲勤勤，有逾骨肉。陵虽不敏，能不慨然？

　　自从初降，以至今日，身之穷困，独坐愁苦。终日无睹，但见异类。韦韝毳幕，以御风雨；膻肉酪浆，以充饥渴。举目言笑，谁与为欢？胡地玄冰，边土惨裂，但闻悲风萧条之声。凉秋九月，塞外草衰。夜不能寐，侧耳远听，胡笳互动，牧马悲鸣，吟啸成群，边声四起。晨坐听之，不觉泪下。嗟乎，子卿！陵独何心，能不悲哉！

与子别后，益复无聊，上念老母，临年被戮；妻子无辜，并为鲸鲵；身负国恩，为世所悲。子归受荣，我留受辱，命也何如！身出礼义之乡，而入无知之俗；违弃君亲之恩，长为蛮夷之域，伤已！令先君之嗣，更成戎狄之族，又自悲矣！功大罪小，不蒙明察，孤负陵心区区之意。每一念至，忽然忘生。陵不难刺心以自明，刎颈以见志，顾国家于我已矣，杀身无益，适足增羞，故每攘臂忍辱，辄复苟活。左右之人，见陵如此，以为不入耳之欢，来相劝勉。异方之乐，只令人悲，增忉怛②耳。

嗟乎，子卿！人之相知，贵相知心，前书仓卒，未尽所怀，故复略而言之。

昔先帝授陵步卒五千，出征绝域。五将失道，陵独遇战，而裹万里之粮，帅徒步之师；出天汉之外，入强胡之域；以五千之众，对十万之军；策疲乏之兵，当新羁之马。然犹斩将搴③旗，追奔逐北，灭迹扫尘，斩其枭帅，使三军之士视死如归。陵也不才，希当大任，意谓此时，功难堪矣。匈奴既败，举国兴师。更练精兵，强逾十万。单于临阵，亲自合围。客主之形，既不相如；步马之势，又甚悬绝。疲兵再战，一以当千，然犹扶乘创痛，决命争首。死伤积野，余不满百，而皆扶病，不任干戈，然陵振臂一呼，创病皆起，举刃指虏，胡马奔走。兵尽矢穷，人无尺铁，犹复徒首奋呼，争为先登。当此时也，天地为陵震怒，战士为陵饮血。单于谓陵不可复得，便欲引还，而贼臣教之，遂使复战，故陵不免耳。

昔高皇帝以三十万众，困于平城。当此之时，猛将如云，谋臣如雨，然犹七日不食，仅乃得免。况当陵者，岂易为力哉？而执事者云云，苟怨陵以不死。然陵不死，罪也；子卿视陵，岂偷生之士而惜死之人哉？宁有背君亲、捐妻子而反为利者乎？然陵不死，有所为也，故欲如前书之言，报恩于国主耳，诚以虚死不如立节，灭名不如报德也。昔范蠡不殉会稽之耻，曹沫不死三败之辱，卒复勾践之仇，报鲁国之羞，区区之心，窃慕此耳。何图志未立而怨已成，计未从而骨肉受刑，此陵所以仰天椎心而泣血也！

足下又云："汉与功臣不薄。"子为汉臣，安得不云尔乎？昔萧、樊囚絷，韩、彭菹醢，晁错受戮，周、魏见辜。其余佐命立功之士，贾谊、亚夫之徒，皆信命世之才，抱将相之具，而受小人之谗，并受祸败之辱，卒使怀才受谤，能不得展。彼二子之遐举，谁不为之痛心哉？陵先将军，功略盖天地，义勇冠三军，徒失贵臣之意，到身绝域之表。此功臣义士所以负戟而长叹者也。何谓"不薄"哉？且足下昔以单车之使，适万乘之虏。遭时不遇，至于伏剑不顾，流离辛苦，几死朔北之野。丁年奉使，皓首而归，老母终堂，生妻去帷。此天下所希闻，古今所未有也。蛮貊之人尚犹嘉子之节，况为天下之主乎？陵谓足下当享茅土之荐，受千乘之赏。闻子之归，赐不过二百万，位不过典属国，无尺土之封，加子之勤。而妨功害能之臣尽为万户侯；亲戚贪佞之类悉为廊庙宰。子尚如此，陵复何望哉？且汉厚诛陵以不死，薄赏子以守节，欲使远听之臣望风驰命，此实难矣，所以每顾而不悔者也。陵虽孤恩，汉亦负德。昔人有言："虽忠不烈，视死如归。"陵诚能安，而主岂复能眷眷乎？男儿生以不成名，死则葬蛮夷中，谁复能屈身稽颡，还向北阙，使刀笔之吏弄其文墨耶？愿足下勿复望陵。

嗟乎子卿，夫复何言？相去万里，人绝路殊。生为别世之人，死为异域之鬼。长与足下，生死辞矣。幸谢故人，勉事圣君。足下胤子无恙，勿以为念。努力自爱，时因北风，复惠德音。李陵顿首④。

【注释】

①荣问：好名声。问，通"闻"。
②忉怛：悲痛忧伤。
③搴：拔取。
④顿首：叩头。用于书信的开头或结尾。

【译文】

子卿足下：您如此辛劳地宣扬着美德，于政治清明之际在朝为官，美名传遍天下，是多么的幸运啊！而我流落在异国他乡，这是前人所无比悲伤的；遥望故国，怀念家乡，怎能不让人留恋？之前蒙您不弃，从远方传递音信给我，慰问殷勤，教诲不倦，这种情谊超过了骨肉，我虽不聪敏，但又怎能不为之感慨！

我自从投降以来，直至今日，身处穷困之中，一个人孤独地坐着暗自忧愁。每天所看到的，都是与我们不同种族的人。戴着皮袖套，住着毡帐，以此抵挡风雨；吃着腥膻的肉食酪浆，以此充饥解渴。举目四望，有谁能和自己一起笑语欢颜呢？匈奴之地遍地玄冰，边塞的土都被冻裂，耳边只有凄凉的风声；深秋九月，塞外的草木纷纷衰败。夜里睡不着觉，侧耳静听，可以听到远处的胡笳之声此起彼伏，牧马们悲鸣长嘶，曲声夹杂着马嘶声，在边塞四处响起。清晨坐着听这些声音，不知不觉泪流满面。子卿啊，我李陵也非铁石心肠，怎么能不悲伤呢？

与您分别之后，我更加无聊。上念及老母，在垂老之年还惨遭杀戮，妻子、儿女都是无辜的，也一并遭到残害；我有负皇恩，为世人所悲叹。您回去后得尽荣耀，而我留下来却蒙受耻辱，这都是命啊，我们能奈之何？我出生于礼仪之乡，却来到了这个无知的地方；我背弃了皇上和父母的恩情，长久地居住在这个蛮夷之地，实在伤心啊！想到先父的后代，竟然成了戎狄之族，不禁又悲伤起来。我与匈奴作战，功大于过，但是却不被皇上明察，辜负了我李陵的一片赤诚之心。每当念及此，我就会忘了活着的意义。我不难做到以刺心而明己，以自刎而明志，但想到国君已经对我断绝恩情，我自杀也毫无益处，只是徒增羞辱。所以每每勉强振作，却只能忍辱苟活。身边的人看到我这样，就用那些难以入耳的乐事来劝慰我。但是，异国他乡的快乐，只能令我更加悲伤，更添忧虑。

唉，子卿啊，人们之间彼此相知，贵在知心。我的上封书信太过仓促，未能充分表达我的心情，所以我又在此简略地加以叙述。

从前先帝授予我五千步兵，让我出征到极远的匈奴居所。五位将军都迷了路，只有我最后与匈奴军相遇并与之作战。我带着出征万里的粮草，率领由步兵组成的军队；来到汉朝天子统治外的地方，进入强大的匈奴的地盘；以五千兵马，与对方十万大军作战；指挥疲乏不堪的士兵，抵挡对方精力充沛的骑兵。最后仍然斩杀了他们的将领，拔掉了敌方的军旗，并乘胜追击，如同扫落尘土一样，斩杀了敌军骁勇的将帅，使我方兵将个个视死如归。我李陵不才，也很少担负重任，我心中以为，这一次的战功恐怕是其他时候难以比拟的。匈奴兵败后，又发动了全国士兵，从中挑选十万精兵。单于亲自上阵，指挥兵马将我们合围。客军与主军的气势不能相比，步兵与骑兵之间的差距更是悬殊。已经疲乏的士兵再次作战，何况一个人还要抵挡一千人，但士兵们仍忍着伤痛，与敌兵决一死战。死伤的士兵遍布荒野，剩下的不到一百人，都是伤痕累累，无法拿起武器。但是我振臂一呼，受伤的士兵们又都奋而站起，拿起兵刃，刺向匈奴兵，匈奴骑兵纷纷逃走。兵器已经耗尽，士兵们手无寸铁，但仍然空手昂头震天高呼，争先恐后地冲向前去。此时，天地为我震怒，士兵们为我泣血。单于认为不能俘虏我，又怕有汉军埋伏，于是便要引兵归还。但是叛臣管敢却唆使单于再战，于是双方重新交战，最终我未能避免被俘获的命运。

从前，汉高祖率领三十万大军，被匈奴兵围困在平城。那时候，他身边猛将如云，谋臣如雨，仍然被断粮七日，最后才勉强脱身。何况像我李陵这样的人，难道就能轻易有所作为吗？但是朝中执事之人却纷纷抱怨，谴责我为何不以死殉国。当然，我没有以死殉国，这是我的罪过；但子卿，你认为我是苟且偷生、贪生怕死的人吗？我是那种宁愿背弃皇上、抛妻弃子以谋取自己利益的人吗？我之所以不死，是想有所作为。就像我前一封信所说，想要报恩于皇上。因为白白死去不如树立名节，身死名灭不如报答皇上的恩德。从前范蠡没有因为会稽山的耻辱就以死殉国，曹沫没有因为三战三败的耻辱自杀，最终，范蠡协助勾践报了仇，曹沫也为鲁国雪了耻。我的小小心愿，只是仰慕他们而已。只是没有料到，我的心愿未了，就已经遭受了谴责；我的计谋未能实施，我的家人已经遭受刑戮，这是我之所以仰望苍天椎心泣血的原因啊！

您又说："汉朝待功臣不薄。"您身为汉朝大臣，怎敢不如此说呢？昔日，萧何、樊哙被囚禁，韩信、彭越被剁成肉酱，晁错被戮，周勃、窦婴被判罪受罚，其他辅佐皇帝的有功之人，如贾谊、周亚夫等人，都确实怀有旷世之才，身具将相之谋略，却遭到小人谗害，受到灾祸和失败的耻辱，最后空怀奇才而受诽谤，不能施展才华。他们这两人的遭遇，谁不为之痛心？我的祖父李广将军，功勋盖天地，义勇冠三军，只因不愿屈膝迎合权贵，结果在边远地域自杀。这就是功臣义士负戟长叹的原因啊！什么叫作"不薄"？您当初势单力薄出使强大的匈奴，正赶上时机不好，以至于不顾性命拔剑自杀；颠沛流离，辛苦异常，几次都差点死在塞北的荒野之中。您在壮年奉命出使匈奴，直至白发苍苍才被召回；此时，您的老母已经故去，结发的妻子也已改嫁。这是天下从没有听说过的事情，也是古今从没有发生过的事情。未开化的异族之人尚且称赞您的忠节，何况是为天下之主的汉室呢？我认为，您应当享有诸侯的待遇，接受千乘之国的赏赐。但我听说您回去后，不过只有两百万钱的赏赐，地位也不过在典属国之列，此外并没有寸土的封地赏赐给您，以奖励您多年来的贡献，而那些排挤功臣、陷害贤良的奸臣都成了万户侯；那些皇亲国戚，那些贪赃枉法、奸佞狡诈的小人都做了高官。您尚且遭遇如此待遇，我李陵还敢有什么指望呢？况且，汉朝因为我未能以死殉国，就大肆诛杀，而对您的坚守节操却赏赐微薄，如此对待功臣，还想让远方的朝臣急切地为其奔命，实在很难，所以我每每回顾往事却并不后悔。我李陵虽然辜负了圣恩，但汉朝亦辜负了我的功德。古人曾经说过："忠诚之人虽然未能以死殉国，但也能做到视死如归。"假若我李陵果真安心赴死，皇上难道还会眷念我吗？男儿生前如果未能成就英明，死后就葬在蛮夷之地吧，谁还会弯腰叩头回到汉朝，遭受那些舞文弄墨的刀笔吏们的口诛笔伐呢？希望您不要再抱希望让我回归汉朝了。

　　子卿啊，我还能说什么呢？我们相隔万里，往来断绝，所走道路也不相同。我生时活在不同的国度，死后也是异域的鬼魂。我与您永生不能再见了。请代我问候故友，劝勉他们尽心尽力侍奉圣君。您的儿子安然无恙，不要挂念。希望您自己珍重，盼您乘便时常来信。李陵叩头致敬。

【评析】

　　李陵无疑是一个悲剧性的人物，因而其血泪交织写就的本文也便成了一篇悲剧性的美文。全文字里行间无不透露着绝望的悲情，读来令人悲叹不已。

　　全文开篇在简短的寒暄之后便直入主题，为我们勾勒了一派悲风凄雨的塞外景象："胡地玄冰，边土惨裂，但闻悲风萧条之声"，作者独自一人在衣食住行都不适应的陌生环境中，无人可以与之谈心，只有夜半的胡笳和马嘶声与之相伴，何等悲惨！何等凄凉！

　　随后，作者又详述了其与匈奴兵如何多次交战，士兵们如何英勇杀敌，最后又如何被俘等往事，说明自己兵败并非因为杀敌不力，而是双方实力悬殊。并且，作者还以高祖为例，申明自己的战功。而后，作者又阐述了自己为何没有以死殉国，实是想要报效皇上。但孰料"志未立而怨已成，计未从而骨肉受刑"，在此等形势下，作者怎能不仰望苍天椎心泣血？

　　接着，针对苏武所说"汉与功臣不薄"一句，作者又旁征博引，列举大量史实反驳了苏武。尤以苏武为例,指出其"丁年奉使,皓首而归,老母终堂,生妻去帷",立下如此天下未闻之功勋,结果却"赐不过二百万,位不过典属国,无尺土之封"。而那些奸臣小人却个个高官厚禄。由此指出了汉廷对待功臣的不公,反讽了苏武所指汉廷待功臣的"不薄"。

诚然,李陵并不否认自己未能以身殉国,确实有负君父之恩,但他走到此等境地,何尝不是被逼无奈。他一直强调自己的赤诚之心未能被汉廷理解,致使他断绝了归汉之路。他虽然口中说自己并不后悔当初的选择,但字里行间流露出的对故国的怀念之情却是难以掩饰的。可见,在他的内心深处,也确实希望自己能被汉廷原谅。只是现在他明白了,他的希望已经变成了奢望,所以他不再怀抱希望了。这从他毫不掩饰地以激烈的言辞批判皇上及汉王朝的政治体制可以看出。若不是他心中已然断绝了回归的念头,他断不敢讲如此"大逆不道"的话。这也是本文与众不同的地方。

诫兄子严敦书

马援

【题解】

马援,字文渊,担任伏波将军,还被封为新息侯。在攻打武陵"五溪蛮"之时,他在军中因病去世,留有《铜马相法》一书。

马援的两个侄子马严和马敦平时喜欢抨击时政,与游侠结交。马援很担心侄子的情况,虽远在交趾军中,还写下这封信进行规劝。

【原文】

援兄子严、敦并喜讥议,而通轻侠客。援前在交趾,还书诫之曰:

"吾欲汝曹①闻人过失,如闻父母之名,耳可得闻,口不可得言也。好议论人长短,妄是非②正法,此吾所大恶也,宁死不愿闻子孙有此行也。汝曹知吾恶之甚矣,所以复言者,施衿结缡,申父母之戒,欲使汝曹不忘之耳。

"龙伯高敦厚周慎,口无择言,谦约节俭,廉公有威,吾爱之重之,愿汝曹效之。杜季良豪侠好义,忧人之忧,乐人之乐,清浊无所失;父丧致客,数郡毕至,吾爱之重之,不愿汝曹效也。效伯高不得,犹为谨敕之士,所谓刻鹄不成尚类鹜者也;效季良不得,陷为天下轻薄子,所谓画虎不成反类狗者也。迄今季良尚未可知,郡将下车辄切齿,州郡以为言③,吾常为寒心,是以不愿子孙效也。"

【注释】

①汝曹:你等,尔辈。

②是非：评论、褒贬。

③以为言：把这作为话柄。

【译文】

马援兄长的儿子马严、马敦都喜欢讥讽和议论他人，而且还和一些轻薄的侠客结交往来。马援之前在交趾的时候还写信回来训诫他们说：

"我希望你们听到别人的过失，就像听到父母的名字一样，耳朵可以听到，但口里不能说出来。喜好议论别人的长短，妄自褒贬国家的法制，这是我最厌恶的行为，我宁死也不愿意听到子孙们有此种行径。你们知道我厌恶这种行为到了何种程度，我之所以反复说，就好比嫁女的父母在临别之际为女儿系上衣带和佩巾时，申明父母的劝诫一样，想要让你们不忘记我的话。

"龙伯高敦厚、周到、谨慎，从来不讲是非，他谦虚节俭，廉洁公正，颇有威望，我非常喜爱他，敬重他，我希望你们可以学习他。杜季良豪侠好义，以他人之忧为忧，以他人之乐为乐，不论他人是何身份，都与他们相交；他办理父亲丧事的时候，几个郡的人都来参加，我虽然喜爱他，敬重他，但是不希望你们效仿他。因为即便学习伯高不成，至少还是个谨慎严肃的人，所谓刻画天鹅不成至少还能像鸭子。而学习季良不成，就会沦落为轻薄之人，所谓画虎不成反类犬。如今，季良的未来还不知道会怎么样，新到任的郡县官对他恨得咬牙切齿，州郡的官员也都对他议论纷纷，我常常为此感到寒心，所以不愿意子孙效仿他。"

【评析】

这是马援在交趾作战时写给两个侄子的信，信中是他对侄子们的谆谆教诲。

全信开门见山，针对侄子们"并喜讥议"的弊病，马援直接告诫他们"闻人过失，如闻父母之名，耳可得闻，口不可得言"。但他也并非一味地严厉告诫，他对侄子们以"汝曹"相称，这种非正式的称呼随和、亲切，起到了拉近他与侄子们的距离的作用。而且，在首段结尾，他将自己对侄子们的反复劝诫，比作父母在女儿出嫁前的反复叮咛，语重心长，柔情四溢，充分表达了自己对侄子们的关切和爱护，令人感动。

第二段，马援以龙伯高和杜季良两人为例，讲了他们一个"敦厚周谨"，一个"豪侠好义"，都是自己喜爱并敬重的人。这一评价是以身作则，践行了自己不"讥议"他人的原则，暗含教育之意。而后，在讲应效何人不应效何人时，因为涉及教育侄子如何为人的问题，且又牵涉到了政治等因素，马援明确提出希望侄子们多向伯高学习，而不要学习季良。

整封信言辞恳切，情感真挚，字里行间饱含了长辈对晚辈的深切关爱和殷切希望。

前出师表

诸葛亮

【题解】

诸葛亮，字孔明，三国时期著名的政治家、战略家、外交家，他曾在南阳隆中隐居，后辅佐刘备。后主刘禅即位后，诸葛亮掌控蜀汉一切军政大权，数次北征，最后病死军中。

《前出师表》选自《三国志·蜀志》本传。诸葛亮作这篇文章时，蜀汉已由刘备去世时的动荡转为安定，国力也大大增强，于是他准备北伐中原，实现刘备的遗愿。在北伐之前，他上书刘禅，将自己呕心沥血、匡复汉室的忠诚和愿望表达得淋漓尽致，并规劝刘禅用心国事，开张圣听，亲贤远佞。建兴六年（228年），诸葛亮率领军队出散关前，又给刘禅上书，即《后出师表》。

【原文】

臣亮言：先帝创业未半而中道崩殂。今天下三分，益州疲敝，此诚危急存亡之秋也！然侍卫之臣不懈于内，忠志之士忘身于外者，盖追先帝之殊遇，欲报之于陛下也。诚宜开张圣听，以光先帝遗德，恢弘志士之气；不宜妄自菲薄，引喻失义，以塞忠谏之路也。

宫中府中，俱为一体，陟罚①臧否，不宜异同。若有作奸犯科及为忠善者，宜付有司论其刑赏，以昭陛下平明之治；不宜偏私，使内外异法也。

侍中、侍郎郭攸之、费祎、董允等，此皆良实，志虑忠纯，是以先帝简拔以遗陛下。愚以为宫中之事，事无大小，悉以咨之，然后施行，必能裨补阙漏，有所广益。将军向宠，性行淑均，晓畅军事，试用于昔日，先帝称之曰能，是以众议举宠为督。愚以为营中之事，事无大小，悉以咨之，必能使行阵和睦，优劣得所也。

亲贤臣，远小人，此先汉所以兴隆也；亲小人，远贤臣，此后汉所以倾颓也。先帝在时，每与臣论此事，未尝不叹息痛恨于桓、灵也。侍中、尚书、长史、参军，此悉贞亮死节之臣，愿陛下亲之信之，则汉室之隆，可计日而待也。

臣本布衣，躬耕于南阳，苟全性命于乱世，不求闻达于诸侯。先帝不以臣卑鄙，猥自枉屈，三顾臣于草庐之中，谘臣以当世之事。由是感激，遂许先帝以驱驰②。后值倾覆，受任于败军之际，奉命于危难之间，尔来二十有一年矣。先帝知臣谨慎，故临崩寄臣以大事也。

受命以来，夙夜忧叹，恐托付不效，以伤先帝之明。故五月渡泸，深入不毛。今南方已定，兵甲已足，当奖帅三军，北定中原；庶竭驽钝，攘除奸凶，兴复汉室，还于旧都。此臣之所以报先帝而忠陛下之职分也。至于斟酌损益，进尽忠言，则攸之、祎、允之任也。

愿陛下托臣以讨贼兴复之效，不效，则治臣之罪，以告先帝之灵。若无兴德之言，则责攸之、祎、允等之咎，以彰其慢。陛下亦宜自谋，以咨诹善道，察纳雅言，深追先帝遗诏，臣不胜受恩感激。

今当远离，临表涕零，不知所言。

【注释】
①陟罚：升迁和处罚。臧否：赞扬和批评。
②驱驰：奔走效劳。

【译文】

臣诸葛亮呈表进言：先帝开创的大业还未完成一半就中途驾崩了。如今天下三分，蜀汉国力疲乏，人民困顿不堪，实在是生死存亡的关头啊。但是，在内，朝廷的官员辅佐陛下丝毫不敢懈怠，于外，忠贞的将士舍生忘死，这都是在缅怀先帝的知遇之恩，想要报答给陛下您啊。陛下委实应该广开言路，把先帝的遗德发扬光大，也使大臣们的士气气贯长虹；而不应该妄自菲薄，说出没道理的话，堵塞了忠良进谏的道路。

后宫与官府，都属于一个整体，奖惩赏罚，不应该区别对待。如果有作奸犯科之徒或者好人好事，都应该交予有关部门裁决，以此昭示陛下执政的正大光明；不应该有所偏爱，使得后宫与官府的法令因人而异。

侍中、侍郎郭攸之、费祎、董允等都是忠厚老实的人，志气忠贞，心思纯洁，所以先帝把他们选拔出来侍奉陛下。我以为宫中不论大事小事，都拿来问问他们，然后再去处理，一定可以查漏补缺，有所裨益。向宠将军，品行端庄，精通军事，先前被任用时，先帝就夸他是个能人，所以众人推举他担任中部督。我以为军营中不管大事小事，都可以拿来问他，一定能够使军队齐心协力，将士各得其所。

亲近贤臣，疏远小人，这是汉朝前期强盛的原因；亲近小人，疏远贤臣，这是汉朝后期倾覆的原因。先帝在世时，每每与臣谈论起此事，都要哀叹惋惜桓、灵二帝的做法。侍中郭攸之、费祎，尚书令陈震，长史张裔，参军蒋琬，他们都是忠贞坦荡、能以身殉国之士，但愿陛下亲近并信赖他们，那么汉室的兴隆就为期不远了。

我本来是一介布衣，在南阳耕地犁田，但求在乱世之中苟且偷生，不求闻名显赫于诸侯之列。先帝不因为我出生卑微，学识浅陋，不惜降低身份，屈尊前来，三顾茅庐，向我征询对天下大事的看法。我感激不已，允诺为他奔走效力。后来适逢战争失利，我临危受命，到如今已有二十一年了。先帝知道我谨言慎行，所以临崩前把辅佐陛下兴复汉室的大事托付与我。

接受任命以来，我日思夜想，忧虑叹息，深恐托付之事不能完成，有伤先帝的明鉴之名。所以五月份我率兵渡过泸水，深入荒芜之地。现在南方已被平定，兵力装备充足，是统率三军，北上收复中原的时候了；我将尽全力铲平曹魏，兴复汉室，打回故都。这也是我回报先帝、向陛下尽责的分内之事。至于权衡治理朝政的得失，向陛下进献忠言，那就是郭攸之、费祎、董允的责任了。

希望陛下把讨伐曹魏、兴复汉室的大任托付给臣，若不能完成，就请降罪于我，以此告慰先帝的亡灵。如果陛下听不到勉励发扬圣德的劝告，那就追究郭攸之、费祎、董允等人的怠慢之责。陛下自己也应该对国事多加谋虑，探求治理朝政的正道，察明采纳好的主张，深切追念先帝的遗诏，我对此将感激不尽。

现在我即将出门远征，面对表文，涕流不止，也不知说了些什么。

【评析】

《前出师表》一文的主要目的是向后主进言，如果只是一般的申述广开言路的意义，平平道来，那对一个昏聩愚钝的君主来说，显然是不会有多大触动的。为了治愚医顽，作者在行文上颇费思量。他首揭"开张圣听"，以打开进言之路。在打通忠谏之路的前提下，再言执法公平、亲贤远佞两项。三项建议，既可独立成项，又相互关联。这样严密的说理，再愚的人也应该从中得到启发。

表文从第一部分的进谏，到第二部分，由叙自己生平而至言伐魏的意义，进而表明自己"兴复汉室，还于旧都"的决心，都写得慷慨深沉，动人心魄。表文从各个方面规箴后主，情真理足，词婉心切，因而虽属奏章表文，却感人至深。表文以"今当远离，临表涕零，不知所言"作结，其声呜咽似泣，其情沛然如注。全文称先帝凡十三次，显得情词十分恳切。诸葛亮自叙"先帝知臣谨慎，故临崩寄臣以大事也"，而他也确实"一生唯谨慎"，细玩本文，从虑事到措辞，无不体现了"谨慎"精神。

本文采用倒叙的结构方式，先交代国事，再追忆身世。交代国事时，作者可谓小心翼翼，生怕一不小心，让人觉得有以下犯上的嫌疑，但又知无不言，尽显身为人臣的忠贞。上下内外，作者把自己能想到的全都娓娓道来。谆谆教诲，让人读来感叹不已，只不知后主刘禅是否明了诸葛亮的一番苦心。追忆身世是诸葛亮打的一张亲情牌。众所周知，后主刘禅昏庸无能，刘备病逝前将国家大事托付与诸葛亮，而诸葛亮一心想着回报刘备的知遇之恩，大有"士为知己者死"的决心，对刘禅可谓尽忠竭虑，对国事可谓呕心沥血，他在此表中反复提及先帝，也是希望后主念在父子情分上，对国事多加谋虑。全文文字质朴，感情真挚动人，清人赵翼曾评论说："读此文不哭者，非人也。"

西晋六朝文

陈情表

李密

【题解】

　　李密，又名虔，字令伯。他自幼丧父，在祖母的抚养下长大成人。李密开始时在蜀汉担任尚书郎，蜀汉灭亡后，晋武帝任命他为太子洗马。李密向晋武帝上表，说自己的祖母已经年老体衰，需要人照顾，以此为由，陈述不能应诏的原因，这就是《陈情表》的由来。

　　据说晋武帝看后并无不悦，反被李密的孝心感动，不但同意让他暂时不应诏，还对他孝敬长辈的行为大加赞赏，赐给他奴婢二人，财物若干，以赡养祖母。

【原文】

　　臣密言：臣以险衅，夙遭闵凶。生孩六月，慈父见背。行年四岁，舅夺母志①。祖母刘，愍臣孤弱，躬亲抚养。臣少多疾病，九岁不行，零丁孤苦，至于成立。既无叔伯，终鲜兄弟。门衰祚薄，晚有儿息。外无期功强近之亲②，内无应门五尺之僮，茕茕孑立，形影相吊。而刘夙婴疾病，常在床蓐，臣侍汤药，未曾废离。

　　逮奉圣朝，沐浴清化。前太守臣逵，察臣孝廉③；后刺史臣荣，举臣秀才。臣以供养无主，辞不赴命。诏书特下，拜臣郎中。寻蒙国恩，除臣洗马。猥以微贱，当侍东宫，非臣陨首所能上报。臣具以表闻，辞不就职。诏书切峻，责臣逋慢。郡县逼迫，催臣上道；州司临门，急于星火。臣欲奉诏奔驰，则以刘病日笃，欲苟顺私情，则告诉不许。臣之进退，实为狼狈。

　　伏惟圣朝以孝治天下，凡在故老，犹蒙矜育，况臣孤苦，特为尤甚。且臣少事伪朝，历职郎署，本图宦达，不矜名节。今臣亡国贱俘，至微至陋，过蒙拔擢，宠命优渥，岂敢盘桓，有所希冀？但以刘日薄西山，气息奄奄，人命危浅，朝不虑夕。臣无祖母，无以至今日；祖母无臣，无以终余年。祖孙二人，更相为命，是以区区不能废远。臣密今年四十有四，祖母刘今年九十有六，是臣尽节于陛下之日长，报刘之日短也。乌鸟私情④，愿乞终养。

　　臣之辛苦，非独蜀之人士及二州牧伯所见明知，皇天后土，实所共鉴。愿陛下矜愍愚诚，听臣微志，庶刘侥幸，保卒余年。臣生当陨首，死当结草⑤。臣不胜犬马怖惧之情，谨拜表以闻。

【注释】

①舅夺母志：指舅父强迫李密母亲改嫁。

②期功强近之亲：指比较亲近的亲戚。古代服丧一年称"期"，九月称"大功"，五月称"小功"。

③孝廉：当时推举人才的科目，"孝"指孝顺父母，"廉"指品行廉洁。

④乌鸟私情：相传乌鸦能反哺，所以常用来比喻子女对父母的孝敬、孝顺。

⑤结草：据《左传》记载，春秋时，晋大夫魏颗的父亲魏武子有一爱妾，无子。魏武子临死，要魏颗让爱妾殉死。魏颗没有遵从父命，而是将此女另嫁他人。后晋秦交战，一个老人结草绊倒杜回（秦军勇士），帮助魏颗将杜回擒获。魏颗夜间梦见那位老人，老人自称是那宠妾的父亲，特来报恩。后来人们就用"结草"表示报答恩情。

【译文】

臣李密呈言：我命运多舛，自幼年即开始遭遇不幸。刚生下六个月，我的父亲就离开了人世。四岁的时候，舅舅逼着母亲改嫁了。我的祖母刘氏看到我孤身只影，又体弱多病，于是亲自养育我。我孩提时经常病魔缠身，到九岁的时候还不能直立行走，孤苦伶仃，直至成人。我没有叔伯，也没有兄弟。门庭衰微，福祚不深，很晚才有传宗接代的人。外面没有血缘深厚的亲戚，家里又没有帮忙看家的仆人，无依无靠，我的祖母常年疾病缠身，卧床不起，我端汤送药，对她不离不弃。

等到圣朝成立后，我沐浴着清明的政治教化。先有群太守逵考察举荐臣为孝廉，后有益州刺史荣选拔臣为秀才。臣因为没有人赡养祖母，所以辞谢，没有赴命。朝廷又下诏书，赐臣郎中的职位。紧接着，国恩浩荡，又任命臣为洗马。以我的卑微之身，东宫侍奉太子，臣就是杀身捐躯也不能回报朝廷。对此，我以表文细细陈述，推辞没有去上任。然而诏书急迫严厉，以回避、轻慢之责问臣。郡县官吏不停催促我上路，州官光临寒舍，显得比流星还要急。我也想奉旨为朝廷效力，但祖母的病日见加重，想以私事为重，又不被批准。我进退两难，委实尴尬。

想到圣明的王朝是以孝道来治理天下的，但凡年老之人皆有所养，何况我的孤苦无助又特别严重呢？而且我曾经在蜀汉任过职，做过郎中和尚书郎，图的就是一个通达显赫，无意以守节死志为荣。如今也只是一个亡国之奴，地位卑贱低下，承蒙过度提拔，赏赐的官禄优厚，哪还敢踌躇不前，还抱有其他的想法呢？但是祖母身体日渐衰微，生命已是危在旦夕。我没有祖母的养育，不会有今天；我不去侍奉祖母，祖母将无人照料，不能安然度过余生。我和祖母相依为命，实在不忍抛弃祖母，远行赴任。如今我四十四岁，我的祖母已经九十六岁，我能效力于陛下的时间还很长，而向祖母尽孝的日子却不多了。乌鸦尚能反哺，我乞求准许侍奉祖母，直到她终老。

我内心的辛酸苦楚，非但蜀地百姓及益、梁二州的长官有目共睹，就是天地鬼神也一起明鉴。希望陛下体会我愚笨忠诚的心，恩准我小小的请求，让我陪伴祖母，使她安享余年。我活着定当杀身捐躯尽忠报国，死了也要结草衔环回报恩德。我掩饰不住难以承受的惶恐心情，谨以此表奏闻。

【评析】

　　李密年幼丧父，母亲不久就改嫁了，由其祖母刘氏养育成人。蜀汉时，担任尚书郎的官职，蜀汉灭亡后，晋王朝三番五次召他入仕，李密推辞不应晋武帝的征召，以年老体弱的祖母需要人照顾为由，呈上《陈情表》，回去侍奉祖母。祖母去世后，李密出任河内温县令，最后官至汉中太守。

　　作者在表文中分寸把握得很好。封建社会里，"不私其父非孝也，不行君法非忠也"，李密想回家与祖母"更相为命"，固然是遵守了孝道，但是辞召不就，也很容易被人扣上为臣不忠的罪名。李密以情动人，以"夙遭闵凶"写祖母的抚育之恩，以"人命危浅，朝不虑夕"写祖母生命垂危，急需人照顾，以"乌鸟私情"，写自己也希望待在祖母身边以尽孝道。然而，召他入仕的诏令急迫严峻，尽孝的意愿与守忠的要求产生矛盾，李密推出晋王朝"以孝治天下"的执政理念，同时不忘为晋武帝找一个台阶下"臣尽节于陛下之日长，报刘之日短也"，合情合理。难怪晋武帝看后也要感叹李密"不空有名也"。

　　今人评论这篇表文时经常对李密是否因为信奉"忠臣不事二君"，不愿仕晋，所以寻找借口，还是真心想终养祖母争论不休，至今尚无定论。但是作为一篇表文，能流传至今的最大原因应该是文中流露出来的真挚感情，曾有人说："读《陈情表》不下泪者，此人必不孝。"由此可见一斑。

兰亭集序

王羲之

【题解】

　　王羲之，字逸少，东晋杰出的书法家。他精通古代各种字体，还别具匠心地创造出一种适应社会发展需要的新字体，并构建了一个完整的风格体系，对后世影响深远，被尊称为"书圣"。

　　永和九年三月初三，王羲之和友人谢安等人在兰亭集会，他在酒酣时写下《兰亭集序》，此序被称为"天下第一行书"。

【原文】

　　永和九年，岁在癸丑，暮春之初，会于会稽山阴之兰亭，修禊①事也。群贤毕至，少长咸集。此地有崇山峻岭，茂林修竹，又有清流激湍，映带左右，引以为流觞曲水②。列坐其次，虽无丝竹管弦之盛，一觞一咏，亦足以畅叙幽情。是日也，天朗气清，惠风和畅。仰观宇宙之大，俯察品类之盛，所以游目骋怀，足以极视听之娱，信可乐也。

夫人之相与，俯仰一世。或取诸怀抱，晤言一室之内；或因寄所托，放浪形骸之外③。虽取舍万殊，静躁不同，当其欣于所遇，暂得于己，快然自足，曾不知老之将至④。及其所之既倦，情随事迁，感慨系之矣。向之所欣，俯仰之间，已为陈迹，犹不能不以之兴怀，况修短随化，终期于尽。古人云："死生亦大矣！"岂不痛哉！

每览昔人兴感之由，若合一契，未尝不临文嗟悼，不能喻之于怀。固知一死生为虚诞，齐彭殇⑤为妄作。后之视今，亦犹今之视昔。悲夫！故列叙时人，录其所述。虽世殊事异，所以兴怀，其致一也。后之览者，亦将有感于斯文。

【注释】

①修禊：古代习俗，阴历三月三日，人们聚集在水滨嬉戏洗浴，以求福。实际上这是一种游春活动。

②流觞曲水：把漆制的酒杯放在弯曲的水道中任其漂流，酒杯停在谁面前，谁就饮酒。这是古人劝酒取乐的一种方式。

③放浪形骸之外：行为放纵不羁，形体不受世俗礼法的拘束。

④老之将至：出自《论语》的"其为人也，发愤忘食，乐以忘忧，不知老之将至云尔"。

⑤齐彭殇：把高寿的彭祖和短命的殇子等量齐观。

【译文】

永和九年，正值癸丑年，晚春之初，为了到水边祭祀，减灾祈福，我们在会稽郡山阴县的兰亭集会。很多贤德之人都来了，大家不分老少，齐聚在一起。这里崇山峻岭，森林茂密，竹子修长，又有清澈湍急的河流映衬、环绕着亭子，大家利用这曲折的溪流，让酒杯顺水漂流。人们则在水边按顺序排列而坐，虽然没有众多乐器一起演奏的盛况，但是边喝酒边吟诗，也足以畅述情怀。这一天，天空晴朗，空气新鲜，清风徐徐，拂面而来。抬头看，宇宙无边无际，俯身瞧，地大物博，纵目四望，胸怀开阔，足以尽享目观耳闻的快乐，实在值得高兴啊。

人与人之间交往相处，俯仰之间，一辈子就过去了。有人喜欢敞开胸怀，诉说自己，与知己在房子里面对面谈心；有的人为自己找到喜欢的东西作为寄托，倡导无拘无束的生活方式。虽然爱好不一样，有的喜静，有的喜动，但是一旦碰到喜欢的东西，就忘形于一时，知足知乐，不知道自己正在慢慢走向衰老。等到他厌倦这些东西，感情也随之变化，于是就生发出感慨来。以前为之欣欣然的东西，不大工夫，已经变成过去，对此不能不有所感触，何况生命的短长，各有各的造化，最终都将归结于无。古人说："死生是大事呀！"难道不让人悲痛吗！

每每得知古人兴怀伤感的缘由，竟和我的不谋而合时，我总是对着文章不断感叹，心里面也不知道是怎么了。把生死等同对待本来就是荒诞的，把长寿的彭祖和短命的殇子看作一样也是虚妄的。后人看当今，估计和现在看待过去是一样的吧，悲哀啊！所以，我一一记下今天到座的人，抄录他们的诗作。虽然事随时变迁，但是人们的感触还是差不多的。后来看到这本诗集的人，也会对此有所感触吧。

【评析】

王羲之，东晋人，史上有名的书法家。公元353年，王羲之和一群友人到水边禊祭（古人三月初三时临水洗濯，消灾祈福，这一活动被称为禊祭），后将到场之人所赋诗作结为集子，并为它写有序言，即《兰亭集序》。《兰亭集序》同时也是王羲之书法作品中的巅峰之作。

文章首段写"乐"，兰亭环境清幽，众人畅叙幽情，"信可乐也"。次段转而写"痛"，由人的志趣不同，性格各异，然而对生死都感触颇深，引出作者自己的感叹："岂不痛哉？"末段写"悲"，由感叹自己与前人观点的吻合，到批判"一死生"、"齐彭殇"这一死生观点的荒谬，再到对人生终极目标的追问，流露出无奈和悲哀之情："后之视今，亦犹今之视昔，悲夫。"

人生短暂，稍纵即逝，不可挽留。古往今来无数人对人生的终极意义进行过探索，但是谁也不能给出一个明确的答案，也许思考本身就是意义吧。篇末作者流露出一种淡淡的悲哀之情。正如苏东坡诗言："人生到处知何似？恰似飞鸿踏雪泥，雪上偶尔留趾爪，鸿飞哪复计东西！"

全文言简意赅，用语不饰雕琢，笔随情走，生发感叹自然而然，句式统一中富于变化，读来流利顺畅。

归去来兮辞

陶渊明

【题解】

陶渊明，又名潜，字元亮，出生在一个没落的仕宦家庭中。他二十九岁那年担任江州祭酒，不久后归隐山林。之后，他时隐时仕，曾担任过镇军参军、建威参军等小官职。陶渊明在四十一岁时任彭泽令，八十多天后弃职，从此过着隐居的生活，成为著名的田园诗人。

这篇文章作于晋安帝义熙元年（405年），当时陶渊明已辞去彭泽令回家。他在文中讲述了自己归隐后所感受到的田园乐趣，表达了自己热爱自然、不苟于世俗的情操，不过其中也有一种宿命论的消极思想。在"归去来兮"中，"来""兮"均是语气助词，没有实际意义，这四个字的意思是"归去"。

【原文】

余家贫，耕植不足以自给。幼稚盈室，瓶无储粟，生生所资，未见其术。亲故多劝余为长吏，脱然有怀，求之靡途。会有四方之事，诸侯以惠爱为德，家叔以余贫苦，遂见用于小邑。于时风波未静，心惮远役。彭泽去家百里，公田之利，足以为酒，故便求之。及少日，眷然有归欤之情①。何则？质性自然，非矫厉所得；饥冻虽切，违己交病。尝从人事，皆口腹自役；于是怅然慷慨，深愧平生之志。犹望一稔，当敛裳宵逝。寻程氏妹丧于武昌，情在骏奔，自免去职。仲秋至冬，在官八十余日，因事顺心，命篇曰《归去来兮》。乙巳岁十一月也。

归去来兮，田园将芜，胡不归！既自以心为形役，奚惆怅而独悲！悟已往之不谏，知来者之可追②。实迷途其未远，觉今是而昨非。舟遥遥以轻飏，风飘飘而吹衣。问征夫以前路，恨晨光之熹微。

乃瞻衡宇，载欣载奔。僮仆欢迎，稚子候门。三径③就荒，松菊犹存。携幼入室，有酒盈樽。引壶觞以自酌，眄庭柯以怡颜。倚南窗以寄傲，审容膝之易安。园日涉以成趣，门虽设而常关。策扶老以流憩，时矫首而遐观。云无心以出岫，鸟倦飞而知还。景翳翳以将入，抚孤松而盘桓。

归去来兮，请息交以绝游。世与我而相违，复驾言兮焉求！悦亲戚之情话，乐琴书以消忧。农人告余以春及，将有事于西畴。或命巾车，或棹孤舟。既窈窕以寻壑，亦崎岖而经丘。木欣欣以向荣，泉涓涓而始流。善万物之得时，感吾生之行休。

已矣乎！寓形宇内复几时，曷不委心任去留？胡为遑遑欲何之？富贵非吾愿，帝乡不可期。怀良辰以孤往，或植杖而耘耔。登东皋以舒啸④，临清流而赋诗。聊乘化以归尽，乐乎天命复奚疑！

【注释】

①归欤之情：回去的心情。

②悟已往之不谏，知来者之可追：出自《论语》："楚狂接舆歌而过孔子曰：'凤兮，凤兮！何德之衰！往者不可谏，来者犹可追。已而，已而，今之从政

者殆而！'"

③三径：汉代蒋诩隐居后，在屋前开了三条小路，只与隐士求仲、羊仲二人交往。

④舒啸：放声长啸。

【译文】

　　我家境贫寒，耕田种植都不能维持自己的生活。家中很多孩子，米缸里几乎没有什么存粮，维持生活所需要的一切本领，我都没有掌握它们。亲戚朋友大多劝我去做小官吏，不觉间自己心里也有这个意思，只是找不到门路罢了。碰巧有出使外地的机会，听说各州长官都将爱惜人才作为美德，叔父见我贫苦就帮忙举荐，才有机会做一个小城的官吏。当时战乱还没有停止，心里害怕到远的地方当差。彭泽县离我家只有一百里路程，公田收获的粮食足够酿酒，因此就在那里做官了。但没过几天，有些想家了，于是就产生了回家的打算。为何呢？因为我的本性是热爱自然的，并不能造作勉强来做事；饥饿受冻虽是急迫之事，但违背内心就更加使自己痛苦。虽然也与仕途中的人事交往，但都是为生计所迫；于是常常感到失意而愤懑，有愧于平生的志愿。但还是觉得应该等到秋收以后，那时候收拾行囊连夜离去也不迟。但不久，嫁给程家的妹妹在武昌去世了，因为急着前去奔丧，我就弃官辞退了。从秋天八月到冬季，我只做了八十多天的官，就借这件事情来抒发自己内心的一些感想，于是给这篇文章命名为《归去来兮》。时间就是乙巳年十一月。

　　回去吧！田园快要荒废了，为什么不回去呢？既然自己的心被形体所驱使，为什么还要失意，独自伤悲呢？我悔悟过去的错误不可挽救，但坚信未来可以追补。实际上我走错的路还不算很远，已觉悟到退隐才是我想要的，而做官不是。船在水上轻轻飘荡，微风吹拂着衣裳。向行人打听前面的路，只恨早晨的阳光还没照亮天空。

　　啊！终于看到旧居了，虽然简陋，但我仍充满欢喜地向前飞奔。家童欢快地迎接我，孩子们守候在门庭。院里的小路长满了荒草，只有松和菊花还是原样。我带着孩子们进了屋，美酒已经斟满了酒杯。我端起酒杯自斟自饮，观赏着院中树木非常开心。我倚着南窗寄托自己的志向，心想这狭小之地容易使我心安。每天独自在园中散步兴味无穷，小园的门经常关闭着。拄着拐杖或散步或休息，时时抬头望着远方的天空。白云自然而然地从山峦里飘浮而出，倦飞的小鸟也知道飞回巢中。日光暗淡，即将落山，我手抚孤松，流连不忍离去。

　　回来呀！我要跟世俗之人断绝交往。世俗的一切都跟我的志趣不合，再驾车出去又有何求？跟乡里故人谈心何等快乐，弹琴读书能使我消愁。农夫告诉我春天到了，将要去西边的田地耕作。有时驾着篷车，有时划着扁舟，既要探寻那深深的沟壑，又要走过那高低不平的苍翠山丘。树木长得兴盛茂密，泉水缓缓流动，我羡慕万物各得其时，感叹自己一生行将告终。

算了吧！活在世上还有多少时光，为什么不将心放下来顺其自然呢？为什么心神不定还想去什么地方？富贵不是我所求，仙境不是我所期。遇见那良辰美景我独自去欣赏，要不就放下手杖除草培苗。要么登上东边山坡我放声长啸，要么面对清清的溪流把诗歌吟唱。姑且顺应造化了结一生，以天命为乐，还有什么犹豫彷徨的呢？

【评析】

欧阳修曾说："晋无文章，唯陶渊明《归去来兮辞》而已。"从中可以看出，此文是魏晋时期的名作。该辞记述了诗人归隐后的心理感受，描绘了归隐后的生活情趣，表明自己崇尚自然的本性，传达出作者洁身自好、不同流合污的高尚情操，寄托了他乐天知命的思想。"归去来兮"即"归去"之意，"来""兮"皆是语气词。

该辞作于作者辞官隐退之时，分为"序"和"辞"两部分。"辞"和"赋"是相近文体。

"序"交代了写这首辞的背景：一是为何出仕，二是为何归隐。作者说出仕是生活所迫，"生生所资，未见其术"，他做官不是为了功名利禄，只是为了不至于冻馁于荒野之中。而归隐根本原因是"质性自然，非矫厉所得"。作者夹在为官与归隐两难处境中，为官，违背本性，归隐，穷于生计，两相比较之下，作者毅然决然选择了顺应本心而隐居。

"辞"以作者隐退后的活动为序，记述了他辞官、归家、闲居的生活，寄托了作者的理想和情趣。写回归途中一段时，笔墨之间充满了迷途知返的欣喜之情，他日夜不停赶路，有时乘船，有时步行，恨不得即刻离开官场，返回魂牵梦绕的家乡。这种急切的心情反映了作者对田园生活的无限热爱。

作者笔下的田园农耕生活是朴素自然的，犹如一幅静美舒雅的水墨画，把归隐后的生活图景意趣横生地表现出来。此文立意高远，淡雅舒朗，充满生活情趣，富含人生哲理，对后世文学乃至中国文化都产生了深远影响。

桃花源记

陶渊明

【题解】

《桃花源记》是陶渊明隐居很长一段时间后的作品。当时，社会混乱黑暗，百姓生活困苦。陶渊明田地不多，时常靠借米勉强维持生活，但他依然寄情于田园，悠然自得。不过，长期的亲身耕耘和艰辛的生活也使他从一人之乐中清醒过来，迸发出"居陋室而心怀天下"的思想，于是写下了这篇千古流传的佳作。

陶渊明在《桃花源记》中描绘出一个没有纷争和贫穷的理想社会，表现了他对当时社会的不满与否定，以及对大同社会的向往。此文是他的思想达到一个新境界的标志。

【原文】

晋太元①中，武陵人捕鱼为业。缘溪行，忘路之远近。忽逢桃花林，夹岸数百步，中无杂树，芳草鲜美，落英缤纷。渔人甚异之，复前行，欲穷其林。

林尽水源，便得一山。山有小口，仿佛若有光；便舍船从口入。初极狭，才通人。复行数十步，豁然开朗。土地平旷，屋舍俨然，有良田、美池、桑竹之属，阡陌②交通，鸡犬相闻。其中往来种作，男女衣著，悉如外人。黄发垂髫③，并怡然自乐。见渔人，乃大惊，问所从来，具答之。便要还家，设酒杀鸡作食。村中闻有此人，咸来问讯。自云先世避秦时乱，率妻子邑人，来此绝境，不复出焉，遂与外人间隔。问今是何世，乃不知有汉，无论魏、晋。此人一一为具言所闻，皆叹惋。余人各复延至其家，皆出酒食。停数日，辞去。此中人语云："不足为外人道也。"

既出，得其船，便扶向路，处处志之。及郡下，诣太守说如此。太守即遣人随其往，寻向所志，遂迷不复得路。

南阳刘子骥，高尚士也。闻之，欣然规往，未果，寻病终。后遂无问津者。

【注释】

①太元：晋孝武帝的年号（376年—396年）。这里年代是假托的。

②阡陌：田间小路，南北叫阡，东西叫陌。

③黄发垂髫：黄发指老人，老年人发白转黄，故以此代称。垂髫指儿童，儿童垂发为饰，故称。

【译文】

东晋太元时期，武陵有一个渔夫，划船沿着小溪前行。不知不觉间，走了多远也忘记了。忽然看到一片桃花林，夹岸而生，达百步之遥。中间没有其他树木，芳草鲜美，繁花初绽。渔人对此感到非常惊讶，忍不住继续往前走，想看看桃林的尽头是什么。

溪水发源的地方，就是桃花林的尽头，然后看到一座山。山上有个小洞，洞口依稀有些光亮；渔夫就丢下船，从这个洞口进去。刚开始洞口窄的只能过一个人。再走几十步，突然间就变得明朗开阔起来。这里土地辽阔平坦，房屋排列井井有条，肥沃的农田，清澈的湖水，桑树、翠竹满目皆是，田间小道，纵横相通，鸡鸣狗吠，声声不绝于耳。桃花源中来来往往种植劳作的人穿着都和外人一样，老人小孩都悠然自得。他们看到渔人后，大吃一惊，问他从哪里来。渔人一一据实回答。他们于是纷纷邀请他到自家去，杀鸡备酒，盛情款待。村里其他人听说来了这么一个人，都赶过来向他打听外界的情况。他们说先辈为了躲避秦时的纷乱，带着妻子儿女，乡里乡亲，一起来到这个与世隔绝的地方，后来一直就没出去过，跟外界也隔绝了。又问现在是谁的天下，竟然不知道经历了汉朝，魏、晋就更不用说了。渔人把自己知道的一一地都告诉了他们，他们都很感慨。其他人又各自邀请他到家中，拿出酒食招待。过了几天，渔夫请辞，这里的人对他说："里面的情形不要告诉外人啊。"

渔人出来后，找到自己的船，依着来时路往回走，处处作了标记。回到郡县，他立即拜见太守，如此这般讲述一番。太守当即派人跟随他一同前往，步步遵循先前做的标记，然而还是迷了路。

南阳刘子骥是个隐士，为人高雅，他听说了之后，欣欣然决定前去，但是没多久就病死了。之后就再没有人去探访这个地方了。

【评析】

《桃花源记》是陶渊明的千古传世之作。陶渊明在这篇故事性很强的艺术作品中，将现实主义与浪漫主义结合起来，虚构了一个没有剥削和压迫，宁静而又淳朴的世外桃源，令无数读者心生向往。千百年后的今天，"桃花源"仍然是理想社会的代名词。

文章具有浓厚的传奇色彩，作者以一个捕鱼人的经历为线索展开故事。故事有发生的时间——晋太元中，有地点——武陵，有主人公——渔人。渔人专心捕鱼，"忘路之远近"，进入桃花源之后才猛然惊觉，"忽逢"二字既写出了他撒网时的专注用心，又将桃花林点染得虚幻迷离，神秘飘忽。

接着，渔人不禁惊奇、陶醉于"芳草鲜美，落英缤纷"的奇美景色中。怀着好奇心，他继续前行，终于到了一个质朴自然的化外世界。那里没有税赋、没有战争，人与人之间和平相处，诚恳相待，与渔人所处的现实社会形成巨大反差。很明显，作者意在借渔人的双眼描绘出这幅令人陶醉的生活画面，以此折射现实的黑暗和丑陋，充分传达出对现实的失望和对幸福生活的热切向往。

文章最后一段，渔人受到热情招待后离开桃花源，尽管他"处处志之"，再次寻找的时候仍然"遂迷不复得路"。这就给桃花源披上了一层神秘的面纱。桃花源到底存不存在？在哪里？读者只能自己去判断了。

本文文质兼美，情景俱佳，亦真亦幻，扑朔迷离，实在是我国古典文库中的珍品。

五柳先生传

陶渊明

【题解】

陶渊明在隐居田园后写下了大量优秀的诗篇，或赞美劳动生活，或描绘恬静的大自然，文笔质朴而清新。此外，他的散文成就也很高。本文就是他托名五柳先生写的一篇自传。

【原文】

先生不知何许人也，亦不详其姓字；宅边有五柳树，因以为号焉。闲静少言，不慕荣利。好读书，不求甚解；每有会意，便欣然忘食。性嗜酒，家贫不能常得。亲旧知其如此，或置酒而招之。造①饮辄尽，期在必醉。既醉而退，曾不吝情去留。环堵②萧然，不蔽风日，短褐穿结，箪瓢屡空，晏如也！常著文章自娱，颇示己志。忘怀得失，以此自终。

赞曰：黔娄（之妻）有言："不戚戚于贫贱，不汲汲于富贵。"其言兹若人之俦乎？衔觞赋诗，以乐其志，无怀氏之民欤？葛天氏之民欤？

【注释】

①造：到，去。
②环堵：房屋的四壁。

【译文】

五柳先生，不知道是哪里人，也弄不清楚他姓甚名谁。他的住宅旁边有五棵柳树，因此就以"五柳"作为他的别号吧。五柳先生喜静不喜动，寡言少语，也不羡慕荣华富贵和功名利禄。喜好读书，却不拘泥附会。每当对书中的内容有所领会的时候，便兴奋得忘了吃饭。生性爱酒，因家境贫寒不能经常喝到。亲戚朋友了解他这种情况，有时就准备了酒邀请他来喝。他只要去喝酒就会喝个尽兴，一醉方休。醉了之后就回家，不顾惜诚恳的挽留。家徒四壁，挡不住风吹、遮不住日晒；粗布短衣破烂不堪，盛饭的笸箩和舀水的瓜瓢经常是空的，但心里很坦然！经常撰文赋诗自娱自乐，以此流露自己的志向。心中没有得失之念，希望就这样直到终老。

赞曰：黔娄（的妻子）曾经说过："不因为贫贱而忧愁悲伤，不为了追求富贵而四处钻营。"这番话说的不就是五柳先生那样的人吗？一边饮酒，一边作诗，用来使自己的心情愉悦，是无怀氏时代的人还是葛天氏时代的人呢？

【评析】

陶渊明自号五柳先生，因此本文其实是他借第三人称作的一篇自传。作者以独特的笔触，塑造了一个超然世外的隐士形象，表达了自己不慕名利、不拘于俗的人生理念，历来被后人所称道。

文章开篇引人入胜，依照传记通例，应首先介绍传主的姓名、籍贯，但是本文却劈头直言"不知何许人也""不详其姓字"，在读者甚感奇怪的时候再抛出一句："宅边有五柳树，因以为号焉。"晋人门第观念甚重，作者随随便便取了个名号，就是想用这样的方式表明与世俗观念彻底决裂的态度。

引入"五柳先生"的名号之后，文章开始集中笔墨从各方面刻画传主的形象。总的来说，他有三大志趣：读书、饮酒、为文赋诗。读书时，"不求甚解"，只希望通过读书获得一种精神享受，不钻牛角尖，不执着于理解每字每句。"性嗜酒"，"嗜"字说明不是一般的爱好，而是极端热爱。尽管家贫，"短褐穿结，箪瓢屡空"，也不戒酒瘾，甚至"期在必醉"。至于写文章，他"常著文章自娱"。"自娱"二字也点出了写文章的目的——不是想获得高官厚禄，而是写给自己看的。

文章最后引用了黔娄妻子评价丈夫的话："不戚戚于贫贱，不汲汲于富贵。"黔娄是战国时期的一名贤士，学富五车却家徒四壁。作者以此自喻，再次表明了自己与世俗的格格不入，以及自得其乐、淡泊名利的志趣。

本文语言洗练，笔调诙谐，于平淡之中见深刻，正是陶渊明诗文的一大特色。

北山移文

孔稚珪

【题解】

孔稚珪，字德璋，南朝齐人，曾担任过太子詹事等官职。他喜欢诗文，颇能饮酒，不愿理会繁杂事务，对自然山水情有独钟，死后留下《孔詹事集》辑一卷。移文是古代的一种文体，与檄文相似，主要用于声讨和揭露。北山，也叫钟山，即今南京紫金山。

魏晋南北朝时期，社会动荡黑暗，一些读书人对官场的腐败和险恶心有恐惧，只想归隐而保身。还有一些人始终无法抛弃救济天下的抱负，暂时隐居而待出仕的时机。此外还有一些人，他们名为归隐，实则是以此抬高自己的身价，只要有人聘用，不管对方清浊就投入官场。后世唐人将这种人称为走"终南捷径"的假隐士。而孔稚珪在此文中嘲讽的就是这种人。

【原文】

钟山之英，草堂之灵，驰烟驿路，勒①移山庭。夫以耿介拔俗之标，潇洒出尘之想，度白雪以方洁，干青云而直上，吾方知之矣。若其亭亭物表，皎皎霞外，芥千金而不盼，屣万乘其如脱；闻凤吹于洛浦，值薪歌于延濑，固亦有焉。岂期终始参差，苍黄反复，泪翟子之悲，恸朱公之哭；乍回迹以心染，或先贞而后黩，何其谬哉！呜呼！尚生不存，仲氏既往，山阿寂寥，千载谁赏？

世有周子，俊俗②之士，既文既博，亦玄亦史。然而学遁东鲁，习隐南郭；窃吹草堂，滥巾北岳；诱我松桂，欺我云壑。虽假容于江皋，乃缨情于好爵。其始至也，将欲排巢父，拉许由，傲百氏，蔑王侯。风情张日，霜气横秋。或叹幽人长往，或怨王孙不游。谈空空于释部，核玄玄于道流。务光何足比？涓子不能俦。及其鸣驺入谷，鹤书赴陇，形驰魄散，志变神动。尔乃眉轩席次，袂耸筵上；焚芰制而裂荷衣，抗尘容而走俗状。风云凄其带愤，石泉咽而下怆，望林峦而有失，顾草木而如丧。

至其钮金章，绾墨绶，跨属城之雄，冠百里之首，张英风于海甸，驰妙誉于浙右。道帙长摈，法筵久埋。敲扑喧嚣犯其虑，牒诉倥偬装其怀。琴歌既断，酒赋无续。常绸缪于结课，每纷纶于折狱，笼张赵于往图③，架卓鲁于前录。希踪三辅豪，驰声九州牧。

使其高霞孤映，明月独举，青松落荫，白云谁侣？涧户摧绝无与归，石径荒凉徒延伫！至于还飙入幕，写雾出楹，蕙帐空兮夜鹤怨，山人去兮晓猿惊。昔闻投簪逸海岸，今见解兰缚尘缨。

于是南岳献嘲，北陇腾笑，列壑争讥，攒峰竦诮。慨游子之我欺，悲无人以赴吊。故其林惭无尽，涧愧不歇，秋桂遣风，春萝罢月。骋西山之逸议，驰东皋之素谒。

今又促装下邑，浪栧上京；虽情投于魏阙，或假步于山扃。岂可使芳杜厚颜，薜荔蒙耻，碧岭再辱，丹崖重滓，尘游躅于蕙路，污渌池以洗耳？宜扃④岫幌，掩云关，敛轻雾，藏鸣湍，截来辕于谷口，杜妄辔于郊端。于是丛条瞋胆，叠颖怒魄；或飞柯以折轮，乍低枝而扫迹。请回俗士驾，为君谢逋客。

【注释】

①勒：刻石。移：移文。
②俊俗：卓异于流俗。
③往图：前代的图书典籍。
④扃：关闭。岫幌：犹山的门户。

【译文】

　　钟山的英灵，草堂的神灵，如腾云驾雾般在驿路上奔驰，要把这篇移文刻在山崖之上。有的人，他们有耿介拔俗的风格，潇洒出尘的思想，高洁如白雪的品格，凌云般的志向，我知道这样的人是存在的。至于亭亭玉立，超脱世俗，光彩远在彩霞之上；将千金视为草芥，不屑一顾，将帝位看作草鞋，随手抛弃；在洛水之滨听如凤鸣的吹笙仙乐，在延濑遇砍柴人引吭高歌，这种人本来也是有的。但岂料他们前后不一，反复无常，如墨子面对可青可黄的白丝般悲伤不已，如杨朱面对歧路般伤心痛哭。刚隐居山林，内心却恋着尘世的名利，起初还很坚贞，后来就同流合污，这是多么荒谬的事情啊！唉，尚子平已经不在了，仲长统也已经去了，这寂寥空旷的山林啊，千百年来，还有谁来欣赏？

　　世上有一个姓周的人，他是一个超凡脱俗的俊雅士人，既有文采又很博学，既通老庄又懂历史。但是他偏偏学习东鲁颜阖的遁世，效仿南郭子綦的隐居；冒充避世者居住在草堂，头戴隐士巾出入北山；迷惑翠松香桂，欺骗白云深壑。他虽然假装在江边隐居，但是心里却念念不忘高官厚禄。他刚刚隐居的时候，似乎想要排斥巢父，挤压许由，傲视诸子百家，轻蔑将相王侯。风情嚣张遮天蔽日，盛气凌人如同秋霜。他有时感叹隐士幽居不返，有时抱怨王孙出游不常。他能谈四大皆空的佛学，也能聊道家的玄而又玄。他自以为上古的务光、涓子之辈不足以与其相比。而一旦朝廷的使臣进入幽谷，征召他入朝，他又立刻手舞足蹈，意志动摇。于是在席间忍不住眉飞色舞，得意扬扬。然后焚烧隐居时穿的用芰荷做成的衣服，显出尘世中俗恶的嘴脸。山中的风云悲戚愤怒，石上的清泉幽怨悲怆。回望这山林，似乎怅然若失，环顾这草木，仿佛万分沮丧。

　　后来他佩戴黄金的官印，系着墨黑的绶苇，成为一郡中所属各县官长之首，威名传遍海滨，美誉传至浙西。道家的书籍早已扔掉，讲佛法的座席也已丢弃。鞭笞罪犯的喧嚣扰乱了他的思虑，公文案牍一类的公务填满了他的胸怀。琴歌之声已经断绝，酒赋之事也不再继续。经常为催缴赋税而纠缠，每天为断案而劳碌，想要政绩超越史书中所记的张敞和赵广汉，又想让官声凌驾于卓茂和鲁恭。希望能赶上三辅的英豪，声誉传遍九州同僚。

　　这使得山中的彩霞孤独地映照着天空，明月独自悬挂在夜幕；青松落寞地投下浓荫，有谁与白云为伴？涧间的草屋坏了也无人归来，荒凉石径仍寂寥地等待着来人。还有猛烈的山风吹入草堂的帷幕，云雾穿梭进窗槛，蕙帐空空、夜鹤哀怨，隐士离去，山猿惊啼。从前，听说有人弃官而去，隐居海岸，现在则见有人解下隐士的兰草配饰，系上了尘世的冠缨。

于是南岳嘲笑，北陇讥讽，所有山谷都争相讥嘲，全部山峰都竞相讥笑。慨叹游子欺骗了山林，伤心没有人来安慰。所以，山林深感惭愧，山涧羞愧不已，秋桂失去了香风，春萝远离了月色。而西山间似乎还回荡着隐士们的清议，东皋里仿佛还散播着德人的高论。

现在又急促地收拾行装准备离开城邑，乘船前往京城；虽然心中牵挂的是朝廷，但或许还想借路重游北山。果真如此，岂能让山中的芳草丢尽脸面，让薜荔蒙上耻辱，让碧岭再次受辱，让丹崖重被污染，让世俗尘游沾染长满香草的山路，让清澈的泉水变得污浊？应当锁上北山的门户，关闭白云的门窗，敛起轻雾，藏好泉流，在山口将驰来的马车截住，在郊外将他的坐骑堵住。此时，山中的树丛义愤填膺，重叠的草芒勃然大怒，有的飞起树枝要打折他的车轮，有的垂下枝叶要扫除他的行迹。请你这位世俗之人回转马车，我们山神拒绝你这样的逃客回来。

【评析】

本文作者借山神之口，揭露了那些假隐士的嘴脸，将他们外表清高实则庸俗不堪的本质揭露无遗，狠狠鞭笞了他们一面热衷功名利禄、一面伪装成隐士高人的虚伪行径。

魏晋南北朝时期，局势动荡，因而也多有文人隐居，以求明哲保身。这本无可厚非，但可恨其中却有这样一些人，他们以隐居为幌子，沽名钓誉，待价而沽，一旦朝廷或权贵征聘，不问清浊，马上投身官场，博取富贵。这种虚伪之人辱没了隐士的名声，因而作者对其深恶痛绝，特作此文加以讽刺。

而本文之所以备受历代学者关注，是因为：第一，本文的批判精神很受后世推崇，后人也多借鉴此文，抨击那些变节者；第二，本文拟人化手法运用十分巧妙，很值得后人学习。

此外，本文措辞得当，构思精巧，笔锋犀利，文采斐然，读之令人称奇。

唐文

谏太宗十思疏

魏徵

【题解】

魏徵，字玄成，唐朝初年杰出的政治家。以直言敢谏著称，深受太宗皇帝器重。

唐太宗在统治初期，与民休息，发展生产。当国家安定富强后，他开始奢侈挥霍，大建庙宇宫殿，在民间广搜珍宝，劳民伤财。魏徵对此十分担忧，数次上疏进谏。贞观十一年（637年），魏徵连续上疏四篇进谏太宗，规劝他不忘隋朝灭亡的教训，修德图强。本文即为其中的一篇，据说太宗看后顿感惭愧，很快修正了自己的做法。

【原文】

臣闻求木之长者，必固其根本；欲流之远者，必浚其泉源；思国之安者，必积其德义。源不深而望流之远，根不固而求木之长，德不厚而思国之安，臣虽下愚，知其不可，而况于明哲乎？人君当神器①之重，居域中②之大，不念居安思危，戒奢以俭，斯亦伐根以求木茂，塞源而欲流长也。

凡昔元首，承天景命，善始者实繁，克终者盖寡。岂取之易，守之难乎？盖在殷忧，必竭诚以待下；既得志则纵情以傲物。竭诚则吴越为一体；傲物则骨肉为行路。虽董之以严刑，振之以威怒，终苟免而不怀仁，貌恭而不心服。怨不在大，可畏唯人，载舟覆舟，所宜深慎。

诚能见可欲则思知足以自戒；将有作③则思知止以安人；念高危则思谦冲而自牧；惧满溢则思江海下百川；乐盘游则思三驱④以为度；忧懈怠则思慎始而敬终；虑壅蔽则思虚心以纳下；惧谗邪则思正身以黜恶；恩所加则思无因喜以谬赏；罚所及则思无以怒而滥刑。总此十思，宏兹九德。简能而任之，择善而从之，则智者尽其谋，勇者竭其力，仁者播其惠，信者效其忠。文武并用，垂拱而治。何必劳神苦思，代百司之职役哉！

【注释】

①神器：帝位。
②域中：天地间。
③作：兴作，建筑。指兴建宫室之类。
④三驱：一年打猎三次。

【译文】

我听说树木如果要长得高，就必须巩固它的树根；水流如果要流得远，就必须疏通它的源头；要使国家安定，就必须积累道德。水源不深却希望它能流的长远，树根不稳却要求它能长得高大，道德积累不够深厚却想要国家稳定，我虽然愚钝，也知道这是不可能的，更何况英明智慧的人呢？君主担负着帝王的责任，身处天下最高的地位，如果不能居安思危，戒除奢侈，处处节俭，就如同砍伐掉树根却希望树木能茂盛，堵塞了源头却想要水流得长远一样。

但凡古代的君王，他们受命于天，起初能做得好的人有很多，但直至最后依然能做得好的人却很少。这不正是说明了取得天下容易、固守天下难吗？也许是他们在忧思愁虑的时候，就竭诚地对待臣民；在志得意满的时候，就放纵自己，傲视他人。竭诚，则像吴、越那样的仇敌国家也能成为一体；傲物，则骨肉至亲同样会沦为路人。虽然可以用严刑来责罚他们，用天威震怒来威吓他们，最终不过是使人们想尽办法免于刑罚，心中却不会感激圣上的仁心，他们表面上恭敬，内心却并不悦服。抱怨不在大小，可怕的却是百姓，百姓如同水，可以载舟，也可以覆舟，所以应当尤为谨慎。

假如真的能够做到，见到想要的东西，就以知足之思来警诫自己；想要大兴土木时，就想到以适可而止来安定民心；想到高居帝位身临险境，就考虑应当谦虚平和以提高涵养；害怕自己骄傲自满，就想到江海能容纳百川；喜欢打猎游玩，就考虑以每年三次为限度；害怕自己懈怠，就考虑做事要始终谨慎；担心会受到蒙蔽，就考虑虚心接纳臣子的意见；害怕谗言奸邪，就想到要端正自身以罢黜邪恶；施恩与他人时，就考虑不要因自己的高兴就错加奖赏；惩罚别人时，就想到不要因为个人的愤怒就滥施刑罚。全面考虑这十思，弘扬九德。选拔贤能之人加以任用，选择好的意见予以采纳，那么，聪明的人就会竭尽他的智慧，勇敢的人就会竭尽全力，仁爱的人就会普施他的恩惠，诚信的人就会献出他的忠心。文武之臣并用，就可随心无为而治天下。何必劳神苦思，代行百官的职责而劳役自己呢？

【评析】

本文是一篇谏疏，是魏徵为规劝唐太宗所上的奏疏。众所周知，谏疏的最终目的就是希望君主能够听从自己的劝谏。但所谓"忠言逆耳"，劝谏虽是忠言，却因与君主之意常有不同甚至相悖之处，所以稍有不慎，劝谏者就有可能惹得龙颜大怒，史上有不少谏臣都因劝谏不当而身首异处。从这个角度来说，劝谏具有一定的危险性。本文的作者魏徵是历史上有名的谏臣，他刚正不阿，敢于犯颜直谏。虽然他常常惹得太宗生气，但太宗对他依然十分敬重。这不仅因为太宗是一个明君，还在于魏徵进谏时对君主心理的把握，他能针对具体环境和太宗的接受能力设计说服的方式和方法，因而总能劝谏成功。譬如本文。

　　本文的劝谏步骤是经过一番精心安排的。魏徵根据太宗平日就十分注重巩固朝廷，希望国家能长治久安，所以他先从树木、水流的比喻入手，渐渐过渡到"居安思危"上来，引起太宗的兴趣；然后他又针对目前朝中大臣们因为长期和平而滋生出的麻痹思想，反复阐述"居安思危"的必要性，引起太宗的高度重视；经过种种铺垫后，魏徵这才抛出酝酿许久的"十思"。"十思"顾名思义就是希望太宗在处理问题时能从十个方面进行思考，这"十思"可概括为以下几个方面，即：为政时要谦虚谨慎，爱惜民力，能海纳百川；用人时要知人善任，赏罚得当，能从谏如流；生活上要有节制，不能放纵自己。

　　魏徵的谏疏有理有据，他以浅显的比喻衬出中心论题，将比喻作为一种推理手段，以达到生动、直观的效果，从而使本文的说服力大大增强。此外，唐时流行骈体文，本文就明显具有骈文的特点。譬如"求木之长者，必固其根本；欲流之远者，必浚其泉源；思国之安者，必积其德义""源不深而望流之远，根不固而求木之长，德不厚而思国之安"等排比句式的运用，使全文读起来音韵铿锵，气势不凡，颇可玩味。

为徐敬业讨武曌檄

骆宾王

【题解】

　　骆宾王，唐朝诗人，与王勃、杨炯、卢照邻合称"初唐四杰"。他七岁能作诗，被人们誉为"神童"，可惜一生怀才不遇。684年，徐敬业在扬州起兵讨伐武则天，骆宾王投身徐敬业，为他撰写军中书檄。本文是一篇著名的檄文，立论严谨，有先声夺人的气魄。骆宾王在文中列举出武则天种种罪状，号召天下人共同讨伐她。

　　据《新唐书》记载，武则天读过这篇檄文后非常惊讶，忙问出自何人之手，并说："有如此才，而使之沦落不偶，宰相之过也！"骆宾王的才华由此可见一斑。

【原文】

　　伪临朝武氏者，性非和顺，地实寒微。昔充太宗下陈①，曾以更衣入侍。洎乎晚节，秽乱春宫。潜隐先帝之私，阴图后房之嬖。入门见嫉，蛾眉不肯让人；掩袖工谗，狐媚偏能惑主。践元后于翚翟，陷吾君于聚麀②。加以虺蜴为心，豺狼成性，近狎邪僻，残害忠良，杀姊屠兄，弑君鸩母。人神之所同嫉，天地之所不容。犹复包藏祸心，窥窃神器。君之爱子，幽之于别宫；贼之宗盟，委之以重任。呜呼！霍子孟之不作，朱虚侯之已亡。燕啄皇孙，知汉祚之将尽；龙漦帝后，识夏庭之遽衰。

敬业皇唐旧臣，公侯冢子。奉先君之成业，荷本朝之厚恩。宋微子之兴悲，良有以也；袁君山之流涕，岂徒然哉？是用气愤风云，志安社稷。因天下之失望，顺宇内之推心，爰举义旗，以清妖孽。南连百越，北尽三河，铁骑成群，玉轴相接。海陵红粟，仓储之积靡穷；江浦黄旗，匡复之功何远？班声动而北风起，剑气冲而南斗平。暗呜则山岳崩颓，叱咤则风云变色。以此制敌，何敌不摧？以此图功，何功不克？

公等或居汉地，或叶周亲，或膺重寄于话言，或受顾命于宣室。言犹在耳，忠岂忘心！一抔之土③未干，六尺之孤何托！倘能转祸为福，送往事居，共立勤王之勋，无废大君之命，凡诸爵赏，同指山河。若其眷恋穷城，徘徊歧路，坐昧先几之兆，必贻后至之诛。

请看今日之域中，竟是谁家之天下！

【注释】

①下陈：古人把来宾馈赠的礼物陈列在堂下，称为"下陈"，因此古代统治者府库、内宫的财物、妾婢，也称"下陈"。这里指武则天曾是唐太宗的才人。

②聚麀：麀，母鹿。这里是乱伦的意思。

③一抔之土：这里借指皇帝的陵墓。

【译文】

非法窃取帝位的武氏，其性情本不和顺，而且出身实在卑微。从前，她充当太宗的才人，常借侍奉太宗更衣之机而得宠幸。及至后来，她勾引太子，秽乱宫中。她隐瞒与先帝之间的私情，图谋后宫专宠。她入宫伊始就受到他人的猜忌，但她依仗貌美不肯相让；她长于进谗，卖弄妖媚迷惑皇上。最终获得了皇后的封号，使皇上陷入乱伦的境地。再加上她心如毒蝎，性比豺狼，亲近谗佞，残害忠良，杀姐屠兄，弑君害母。人神共愤，天地不容。她还暗藏野心，妄想图谋帝位。皇上的爱子被她囚禁在了别宫，而她的党羽却被委以重任。唉！霍光这样的忠臣不复再现，刘章那样的宗室消亡不见。从"燕归来，啄皇孙"的民谣中就知道汉王朝即将消亡；而龙吐出涎沫而诞生褒姒使之成为皇后的传说，又预示着西周气数将尽的祸根在夏朝已经埋伏下了。

我徐敬业是唐朝旧臣，是公侯之家的长子。奉行先辈的功业，蒙受当朝隆恩。殷纣王的兄长微子启的故国之悲，确有他的原因；东汉袁君山的失爵之痛哭，难道是徒然的吗？所以，我愤然而起，愿作随从龙虎的风云，立志要安抚社稷。利用天下之人对武氏的失望，我顺应民心，高举义旗，清除妖孽。南至百越，北到三河，铁骑成群，战车相接。海陵的粟米堆积在仓库中，无穷无尽；江岸的黄旗迎风飘扬，匡复大唐的功业还会远吗？战马迎风嘶鸣，剑气直冲南斗。士兵的怒吼使山岳崩塌，风云变色。用这样强大的军威抵制敌人，什么样的敌人能不被摧毁呢？以此攻陷城池，什么样的城池能不被攻克呢？

诸公或许蒙受朝廷的分封，或许是皇室的姻亲，或许是身负重任的将军，或许是托付河山的顾命大臣。先帝的话语尚在耳边回荡，怎能在心中忘了忠诚？先帝陵墓的泥土未干，我们的幼主却不知到了哪里！如果国家能转危为安，送别先帝，侍奉幼主，共同建立勤王的功勋，也算没有废弃先帝的遗命。而各位将要受到的爵位赏赐，也定如山河般那样稳固。如果固守孤城，在是否勤王的问题上徘徊不决，思考不清事情是何征兆，就一定会受到诛伐。

请看今日的中原，究竟是谁家的天下！

【评析】

本文是唐朝徐敬业起兵讨伐武则天时，骆宾王代其所作的檄文。它不仅是骆宾王众多散文中的代表作，也是中国历史上古往今来众多檄文中的代表作。

全文从内容的设计到结构的布局，处处显现着作者的良苦用心。起篇，作者以一个"伪"字领起，可谓匠心独运。它直接将武后政权的非法性揭露无遗，可谓力重千钧。然后，作者不依不饶，抓住武则天寒微的出身和她扰乱宫闱的种种传闻，对其进行了狠狠批驳，将堂堂武后光鲜荣耀的面具无情揭去，还之以卑贱淫荡、狐媚工谗的小人嘴脸，从而激发人们对武则天的不屑和愤恨，同时也间接点出讨伐武则天的出师之名。

第二段，作者不惜重墨，对出身"皇唐旧臣，公侯冢子"的徐敬业大加美赞。先写他高贵的出身，然后写他顺应民意起兵讨伐武后，最后则写他雄壮的军威，以此反衬武则天的寒微出身和卑贱行径。

第三段则是全篇檄文的重中之重，是对当时在朝诸公的直接呼吁。作者劝谏他们不忘先帝，不忘忠诚，弃暗投明，积极响应徐敬业的号召，群起讨伐武则天。

最后作者还强势预言了此次起兵必胜的结局，可谓慷慨激昂，气势不凡。

全文最大的特点就是情理交融。作者谋篇布局紧紧围绕晓之以理、动之以情的原则，力争从情理两方面打动读者。驳则掷地有声，立则有理有据，气势磅礴，荡气回肠，不愧为中国古代檄文中的经典之作。

滕王阁序

王勃

【题解】

王勃，字子安，"初唐四杰"之一，擅长诗赋，颇有才华。672年，王勃担任虢州参军时，因擅杀官奴被定死罪，后虽遇赦除名，但父亲却受其牵连被贬为交趾令。

《滕王阁序》原题《秋日登洪府滕王阁饯别序》，是王勃的代表作，也是一篇广为传诵的优秀作品。王勃作这篇文章时，正准备前往交趾探望父亲，他途经南昌，正赶上洪都府知府阎公重修滕王阁。王勃被邀去赴宴，席间，他一气呵成完成此作品。

【原文】

豫章故郡，洪都新府。星分翼轸，地接衡庐。襟三江而带五湖，控蛮荆而引瓯越。物华天宝，龙光射牛斗之墟；人杰地灵，徐孺下陈蕃之榻。雄州雾列，俊采星驰。台隍枕夷夏之交，宾主尽东南之美。都督阎公之雅望，棨戟遥临；宇文新州之懿范，襜帷暂驻。十旬休暇，胜友如云；千里逢迎，高朋满座。腾蛟起凤，孟学士之词宗；紫电青霜，王将军之武库。家君作宰，路出名区；童子何知，躬逢胜饯。

时维九月，序属三秋。潦水尽而寒潭清，烟光凝而暮山紫。俨骖騑于上路，访风景于崇阿。临帝子之长洲，得仙人之旧馆。层峦耸翠，上出重霄；飞阁翔丹，下临无地。鹤汀凫渚，穷岛屿之萦回；桂殿兰宫，即冈峦之体势。

披①绣闼，俯雕甍：山原旷其盈视，川泽盱其骇瞩。闾阎扑地，钟鸣鼎食之家；舸舰迷津，青雀黄龙之轴。虹销雨霁，彩彻云衢。落霞与孤鹜齐飞，秋水共长天一色。渔舟唱晚，响穷彭蠡之滨；雁阵惊寒，声断衡阳之浦②。

遥吟俯畅，逸兴遄③飞。爽籁发而清风生，纤歌凝而白云遏。睢园绿竹，气凌彭泽之樽；邺水朱华，光照临川之笔。四美具，二难并。穷睇眄于中天，极娱游于暇日。天高地迥，觉宇宙之无穷；兴尽悲来，识盈虚之有数。望长安于日下，指吴会于云间。地势极而南溟深，天柱高而北辰远。关山难越，谁悲失路④之人？萍水相逢，尽是他乡之客。怀帝阍而不见，奉宣室以何年？

呜呼！时运不齐，命途多舛；冯唐易老，李广难封。屈贾谊于长沙，非无圣主；窜梁鸿于海曲，岂乏明时？所赖君子安贫，达人知命。老当益壮，宁⑤移白首之心？穷且益坚，不坠青云之志。酌贪泉而觉爽，处涸辙以犹欢。北海虽赊，扶摇可接；东隅已逝，桑榆非晚。孟尝高洁，空余报国之情；阮籍猖狂，岂效穷途之哭！

勃，三尺微命，一介书生。无路请缨，等终军之弱冠；有怀投笔，慕宗悫之长风。舍簪笏于百龄，奉晨昏于万里。非谢家之宝树，接孟氏之芳邻。他日趋庭，叨陪鲤对；今晨捧袂，喜托龙门。杨意不逢，抚凌云而自惜；钟期既遇，奏流水以何惭？

　　呜呼！胜地不常，盛筵难再；兰亭已矣，梓泽丘墟。临别赠言，幸承恩于伟饯；登高作赋，是所望于群公。敢竭鄙诚，恭疏短引；一言均赋，四韵俱成。请洒潘江，各倾陆海云尔。

　　滕王高阁临江渚，佩玉鸣鸾罢歌舞。画栋朝飞南浦云，珠帘暮卷西山雨。闲云潭影日悠悠，物换星移几度秋。阁中帝子今何在？槛外长江空自流。

【注释】

①披：推开。

②浦：水滨。

③遄：急速。

④失路：比喻不得志。

⑤宁：难道。

【译文】

　　这里旧时是豫章郡，现在是洪州的都府。在天上处于翼星、轸星的分野，在地上则与衡州、江州接壤。以三江为衣襟，用五湖做束带，西边控扼着荆楚，东边牵制着瓯越。万物的精华焕发为天上的宝气，龙泉剑的光芒直射天上二十八星宿中的斗宿和牛宿之间；灵秀之地孕育杰出的人物，陈蕃特地设一榻，专供接待高士徐孺之用。雄伟的州郡像云雾从大地上涌起，杰出的人才如流星般在夜空里飞驰。城池坐落于中原与蛮夷相交的地方，主人和宾客囊括了东南地区的俊雅高士。洪州都督阎公享有很高的威望，他带着仪仗从远方赶来；新州刺史宇文公是道德的楷模，他在上任途中路过这里，车驾暂驻。正赶上十天一次的休假日，良友像白云一样聚集；千里之外的贵客坐满了宴席。词坛领袖孟学士，他的文采宛如蛟龙腾跃、凤凰起舞；王将军的武库里，收藏着宝剑紫电和青霜。家父在交趾做县令，我探亲路过这一胜地，年轻人有何德能，竟有幸参加这豪华的盛宴。

　　现在是九月，正值季秋。地面积水消尽，寒潭清澈见底，山峦因傍晚霞光的照射而显出淡淡的紫色。驾驭车马在山路上奔跑，去高耸的山岭中寻访美景。来到昔日滕王的长洲，得见滕王居住的阁楼。高高的楼台如青峰耸立直达云霄；凌空而建的红色阁道好像在天空飞翔，在阁上往下看，感觉不到地面的存在。白鹤、野鸭栖息的小洲、沙滩和岛屿，极尽曲折回环之致；桂木修建的殿宇、香兰点缀的宫室和高低起伏的山冈配合得很自然。

推开彩绘的门，俯视雕饰的殿亭屋脊：山野辽阔眺望无极，河流、湖泊曲折浩茫，令人惊叹。城中房舍遍地，到处是生活富足的人家；渡口泊满船只，都是绘有青雀、黄龙的大船和战舰。雨过天晴，彩虹隐没，大地一片光明。晚霞与野鸭一起在天际飞舞，秋水清碧连天，天水一色。暮色里渔舟中传来阵阵歌声，响彻彭蠡岸边；寒意里的雁群，发出阵阵惊鸣，声音消失在衡山南面的水滨。

登高远望，心中立即感到无比舒畅，超逸豪放的意兴勃发飞扬。箫声吹起，清风徐来，歌声美妙，引得白云欲停。这盛宴可比睢园中的竹林聚会，贵客的酒兴胜过陶渊明；友朋的雅兴好比曹植"朱华冒绿池"的妙句，文采超过了谢灵运。良辰、美景、赏心、乐事，四种美好的事物齐备，既学通古今又明晓事理的贤哲集聚一堂。极目远眺，观览天地，闲暇之时，尽情娱乐。天高地远，深感时空浩渺无尽。兴尽悲涌，认识到盛衰荣辱都自有定数。西望京都在夕阳之下，东指吴郡在云雾之间。南边的大海幽深难测，是大地的尽头，擎天的柱子高不可攀，北极星如此遥远。关山阻隔，难以逾越，谁同情那些不得志的人？流水浮萍，偶然相遇，我们都是来自他乡的客人。怀念朝廷却不能去朝见，什么时候才能像贾谊那样奉召到宣室去侍奉皇帝呢？

唉！各人的机遇不同，命运却总是坎坷不平；冯唐有了受到重用的机会时已经老了，李广立功无数最终也没有被封侯。贾谊蒙受委屈被贬到长沙做太傅，并不是没有遇到明君；梁鸿被迫隐匿到海滨，也是在政治昌明的时代。幸好君子安于贫贱，通达事理的人接受自己的命运。年纪虽老，胆气应该愈壮，怎能随意改变自己的上进心呢？境遇虽然很糟，志向却更加坚定，不会放弃自己的凌云壮志。廉洁的人饮了贪泉的水心境依然清爽、洁净，有德行的人即使在污浊的环境中也能保持纯正。北海虽然遥远，展翅乘风也可以到达；旭日东升般的青春年华虽然已经逝去，夕照桑榆时的老年岁月却也还有指望。汉代孟尝品德高洁，却难以实现报国的雄心；曹魏阮籍不拘礼法，岂能仿效他在穷途末路时恸哭而返！

我，身份低微，只是一个文弱书生。虽然与终军一样已经年满二十岁，却没有机会请缨杀敌；我羡慕宗悫乘长风破万里浪的雄心，有投笔从戎的志向。现在丢弃官职，到万里之外去侍奉父母。我并非谢岳那样，是谢家的好子弟，却非常幸运，能够见到与会的贵宾。过些时候，我将要到父亲那里去接受教诲，这次能在宴会上拜见阎公，就好像登龙门一般令人高兴。如果没有遇到杨得意那样推荐自己的人，司马相如就只能抚凌云之赋而自我惋惜了。所以既然遇到阎都督这样的知音，我作此序又有什么羞愧的呢？

唉！美好的地方不能长存，盛大的宴会也难再遇；当年兰亭宴集的盛况已成陈迹，繁华的金谷园也早变为一片废墟。宴会之后，即将分别，我蒙阎公的恩赐在这难得的盛宴上写了这篇序,希望在座各位登临高阁撰写华美的诗赋尽展才华。我只是斗胆略尽心意,恭谨地写这篇短序。各位都按分到的韵字写成四韵八句的诗。敬请在座的嘉宾,就像陆机、潘岳那样,各尽其才,写出精彩的诗篇吧。

巍峨高耸的滕王阁俯临着江心的沙洲,想当初佩玉、鸾铃鸣响的豪华歌舞已经停止了。早晨,画栋飞上了南浦的云;黄昏,珠帘卷入了西山的雨。悠闲的彩云影子倒映在江水中,整天悠悠然地漂浮着;时光易逝,人事变迁,不知已经度过几个春秋。昔日游赏于高阁中的滕王如今已不知哪里去了,只有那栏杆外的滔滔江水空自向远方奔流。

【评析】

本文因饯别而作,但对宴会之盛,着墨不多,而是倾全力写登阁所见之景,且精心勾画,苦苦经营,不落窠臼,独辟蹊径。景物描写部分,文笔瑰丽,手法多样,以或浓或淡、或俯或仰、时远时近、有声有色的画面,把秋日风光描绘得神采飞动,令人叹赏。尤其"落霞与孤鹜齐飞,秋水共长天一色"一句,动静相映,意境浑融,更是千古传诵的名句。

此序行文的另一特色是多次使用典故。"冯唐易老""李广难封""屈贾谊于长沙""窜梁鸿于海曲""孟尝高洁""阮籍猖狂"等句无不用典。作者将典故化成自己的语言,使之贴近语境,又不违原意,恰当而曲折地表达了自己怀才不遇、仕途失意的苦闷与不甘沉沦的复杂的思想感情。失望和希望并存,追求和痛苦交织,这正是文章的动人之处。

本文层次井然,脉络清晰。由地及人,由人及景,由景及情,丝丝入扣,层层扣题,可谓字字珠玑,句句生辉,章章华彩,体现了作者绝佳的写作功底和渊博的知识结构,不愧为一篇千古不朽的优秀骈文。

春夜宴桃李园序

李白

【题解】

李白,字太白,号青莲居士。他少时才华横溢,有宏伟志愿。唐玄宗时曾任供奉翰林,赐金放还后周游全国。安史之乱后,他被流放夜郎,前往途中遇赦而还,晚年漂泊东南。李白是盛唐著名的诗人,有"诗仙"之美誉。

《春夜宴从弟桃李园序》是李白与堂弟聚会作诗时,为他们的诗集而写的序文。在这篇序文中,李白描绘了自己和堂弟在漂亮的花园中、皎洁的月光下,饮酒作诗、叙天伦之乐的美好情景。

【原文】

夫天地者，万物之逆旅①；光阴者，百代之过客也。而浮生若梦，为欢几何？古人秉烛夜游，良有以也。况阳春召我以烟景，大块②假我以文章。会桃李之芳园，序天伦之乐事。群季俊秀，皆为惠连；吾人咏歌，独惭康乐。幽赏未已，高谈转清。开琼筵以坐花，飞羽觞而醉月。不有佳作，何伸雅怀？如诗不成，罚依金谷酒数。

【注释】

① 逆旅：旅舍。古人以生为寄，以死为归。
② 大块：天地，这里指大自然。

【译文】

天地是万物暂时歇息的旅舍，光阴是百代的匆匆过客。而人生如梦，欢乐的日子能有多少？古人手持烛火在夜里游乐，确有其道理啊！何况，阳光灿烂的春天用艳丽明媚的景色召唤我，大自然将缤纷的花纹和色彩赏赐给我。于是，我们相聚在桃李芬芳的花园，享受天伦的乐趣。各位弟弟俊雅清秀，个个都仿似谢惠连；而我吟诗颂歌，自觉不如谢康乐。悠闲地观赏风景尚未结束，高谈阔论已转为清谈。在花间铺设丰盛的宴席，在月下与众人推杯换盏，很快便已酣醉。如果没有佳作，怎么能抒发心中高雅的情怀？如果有人赋诗不成，就依照《金谷诗序》罚酒三斗。

【评析】

本文仅有一百余字，是一篇序文。但这一百余字却字字珠玑，句句天成，言近旨远。作者仅用极少的文字，就为我们勾勒了一副欢乐祥和的夜宴图，实在令人称赞。

作者分三个层次描写了这次宴会，即宴、春夜之宴、春夜桃李园之宴。句无虚设，层次井然，抒发了作者对于春光和大自然的无比热爱。

作者以天地、光阴起篇，营造了一个辽阔的意境。接着，作者又发出"浮生若梦，为欢几何"的慨叹，不仅点出序文宗旨，也使文意得到升华。然后作者由古人的"秉烛夜游"和阳春时节的美好景色，很自然地引出了夜宴。

对于夜宴的描写，作者将其落笔在"叙天伦之乐"上，着重突出了兄弟之间的手足之情。作者赞弟弟们"群季俊秀，皆为惠连"，而对自己则谦而又谦，说"吾人咏歌，独惭康乐"，充分体现了兄弟之间的互敬互爱。"幽赏未已，高谈转清。开琼筵以坐花，飞羽觞而醉月"两句，是对夜宴情形的正面描写。写出了夜宴之上大家高谈阔论、开怀畅饮、充实而又欢畅的气氛，极具生活气息。最后，作者以"不有佳作，何伸雅怀？如诗不成，罚依金谷酒数"这样随意的话语结束全篇，颇有意犹未尽之意。究竟后来有没有佳作？究竟多少人被罚？每读至此都让人禁不住浮想联翩。

全文潇洒飘逸，辞情并茂，巧妙地融叙事、抒情于一体。从全文别致的立意、构思，精练传神的字句和多处采用排比、对仗的句式来看，它同时又具备了诗文的特点。此外，本篇序文一改李白一贯的慷慨激昂的文风，以清雅的笔调叙写了这次家宴，自然清新，别具风味。

吊古战场文

李华

【题解】

李华，字遐叔，唐朝杰出的散文家。历任秘书省校书郎、监察御史、右补阙等官职。他与颜真卿等人提倡古文，是古文运动的先驱之一。后人将他的诗文编成《李遐叔文集》。

《吊古战场文》是李华最具代表性的作品。李华处于唐玄宗统治时期，唐玄宗好大喜功，经常用兵，致使百姓深受其害，国力日渐衰微。李华心系天下，遂作此文以古鉴今。

【原文】

浩浩乎平沙无垠，敻不见人，河水萦带，群山纠纷。黯兮惨悴，风悲日曛。蓬断草枯，凛若霜晨。鸟飞不下，兽铤亡群。亭长告余曰："此古战场也。常覆三军，往往鬼哭，天阴则闻。"伤心哉！秦欤？汉欤？将近代欤？

吾闻夫齐、魏徭戍，荆、韩召募，万里奔走，连年暴露。沙草晨牧，河冰夜渡。地阔天长，不知归路。寄身锋刃，腷臆谁诉？秦、汉而还，多事四夷。中州耗斁，无世无之。古称戎、夏，不抗王师。文教失宣[①]，武臣用奇；奇兵有异于仁义，王道迂阔而莫为。呜呼噫嘻！

吾想夫北风振漠，胡兵伺便。主将骄敌，期门受战。野竖旄旗，川回组练。法重心骇，威尊命贱。利镞穿骨，惊沙入面。主客相搏，山川震眩。声析江河，势崩雷电。至若穷阴凝闭，凛冽海隅；积雪没胫，坚冰在须。鸷鸟休巢，征马踯躅，缯纩无温，堕指裂肤。当此苦寒，天假强胡，凭陵杀气，以相剪屠。径截辎重，横攻士卒。都尉新降，将军覆没。尸填巨港之岸，血满长城之窟。无贵无贱，同为枯骨，可胜言哉！鼓衰兮力尽，矢竭兮弦绝。白刃交兮宝刀折，两军蹙兮生死决。降矣哉？终身夷狄。战矣哉？骨暴沙砾。鸟无声兮山寂寂，夜正长兮风渐渐。魂魄结兮天沉沉，鬼神聚兮云幂幂。日光寒兮草短，月色苦兮霜白。伤心惨目，有如是耶？

吾闻之：牧用赵卒，大破林胡，开地千里，遁逃匈奴。汉倾天下，财殚力痡②。任人而已，其在多乎？周逐猃狁，北至太原，既城朔方，全师而还。饮至策勋，和乐且闲。穆穆棣棣，君臣之间。秦起长城，竟海为关，荼毒生灵，万里朱殷。汉击匈奴，虽得阴山，枕骸遍野，功不补患。

苍苍蒸民，谁无父母？提携捧负，畏其不寿。谁无兄弟，如足如手？谁无夫妇，如宾如友？生也何恩，杀之何咎？其存其没，家莫闻知。人或有言，将信将疑。悁悁③心目，寝寐见之。布奠倾觞，哭望天涯。天地为愁，草木凄悲。吊祭不至，精魂何依？必有凶年，人其流离。呜呼噫嘻！时耶？命耶？从古如斯。为之奈何，守在四夷。

【注释】

①失宣：不提倡。
②痡：病，此处指疲敝。
③悁悁：忧闷的样子。

【译文】

浩瀚啊那无边的沙漠，一望无垠，渺无人烟。河水如丝带般盘旋萦绕，成群的山峰相互交错耸立。昏沉沉啊天地惨淡，北风呼号，日光昏暗。蓬草断落，野草枯黄，凛冽得仿若降霜的清晨。鸟儿惊飞不停，群兽四散狂奔。亭长告诉我："这是古时的战场。常常有军队在此覆没，阴天的时候，往往能听到鬼哭之声。"伤心啊！这战场是秦代的呢，还是汉代的？抑或是近代的呢？

我听说，战国时，齐国和魏国曾征发百姓前去戍边，楚国和韩国招募士兵前去征战。士兵们奔走万里，常年风吹日晒。早晨还在沙漠的绿洲里牧马，夜晚就要渡过结冰的黄河。天地广阔，却不知道归途在哪里。把生命寄放在刀锋剑刃上，心中的抑郁能向谁倾诉？秦汉以来，四周边境多有战事。中原地区也遭受破坏，没有一个朝代不是如此。古人说，不论夷狄还是华夏，都不敢和帝王的军队对抗。后来文治教化无法通行，武将就用奇兵。出奇制胜与仁义之道有别，王道被认为不切合实际而不再实施。唉，可叹啊！

我想，在沙漠中，正当北风凛冽的时候，胡兵就伺机进攻。主将因为轻敌，直至敌方攻到了营门方才仓促迎战。原野上到处竖起旌旗，平川中奔跑着无数士兵。军法严厉，让士兵们心有恐惧；将帅威严，使士兵们的性命贫贱。锋利的箭镞穿过筋骨，猛烈的飞沙刺破面皮。两军相战，河山震颤。沙场上喊声震撼江河，士兵们的气势如同雷电。至于天气阴沉、浓云密布的时候，寒风横扫海角；积雪没过小腿，冰霜挂满胡须。凶悍的鹰雕躲回巢中，征战的马儿踟蹰不前，丝绸制的征衣毫不保暖，皮肤皲裂手指冻坏。如此苦寒，正是上天帮助强悍的胡人，让他们借助严寒的天气，进行肆意屠杀。他们直接阻拦了军备物资，拦腰截断了我们的军队。都尉刚刚投降，将军已经战死。尸体横卧在河岸，鲜血溢满了长城窟穴。不论贵贱，都化为枯骨，此等惨状，怎可言尽！战鼓声衰啊，兵将力尽，弓箭射完啊，弓弦也已断绝。白刃相击啊，宝刀折断，两军肉搏，生死对决。若投降，今生就成为夷狄；若拼死一战，尸骨将暴露于沙漠。鸟儿无声啊，群山寂静，黑夜漫长啊，寒风淅淅。魂灵积聚不散啊，天气阴沉，鬼神相聚啊，乌云密布。日光黯然啊，草儿枯短，月色惨淡啊，霜冷惨白。伤心惨目的景象，还有胜过这样的吗？

　　我听说，李牧将军率领赵国军队，大败入侵的林胡，开拓疆土千里，使匈奴兵远远遁逃。汉朝时倾尽天下之力攻打匈奴，财力耗尽，国力衰微。关键在于用人得当罢了，哪里是用兵多的原因呢？周朝驱逐猃狁，一直将其赶到北面的太原，然后在北方筑城，这才全师而还。回国后在宗庙祭祀，在史册上记载功勋，君臣之间安闲舒适，端庄恭敬。秦朝的时候修筑长城，关口直到海边，大量百姓因此丧生，血流万里。汉朝攻打匈奴，虽然夺取了阴山，但留下了遍野的尸骨，功不抵过。

　　天下苍生，谁人没有父母？倾尽心力奉养，只担心他们寿命不长。谁人没有兄弟？互相敬爱如同手足。谁人没有丈夫或者妻子？相敬如宾如同朋友。他们活着受到什么恩惠？他们死了又有什么罪过？士兵们是生是死，家人都无从得知。即便有人告诉了这个消息，家人也是将信将疑。整日忧愁苦闷，只能夜晚做梦见到亲人。摆酒遥祭，哭望天涯。天地为之忧愁，草木为之悲凄。如果吊祭不能被感知，他们的魂灵将依附何处？大战之后，必有灾年，百姓们就要流离失所。唉！这是时事造就的，还是命中注定的？自古以来都是如此，又能有什么办法呢？只有广施仁德，宣扬教化，才能让异族听命，为天子守卫边疆。

【评析】

　　这是一篇吊古文。之前的吊古文多以抒情为主，而本文则以议论为主。作者借对古战场的凭吊，讽喻了唐玄宗不行王道、滥用武力，使天下生灵涂炭，百姓苦不堪言。同时，作者也提出了为政者只有宣扬教化、施行仁义，才能使四夷归服的休战主张。

　　作者在第一段起句就为大家勾勒了一幅广阔而萧条的古战场景象，为全文奠定了凄凉的基调。"伤心哉！秦欤？汉欤？将近代欤"一句，联系古今，引出第二段的议论。

　　第二段以"吾闻夫"起笔，列举大量史实，借古讽今。作者从战国时代的

"齐魏役戍"和"荆韩招募"讲起，以想象的手法描写了士兵们风餐露宿、万里奔走的悲惨生活。而后讲自秦汉以来，边境战事一波未平，一波又起，中原之地连年遭受破坏，与"古称戎夏，不抗王师"作对比，论证了战事频起的原因是"文教失宣，武臣用奇"，点明全文主旨。

第三段完全是作者的想象，这是本文的一大特色。作者以"吾想"起句，通过丰富的联想，为我们再现了紧张激烈的战争场面。"主将骄敌，期门受战""主客相搏，山川震眩""径截辎重，横攻士卒；都尉新降，将军覆没"等情景描写形象逼真，仿佛这一切都是作者亲耳所闻、亲眼所见，全面展现了作者对形、声、色、动、静、虚、实的艺术驾驭。

第四段又是议论，作者再以大量史实论证了穷兵黩武的危害。其中"任人而已，其在多乎"一句，暗讽唐玄宗的不善用人。

最后一段融抒情、议论于一体，揭露了战争对普通百姓的残害，提出了为政者应当广施仁政，这样才能做到"守在四夷"。

全文语句凝练，气势磅礴。作者巧妙运用夸张、对偶、排比、拟人等修辞手法，营造出一唱三叹的效果，极大地增强了全文的感染力。

陋室铭

刘禹锡

【题解】

刘禹锡，字梦得，唐朝著名文学家、哲学家。他在政治上主张革新，是王叔文领导的政治革新运动中的核心人物之一。政治革新运动失败之后，他被贬为朗州司马。后又被贬为连州、夔州、和州刺史。《陋室铭》就写于他任和州刺史时期。在文中，他热情地赞美了陋室淡雅幽静的环境，描绘了在陋室里与大儒们相交的快乐，表现了自己淡泊名利、安贫乐道的高尚情操。

【原文】

山不在高，有仙则名；水不在深，有龙则灵。斯是陋室，唯吾德馨。苔痕上阶绿，草色入帘青。谈笑有鸿儒，往来无白丁。可以调素琴①，阅金经②。无丝竹③之乱耳，无案牍之劳形④。南阳诸葛庐，西蜀子云亭。孔子云："何陋之有？"

【注释】

①素琴：不加装饰的琴。

②金经：即《金刚经》的简称，唐代《金刚经》流传甚广。

③丝竹：泛指乐器。
④案牍：古代官府人员日常处理的文件。

【译文】

　　山不一定要高，有仙人居住就会天下闻名；水不一定要深，有龙居住就会显灵降福。这是一间简陋的房子，我那高洁的品德使它芬芳美好。青苔碧绿，长到台阶上，草色青葱，映入帘子中。往来谈笑的都是博闻强识之人，没有一个是不懂学问的。可以弹奏朴素的古琴，也可以专心研读用泥金书写的佛经。耳边没有嘈杂的音乐打扰，案边没有官府的公文使人操心劳累。这间简陋的房子就好比南阳诸葛亮的茅庐，又像西蜀扬雄的草玄亭。孔子说："只要是君子住在里面，有什么简陋的呢？"

【评析】

　　唐穆宗长庆四年（824年），刘禹锡被贬为和州刺史，简陋的住所、志同道合的朋友令他深有感触，于是挥笔写下了这篇《陋室铭》，表达了自己不与世俗同流合污、洁身自好、不慕名利的生活态度，体现出了高尚的品格和节操。

　　本文是刘禹锡的代表作，也使他扬名中国文坛，千年不衰。文章语言含蓄精练，富于表现力，八十一字，字字珠玑，似乎每个字都在写住所的简陋，又似乎每个字都暗示着"不陋"。文章开篇两句以山水作类比，引出陋室。以山不高、水不深衬托陋室之"陋"，以"仙""龙"衬托作者之"德"，以"名""灵"衬托作者之"德馨"。

　　"斯是陋室，唯吾德馨"，是文章的中心句，点明了文章的主旨：陋室虽然简陋，但是因为主人的德行高尚而香气四溢，因此不再是陋室。"无丝竹之乱耳""无案牍之劳形"则明确指出了作者追求的不是荣华富贵、功名利禄，而是心灵的宁静、情趣的高雅以及品行的美好。以"诸葛庐""子云亭"作类比，更反映了他以古代贤人自比的思想境界，流露出消极遁世、安贫乐道的隐逸情趣。

　　全文最突出的写作特点是巧妙地运用了排比、对偶等多种修辞手法，排比句能造成一种磅礴的文势，对偶句则易使内容跌宕起伏，这两种手法的运用使文章平易流畅，读之朗朗上口。同时，作者巧用典故，以孔子的话作结，既与篇首的"唯吾德馨"遥相呼应，又起到了画龙点睛、总结全文的作用。

阿房宫赋

杜牧

【题解】

杜牧，字牧之，晚唐杰出文学家，与李商隐合称"小李杜"。他的诗清新自然，爽朗明快，与晚唐盛行的轻浮艳丽之风截然不同。他的散文精于议论，气势雄伟，秉承了韩、柳派古文家的优良传统。

宝历年间，唐敬宗广建楼台宫殿，劳民伤财。为警示敬宗，杜牧遂作此赋。阿房宫遗址位于今陕西省西安市西南。

【原文】

六王毕，四海一。蜀山兀，阿房出。覆压三百余里，隔离天日。骊山北构而西折，直走咸阳。二川①溶溶，流入宫墙。五步一楼，十步一阁。廊腰缦回，檐牙高啄。各抱地势，钩心斗角。盘盘焉，囷囷焉，蜂房水涡，矗不知其几千万落。长桥卧波，未云何龙？复道行空，不霁何虹？高低冥迷，不知西东。歌台暖响，春光融融；舞殿冷袖，风雨凄凄。一日之内，一宫之间，而气候不齐。

妃嫔媵嫱，王子皇孙，辞楼下殿，辇来于秦，朝歌夜弦，为秦宫人。明星荧荧，开妆镜也；绿云扰扰，梳晓鬟也；渭流涨腻，弃脂水也；烟斜雾横，焚椒兰也。雷霆乍惊，宫车过也；辘辘远听，杳不知其所之也。一肌一容，尽态极妍，缦立远视，而望幸②焉，有不得见者，三十六年。燕、赵之收藏，韩、魏之经营，齐、楚之精英，几世几年，取掠其人，倚叠如山。一旦不能有，输来其间。鼎铛玉石，金块珠砾。弃掷逦迤，秦人视之，亦不甚惜。

嗟乎！一人之心，千万人之心也。秦爱纷奢，人亦念其家。奈何取之尽锱铢，用之如泥沙？使负栋之柱，多于南亩之农夫；架梁之椽，多于机上之工女；钉头磷磷，多于在庾之粟粒；瓦缝参差，多于周身之帛缕；直栏横槛，多于九土之城郭；管弦呕哑，多于市人之言语。使天下之人，不敢言而敢怒。独夫之心，日益骄固。戍卒叫，函谷举，楚人一炬，可怜焦土。

呜呼！灭六国者，六国也，非秦也。族秦者，秦也，非天下也。嗟乎！使六国各爱其人，则足以拒秦。秦复爱六国之人，则递三世，可至万世而为君，谁得而族灭也？秦人不暇自哀，而后人哀之；后人哀之而不鉴之，亦使后人而复哀后人也！

【注释】

①二川：指渭水和樊川。

②望幸：盼望皇帝到来。幸是指皇帝宠幸。

【译文】
　　六国相继灭亡，秦始皇统一了全国。秦国将蜀山的树木砍伐殆尽，才建造起阿房宫。阿房宫占地三百余里，楼阁高耸，似乎将要遮蔽天地。从骊山之北构筑宫殿，向西曲折延伸，一直到咸阳。渭水和樊川两河缓缓流入宫墙。宫里五步一栋楼，十步一座阁。走廊像锦织的缎带曲折蜿蜒，屋檐像飞鸟在高处啄食。楼阁随着地势高低而建，屋角像钩一样联结缠绕。宫室盘旋曲折，如同蜂房和回旋的水涡，数不清高高耸立着几千万座。长桥横卧在渭水之上，人们不禁惊诧道：天上没有云，怎么会出现龙呢？那么多的道路横空穿过，人们诧异道：没有雨过天晴，哪里来的彩虹？楼阁高高低低昏暗不明，使人辨不清方向。舞台上歌声悠扬，暖意袭人，如同阳光明媚的春天。宫殿中舞袖飘拂，就像刮起寒风带来阵阵寒意，令人有种风雨般凄冷的感觉。就在同一天，同一座宫里，气候竟会如此不同。
　　那些亡了国的贵族子女们，告别了自己国家的宫殿，用车送到秦国，日夜献歌奏乐，成为秦国的宫人。宫里有时光亮如明星般璀璨，那是她们打开梳妆镜的缘故；有时呈现绿云缭绕之态，那是她们早晨梳理头发的缘故；有时候渭水河上浮起一层油腻的东西，那是她们倒掉残脂剩粉的缘故；有时候空中烟雾弥漫，那是她们焚烧香料的缘故。雷声轰隆，使人骤然吃惊，原来是皇帝的宫车驰过，听那车声渐远，也不知驶向何处去了。宫人们的肌肤面容，都打扮得极其妖娆妩媚，每天站在宫门外远望，盼望皇帝能有幸驾临。可有的宫女整整等了三十六年，也未见到皇帝。燕、赵收藏的财宝，韩、魏聚敛的财富，齐、楚搜求的珍奇宝贝，这都是经历了多少世代积累起来的啊，从人民那里掠夺过来，堆积如山。一旦国家灭亡，不能占有了，都被运送到阿房宫。在这里贵族们把宝鼎看作铁锅，美玉当作石头，黄金视为土块，珍珠当作沙石。随意丢弃，秦人看见了也不觉得可惜。
　　唉！一个人的心愿，顶得上千万个人的心愿。秦始皇穷奢极侈，老百姓不也顾念自己的家业吗？为何搜刮人民的财物分毫都不放过，挥霍时却将其视为泥沙一样不加珍惜呢？阿房宫里的柱子，比田里的农夫还多；架在梁上的椽子，比织布机上的女工还多；房屋上的钉头，比粮仓里的谷粒还多；疏密不齐的瓦缝，比衣服上的缝线还多；栏杆纵横交错，比天下的城郭还多；嘈杂的器乐声，比闹市的人说话声还多。秦统治者使天下的老百姓不敢说话而只能默默愤恨。秦始皇这个专断的君主，却越来越骄横顽固。陈胜、吴广等士卒反秦起义，全国响应，刘邦攻占函谷关，项羽在阿房宫放了一把火，可惜它成了一片焦土。
　　唉！灭六国的是六国自身，而非秦国；灭秦国的是秦国自身，而非天下百姓。唉！如果六国国君对本国人民爱护有加，那么就有十足的力量抗秦。如果秦国国君对六国人民爱护有加，那么秦国就能由二世传到三世乃至传到万世，有谁还能使秦国灭亡呢？秦国统治者没有及时为自身灭亡懊悔，而后人常常替他们痛心；如果后人虽然痛心但不汲取他们灭亡的教训，那么又要让后人的后人再来替后人痛心了！

【评析】

《阿房宫赋》是杜牧的名作。阿房宫是秦始皇时修建的，他不惜民力、穷搜民财，终于亡国。宝历年间，唐敬宗不惜人力物力大肆建造宫殿楼阁，杜牧写这篇赋有劝诫唐敬宗的意思。

此赋作者可谓匠心独运。开头四句，直奔主题，有千钧之力。前两句写了秦统一全国的气势，后两句写了阿房宫的壮观图景，它们前后衔接，又各自独立，章法有序。作者将历史的趋势、帝王的穷奢极侈和满腹野心，以极其简洁的笔法勾勒而出，暗含着对劳苦百姓的同情和对帝王糜烂、奢侈生活的讥讽。这四句统领下文，为接下来描写阿房宫的奇伟壮丽做了铺垫。

阿房宫规模宏大，气象万千，如果概括地描写略显得空泛，详细描摹又显得烦琐，作者运用"摄像"技术，从多个角度先总后分、由远及近、虚实结合，描绘了阿房宫建构的宏大与华丽，体现出了超强的艺术驾驭能力和概括能力。

作者描绘阿房宫先用六句总揽全貌，将整体概貌交代清楚。随后逐一展开描写，显得层次清晰。阿房宫的阁楼胜景是描写的重点，作者使用十个句子将其全盘托出。之后，作者以其非凡的艺术想象力、文采卓绝的辞藻描绘了宫室、长桥的胜景以及宫人和皇帝的生活。最后一段以议论结尾，发人深省。此赋长短句式交杂，排比句有排山倒海之势，比喻句新奇迭出，音韵如溪水作响，给人心胸开阔、爽快淋漓之感，读罢不禁令人拍案叫绝。

《阿房宫赋》突破了赋体文"骈四俪六"的工整对偶形式，更多地采用了铺陈排比展开式的文赋写作手法，使文章极具气势，成为古赋中不可多得的精品。

原　毁

韩愈

【题解】

韩愈，字退之，唐朝著名文学家、哲学家，世称韩昌黎。在文学上，他与柳宗元并驾齐驱，合称"韩柳"。他是唐代古文运动的倡导者，苏轼赞誉他"文起八代之衰"。

在本文中，作者运用对比的手法，深入分析了"古之君子"与"今之君子"在对人对己方面的不同态度，揭示出毁谤产生的根源，即懒惰和嫉妒，进而抨击了时人嫉贤妒能的不正之风，希望统治者能引以为戒，遏制毁谤风气的蔓延。

【原文】

　　古之君子，其责己也重①以周，其待人也轻以约。重以周，故不怠；轻以约，故人乐为善。闻古之人有舜者，其为人也，仁义人也。求其所以为舜者，责于己曰："彼，人也；予，人也。彼能是，而我乃不能是！"早夜以思，去其不如舜者，就其如舜者。闻古之人有周公者，其为人也，多才与艺人也。求其所以为周公者，责于己曰："彼，人也；予，人也。彼能是，而我乃不能是！"早夜以思，去其不如周公者，就其如周公者。舜，大圣人也，后世无及焉；周公，大圣人也，后世无及焉；是人也，乃曰："不如舜，不如周公，吾之病也。"是不亦责于身者重以周乎？其于人也，曰："彼人也，能有是，是足为良人矣；能善是，是足为艺人矣。"取其一，不责其二；即其新，不究其旧。恐恐然唯惧其人之不得为善之利。一善，易修也。一艺，易能也。其于人也，乃曰："能有是，是亦足矣。"曰："能善是，是亦足矣。"不亦待于人者轻以约乎！

　　今之君子则不然，其责人也详，其待己也廉②。详，故人难于为善；廉，故自取也少。己未有善，曰："我善是，是亦足矣。"己未有能，曰："我能是，是亦足矣。"外以欺于人，内以欺于心，未少有得而止矣，不亦待其身者已廉乎！其于人也，曰："彼虽能是，其人不足称也。彼虽善是，其用不足称也。"举其一不计其十，究其旧，不图其新；恐恐然唯惧其人之有闻也。是不亦责于人者已详乎！夫是之谓不以众人待其身，而以圣人望于人，吾未见其尊己也。

　　虽然，为是者，有本有原，怠与忌之谓也。怠者不能修③，而忌者畏人修。吾常试之矣。尝试语于众曰："某良士，某良士。"其应者，必其人之与④也；不然，则其所疏远不与同其利者也；不然，则其畏也。不若是，强者必怒于言，懦者必怒于色矣。又尝语于众曰："某非良士，某非良士。"其不应者，必其人之与也；不然，则其所疏远不与同其利者也；不然，则其畏也。不若是，强者必说于言，懦者必说于色矣。是故事修而谤兴，德高而毁来。呜呼！士之处此世，而望名誉之光，道德之行，难已！

　　将有作于上者，得吾说而存之，其国家可几而理欤！

【注释】

　　①重：严格。周：周密、全面。
　　②廉：少，这里有不严格的意思。
　　③修：求上进。

④与：党与，相结交的人。

【译文】

　　古代的君子，对自己要求严格并且全面，对待别人却宽容简约。严格并且全面，因而不会懈怠；宽容并且简约，因而他人都乐于做善事。听说古代有一个叫作舜的人，他为人非常仁义。探求舜之所以为舜的原因，是他常常苛责自己说："他，是人；我，也是人。他能做到这样，我为什么不能！"每日早晚都在思考，去除自己身上不如舜的地方，做一些与舜所为相似的事情。听说古代有一个叫作周公的人，他这个人不但有才而且多艺；探求周公之所以为周公的原因，是他常常苛责自己说："他是人，我也是人。他能做到的，我为什么不能！"于是每天早晚都在思考，改掉不如周公的地方，去做那些与周公所为相似的事情。舜是大圣人，后世无人能及；周公也是大圣人，后世无人能及；这些人却说："不如舜，不如周公，这正是我们的缺点啊。"这不就是对自己苛责并且全面吗？他对待别人，说："那个人啊，他能有这点，就足以称得上是贤良之人了；他能擅长做这个，足以称得上是多才多艺的人了。"肯定他们的优点，却不斥责他们的缺点；称赞他们现在的表现，不计较他们的过去。非常惶恐别人得不到做好事情而应得到的赞扬和好处。一种好品质，容易养成；一门技艺，容易学会。对待别人，说："能有这样的品质，就足够了。"又说："能擅长一方面，就足够了。"这不就是待人宽容并且简约吗？

　　现在的君子可不这样，他们对别人求全责备，对自己却要求宽松。对别人求全责备，所以人们都很难做好事；对自己要求宽松，所以自己的获益就少。自己没有什么擅长的事情，就说："我这个做得很好，就已经足够了。"自己没什么才能，就说："我能这样，就已经足够了。"对外欺骗别人，对内欺骗自己，还没有什么进步就停滞不前，这不是对自己要求太低了吗？对待别人，就说："他虽然能做到这样，但他的为人却不足称道；他虽然擅长这样，但用处却不足称道。"举出他人的一个缺点，却不认可他人多方面的长处，追究别人过去的表现，却不在乎别人现在的成就，唯恐他人获得荣誉。这不是对别人太苛刻了吗？这就叫作不以一般人的标准要求自己，却以圣人的标准要求别人，我看不出他们的自尊自重。

　　尽管如此，这样做的人也有他的原因，也就是人们所谓的懈怠与嫉妒。因为懈怠，而不能提高自我修养，因为嫉妒，而害怕别人提高修养。我曾经做过这样的试验，我对众人说："某人是一个贤良的人，某人很贤良。"而回应我的人，一定都是某人的同伴；要不然，就是和他生疏，与他没有利害关系的人；再不然，就是害怕他的人。假如不是这样，强悍的人一定愤怒地表达他的观点，懦弱的人一定面有愠色。我又曾经对众人说："某人不是贤良的人，某人不贤良。"不回应的人，则必然是这个人的同伙；不然就是和他生疏，与他没有利害关系的人；再不然，就是害怕他的人。如果不是这样，则强悍的人一定很愉快地表达他的观点，懦弱的人则一定面带喜色。所以，事业成功了，诽谤就会兴起；德行高了，毁谤就会随之而来。唉！读书人处于这样的世道，却向往荣耀的光大、德行的推广，难啊！

如果是想居上位并且做出一番事业的人，听到我说的话并将之记在心里，那国家几乎就可以治理好了吧！

【评析】

《原毁》的用意就是探求诽谤滋生的根源。韩愈以儒家的道德观为依据，将"古之君子"与"今之君子"作比，从两者待人待己截然不同的态度中，揭示了诽谤产生的根源在于"忌"与"怠"。

全文第一、第二段采用对比手法，分别描述了"古之君子"和"今之君子"待人待己的态度。两段起首均开门见山，直接摆出论点：古之君子"责己也重以周"，"待人也轻以约"；而今之君子"责人也详""待己也廉"。这两句显然是从总体上进行概括对比的。接着，作者又分层次、有重点地进行了对比论证。作者以古之君子"重以周，故不怠"，对比今之君子的"廉，故自取也少"；以古之君子"轻以约，故人乐为善"，对比今之君子"详，故人难于为善"；以古之君子常以"彼，人也；予，人也。彼能是，而我乃不能是"自责，对比今之君子常以"我善是，是亦足矣""我能是，是亦足矣"自夸；以古之君子常赞他人"能有是，是亦足矣""能善是，是亦足矣"，对比今之君子常苛责他人曰："彼虽能是，其人不足称也；彼虽善是，其用不足称也。"两段之中诸如此类的对比可谓俯拾皆是。

第三段是全文的主旨所在。通过上述两段对比议论，作者得出"为是者有本有原"，即说"毁"的产生是有根源的，这根源便是"怠与忌"。随后，作者提出"怠者不能修，而忌者畏人修"，从理论上论证"怠与忌"的危害；接着，作者又通过自己的亲身体验进一步加以论证；最后则水到渠成地得出"事修而谤兴，德高而毁来"的结论。

在最后一段中，作者用一句话交代了自己作此文的目的。即希望当权者能够重视社会上广泛存在的嫉贤妒能的恶劣风气，使国家得以治理。

全文论点明确，论据充足，论证有力。对比手法的大量运用使文章说服力明显增强。而排比和对偶等修辞手法的运用则使文章气势浑厚，颇具震撼效果。

杂说四

韩愈

【题解】

　　这篇文章是韩愈《杂说》中的第四篇，也叫《马说》。当时韩愈刚出仕为官，不受重用，政治才干无法施展，他曾经三次向宰相上书，希望得到提拔，但一直未能如愿。韩愈的不幸遭遇和抑郁之情构成了本文的创作基调。在文中，他托物寓意，借千里马不被赏识，来比喻贤能之人不受重用，从而抒发了自己怀才不遇的苦闷之情，同时也委婉地讽刺了统治者缺乏慧眼，不能识别和任用人才的无知。

【原文】

　　世有伯乐，然后有千里马。千里马常有，而伯乐不常有。故虽有名马，祇辱于奴隶人之手，骈死①于槽枥②之间，不以千里称也。

　　马之千里者，一食或尽粟一石。食马者不知其能千里而食也。是马也，虽有千里之能，食不饱，力不足，才美不外见，且欲与常马等不可得，安求其能千里也！

　　策之不以其道，食之不能尽其材，鸣之而不能通其意，执策而临之，曰："天下无马。"呜呼！其真无马邪？其真不知马也！

【注释】

　　①骈死：相接连着死去。
　　②槽枥：盛马饲料的器具叫槽，马厩叫枥，槽枥指马厩。

【译文】

　　世上先有伯乐，然后才有千里马。千里马很常见，但伯乐却不常见。所以，虽然有好马，但这些好马却只能在无知的马夫手中受辱，然后一匹接一匹地死在马厩之中，却不能因为它是千里马而称名于世。

　　千里马一顿往往要吃下一石小米。但是喂马的人却不知道它能日行千里而和普通的马一起喂养。这样的马，虽然能跑千里，却因为吃不饱、力气不足，不能完美地展现自己的才能，即使想获得与平凡的马相同的地位也是不可能的，怎么能要求它日行千里呢！

　　驾驭千里马而不根据它的特点，喂食千里马又不让它吃饱使它尽显才能，马儿嘶鸣又不理解它的意思，只知道拿着马鞭走到它身边说："天下没有千里马啊。"唉！是真的没有千里马吗？是不能识别千里马吧！

【评析】

　　本文短小精悍，言简意赅。作者借千里马不能被人所识的故事，为那些怀才不遇之人做了不平之鸣。

　　文章起篇第一句便点出主旨，作者直言："世有伯乐，然后有千里马。"这是作者提出的第一个论点，是说伯乐对于千里马来说具有非同寻常的意义。然后作者又说："千里马常有，而伯乐不常有。"这是作者提出的第二个论点，是说能识千里马的伯乐实在少之又少。下文则是作者围绕这两点展开的议论。

　　因为世上只有伯乐能识千里马，而世上的千里马本不少，但伯乐却很少，所以，就有了那些不能得遇伯乐的千里马的悲剧，即"祇辱于奴隶人之手，骈死于槽枥之间，不以千里称也"。究竟如何受辱，怎样骈死于槽枥之间呢？作者对此做了较为详细的论述。千里马因为不被喂马者所识，被当作凡马来饲，故而"虽有千里之能，食不饱，力不足，才美不外见"。这就造成了恶性循环，因为不被识，所以饲养不得法，因为饲养不得法，无法展露其真正的才能，所以更不能被人认出其为千里马。这倒还罢了，更可恨者则是那些酿造此悲剧的"奴隶"们，他们居然还大言不惭地说："天下无马！"真真气煞人也！怪道作者高呼："其真无马邪？其真不知马也！"满腔愤慨喷薄而出。

　　全文运用比喻和拟人手法，生动形象，论证有力，气势尤为不凡。且字里行间，处处可见作者对千里马的怜悯和对残害千里马之人的痛恨。当然，千里马只是一个比喻，作者心中真正怜悯的是那些怀才不遇的有志之士，而真正痛恨的则是那些摧残人才的居上位之人。

师　说

韩愈

【题解】

　　《师说》大约创作于唐贞元十八年（802年），当时社会"师道日微"，"耻学于师"的不良风气盛行，韩愈为纠正这种风气而作此文。他在文中阐述了师的重要作用、从师学习的必要性和择师的原则，具有积极的进步意义。

【原文】

　　古之学者必有师。师者，所以传道①、受业、解惑也。人非生而知之者，孰能无惑？惑而不从师，其为惑也，终不解矣。生乎吾前，其闻道②也，固先乎吾，吾从而师之；生乎吾后，其闻道也，亦先乎吾，吾从而师之。吾师道也，夫庸知其年之先后生于吾乎？是故无贵无贱，无长无少，道之所存，师之所存也。

嗟乎！师道之不传也久矣！欲人之无惑也难矣。古之圣人，其出人也远矣，犹且从师而问焉；今之众人，其下圣人也亦远矣，而耻学于师。是故圣益圣，愚益愚。圣人之所以为圣，愚人之所以为愚，其皆出于此乎？爱其子，择师而教之；于其身也，则耻师焉，惑矣。彼童子之师，授之书而习其句读者也，非吾所谓传其道、解其惑者也。句读之不知，惑之不解，或师焉，或不焉，小学而大遗，吾未见其明也。巫医、乐师、百工之人，不耻相师。士大夫之族，曰师、曰弟子云者，则群聚而笑之。问之，则曰："彼与彼年相若③也，道相似也。位卑则足羞，官盛则近谀。"呜呼！师道之不复，可知矣。巫医、乐师、百工之人，君子不齿，今其智乃反不能及，其可怪也欤！

圣人无常师。孔子师郯子、苌弘、师襄、老聃。郯子之徒，其贤不及孔子。孔子曰："三人行，则必有我师。"是故弟子不必不如师，师不必贤于弟子，闻道有先后，术业有专攻，如是而已。

李氏子蟠，年十七，好古文，六艺经传皆通习之，不拘于时，学于余。余嘉其能行古道，作《师说》以贻之。

【注释】

①道：指孔孟哲学。
②闻道：出自《论语·里仁》："子曰：'朝闻道，夕死可矣。'"
③相若：相似，相近。

【译文】

古代求学的人一定有老师。老师就是传授道理、教授学业、释疑解惑的人。人不是生下来就懂道理、有知识的，谁能没有疑难问题呢？有疑难却不向老师求教，那些问题便永远不会解决了。比我年长的人，懂道理肯定比我早，我要跟着他学习；比我年轻的人，懂道理也可能比我早，我也要跟着这样的人学习。我要学习的是道理，哪管他比我年长还是年轻呢？所以，不论地位是尊还是卑，不论年龄是大还是小，道理在哪里，老师就在哪里。

唉！从师学习的传统已经失传很久了，要人们没有疑惑也是很难的。古代的圣人，远远超过一般人，尚且向老师请教；如今的普通人，比圣人不知差了多少，却以向别人学习为耻。所以圣人更加圣明，愚人更加愚蠢。圣人之所以成为圣人，愚人之所以成为愚人，大概都是这个缘故吧！人们疼爱自己的孩子，就请老师来教导他们；而自己呢，却耻于向老师请教，真是糊涂啊！那些儿童的老师，是教孩子们在读书的过程中怎样断句诵读的，不是我说的那种传授圣贤之人的道理、解答疑难问题的人。读书时不知道断句诵读，要跟老师请教，有了疑难问题，却不去问老师，小事学习，大事却置之不理，实在是太不明智了。巫医、乐师以及从事各种技艺的工匠，都不以互相学习为耻。士大夫之流，提到"老师""学生"的字眼，就一起嘲笑，问他们原因，回答说："年龄相仿，学问也相差不远。向比自己地位低的人学习，实在令人难堪，称比自己地位高的人为老师，又有阿谀奉承的嫌疑。"哎！从师学习的传统不能恢复，原因在这里就可见一斑。巫医、乐师以及从事各种技艺的工匠，是那些有地位的人一向看不起的，现在他们却没有这些人明智，实在是很奇怪。

圣人没有固定的老师。孔子曾经向郯子、苌弘、师襄、老聃当作老师来请教。郯子之类的人，不及孔子贤德。孔子曾经说："三个人走在一起，其中必定有可以做我老师的人。"所以，学生不一定不及老师，老师也不一定比学生有才华，明白圣贤之道有先有后，专业技能各有钻研，也就是这样罢了。

李家的孩子李蟠，今年十七岁，喜欢古文，六经经文及解释经文的著作都研习过，又不被耻学于师的习俗所约束，来向我学习。我赞许他能继承古人从师学习的传统，所以写了这篇《师说》送给他。

【评析】

《师说》是我国第一篇专论教师的名作，也是韩愈散文中一篇非常重要的论说文。"师说"，意思是说说从师学习的道理。

文章第一段即点出中心论点："古之学者必有师。"接着独树一帜地提出了"师"的职责："传道、受业、解惑也。"原来他听说的"师"，既不是专指学校老师，也不是"授之书而习其句读"的启蒙教师，而是指社会上学有所成、能够"传道、受业、解惑"的人。这一段，作者用"无贵无贱，无长无少，道之所存，师之所存"，强调师生是平等的，可以互相学习，矛头直指士大夫们的门第观念。

第二段用对比的方法，列举人们"爱其子，择师而教之；于其身也，则耻师焉""小学而大遗"以及士大夫甚至不及他们一向轻视的"巫医、乐师、百工"明智等奇怪现象，令人深思。

第三段文字较少，但是论述有力，作者援引孔圣人从师的经历及相关语录，得出学无常师、应不耻下问的结论，进一步阐述了师道。

第四段表面是介绍本文写作的原因，实际这个原因不过是触动韩愈发表议论，阐述从师求学道理的一个契机。

本文论证有据，说理透彻，论述了从师学习的必要性和原则，批判了当时社会"师道日微""耻学于师"的不良风气，表现出非凡的勇气和斗争精神。

进学解

韩愈

【题解】

《进学解》创作于唐宪宗元和八年（813年），当时韩愈正担任国子博士。他以师生对话的方式写下此文，假借学生之口为自己鸣不平，字里行间流露出怀才不遇的怅惘和仕途不顺的抑郁之情，委婉地批评了统治者不以才德取人的荒谬行径。

【原文】

国子先生晨入太学，招诸生立馆下，诲之曰："业精于勤，荒于嬉；行成于思，毁于随。方今圣贤相逢，治具①毕张，拔去凶邪，登崇俊良。占小善者率以录，名一艺者无不庸。爬罗剔抉②，刮垢磨光。盖有幸而获选，孰云多而不扬。诸生业患不能精，无患有司之不明；行患不能成，无患有司之不公。"

言未既，有笑于列者曰："先生欺余哉！弟子事先生，于兹有年矣。先生口不绝吟于六艺之文，手不停披于百家之编；纪事者必提其要，纂言者必钩其玄；贪多务得，细大不捐；焚膏油以继晷，恒兀兀以穷年。先生之业，可谓勤矣。觝排异端，攘斥佛老；补苴罅漏，张皇幽眇；寻坠绪之茫茫，独旁搜而远绍③；障百川而东之，回狂澜于既倒。先生之于儒，可谓劳矣。沉浸浓郁，含英咀华。作为文章，其书满家。上规姚姒，浑浑无涯；周《诰》殷《盘》，佶屈聱牙；《春秋》谨严，《左氏》浮夸；《易》奇而法，《诗》正而葩；下逮《庄》《骚》，太史所录，子云、相如，同工异曲。先生之于文，可谓闳其中而肆其外矣。少始知学，勇于敢为；长通于方，左右具宜。先生之于为人，可谓成矣。然而公不见信于人，私不见助于友，跋前疐后，动辄得咎。暂为御史，遂窜南夷。三年博士，冗不见治。命与仇谋，取败几时。冬暖而儿号寒，年丰而妻啼饥。头童齿豁，竟死何裨？不知虑此，反教人为？"

先生曰："吁！子来前！夫大木为杗④，细木为桷。欂栌、侏儒，椳、闑、扂、楔，各得其宜，施以成室者，匠氏之工也。玉札、丹砂、赤箭、青芝、牛溲、马勃、败鼓之皮，俱收并蓄，待用无遗者，医师之良也。登明选公，杂进巧拙，纡馀⑤为妍，卓荦为杰，校短量长，唯器是适者，宰相之方也。昔者孟轲好辩，孔道以明，辙环天下，卒老于行。荀卿守正，大论是弘，逃谗于楚，废死兰陵。是二儒者，吐辞为经，举足为法，绝类离伦，优入圣域，其遇于世何如也？今先生学虽勤而不由其统，言虽多而不要其中，文虽奇而不济于用，行虽修而不显于众。犹且月费俸钱，岁靡廪粟，子不知耕，妇不知织，乘马从徒，安坐而食。踵常途之役役，窥陈编以盗窃。然而圣主不加诛，宰臣不见斥，兹非其幸欤！动而得谤，名亦随之。投闲置散,乃分之宜。若夫商财贿之有亡,计班资之崇庳,忘己量之所称,指前人之瑕疵,是所谓诘匠氏之不以杙为楹,而訾医师以昌阳引年,欲进其豨苓也。"

【注释】

①治具:指法令。
②爬罗剔抉:这里指努力去发现,选择人才。
③绍:继承。
④亲:屋梁。
⑤纤馀:温婉潇洒的样子。

【译文】

　　国子学博士清晨走进国子监,召集学生站在学舍下面,教导他们说:"只有勤奋学习,学业方能精进,一味耽于玩乐,只会荒废学业;德行靠思考才能形成,人云亦云则会失败。当今之世,圣明的君主与贤能的大臣相遇,法令全部得以实施,惩奸除恶,提拔贤良。只要有点长处的人大多都会被录取,有一技之长的人更是不会遗漏。搜取人才,改变他们的缺点,发挥他们的长处。只有才能不够而侥幸入选的人,怎么会有才华横溢却无人举荐的人呢?同学们,你们只要担心学业不够精进,不要担心选拔人才的人不能慧眼识珠;只要担心德行不够完美,不要担心选拔人才的人不公平。"

　　话还没有说完,就有人在队列里笑着说:"先生在骗我们吧!我们侍奉先生,如今也有好几年了。先生从来没有停止吟诵'六经',两手终日翻着诸子百家的书籍;史籍一类的著作一定提取要点,立论一类的著作一定探索旨意;贪图多学,务求受益,大的小的都不舍弃;晚上点蜡烛继续白天的学习,终年刻苦用功。先生对于学业,可以说是够勤奋了吧。抵制、批驳异端邪说,排斥、反驳佛教与道家的学说;弥补、完善前人学说不足的地方,发扬光大精深微妙的义理;寻找衰落不振的儒家学说,独自广泛搜集,还要尽力继承;好像阻拦百川使它向东流,挽回已倒下去的巨浪一样。先生您对于发扬儒家的传统,可以算是有功劳了吧。沉浸在浓郁醇厚的书籍里,仔细地品尝咀嚼其中的精华。写作的文章,堆满了房间。向上取法《虞书》和《夏书》,深远博大,无边无际;《周书》和《盘庚》,文辞艰涩拗口,难以读懂;《春秋》褒贬非常严谨,《左传》文辞铺张;《易经》变化奇妙而有法则,《诗经》思想纯正而辞采华美;向下取法《庄子》《离骚》,司马迁的《史记》,扬雄、司马相如的著述,都是辞章、言论各异,但同样精彩。先生的文章可以说是内容博大精深,文辞气势奔放、波澜壮阔。先生少年时代就懂得主动学习,敢作敢为;成年之后明白事理,处理各种事情,无不合宜。先生做人,可以说是具备了美好的品质。然而,先生在公的方面不被信任,在私的方面没有朋友相助,您进退两难,稍有不慎就获罪。刚当上御史就被贬到南方的偏远地区。做了三年博士,职务闲散表现不出政绩。命运就像跟您有仇似的,让您屡次遭受挫折。冬天天气还算暖和的时候,您的儿女就为缺衣少穿而哭着喊冷;丰收之年,您的妻子却仍为粮食不够喊饿。您的头顶秃了,牙齿缺了,这样一直到死,能得到什么好处呢?您不知道想想这些,为什么反而来教训别人呢?"

先生说:"唉,你到前面来!大的木材做屋梁,小的木材做瓦椽。壁柱、斗拱和梁上短木,门把和门闩,门旁的经木、门中央的短木,都量材使用,各适其宜而建成房屋,这是工匠的技巧。地榆、朱砂、天麻、龙芝、牛尿、马屁菌,以及年久败坏的鼓皮,全都收集起来,一起储藏,等到需要的时候就没有拿不出来的,这是医师的本事。提拔人才公正无私,聪明的人和笨拙的人都能得到合理的利用。有的人因谦和而美好,有的人因豪放而杰出,了解各人的短处,明确各人的长处,按照他们的能力分配适当的任务,这是宰相的高明之处。从前孟子能言善辩,使孔子的思想得到明确阐释,他周游天下,最后在游说途中死去。荀子坚守儒家思想体系,弘扬博大精深的理论,因为躲避谣言去了楚国,最后还是丢了官,死在兰陵。这两位大儒,言论都是经典,行动都是法则,根本不是一般人所能攀比的,如此卓越、杰出以至于达到了圣人的境界,可是他们在世上的遭遇又怎样呢?如今我虽然学习勤奋,却不能遵循儒家学说的道统;言论虽多,却不能命中要害;文章虽然写得出奇,却没有实际用处;处事虽然有修养,却并没有比一般人好多少。尚且每月、每年浪费国家的俸禄、耗费仓库里的粮食,子女不会耕地,妻子不会织布,出门有车有马,还有仆人侍候,安安稳稳地坐着吃饭。疲劳不休地按常规做事而无特殊表现,在古书里抄袭老话却没有新的见解。可是圣明的君主却不加惩处,宰相大臣也没有加以训斥、驱逐,这难道不是一种幸运吗?有一点行动就受到谣言攻击,声誉也跟着受损。做着闲职,实在是很合适。若还介意财物有无,计较官位高低,忽略了自己能胜任什么职务,而去指出上级的不是,这就等于责备工匠为什么不用小木桩去做房柱,等于毁谤医师想用猪苓去利尿而不是用菖蒲达到延年益寿的目的啊!"

【评析】

本文是韩愈在长安任国子学博士时创作的。进学,意思是勉励学生刻苦学习、追求进步;解的意思是解说、分析。本文采用先生劝学、学生质问、先生再予解答的形式进行阐述,故名《进学解》,实际上是作者抒发怀才不遇之情的愤懑之作。

全文分三个部分：先生劝勉学生、学生质问先生、先生回答学生。作者借用辞赋的对话形式，糅进了反话正说的讽刺手法，把自己的愤愤不平表达得委婉曲折、含而不露，表现了封建时代正直而有才华的知识分子的苦闷，也暗含对执政者用人不公的讽刺。

文章辞采丰富，语言精练，新词警语，层出不穷，"贪多务得""细大不捐""含英咀华""佶屈聱牙""同工异曲""动辄得咎""俱收并蓄"等成语以及"业精于勤，荒于嬉；行成于思，毁于随"等警句贴切凝练，发人深思，体现了作者在文学语言方面惊人的创造能力。

本文是一篇说理散文。韩愈作为散文大家，也非常推崇汉代文学家扬雄的辞赋，因而在写作过程中对扬雄的《解嘲》《解难》等名篇有所借鉴，但是摆脱了汉赋、骈文中常见的晦涩呆板、堆砌辞藻等缺点，又大量使用整齐排比的句式，将辞赋的整饬美和散文的错综美和谐地统一起来，读来声韵铿锵，朗朗上口，大大增强了文章的艺术魅力，故此文可以看作《阿房宫赋》和《赤壁赋》的前驱之作。

圬者王承福传

韩愈

【题解】

王承福是长安的一名泥瓦匠，行事怪异。他自己既有战功，也有官勋，但不去做官，而甘愿做市镇中的一个泥瓦匠。在他的生活哲学中，自食其力、独善其身是最幸福的。韩愈认为他的话对自己有警示作用，遂作此传，以时刻反省自己。

【原文】

圬之为技，贱且劳者也。有业之，其色若自得者。听其言，约而尽。问之，王其姓，承福其名，世为京兆长安农夫。天宝之乱，发人为兵。持弓矢十三年，有官勋，弃之来归，丧其土田，手镘衣食，余三十年。舍于市之主人，而归其屋食之当焉。视时屋食之贵贱，而上下其圬之佣以偿之。有余，则以与道路之废疾饿者焉。

又曰："粟，稼而生者也，若布与帛，必蚕绩而后成者也；其他所以养生之具，皆待人力而后完也，吾皆赖之。然人不可遍为①，宜乎各致其能以相生也。故君者，理我所以生者也；而百官者，承君之化者也。任有大小，惟其所能，若器皿焉。食焉而怠其事，必有天殃，故吾不敢一日舍镘以嬉。夫镘易能，可力焉，又诚有功。取其直，虽劳无愧，吾心安焉。夫力易强而有功也，心难强而有智也；用力者使于人，用心者使人，亦其宜也。吾特择其易为而无愧者取焉。

"嘻！吾操镘以入富贵之家有年矣。有一至者焉，又往过之，则为墟矣；有再至、三至者焉，而往过之，则为墟矣。问之其邻，或曰：噫！刑戮也。或曰：身既死，而其子孙不能有也。或曰：死而归之官也。吾以是观之，非所谓食焉怠其事而得天殃者邪？非强心以智而不足、不择其才之称否而冒之者邪？非多行可愧、知其不可而强为之者邪？将富贵难守，薄功而厚飨②之者邪？抑丰悴有时、一去一来而不可常者邪？吾之心悯焉，是故择其力之可能者行焉。乐富贵而悲贫贱，我岂异于人哉？"

又曰："功大者，其所以自奉也博。妻与子，皆养于我者也。吾能薄而功小，不有之可也。又吾所谓劳力者，若立吾家而力不足，则心又劳也。一身而二任焉，虽圣者不可为也。"

愈始闻而惑之，又从而思之，盖贤者也，盖所谓独善其身者也。然吾有讥焉，谓其自为也过多，其为人也过少。其学杨朱之道者邪？杨之道，不肯拔我一毛而利天下。而夫人以有家为劳心，不肯一动其心以蓄其妻子，其肯劳其心以为人乎哉？虽然，其贤于世之患不得之而患失之者，以济其生之欲，贪邪而亡道、以丧其身者，其亦远矣！又其言有可以警余者，故余为之传，而自鉴焉。

【注释】

①遍为：一样一样地去做。
②飨：通"享"。

【译文】

粉刷墙壁作为一种职业，不仅卑贱而且辛苦。有个以此为职业的人，看他的样子似乎很得意。听他说话，言简意赅。问他，他说他姓王，名叫承福，家中世代都是京兆长安的农民。天宝年间安史之乱时，朝廷征发百姓去当兵，他手持弓箭在军队中待了十三年，还获得了官职，回来后却辞官回了家乡。因为丧失了农田，他只好靠瓦刀维持生计。此后三十多年，他都住在雇主家里。他根据当时的房租与伙食的贵贱而增减自己做泥瓦匠的工钱，以此偿付雇主为他提供的衣食住行。如果有剩余，就送给街上的残疾、病患和饥饿之人。

他还说："粮食，只有经过种植才能收获，就像布匹和丝绸，必须经过养蚕纺织然后才能制成。其他的用来维持生计的东西，都必须等人们劳动之后才能制成。这些都是我们赖以生存的东西。但人们不可能每一样都亲自动手制成，应该每个人都尽其所能去做他能做的工作，以此相互协作相互供养。所以身为君主，应当治理好国家使百姓得以生存；而百官，就要奉行君主的法令来教化百姓。责任的大小，只是根据自身的能力来定，就像器皿，大小不同，作用不同。只知道吃却懒怠做事，就必然会遭到天谴。所以，我不敢有一日放下瓦刀嬉戏游荡。粉刷墙壁，是很容易做的力气活，而且也确实有功效，能取得应得的报酬，这些都是劳动所得，问心无愧，心安理得。力气活，是很容易通过努力就能见成效的，但心智，却难以勉强拥有。体力者被人指挥，脑力者指挥别人，这也是应当的。我只是选择容易做到且问心无愧的事情以此获取酬劳罢了。

"唉！我手持瓦刀出入富贵人家也有好几年了。有的人家，我只去了一次，后来从那里经过，居然都变成了废墟；有的一而再、再而三地去，后来经过时，发现也变成了废墟。问他们的邻居，有的说：唉！他们遭受了刑戮。有的说：屋主死了，他们的子孙不能保住家业啊。有的说：屋主死了，财产都抄没入官了。我由此知道，这不就是所谓的只知道吃却懒怠做事，最后遭受天谴的吗？这不就是勉强去做自己智力达不到的事，不依据其才能而盲目去做自己不能做的事情吗？这不就是做多了问心有愧、知其不可而强力为之吗？也或许是富贵难以保守、功劳小却享受优厚造成的吧。抑或财富自有时运，来来去去地不能常相持有吧。我心里怜悯这些人，所以选择自己能力所及的事情做。以富贵为乐，以贫贱为悲，这点难道我和普通人不一样吗？"

他还说："功劳大的人，他可以用来奉养自己的东西自然就多。妻子与儿女，都是需要供养的。我的能力单薄而功劳微小，没有妻子和子女也是可以的。况且像我这样靠体力劳动维持生活的人，如果建立了自己的家庭而能力又不够，那么心就要受劳累了。一个人肩负两副重担，即便是圣人也做不到啊。"

我起初听他的话感到十分迷惑，思考之后，又觉得他真是贤人，他大概就是那种能独善其身的人吧。但是，我对他还是有所不满，我认为他为自己考虑的很多，而为他人考虑的很少。难道他奉行的是杨朱之道吗？所谓杨朱之道，就是不愿拔自己一根毫毛，以有利于天下。奉行杨朱之道的人认为，有一个家庭是很劳累的事情，于是就不肯费心养活自己的妻子和儿子，这样的人还会为别人劳神费心吗？当然，这种人比起那些既担心自己得不到又担心自己失去的人贤良得多，比那些为了满足自己的欲望贪求不止，丢掉道义，以致丧失性命的人也贤良得多。此外，他还有很多话使我警戒，所以我为他写传，也含有自鉴的意思。

【评析】

本文作于安史之乱后。此时"藩镇割据""宦官专政"，统治阶级内部相互倾轧，当政者无心国政，国内战乱不断，百姓流离失所、苦不堪言。在这样的历史背景下，作者借由王承福之口，真实再现了当时的社会景象，并肯定了像王承福这样自食其力的劳动者，痛斥了那些不劳而获者、"多行可愧"者以及"薄功而厚飨"者。

王承福参过军并有过官勋，后来他主动放弃了俸禄回乡做了一个自食其力的泥瓦匠。在作者笔下，他是一个悠然自得、知足常乐之人。他虽然没有什么学问，但他有一套自己的生活哲学。他能由人们依赖的很多东西都需人力去完成，但一个人不能什么都去生产，提出"各致其能以相生"的主张，而且还将自己的工作简单总结为"吾特择其易为而无愧者取焉"。这是非常难能可贵的。此外，王承福通过他人的成败得失，参透人生的盛衰时运不可能一成不变的真理，进而选择力所能及的事情做。这样朴素的人生观也颇值得人们学习。

　　本文中的王承福是真有其人还是作者杜撰的，并不重要，重要的是王承福的主张和人生观给了作者很多有益的启示因而作者不惜笔墨为他作传，望能自鉴，继而使人鉴。

讳　辩

韩愈

【题解】

　　唐朝时，社会上对君主与尊长名字的避讳达到十分严重的地步，给人们的言行戴上了沉重的枷锁。李贺的父亲名晋肃，因"晋""进"同音，为避父讳，李贺不能参加进士科的考试。韩愈不以为然，劝说李贺参加，遭到众人的诽谤。面对这种陈腐风气，韩愈痛心疾首，遂作《讳辩》，无情地抨击了这种社会弊病。

【原文】

　　愈与李贺书，劝贺举进士。贺举进士有名，与贺争名者毁之，曰："贺父名晋肃，贺不举进士为是，劝之举者为非。"听者不察也，和而倡之，同然一辞。皇甫湜曰："若不明白，子与贺且得罪。"愈曰："然。"

　　律曰："二名不偏讳。"释之者曰："谓若言'徵'不称'在'，言'在'不称'徵'是也。"律曰："不讳嫌名。"释之者曰："谓若'禹'与'雨'、'丘'与'蓲'之类是也。"今贺父名晋肃，贺举进士，为犯二名律乎？为犯嫌名律乎？父名晋肃，子不得举进士，若父名"仁"，子不得为人乎？夫讳始于何时？作法制以教天下者，非周公、孔子欤？周公作诗不讳，孔子不偏讳二名，《春秋》不讥不讳嫌名。康王钊之孙，实为昭王。曾参之父名晳，曾子不讳"昔"。周之时有骐期，汉之时有杜度，此其子宜如何讳？将讳其嫌，遂讳其姓乎？将不讳其嫌者乎？汉讳武帝名"彻"为"通"，不闻又讳车辙之"辙"为某字也。讳吕后名"雉"为"野鸡"，不闻又讳治天下之"治"为某字也。今上章及诏，不闻讳"浒""势""秉""机"也[①]。唯宦官宫妾，乃不敢言"谕"及"机"，以为触犯。士君子立言行事，宜何所法守也？今考之于经，质之于律，稽之以国家之典②，贺举进士为可邪？为不可邪？

凡事父母，得如曾参，可以无讥矣；作人得如周公、孔子，亦可以止矣。今世之士，不务行曾参、周公、孔子之行，而讳亲之名则务胜于曾参、周公、孔子，亦见其惑也。夫周公、孔子、曾参，卒不可胜，胜周公、孔子、曾参，乃比于宦者宫妾，则是宦者宫妾之孝于其亲，贤于周公、孔子、曾参者邪？

【注释】

①"浒""势""秉""机"：四字与唐高祖李渊之父（名虎）、太宗李世民、世祖李昞、玄宗隆基名同音。

②国家之典：此处指典籍中有关前代避讳的种种记载，唐代法律中有关避讳的规定。

【译文】

我写信给李贺，劝他参加科举考试。李贺参加进士考试后榜上有名，与他争名的人就诽谤他说："李贺的父亲名叫晋肃，李贺不参加进士考试是正确的，劝他参加考试的人错了。"在旁听的人没有多加分辨，就随声附和，同执一辞。皇甫湜说："如果不把事情说清楚，你和李贺都会因此获罪。"我说："是的。"

律令上说："两个字的名字，无需对两个字都加以避讳。"解释律文的人说："譬如孔子母亲的名字'徵在'，孔子讲'徵'的时候就不说'在'，说'在'的时候就不说'徵'。"律令上还说："声音相近的名字无须避讳。"解释律文的人说："譬如'禹'和'雨'、'丘'和'蓲'之类的字。"如今，李贺父亲的名字叫晋肃，李贺参加进士考试，是违反了"二名律"呢？还是违反了"嫌名律"呢？父亲的名字如果叫晋肃，儿子就不能参加科举考试，那如果父亲的名字叫"仁"，儿子是不是就不能为人了？避讳制度始于什么时候？制定法制用来教化天下百姓的，难道不是周公和孔子吗？周公作诗不加避讳，孔子对母亲名字中的两个字也不同时避讳，《春秋》之中也不讥刺那些不避讳名字的人。周康王钊的孙子，谥号就是昭王。曾参父亲名叫晳，曾子也不避讳说"昔"。周朝时有个叫骐期的人，汉朝有个叫杜度的人，他们的名字让他们的儿子怎么避讳？难不成为了避讳和名字读音相近的字，连姓氏都一起避讳了吗？还是不避讳和名字读音相近的字呢？汉代时为了避讳汉武帝的名字"彻"，就将其改为"通"，但不曾听说将车辙的"辙"字也避讳为别的字。因避讳吕后的名字"雉"而将其改为"野鸡"，但不曾听说将治理天下的"治"也避讳为别的字。现在，呈给皇帝看的诏书中，也没有听说过要避讳"浒""势""秉""机"这些字。只有那些宦官和宫妃们才不敢说"谕"和"机"字，认为这样是触犯了皇上。那些士人和君子们行事，应当遵守何种礼法呢？今天，不论考据经书、查询律文，还是查核国家典制，李贺参加科举考试，究竟可以不可以呢？

凡是侍奉父母如同曾参那样，就可以免除非议；做人如同周公、孔子那样，也算到达顶峰了。现在的士人，不以曾参、周公、孔子为榜样学习他们的德行，却在对父母亲人名字的避讳上力争胜过曾参、周公和孔子，可见他们的糊涂。因为周公、孔子、曾参他们是不可超越的，想在名字避讳上胜过这些人，只能与宦官及宫妃们相互媲美。如此说来，岂不是宦官和宫妃们在孝敬亲人方面，比周公、孔子和曾参还要贤良了吗？

【评析】

本文驳论相当出彩，作者将其一身凛然正气倾注进了全文，文中的每一个字似乎都是他刚毅风骨的体现。

作者为了反驳那些指责李贺不应参加进士考试的人，引经据典，论证了李贺参加科举考试与犯讳一事毫无关联。其论据充足，论证有力，将那些企图阻挠李贺参加进士考试的人驳得体无完肤。

首段，作者交代了作此文的缘由，同时也自然引出自己所驳斥的错误观点。第二段、第三段则列举大量事实对错误观点进行批驳。作者先引"二名律"和"嫌名律"两条律文，说明李贺此举没有违反律令，铁证如山，不容辩驳。然后他又举出周公、孔子、曾子、杜度、汉武帝等人不讲避讳的实例，反衬当时人一味追求避讳、不知变通的愚昧思想，进一步证明了李贺参加进士考试没有犯讳。在第三段的最后，作者举出当今皇帝的诏书以及臣子的奏章，以近在眼前的实例批驳那些无理取闹之人，给他们以当头棒喝。

全文最后一段，作者以大发感慨的方式，讥讽了那些所谓的"今世之士"，可谓酣畅淋漓。

文中有多处运用设问、反问等句式，增强了语言的表达效果。加之作者语言犀利，笔锋矫健，今日读来仍觉振聋发聩。

争臣论

韩愈

【题解】

争臣，就是能直言诤谏的大臣。阳城生活在唐德宗时，开始在中条山隐居，后因人品、学识为人敬重，被举为谏官。担任谏官五年，他一直附和皇帝，没有尽到谏官的职责。韩愈因此作《争臣论》对他进行批判。

据说阳城看到此文后，大受刺激，从而改变了自己的处世态度。后来陆贽被诬陷时，阳城不顾个人安危竭力"谏诤"，还阻止皇帝任命奸臣裴延龄为宰相。于是韩愈在写《顺宗实录》时，又肯定了阳城后来的行为，此乃后话。

【原文】

或问谏议大夫阳城于愈："可以为有道之士乎哉？学广而闻多，不求闻于人也。行古人之道，居于晋之鄙。晋之鄙人熏其德而善良者几千人。大臣闻而荐之，天子以为谏议大夫。人皆以为华，阳子不色喜。居于位五年矣，视其德如在野，彼岂以富贵移易其心哉！"

愈应之曰："是《易》所谓恒其德贞而夫子凶者也。恶得为有道之士乎哉？在《易·蛊》之上九云：'不事王侯，高尚其事。'《蹇》之六二则曰：'王臣蹇蹇，匪躬之故。'夫亦以所居之时不一，而所蹈①之德不同也。若《蛊》之上九，居无用之地，而致匪躬之节；以《蹇》之六二，在王臣之位，而高不事之心，则冒进之患生，旷官之刺兴。志不可则，而犹不终无也。今阳子在位不为不久矣，闻天下之得失不为不熟矣，天子待之不为不加矣，而未尝一言及于政。视政之得失，若越人视秦人之肥瘠，忽焉不加喜戚于其心。问其官，则曰'谏议'也；问其禄，则曰'下大夫之秩也'；问其政，则曰'我不知也'。有道之士，固如是乎哉？且吾闻之：'有官守者，不得其职则去；有言责者，不得其言则去。'今阳子以为得其言乎哉？得其言而不言，与不得其言而不去，无一可者也。阳子将为禄仕乎？古之人有云：'仕不为贫，而有时乎为贫，谓禄仕者也。'宜乎辞尊而居卑，辞富而居贫，若抱关击柝者可也。盖孔子尝为委吏矣，尝为乘田矣，亦不敢旷其职，必曰：'会计当而已矣。'必曰：'牛羊遂而已矣。'若阳子之秩禄，不为卑且贫，章章②明矣，而如此其可乎哉？"

或曰："否，非若此也。夫阳子恶讪③上者，恶为人臣招其君之过而以为名者。故虽谏且议，使人不得而知焉。《书》曰：'尔有嘉谟嘉猷④，则入告尔后于内，尔乃顺之于外，曰："斯谟斯猷，唯我后之德。"'夫阳子之用心，亦若此者。"

愈应之曰："若阳子之用心如此，滋所谓惑者矣。入则谏其君，出不使人知者，大臣宰相者之事，非阳子之所宜行也。夫阳子本以布衣隐于蓬蒿之下，主上嘉其行谊，擢在此位。官以谏为名，诚宜有以奉其职，使四方后代知朝廷有直言骨鲠之臣，天子之不僭赏从谏如流之美。庶岩穴之士，闻而慕之，束带结发，愿进于阙下而伸其辞说，致吾君于尧舜，熙鸿号于无穷也。若《书》所谓，则大臣宰相之事，非阳子之所宜行也。且阳子之心将使君人者恶闻其过乎？是启之也。"

或曰："阳子之不求闻而人闻之，不求用而君用之，不得已而起，守其道而不变，何子过之深也？"

　　愈曰："自古圣人贤士皆非有求于闻、用也。闵其时之不平，人之不乂，得其道，不敢独善其身，而必以兼济天下也。孜孜矻矻，死而后已。故禹过家门不入，孔席不暇暖，而墨突不得黔。彼二圣一贤者，岂不知自安佚之为乐哉？诚畏天命而悲人穷也。夫天授人以贤圣才能，岂使自有余而已？诚欲以补其不足者也。耳目之于身也，耳司闻而目司见，听其是非，视其险易，然后身得安焉。圣贤者，时人之耳目也。时人者，圣贤之身也。且阳子之不贤，则将役于贤以奉其上矣。若果贤，则固畏天命而闵人穷也，恶得以自暇逸乎哉？"

　　或曰："吾闻君子不欲加诸人，而恶讦以为直者。若吾子之论，直则直矣，无乃伤于德而费于辞乎？好尽言以招人过，国武子之所以见杀于齐也，吾子其亦闻乎？"

　　愈曰："君子居其位，则思死其官；未得位，则思修其辞以明其道。我将以明道也，非以为直而加人也。且国武子不能得善人，而好尽言于乱国，是以见杀。《传》曰：'唯善人能受尽言。'谓其闻而能改之也。子告我曰：'阳子可以为有道之士也。'今虽不能及已，阳子将不得为善人乎哉？"

【注释】

①蹈：践，此处为履行、实行之意。
②章章：鲜明的意思。
③讦：毁谤。
④猷：谋划。

【译文】

　　有人询问我关于谏议大夫阳城的事情，说："他可以算是有道之士吗？他学识渊博，见多识广，又不求闻名于世。他践行古人之道，居住在晋地边境。晋地边境的市井百姓们因受到他德行的熏陶，善良之人多达数千。大臣们有人听说了，就举荐他入朝为官，皇上任命他为谏议大夫。人人都认为这是一件荣耀的事情，但是阳先生却没有因此而喜形于色。他任职谏议大夫有五年了，看他的品德似乎与隐居在野时无异。他怎么会因为富贵而改变心志呢！"

　　我回答他们说："这就是《易经》上所说的，恒久地保持一种德行却不懂得因时而异，这对士大夫们来说是很危险的。阳城又怎么算得上是有道之士呢？《易经·蛊卦》的'上九'爻辞说：'不愿侍奉王侯，只求保持自己节操的高尚。'《易经·蹇卦》的'六二'爻辞又说：'臣子们不畏艰险犯颜直谏君主，是因为他们奋不顾身的缘故。'这不就是因为所处时间场合不同了，就践行不同的德行吗？就如《蛊卦》的'上九'爻所说，处于未被任用之时，却去践行奋不顾身的德行；再如《蹇卦》的'六二'爻所说，处在臣子的职位，却保持着高尚的节操而不去侍奉君主，那么冒求仕进的祸患就会产生，旷废职责的讥刺就会兴起。此种心志断不可仿效，否则最终也会无法幸免于罪。现在阳先生担任谏议大夫的时间已不算短了，对于国家政治措施的正确与过错不能说不了解，而且皇上对他也不能说不加以重视，但是却不曾见他说过一句有关国家政局的事情。他看国家政治措施的正确与错误，仿佛越国人看秦国人的胖瘦一样，丝毫不能引发他的喜悦与悲伤之情。问他的官职是什么，他说：'谏议大夫。'问他的爵禄是多少，他便说：'与天下所有谏议大夫的品级一样。'问他有关国家政治的事情，他会说：'我不知道。'有道之士，难道就是这样的吗？我听说过：'有官位的人，如果不能履行职责就应当辞去官职；有进谏职责的人，如果不能适时地提出谏言也应当辞去官职。'现在阳先生自认为他适时地提出谏言了吗？应当提出谏言却不提，与不能提出谏言却不辞去官职，这两种做法没有一种是可取的。阳先生难道是为了爵禄而为官的吗？古代的贤士曾经说过：'做官不是因为贫穷，但有时候也有因为贫穷而做官的，这指的就是那些为了俸禄而做官的人。'应当辞去较为尊贵的职位，担任较为卑贱的职位，抛弃富贵而安居于贫困，比如当个守门之人或者巡夜之人就可以了。孔子曾做过管理粮食的小官，也曾做过管理畜牧的小吏，不论做什么他都未敢玩忽职守，且一定会说：'只有做到会计核对无误才能算是完成工作。'还必定会说：'牛羊都顺利长大才算完成任务。'像阳先生那样的爵禄品级，不能算是卑贱且贫穷的了，这是很明显的，但是他却如此行事，这样可以吗？"

　　有人说："不，不是这样的。阳先生厌恶诽谤君主的人，也厌恶身为人臣却以宣扬君主的过错而获取名声的人。所以，他虽然向皇上进献谏言和建议，但是都不让人知道。《尚书》中说：'你有好的计策和好的谋划，就应当入宫秘密地告诉你的君主，在公开场合则告诉别人，说："这个好计策和好谋划都是我们君主自己想出来的。"'阳先生的用心，就是这样的。"

　　我回答他说："如果阳先生的用心是这样的，那么他就更糊涂了。在内劝谏他的君主，在外却不让人知道，这是大臣宰相应做的事情，不是身为谏议大夫的阳先生所应当做的。阳先生本是一介平民，隐居在山野之中，皇上欣赏他的德行，因而提拔他做了谏议大夫。官以谏为名，就应当奉行谏的职责，使四方百姓和子孙后代知道朝廷有敢于直言的骨鲠之臣，使皇上获得不滥行赏赐和能从谏如流的美名。这就会使隐居于高山岩穴中的士人们听说后对君主产生钦慕之心，于是束起腰带，盘好头发，甘愿到朝廷中陈说他们的见解，致使皇上成为尧舜那样的明君，使他的美名流传千古。就像《尚书》中所说，大臣宰相应做的事情，不是阳先生应当做的。况且，阳先生如此用心，会使做君主的人厌恶听到自己的过失吧？只能在这方面使君主受到启发罢了。"

有人说："阳先生不求闻名于世但世人却都知道他，不求入仕皇上却任用了他，他也是不得已才做了官，所以遵守他的道义而不改变，为何您却对他苛责如此之深呢？"

我说："自古以来，圣人贤士都不是因为追求闻名于世而被任用的。他们怜悯自己所处时代的动荡不平，社会得不到治理，在自己有了道德和学问以后，不敢独善其身，而是一定要兼济天下。他们勤勤恳恳，鞠躬尽瘁，死而后已。所以，大禹治水时三过家门而不入；孔子席不暇暖地周游列国宣传儒道；墨子从不安居一处，总是在所住房屋的烟囱未被熏黑之时就离开了。这两个圣人、一个贤人，难道不知道享受安逸的生活吗？他们是因为敬畏天命，且悲悯天下的穷苦百姓啊。上天授予人贤圣的才能，难道是为了让他们自己安享吗？实在是想经由他们以弥补他人的不足啊。耳朵和眼睛对于人们来说，耳朵掌管听觉而眼睛掌管视觉，耳朵辨清是非，眼睛分辨安危，然后才能使身体得以保全。圣贤之人，就仿佛是天下百姓们的耳朵和眼睛；百姓们就仿佛是圣贤之人的身体。况且，阳先生如果不是贤人，就应当被贤人所役使以侍奉君主；如果是贤人，就应当敬畏天命而怜悯穷苦百姓。怎能独享安逸、自在快活呢？"

有人说："我听说君子都不把自己的想法强加在别人身上，而且厌恶那种以攻讦别人而自诩正直的人。像您这样的论述，虽然直率，却未免损伤道德且浪费口舌了吧？喜好不加掩饰地揭发他人全部的过错，这就是国武子被齐国杀害的原因啊，您大概也听说过此事吧？"

我回答说："君子居于官位，就应当考虑到会以身殉职；没有居于官位，就应当完善自己的文辞以阐明他所信奉的道理。我只是阐明我的道理，而不是自以为自己正直就妄加指责他人。国武子没有遇见贤士，却喜好在秩序不太严的国家去畅言不讳，因此被杀。《春秋外传》中说：'只有善人方能完全接受别人的直言不讳。'这说的是他们听闻自己的过错后能加以改正。您告诉我：'阳先生是有道之士。'现在他虽然还不能达到这样的境界，难道他将来也不能成为一个有道之士吗？"

【评析】

本文谋篇布局极为严谨，作者为突显气势，在行文上大费工夫，层层深入，前后呼应，让人印象颇深。

文章在写法上采用问答的形式。作者假想他在与阳城的拥护者对话，然后两人就当前时政展开问答。作者不仅全面论证了一个谏议大夫应尽的职责，还对因"所有者缺位"所导致的民风不振、国政不清等问题提出了自己的建议，并提出圣贤之人应兼济天下的主张。这些对后世之人具有很大的借鉴意义。

文中所论之人为当朝的谏议大夫，文中所论之事也是当朝实有之事。对此真人真事，作者批驳起来却毫不避讳，而是坦率真诚地表达了自己的看法，足见其为人坦荡和勇敢率真。

但本文也存在一定的弊病。因作者所论观点太多，为了兼顾各个论点，只能进行全面论述，因而无形中就使文章的主题不够突出。所以本文在韩愈众多的作品中，称不上上等之作。

与于襄阳书

韩愈

【题解】

于襄阳，名顿，字允元，曾做过襄阳大都督，所以也称于襄阳。唐德宗贞元十四年（798年）九月，他以工部尚书出任山南东道节度使。贞元十七年（801年），韩愈担任署理国子监四门博士，开始京官生涯。但博士是个闲职，地位不高，无法施展政治抱负，因此，他写信给于襄阳请求引荐。

在这封信中，韩愈表达了两个观点，即晚辈想要扬名于世、成就一番事业，需要前辈的帮扶；而前辈的盛名也需要晚辈来传承。本文情真意切，十分动人。

【原文】

七月三日，将仕郎守国子四门博士韩愈，谨奉书尚书阁下。

士之能享大名、显当世者，莫不有先达之士、负天下之望者为之前焉；士之能垂休光①，照后世者，亦莫不有后进之士、负天下之望者为之后焉。莫为之前，虽美而不彰；莫为之后，虽盛而不传。是二人者，未始不相须也。然而千百载乃一相遇焉。岂上之人无可援、下之人无可推欤？何其相须之殷而相遇之疏也？其故在下之人负其能不肯诌其上，上之人负其位不肯顾其下。故高材多戚戚之穷，盛位无赫赫之光。是二人者之所为皆过也。未尝干之，不可谓上无其人；未尝求之，不可谓下无其人。愈之诵此言久矣，未尝敢以闻于人。

侧闻阁下抱不世②之才，特立而独行，道方而事实，卷舒不随乎时，文武唯其所用，岂愈所谓其人哉？抑未闻后进之士，有遇知于左右、获礼于门下者，岂求之而未得邪？将志存乎立功，而事专乎报主。虽遇其人，未暇礼邪，何其宜闻而久不闻也？

愈虽不材，其自处不敢后于恒人③。阁下将求之而未得欤？古人有言："请自隗始。"愈今者惟朝夕刍米仆赁之资是急，不过费阁下一朝之享而足也。如曰："吾志存乎立功，而事专乎报主，虽遇其人，未暇礼焉。"则非愈之所敢知也。世之龊龊④者既不足以语之，磊落奇伟之人又不能听焉，则信乎命之穷也！

谨献旧所为文一十八首，如赐览观，亦足知其志之所存。

愈恐惧再拜。

【注释】

①休光：盛美的光辉。
②不世：不是每代都有的。
③恒人：常人。
④龊龊：器量狭小，拘束于小节。

【译文】

七月三日，将仕郎署理国子监四门博士韩愈，恭敬地呈书信于尚书阁下。

读书人能够享盛名于天下、显扬于当世，莫不是因为有显赫通达、享有天下声望的前辈予以推举引荐；读书人能够名垂青史，莫不是因为有享有天下声望的后辈们予以支持称颂。如果没有前辈的推举引荐，那么后辈们即便才华横溢也无法闻名天下；如果没有后辈的支持称颂，那么前辈们即便盛极一时也无法留名后世。这两种人何尝不是彼此等待，然而总是千百年才能相遇一次。难道是因为上面无人可以援助、下面无人可以推荐吗？为什么他们如此殷切地彼此期盼，而相遇机会却如此稀疏呢？这是因为，居于下位的人自负于他的才能而不肯请求上位之人的举荐，而居于上位之人则依仗其地位不肯顾及下位之人。所以，很多才高八斗的读书人多因不得志而郁郁寡欢，而地位显赫的人也无法将其名声流传后世。这两种人的做法都是错的。不曾向上位之人请求，就不能说上面无人可以援助；不曾寻求下位之人，就不能说下面无人可以举荐。我韩愈讲这些话已经很久了，只是还未敢让他人听到。

我听说阁下您身怀不世之才，特立独行，德行端正且处世务实，进退有度不随波逐流，对文武官员也能做到量才而用。难道您就是我所说的显赫通达之人吗？但是我还未曾听过有后进之士，因受到您的赏识而能在您的门下受到礼遇。是寻求过但是没有得到吗？还是您志在立功，而专注于如何报答君主？所以，虽曾遇到过有才的后进之士，却因没有空暇而未给与其礼遇呢？为什么本应听到您礼遇后辈之事，却长久地没有听闻呢？

我韩愈虽然不才，但我对自己的要求从来不敢落后于一般人。您要寻求的人不是还未寻求到吗？古人有言："请从我郭隗开始吧。"我现在每天因为柴米、雇用仆人和租赁房屋的费用着急，而这些不过花费您一顿饭的费用而已。如果您说："我志在立功，而专注于如何报答君主，所以，虽曾遇到过有才的后进之士，却因没有空暇而未给与其礼遇。"那就不是我韩愈所敢于知道的了。世上的拘谨庸俗之人，我不屑于和他讲话，世上的磊落奇伟之人，又不能听我的话，那么我的命运该当如此穷困了！现谨以我之前所写的十八篇文章献给您，如果荣幸蒙您审阅，您就完全知道我的志向所在了。

韩愈诚惶诚恐，再拜致意。

【评析】

本文用词得当，文采斐然。作者在行文中极尽谦逊之能事，同时又未失文人的骨气，在写作艺术上确实有非凡表现。

文章起始，作者先论述在读书人中，前辈与后辈之间的相互关系，指出只有享有盛名的前辈对后辈推举引荐，后辈才能脱颖而出，显于当世，而只有享有盛名的后辈对前辈多多支持和推崇，前辈才能留名青史。这两者之间是相辅相成的关系。

论证完两者之间的关系，作者方回归现实、言归正传。他先是肯定了于襄阳就是享有盛名的前辈。接着又提出了"未闻后进之士有遇知于左右、获礼于门下者"的疑问。针对这个疑问，作者巧妙地做了两种假设：一是"岂求之而未得邪"；二是"将志存乎立功，而事专乎报主。虽遇其人，未暇礼邪"。这两个假设之所以巧妙，是因其为作者的自我举荐埋下了伏笔。作者假设完毕，又对其一一进行回答。针对"求而未得"的假设，作者巧用典故，进行了毛遂自荐。针对第二个假设，作者则表示了自己的遗憾和无可奈何，言辞间分寸把握十分得当。

结尾处，作者以"世之龊龊者既不足以语之，磊落奇伟之人又不能听焉"一句，呼应前文"愈之诵此言久矣，未尝敢以闻于人"一句，有开有合，完整严谨。

送孟东野序

韩愈

【题解】

本文是韩愈为孟郊去江南就任溧阳县尉而做的一篇临别赠序。孟郊，字东野，湖州武康（今浙江德清）人，中唐杰出诗人。他颇有才华，但仕途不顺，曾多次参加考试而未能及第，直到四十六岁才考中进士，五十岁时才担任溧阳县尉。韩愈也是郁郁不得志之人，在好友赴任之际写下此文，主要是为了鼓励和安慰好友，同时也借以抒发对统治者埋没人才的不满。

【原文】

大凡物不得其平则鸣。草木之无声，风挠之鸣。水之无声，风荡之鸣。其跃也或激之，其趋也或梗之，其沸也或炙之。金石之无声，或击之鸣。人之于言也亦然，有不得已者而后言，其歌也有思，其哭也有怀。凡出乎口而为声者，其皆有弗平者乎！

乐也者，郁于中而泄于外者也，择其善鸣者而假之鸣。金、石、丝、竹、匏、土、革、木八者，物之善鸣者也。维天之于时也亦然，择其善鸣者而假之鸣。是故以鸟鸣春，以雷鸣夏，以虫鸣秋，以风鸣冬。四时之相推夺①，其必有不得其平者乎！

其于人也亦然。人声之精者为言，文辞之于言，又其精也，犹择其善鸣者而假之鸣。其在唐、虞，咎陶、禹，其善鸣者也，而假以鸣。夔弗能以文辞鸣，又自假于《韶》以鸣。夏之时，五子以其歌鸣。伊尹鸣殷，周公鸣周。凡载于《诗》《书》六艺，皆鸣之善者也。周之衰，孔子之徒鸣之，其声大而远。传曰："天将以夫子为木铎。"其弗信矣乎？其末也，庄周以其荒唐②之辞鸣。楚，大国也，其亡也，以屈原鸣。臧孙辰、孟轲、荀卿，以道鸣者也。杨朱、墨翟、管夷吾、晏婴、老聃、申不害、韩非、慎到、田骈、邹衍、尸佼、孙武、张仪、苏秦之属，皆以其术鸣。秦之兴，李斯鸣之。汉之时，司马迁、相如、扬雄，最其善鸣者也。其下魏晋氏，鸣者不及于古，然亦未尝绝也。就其善者，其声清以浮，其节数以急，其辞淫以哀，其志弛以肆。其为言也，乱杂而无章。将天丑其德莫之顾邪？何为乎不鸣其善鸣者也？

唐之有天下，陈子昂、苏源明、元结、李白、杜甫、李观，皆以其所能鸣。其存而在下者，孟郊东野始以其诗鸣。其高出魏晋，不懈而及于古，其他浸淫乎汉氏矣。从吾游者，李翱、张籍其尤也。三子者之鸣信善矣，抑不知天将和其声而使鸣国家之盛邪？抑将穷饿其身、思愁其心肠而使自鸣其不幸邪？三子者之命，则悬乎天矣。其在上也，奚以喜？其在下也，奚以悲？东野之役于江南也，有若不释③然者，故吾道其命于天者以解之。

【注释】

①推夺：推移变化。
②荒唐：广大无边的样子，这里指庄子的文章汪洋恣肆，旨趣深奥。
③不释：内心郁郁不乐，想不开。

【译文】

但凡世间的事物在不安定的环境中都会发出鸣声。草木原本没有声音，风吹动它们就会发出声音。水原本也无声，风激荡水面就会发出鸣声。浪花腾跃，或是因为有东西阻拦了水势；水流湍急，或是因为被其他东西阻住了水流；水花沸腾，或者因为水被火烧煮。金石原本无声，或是因为有人敲击所以发出鸣声。人的言论也是一样，有人因为不得已所以才开口发表言论，人们唱歌是因为要抒发情思，人们哭泣是因为要抒发情怀。但凡从口中发出而形成声音的，大概都是因为不平静的因素所导致的吧！

　　音乐，是人们为了将心中的郁闷向外发泄所形成的，它选择音色优美的物体，借以表现金、石、丝、竹、匏、土、革、木这八种"乐器"，都是善于发出声音的事物。上天对于天地四时也是如此，选择最善于发声的事物，借助其来表现季节的特点。所以，以鸟鸣来代表春天，以雷鸣来代表夏天，以虫鸣来代表秋天，以风声来代表冬天。四季之间彼此推移循环，也必定是因为其不平静所导致的吧！

　　对于人来说也是这样。人类声音的精华在于语言，而文辞对于语言来说，又是其精华中的精华，所以要选择善于文辞的人，从而借助他们表达心声。在唐尧、虞舜时代，咎陶和禹是善于文辞的人，所以就借助他们来表达。夔不擅长文辞，所以他就借演奏《韶乐》来抒发胸臆。夏朝时期，太康的五个弟弟借由歌声来表达自己的心声。殷商时期的伊尹善于表达，西周时期的周公也善于表达。但凡载于《诗经》《尚书》等六艺之书的诗文，都是表情达意十分精美的。周朝衰落的时候，孔子和他的弟子们起而疾呼，他们声音洪大且传播极远。《论语》上说："上天将使孔子成为代其宣扬教化的木铎。"这难道不是真的吗？春秋末年，庄周用其荒唐的言辞来表达。楚国，是一个大国，在它衰亡的时候，屈原用《离骚》来表达。臧孙辰、孟轲、荀卿等人以他们信奉的儒道来表达。杨朱、墨翟、管夷吾、晏婴、老聃、申不害、韩非、慎到、田骈、邹衍、尸佼、孙武、张仪、苏秦这些人，都通过各自的学说来表达。秦朝兴起时，李斯是表达者。汉朝时，司马迁、司马相如、扬雄是其中最擅长表达的人。此后魏晋时期，文辞虽赶不上古代，但也未曾断绝。就其中较好的来说，他们的声音清亮浮荡，节奏繁密而短促，文辞艳丽而悲伤，意志松弛且放荡。他们在语言表达方面，也显得杂乱无章。是上天认为他们那个时代德行丑陋，因而不愿顾及吧？不然为什么不让那些善于表达的人来表达呢？

　　唐朝自拥有天下以来，陈子昂、苏源明、元结、李白、杜甫、李观这些人，都凭借其不凡的才能抒发心声。在那些尚且存活但地位低下的人中，孟郊孟东野开始用他的诗歌抒发心声，为世所知。他的诗歌超过魏晋时期的作品，他不懈怠地努力使自己的部分诗作可以赶上古人，其他的作品也都接近了汉代的水平。与我往来交游的人中，李翱、张籍是佼佼者。他们三人的文辞表达的确是十分美好的。不知道上天是想要应和他们三人，使他们赞美国家的兴盛呢？还是想要他们饥饿穷困、满腹愁肠，从而用作品悲叹自己的不幸呢？他们三人的命运，就握在上天手中了。身居高位的人，有什么值得欣喜的呢？身居下位的人，有什么值得悲伤的呢？东野马上就要去江南赴任了，他心中似乎有些事情不能释然，所以我说了这番"命运在天"的话来为他开解。

【评析】

韩愈将这篇文章的主旨与结构安排得巧妙而又得当，不愧为一代文豪。

他在开篇就提出"物不平则鸣"的观点。然后以草木和水在外力的作用下会发出声音为楔子，指出人之所以发表言论、歌唱、哭泣，都是因为心中有所触动。金、石、丝、竹、匏、土、革、木是自然界中最善于发出声音的八种乐器，韩愈紧抓住这一现象，继续论证"不平则鸣"这个观点。他还说，鸟鸣、雷鸣、虫鸣、风声能够告诉人们四季的交替与轮回。韩愈所做的这些论述，目的是引出"人也亦然"的论点。

由于韩愈在前两段中进行了大量的铺垫，因此，在第三段中，他很自然地得出"其于人也亦然"的观点。为了支持自己的观点，韩愈历数唐、虞、夏、商、周、春秋、战国、秦、汉、魏晋等各个时期的人物和事件。

在文章的最后，韩愈列举陈子昂、苏源明、元结、李白、杜甫、李观等人，说他们都是精于诗文而心有感慨之人。而孟郊、李翱、张籍也是出色的文人，那他们的作品是为国家歌功颂德呢？还是为自己的不幸而悲鸣呢？至此，作者道出了写作此文的原因，即："东野之役于江南也，有若不释然者，故吾道其命于天者以解之"。"善鸣"的孟郊一生困苦，怀才不遇，作者对此表示了极大的愤慨。

送李愿归盘谷序

韩愈

【题解】

韩愈是贞元八年（792年）的进士，可是在之后近十年的时间中，他一直都没有得到重用，即使积极奔走也无济于事。眼见岁月蹉跎，而自己的志向还飘忽不可实现，韩愈心中抑郁难平。他的朋友李愿要归隐盘谷，他借机写下此文，抒发心中的不平之气。

【原文】

太行之阳有盘谷。盘谷之间，泉甘而土肥，草木丛茂，居民鲜少。或曰："谓其环两山之间，故曰盘。"或曰："是谷也，宅幽而势阻，隐者之所盘旋。"友人李愿居之。

愿之言曰："人之称大丈夫者，我知之矣。利泽施于人，名声昭于时，坐于庙朝，进退百官，而佐天子出令。其在外，则树旗旄，罗弓矢，武夫前呵，从者塞途，供给之人，各执其物，夹道而疾驰。喜有赏，怒有刑。才畯①满前，道古今而誉盛德，入耳而不烦。曲眉丰颊，清声而便体，秀外而惠中，飘轻裾，翳长袖，粉白黛绿者，列屋而闲居，妒宠而负恃，争妍而取怜。大丈夫之遇知于天子，用力于当世者之所为也。吾非恶此而逃之，是有命焉，不可幸而致也。穷居而野处，升高而望远，坐茂树以终日，濯清泉以自洁。采于山，美可茹；钓于水，鲜可食。起居无时，惟适之安。与其有誉于前，孰若无毁于其后；与其有乐于身，孰若无忧于其心。车服不维，刀锯不加，理乱不知，黜陟不闻。大丈夫不遇于时者之所为也，我则行之。伺候于公卿之门，奔走于形势②之徒，足将进而趑趄，口将言而嗫嚅，处污秽而不羞，触刑辟而诛戮，侥幸于万一，老死而后止者，其于为人贤不肖何如也？"

昌黎韩愈，闻其言而壮之，与之酒而为之歌曰："盘之中，维子之宫；盘之土，可以稼；盘之泉，可濯可沿；盘之阻，谁争子所？窈而深，廓其有容；缭而曲，如往而复。嗟③盘之乐兮，乐且无央④；虎豹远迹兮，蛟龙遁藏；鬼神守护兮，呵禁不祥。饮且食兮寿而康，无不足兮奚所望？膏吾车兮秣吾马，从子于盘兮，终吾生以徜徉。"

【注释】

①畯：才俊。
②形势：指有钱有势的人家。
③嗟：赞叹。
④央：穷尽。

【译文】

太行山的南面有一个盘谷。盘谷的中间，泉水甘甜，土地肥沃，草木茂盛，居民很少。有人说："因为它环绕在两座山之间，所以被称作'盘'。"还有人说："这个山谷，处于幽静而险阻的地方，是隐士们盘旋留恋的地方。"我的朋友李愿就居住在这个地方。

李愿说："被人们称作大丈夫的人，我是知道的。他施恩泽给他人，名声显赫于当世。他在朝堂之上为官，手握百官升降的大权，辅佐天子发号施令。他出外时，竖起旌旗，排列弓箭，武夫们在前面呼喝开道，随从们塞满了道路，负责供给的人，拿着所供之物，在道路两旁极速奔驰。他高兴时就行赏，他愤怒时就处罚。年轻才俊们围绕在他的跟前，说古论今，盛赞他的德行，这些话语百听不厌。那些眉毛弯曲、面颊丰腴、声音清亮、体态轻盈、秀外慧中、起舞时裙裾飘扬、长袖遮面、面白如粉、眉画黛绿的女子，在一排排的房屋中闲居着，自负貌美，妒人受宠，以美丽的容颜博取怜爱。这就是被天子重用，在当世享有大权的大丈夫的真实所为。我不是厌恶这些才隐居，这都是命之所至，不能侥幸获得。置身穷困之地而隐迹山野之间，登高望远，终日坐在茂盛的大树下面，以清泉之水洗涤自己以保持洁净。在山中采摘，果蔬甜美可口；在水边垂钓，鱼虾新鲜好吃。起居没有一定的时间，只求安闲舒适。与其当面被人赞誉，不如身后不被诋毁；与其身体享受快乐，不如心中没有忧愁。既不受官服的约束，也不受刑罚的惩处，朝中的治乱不去了解，官员的升黜不去打听。这是不得时运的大丈夫的所为，我就这样去做。侍奉在公卿门下，奔走在权势争斗之中，想要迈步却思虑再三，想要发言却欲言又止，身处污秽之中却不以为羞，触犯刑律就会被诛杀。在万一之中求侥幸，直到老死而终了，这对于做人来说，他是贤呢，还是不贤呢？"

　　我听了李愿的话，赞扬他气魄豪壮，给他斟酒，为他作歌："盘谷之中，就是你的宫殿；盘谷之土，可以耕种；盘谷之泉，可以洗涤也可以沿溪游览。盘谷地势险要，谁来和你相争住所？景致幽远而深邃，广阔可容身；山谷回环曲折，仿佛走了进去又回来。慨叹盘谷的乐趣，无穷无尽。虎豹跑到远处，蛟龙躲避隐匿；鬼神在此守护，禁止不详事物靠近。饮食俱全啊，长寿而健康；没有不满之处啊，还敢有什么奢望？给我的车子擦油啊，给我的马儿喂草，跟从你到盘谷啊，终生自由地徜徉。"

【评析】

　　韩愈的赠序艺术成就极高，《送李愿归盘谷序》很出色，据说苏轼非常喜欢这篇文章。

　　韩愈开篇先描绘盘谷优美的景色，以及盘谷名字的由来，然后点出李愿居住在这里。紧接着，他借李愿之口，详细地描写了三种类型的人："坐于庙朝，进退百官"的官僚权贵；"穷居而野处"的归隐之人；卑躬屈膝、蝇营狗苟的小人。通过这三种人的对比，韩愈讽刺了那些得意扬扬、奢侈浮华的官僚权贵和那些非常势力的小人。

　　古人经常作诗一首，赠给即将离别的朋友。诗前的"序"则写明赠诗的原因和要表达的意思。这篇文章最后一段就是赠诗。韩愈在诗中极力描写隐居的乐趣，寄托遥深，藏而不露，骈散相间而富于变化，极富韵律之美，有余音绕梁的美感。

　　韩愈在文章中并没有介绍李愿的事迹，也没直接颂扬他的品德，只以他的一席话来表达自己的宗旨。将他人的话作为自己文章的主题，将他人的思想作为自己所作文章的中心思想，这种谋篇布局的方法新颖而独特，不流于世俗。韩愈打破了传统的谋篇布局方法，大胆创新，不仅丰富了文学的表达形式，也为后世提供了可借鉴的文章。

送董邵南序

韩愈

【题解】

　　唐贞元年间，一些怀才不遇的士人纷纷前往藩镇寻求发展，藩镇势力愈加强大。韩愈不赞成藩镇割据，因此希望统治者能招贤纳才。

　　董邵南自幼勤奋读书，心有报国之志，但无奈几次赴京考试都以落榜告终。他为谋求出路而前往河北藩镇。韩愈并不赞成好友的这一决定，但又同情他的不幸遭遇，遂写下这篇赠序，表达了对好友北行的矛盾心理。

【原文】

　　燕赵古称多感慨悲歌之士。董生举进士，连不得志于有司①，怀抱利器②，郁郁适兹土。吾知其必有合也。董生勉乎哉！

　　夫以子之不遇时，苟慕义强仁者，皆爱惜焉。矧③燕、赵之士出乎其性者哉！然吾尝闻风俗与化移易，吾恶知其今不异于古所云邪？聊以吾子之行卜之也。董生勉乎哉！

　　吾因之有所感矣。为我吊望诸君之墓，而观于其市，复有昔时屠狗者乎？为我谢曰："明天子在上，可以出而仕矣！"

【注释】

　　①有司：这里指主持进士考试的礼部官员。
　　②利器：喻杰出的才能。
　　③矧：况且。

【译文】

　　自古就称燕、赵之地多慷慨仗义、悲壮高歌之士。董生参加进士考试时，接连几次都没有被主考官录用，他怀抱不世之才却屡试不中，因而心中抑郁想要到那儿去。我知道这次董生一定会有机缘巧合。董生，再接再厉吧！

　　像你这样没有时运的，假如是仰慕仁义且践行仁义的人，都会同情你爱惜你的。何况燕、赵地区的豪杰之士对于侠义的奉行本就出乎本性！然而我曾听说过，风俗会随着教化而发生改变，我怎能知道现在那里的风俗是不是与古时一样呢？姑且以你的此次行程做个验证吧。董生，再接再厉吧！

　　我因此而心中生出许多感慨。希望你能替我前去凭吊诸君之墓，并且到那里的集市上去看看，那里还会有从前的"屠狗者"高渐离一般的豪杰人物吗？替我向他们致意，就说："英明的天子正在当朝执政，可以出仕为官了。"

【评析】

　　这篇文章只有一百五十字，篇幅虽小，但精致巧妙，层次递进，文笔流畅，人情味极浓。韩愈对董邵南的北行十分矛盾，作为友人，他觉得有责任将自己的看法告诉他；可是，自己也不能将送别朋友的文章写成阻止朋友北行的文章。所以，韩愈用比较隐秘曲折的手法，委婉地表达自己的观点。这也是读者读后感觉"妙远不测"的原因。

　　文章开篇撇开离愁，先从战国说起，指出燕赵大地多"感慨悲歌之士"，像乐毅、荆轲、高渐离等人，都是北方有名之人，假若董邵南与他们相遇，必有施展才华的机会。不过这些人也只是被他人利用的人，所以董邵南的命运还是个未知数。但这层隐含的意思韩愈并没有明说。接着，韩愈为董邵南的遭遇深感不平，并安慰和鼓励他，"董生勉乎哉"，正面表现文章的主题，即送行。

　　在第二段中，韩愈采用了以退为进的论述方法，含蓄地表达了对唐朝统治者的失望，以及对燕赵藩镇割据的不满。这时候再说"董生勉乎哉"，其含义少了几分宽慰，更多是叹息和感慨。

　　韩愈虽然在第三段开头直白地说，"吾因之有所感矣"，但他接下来仍然用婉转的语言说出自己的一些看法和对这件事的矛盾之情。表面上看他是请董邵南替他办两件事，但实质上是表达自己对董北行的担忧。表达虽然含蓄，但也尽到了朋友规劝的义务。

　　本文虽然短小，但寓意深刻。韩愈能在寥寥几句话中将自己复杂的心情委婉而流畅地表达出来，而且文思饱满，结构严谨，可见他驾驭文字的功力之深。这也是本文独具魅力的地方，值得后人仔细欣赏和认真学习。

祭十二郎文

韩愈

【题解】

　　韩愈自幼丧父，在哥嫂的抚养下长大成人。十二郎是韩愈哥哥的儿子，名老成，因在韩氏家族中排行十二，所以得名十二郎。十二郎从小和韩愈一起生活，二人曾共同面对生活磨难，所以感情甚笃。韩愈成年后在外漂泊，与十二郎见面甚少。当韩愈仕途顺达后，本打算与十二郎相聚，却传来他突然去世的消息。韩愈痛不欲生，写下这篇祭文。

【原文】

　　年、月、日，季父愈闻汝之七日，乃能衔哀致诚，使建中远具时羞[①]之奠，告汝十二郎之灵：

呜呼！吾少孤，及长，不省所怙，唯兄嫂是依。中年，兄殁南方，吾与汝俱幼，从嫂归葬河阳，既又与汝就食江南，零丁孤苦，未尝一日相离也。吾上有三兄，皆不幸早世。承先人后者，在孙唯汝，在子唯吾，两世一身，形单影只。嫂常抚汝指吾而言曰："韩氏两世，唯此而已。"汝时尤小，当不复记忆；吾时虽能记忆，亦未知其言之悲也。

吾年十九，始来京城。其后四年，而归视汝。又四年，吾往河阳省坟墓，遇汝从嫂丧来葬。又二年，吾佐董丞相于汴州，汝来省吾，止一岁，请归取其孥②。明年，丞相薨，吾去汴州，汝不果来。是年，吾佐戎徐州，使取汝者始行，吾又罢去，汝又不果来。吾念汝从于东，东亦客也，不可以久，图久远者，莫如西归，将成家而致汝。呜呼！孰谓汝遽去吾而殁乎！吾与汝俱少年，以为虽暂相别，终当久相与处，故舍汝而旅食京师，以求斗斛之禄。诚知其如此，虽万乘之公相，吾不以一日辍汝而就也！

去年，孟东野往，吾书与汝曰："吾年未四十，而视茫茫，而发苍苍，而齿牙动摇。念诸父与诸兄，皆康强而早世，如吾之衰者，其能久存乎？吾不可去，汝不肯来，恐旦暮死，而汝抱无涯之戚也。"孰谓少者殁而长者存，强者夭而病者全乎？

呜呼！其信然邪？其梦邪？其传之非其真邪？信也，吾兄之盛德而夭其嗣乎？汝之纯明而不克蒙其泽乎？少者强者而夭殁、长者衰者而存全乎？未可以为信也。梦也，传之非其真也，东野之书，耿兰之报，何为而在吾侧也？呜呼！其信然矣！吾兄之盛德而夭其嗣矣！汝之纯明宜业其家者，不克蒙其泽矣！所谓天者诚难测，而神者诚难明矣！所谓理者不可推，而寿者不可知矣！

虽然，吾自今年来，苍苍者或化而为白矣，动摇者或脱而落矣，毛血日益衰，志气日益微，几何不从汝而死也！死而有知，其几何离；其无知，悲不几时，而不悲者无穷期矣。汝之子始十岁，吾之子始五岁，少而强者不可保，如此孩提者，又可冀其成立邪？呜呼哀哉！呜呼哀哉！

汝去年书云："比得软脚病，往往而剧。"吾曰："是疾也，江南之人常常有之。"未始以为忧也。呜呼！其竟以此而殒其生乎！抑别有疾而至斯乎？

汝之书，六月十七日也。东野云，汝殁以六月二日。耿兰之报无月日。盖东野之使者，不知问家人以月日；如耿兰之报，不知当言月日。东野与吾书，乃问使者，使者妄称以应之耳。其然乎？其不然乎？

今吾使建中祭汝，吊汝之孤与汝之乳母，彼有食可守以待终丧，则待终丧而取以来；如不能守以终丧，则遂取以来。其余奴婢，并令守汝丧。吾力能改葬，终葬汝于先人之兆③，然后惟其所愿。

呜呼！汝病吾不知时，汝殁吾不知日。生不能相养以共居，殁不得抚汝以尽哀。敛不凭其棺，窆④不临其穴。吾行负神明，而使汝夭，不孝不慈，而不得与汝相养以生、相守以死。一在天之涯，一在地之角，生而影不与吾梦相依，死而魂不与吾梦相接。吾实为之，其又何尤！"彼苍者天"，"曷其有极"。

自今已往，吾其无意于人世矣！当求数顷之田于伊、颍之上，以待余年，教吾子与汝子，幸其成；长吾女与汝女，待其嫁，如此而已。

呜呼！言有穷而情不可终，汝其知也邪？其不知也邪？呜呼哀哉！尚飨。

【注释】

①时羞：新鲜食品。
②孥：妻子、儿女的统称。
③兆：墓地。
④窆：落葬。

【译文】

某年某月某日，叔叔韩愈在听到你去世消息的第七天，方能忍住悲痛，向你表达心声，我派遣建中从远方给你带来美味的祭品，以告慰你十二郎的在天之灵：

唉！我幼年丧父，长大后，还不知道依靠谁，只和哥哥嫂嫂相依为命。哥哥在中年时在南方去世，我和你当时都还年幼，跟随嫂嫂回安阳安葬哥哥。然后我和你一起在江南谋生，当时孤苦伶仃，我们没有一日分离过。我上面有三个哥哥，都不幸早夭。先人的后嗣中，孙子辈的只有你一个，儿子辈的只有我一个，可谓形单影只。嫂嫂曾经一边抚摸着你，一边指着我说："韩家两代人，只剩下你们了。"你当时更小，应当记不得了；我虽然记得，但当时却理解不了嫂嫂这句话中的悲哀之意。

我十九岁那年，第一次来到京城。四年后才回家看你。又隔了四年，我到河阳扫墓，遇到你扶嫂嫂的灵柩来河阳下葬。又两年过去，我在汴州辅佐董丞相，你来看我，只住了一年，你说要回家去接家眷来；第二年，丞相逝世，我离开了汴州，你也就没有来。这一年，我在徐州辅佐军事，派去接你的人刚出发，我又罢官而去，你也因此又没能来。我想，你如果跟随我到东边，东边依然是异乡，不能待得长久，如果从长远打算，不如回归西边，安顿好家眷后再接你来。唉！孰料你竟突然离我而去！我和你都还年轻，以为虽然短暂地别离，最终能长久相守，所以我离开你而旅居京师，希望能求得一点俸禄。如果料到事情发展至此，即使有万乘之国的三公宰相职位，我也不会离开你前去赴任！

去年，孟东野前往江南，我写信给你说："我还没有到四十岁，但视力模糊，白发苍苍，牙齿松动。想我父亲、叔伯和兄长，都是在正当壮年的时候去世，像我现在这样身体衰弱，还能支持长久吗？我不能离职，你又不肯前来，生怕有一天我死去，使你陷入无尽的悲戚之中。"谁料到年少的却先行死去，而年长者却尚存人间；身体强壮的先行死去，而体弱多病的却保全了呢？

唉！这难道是真的吗？还是我在做梦呢？这传来的消息不是真的吧？如果是真的，那么老天为什么让我那拥有美好德行的兄长丧失后代呢？你的聪明纯真难道还不能承继他的恩泽吗？为什么年少体强的人反而早夭，而年长体衰的人反而能够保全呢？我不能相信这是真的！如果这只是一场梦罢了，传闻不是真的吧？那么，东野和耿兰的书信和讣闻为什么来到了我的身边呢？唉！这是真的啊！我兄长有美好的德行，可他的儿子却早夭！你聪明纯真理应继承兄长的家业，却不能承继他的恩泽！所谓天意难测，神灵难明。所谓事理难以推测，寿命难以预知！

虽然这样，我从今年以来，花白的头发已经变成全白，松动的牙齿有的已经脱落了，气血日益衰减，精神日益衰微，用不了多久就会随你而去了！死后如果有知觉，我们分离的日子应当不久了！如果死后无知觉，那我悲戚的日子不多了，而不悲戚的日子则无期限了。你的儿子刚刚十岁，我的儿子刚五岁，年少而身强者不能保全，像这样大的孩子，又怎能希望他们长大成人呢？唉，可悲可痛啊！唉，可悲可痛啊！

你去年来信说："近来得了脚气病，常常剧烈发作。"我说："这种病，江南人常常得。"并没有因而为你担忧。唉！难道就是因为此病使你丧失性命了吗？还是有其他的疾病才到了这步的呢？

你的信，写于六月十七日。东野说你死于六月二日。耿兰的讣闻上没有表明日期。大概是东野派来送信的使者，不知道向你家人询问你去世的时间。而耿兰的讣闻，不知道应当表明时间。或者是东野在给我写信时，才问了使者时间，使者胡乱说了个日期回答他。是这样呢？还是不是这样？

现在我派建中去祭你，并慰问你的儿子和你的奶妈，他们有食物，可以为你守灵至丧期结束；如果不能维持到丧期结束，我会立即接他们前来。其他的丫鬟仆人，都要为你守丧。我如果有能力给你迁葬，就一定把你迁进先祖的墓地，这样才能了却我的心愿。

唉！你生病我不知道在什么时候，你去世我不知道是什么日子。你活着的时候，我们不能互相供养，你死了我不能抚摸你的遗体尽情哀哭。你入殓时我不能在你的棺木旁边，你下葬的时候我不能亲临墓地。我的德行辜负了神明，因而使你夭亡，我不够孝顺，也不够慈爱，因而不能和你互相供养，也不能和你相守到死。我们一个在天之涯，一个在地之角，活着的时候你的身影不能与我相依，死了以后你的魂灵不在我的梦中与我相聚。这实在是我一手造成的，又能怨恨谁呢？苍天啊，我的悲痛何时才是尽头啊！

从今以后，我对于世上的事情再也没有心思考虑了！我应当在伊水和颍水旁买数顷田地，以度余年，教育我的儿子和你的儿子，期盼他们长大成人；抚养我的女儿和你的女儿，等待她们出嫁，仅此而已。

唉！言语有穷尽的时候，但哀悼之情却永远没有终止的时候，这些你知道呢？还是不知道呢？唉，可悲可痛啊！希望你能享用这些祭品吧！

【评析】

韩愈为世人留下了许多优秀的散文，《祭十二郎文》绝对是其中的精品。即使把这篇祭文放在我国所有的古代散文中，它都熠熠生辉，堪称"祭中千年绝调"。

传统的祭文大都摆脱不了为死者歌功颂德，并表达自己的悲痛之情这一固定模式。但韩愈这篇祭文却另辟蹊径，他以生活中一些琐碎的小事来表现自己与死者的亲密无间，字里行间流露出浓浓的骨肉深情。在文章的形式上，韩愈摒弃骈体，使用散体，语言流畅，文辞朴素，感人至深。

韩愈的写作重点没有放在死者生前的功绩上，而是主要表达自己的悲痛之情。他首先说自己和老成情同骨肉，手足情深，如今老成去世，他有切肤之痛。相比作者自己，老成年轻力壮，而且所染的只是一种普通的疾病，所以作者并没有放在心上，但老成却突然去世了，这让作者痛心疾首，难以接受。作者原本认为两人都还年轻，聚少离多算不了什么，因此将主要精力放在仕途以及学问上，没想到老成英年早逝，导致自己抱憾终生。他在此也表现了官场的起伏和人生的无常，而这更使亲情显得难能可贵。

韩愈以与死者对话的方式，在哭诉中表现了自己后悔、伤心、遗憾、自责等感情，似乎想要和死者永远交谈下去。在文章最后"汝病吾不知时，汝殁吾不知日"一段中，他采用排比手法，使内心的哀伤和遗憾之情喷薄而出，震撼人心。

柳子厚墓志铭

韩愈

【题解】

韩愈和柳宗元同是唐代古文运动中的领军人物，二人相互应和，友谊深厚。元和十四年（819年），柳宗元去世，韩愈深感悲痛，写下很多哀悼文章，《柳子厚墓志铭》是其中的代表作。

【原文】

子厚，讳宗元。七世祖庆，为拓跋魏侍中，封济阴公。曾伯祖奭，为唐宰相，与褚遂良、韩瑗俱得罪武后，死高宗朝。皇考讳镇，以事母弃太常博士，求为县令江南，其后以不能媚权贵失御史；权贵人死，乃复拜侍御史；号为刚直，所与游皆当世名人。

子厚少精敏，无不通达。逮其父时，虽少年，已自成人，能取进士第，崭然见头角，众谓柳氏有子矣。其后以博学宏词授集贤殿正字。俊杰廉悍，议论证据古今，出入经史百子，踔厉风发①，率②常屈其座人，名声大振。一时皆慕与之交，诸公要人，争欲令出我门下，交口荐誉之。

贞元十九年，由蓝田尉拜监察御史。顺宗即位，拜礼部员外郎。遇用事者得罪，例出③为刺史，未至，又例贬永州司马。居闲益自刻苦，务④记览，为词章，泛滥停蓄，为深博无涯涘⑤，而自肆于山水间。

元和中，尝例召至京师，又偕出为刺史，而子厚得柳州。既至，叹曰："是岂不足为政邪？"因其土俗，为设教禁，州人顺赖。其俗以男女质钱，约不时赎，子本相侔，则没为奴婢。子厚与设方计，悉令赎归；其尤贫力不能者，令书其佣，足相当，则使归其质。观察使下其法于他州，比一岁，免而归者且千人。衡、湘以南，为进士者，皆以子厚为师。其经承子厚口讲指画为文词者，悉有法度可观。

其召至京师而复为刺史也，中山刘梦得禹锡亦在遣中，当诣播州。子厚泣曰："播州非人所居，而梦得亲在堂，吾不忍梦得之穷，无辞以白其大人，且万无母子俱往理。"请于朝，将拜疏，愿以柳易播，虽重得罪，死不恨。遇有以梦得事白上者，梦得于是改刺连州。呜呼！士穷乃见节义。今夫平居里巷相慕悦，酒食游戏相征逐，诩诩⑥强笑语以相取下，握手出肺肝相示，指天日涕泣，誓生死不相背负，真若可信。一旦临小利害，仅如毛发比，反眼若不相识；落陷阱，不一引手救，反挤之，又下石焉者，皆是也。此宜禽兽夷狄所不忍为，而其人自视以为得计，闻子厚之风，亦可以少愧矣！

子厚前时少年，勇于为人，不自贵重顾藉⑦，谓功业可立就，故坐废退。既退，又无相知有气力得位者推挽，故卒死于穷裔，材不为世用，道不行于时也。使子厚在台、省时，自持其身，已能如司马、刺史时，亦自不斥；斥时有人力能举之，且必复用不穷。然子厚斥不久，穷不极，虽有出于人，其文学辞章，必不能自力以致必传于后如今，无疑也。虽使子厚得所愿，为将相于一时，以彼易此，孰得孰失，必有能辨之者。

子厚以元和十四年十一月八日卒，年四十七，以十五年七月十日归葬万年先人墓侧。子厚有子男二人，长曰周六，始四岁；次曰周七，子厚卒乃生。女子二人，皆幼。其得归葬也，费皆出观察使河东裴君行立。行立有节概，重然诺，与子厚结交，子厚亦为之尽，竟赖其力。葬子厚于万年之墓者，舅弟卢遵。遵，涿人，性谨慎，学问不厌。自子厚之斥，遵从而家焉，逮其死不去。既往葬子厚，又将经纪⑧其家，庶几有始终者。铭曰：是惟子厚之室，既固既安，以利其嗣人。

【注释】
①踔厉风发：比喻议论有气势或滔滔不绝。踔，远。厉，高。
②率：每每，常常。
③例出：按例遣出。
④务：勉力从事。
⑤涯涘：水的边际。
⑥诩诩：讨好取媚的样子。
⑦顾藉：爱惜。
⑧经纪：料理，负责。

【译文】
　　子厚，名宗元。他的七世祖先柳庆曾做过北魏的侍中，被封为济阴公。他的曾伯祖柳奭曾做过唐朝的宰相，与褚遂良、韩瑗都因得罪了武后，在高宗朝时被处死。他的父亲柳镇，因为要侍奉母亲而放弃了太常博士一职，请求做个江南县令，后来又因为不愿意谄媚权贵丢掉了御史一职。那个当权的大臣死后，柳镇又被任命为侍御史；柳镇以刚直著称，与其交往的人都是当世的名人。
　　子厚小时候就很聪明机敏，没有他不通晓的事物。他父亲在世的时候，虽然他还年轻，但是已经自立成人，能考中进士，崭露头角；大家都说，柳家出了个好儿子。后来，他通过了博学宏词科的考试，被授予集贤殿正字。他英俊杰出，清廉刚正，讨论问题能引古论今，他精通经史子集和诸子百家的言论，他口才雄辩，滔滔不绝，常常使在座之人心服口服，因而一时之间名声大噪。时人都敬慕他，愿与他交往，那些公侯、士卿们也争着让他做自己的门生，并一致称赞他、推荐他。
　　贞元十九年，他从蓝田尉被擢升为监察御史。顺宗即位之后，再升为礼部员外郎。后来，因为某些当权人物获罪，他也受到牵连，依例被贬为潮州刺史，还未到任，又被贬为永州司马。身居清闲之地，他反而更加刻苦努力，他专心记诵和阅览，他的文章，如滔滔江水般浩浩荡荡，深博无涯，而他自己却能在山水间肆意纵情。
　　元和年间，他曾与同案犯人一同被召回京师，又一同被遣出京师做刺史，子厚被派往柳州。到了那里，他感叹道："这里难道不能够很好地治理吗？"然后他便根据当地的风俗民情，制定了教化禁令，柳州百姓都顺服并信赖他。这地方有一个风俗就是在借钱时往往以子女为抵押，到了约定的时间不能取赎，待利息和本钱相等时，抵押的子女就被债主没收充当奴婢。子厚替他们想法和筹划，让他们都能凑够赎金赎回子女；其中有十分贫困不能赎人的，就下令债主记下欠债人的子女在质押时做工的工钱，当工钱足够充抵债务时，就下令债主归还人质。观察使将这个法令推广到了其他各州，一年之后，赎回的人质就有上千人。衡山和湘江以南，凡是应考进士的人，都拜子厚为师。那些经过子厚亲自教导指点的人，他们的文章都符合章法要求，值得观赏。

子厚被召回京师又被遣出任命为刺史，中山刘禹锡（字梦得）也在被遣之列，他应当去播州。子厚泣不成声地说："播州这个地方非中原之人能居住的，梦得上有老母健在，我不忍心看他如此困窘，无法将实情告诉他年迈的母亲，况且也没有母子一同前往的道理。"于是他向朝廷请求，呈递奏折，说自己愿意改去播州，即使因此加罪，也死而无怨。刚巧有人将梦得的情况据实上报了皇上，于是梦得改任连州刺史。唉！士人在穷困之时方能看到他们的气节和仁义。而现在的人，平日居住在巷子里相互敬慕交好，一起饮酒游乐十分融洽，他们彼此强颜欢笑相互谄媚，彼此握手似乎要将肝肺挖出来给人看，又指天对日流泪，发誓说不论生死都不辜负对方，简直像真的一样可信。而一旦有一点细如毛发的小利害，马上翻脸不认人，甚至还落井下石，这样的人到处都是。这种事情恐怕连禽兽和蛮夷之人都不忍心做出来，而他们却自以为计谋得逞。当他们听说子厚的风格品德后，也该稍稍有些惭愧吧！

子厚年轻时，为人勇敢，不知道珍惜自己，认为功名事业可以立即成就，结果受到牵连遭到贬官。被贬后，又没有与他相知且有权有势的人对他施加援手，所以最后死在荒蛮偏僻的地方，才能不被世人所用，大志未能实现。假使子厚在御史台和尚书省为官时，能够像在做司马和刺史时那样约束自己，也不会遭到贬斥。即使遭到贬斥，也有人会倾力保举推荐，必定还会受到重用而不至于穷困。然而子厚被贬斥后不久，受到的困厄没有达到极点。那么即便他后来出人头地，他也一定不会下苦功夫，使他的文章辞赋达到能够流传后世的程度，这一点是毋庸置疑的。即使让子厚能够得偿所愿，成为一时的王侯将相，以那些官位换这些文学成就，究竟哪些是得，哪些是失，一定有人能够分辨明白。

子厚死于元和十四年十一月八日，死时四十七岁。在元和十五年七月十日，他的灵柩被安葬在万年县他先祖的坟墓旁边。子厚有两个儿子：长子叫周六，刚四岁；次子叫周七，子厚死后才出生。子厚的两个女儿年纪都很幼小。子厚能得以归葬，费用都是观察使河东裴行立先生出的。行立为人慷慨有节操，重承诺，他与子厚结交，子厚也为他尽心尽力，但最后终究还是依靠他才能归葬。将子厚葬在万年县墓地的，是子厚的表弟卢遵。卢遵是涿州人，生性谦虚谨慎，好学不厌。自从子厚被贬斥以后，卢遵就跟随着子厚，直到子厚去世也没有离开。他既送子厚灵柩回乡归葬，又照料安排子厚的家人，可算是的有始有终的人。铭文说：这是子厚的墓室，既坚固又安适，这对他的后世子孙是有好处的。

【评析】

　　这篇文章是韩愈晚年广受称赞和传诵的作品。韩愈在文章中简要地回顾了柳宗元的一生，并对好友做出了公正的评价，感情饱满真挚，读来分外感人。

　　韩愈在写柳宗元的一生时，对他的事迹精心选择，并进行合理安排，既写出了柳宗元的功绩，也评述了他的瑕疵。总之，韩愈使文章紧紧围绕着柳宗元的事迹展开，重点突出他鲜明的形象，让这篇铭文呈现出一种新颖的艺术风格。

　　韩愈在文章中讲述了柳宗元的家世、社交、仕途等各方面的情况，重点突出他的政治功绩和文学成就。他对柳宗元的政治才华大加赞美，并肯定他仗义助人、勤奋上进的精神。对柳宗元被贬的不幸遭遇，韩愈深表同情。但对柳宗元参加王叔文集团，意图改革政治的行为，韩愈则隐讳地表示否定，这也表现了他政治上的保守。

　　全文写得酣畅淋漓，抑扬顿挫，且质朴无华，感人肺腑，堪称千古铭文的典范。

驳复仇议

柳宗元

【题解】

　　柳宗元，字子厚，河东（今山西永济市）人，人称"柳河东""柳柳州"，是我国著名的文学家、哲学家，"唐宋八大家"之一。他少时即以才华闻名，曾出仕为官，但后被贬削官。他和韩愈都是唐代古文运动的倡导者和推动者。

　　本文是一篇奏议，柳宗元不认同陈子昂所作的《复仇议状》中的论点，故撰文加以驳斥。徐元庆为父报仇而杀死父亲的仇人，之后去官府自首。对此，陈子昂认为应该对他的行为区别对待，即杀人罪大恶极，应处死刑，但为父报仇却合乎礼义，应该表彰。柳宗元在本文中驳斥了这个观点，提出了自己的不同看法。

【原文】

　　臣伏见天后时，有同州下邽人徐元庆者，父爽为县尉赵师韫所杀。卒能手刃父仇，束身归罪。当时谏臣陈子昂建议诛之而旌其间，且请"编之于令，永为国典"。臣窃独过之。

臣闻礼之大本，以防乱也，若曰无为贼虐，凡为子者杀无赦；刑之大本，亦以防乱也，若曰无为贼虐，凡为理者杀无赦。其本则合，其用则异，旌与诛莫得而并焉。诛其可旌，兹谓滥，黩刑甚矣；旌其可诛，兹谓僭①，坏礼甚矣。果以是示于天下，传于后代，趋义者不知所以向，违害者不知所以立，以是为典可乎？

盖圣人之制，穷理以定赏罚，本情以正褒贬，统于一而已矣。向使刺谳其诚伪，考正其曲直，原始而求其端，则刑、礼之用，判然离矣。何者？若元庆之父，不陷于公罪，师韫之诛，独以其私怨，奋其吏气，虐于非辜，州牧不知罪，刑官不知问，上下蒙冒，吁号不闻。而元庆能以戴天为大耻，枕戈为得礼，处心积虑，以冲仇人之胸，介然自克，即死无憾，是守礼而行义也。执事者宜有惭色，将谢之不暇，而又何诛焉？其或元庆之父，不免于罪，师韫之诛，不愆②于法，是非死于吏也，是死于法也。法其可仇乎？仇天子之法，而戕奉法之吏，是悖骜而凌上也。执而诛之，所以正邦典，而又何旌焉？

且其议曰："人必有子，子必有亲，亲亲相仇，其乱谁救？"是惑于礼也甚矣！礼之所谓仇者，盖其冤抑沉痛，而号无告也；非谓抵罪触法，陷于大戮。而曰"彼杀之，我乃杀之"，不议曲直，暴寡胁弱而已。其非经背圣，不亦甚哉！

《周礼》："调人，掌司万人之仇。""凡杀人而义者，令勿仇，仇之则死。""有反杀者，邦国交仇之。"又安得亲亲相仇也？《春秋公羊传》曰："父不受诛，子复仇可也。父受诛，子复仇，此推刃之道，复仇不除害。"今若取此以断两下相杀，则合于礼矣。

且夫不忘仇，孝也；不爱死，义也。元庆能不越于礼，服孝死义，是必达理而闻道③者也。

夫达理闻道之人，岂其以王法为敌仇者哉？议者反以为戮，黩刑坏礼，其不可以为典，明矣。

请下臣议，附于令，有断斯狱者，不宜以前议从事。

谨议。

【注释】

①僭：过分，超越本分。
②愆：违背，违反。
③道：思想体系。

【译文】

臣看过则天皇后时的一些记载，当时有个同州下邽人叫徐元庆，他的父亲徐爽被县尉赵师韫杀死。最后徐元庆亲手杀死了赵师韫为父亲报了仇，然后自己绑了自己投案自首。当时的谏臣陈子昂建议诛杀徐元庆，但要他的家乡表彰他，并且请求将这一案例编入律令，使其成为国家永远的法典。臣私下认为，这是不对的。

  臣听说礼的根本就是防止暴乱，如果说不允许杀虐，那么凡是被害者的儿子杀人的就应当被处死；刑罚的根本是防止暴乱，如果说允许杀虐，那么凡是当官的杀人就应当被处死。"礼"和"刑"的本质相同，但是它们应用的对象却不同，表彰与诛杀不能同时施加在一个人身上。诛杀可以表彰的人，就是所谓的滥杀，这是对刑罚的滥用；表彰应当被诛杀的人，就是所谓的越礼，这是对礼的极大破坏。如果将这种做法昭示天下，传给后代，那么追求正义的人就不知道该向哪里前进，躲避祸乱的人就不知道该怎样立身处世了，将这样的行为作为法典，可以吗？

  圣人制定礼法和刑罚，是将事情考察清楚以后才决定是赏是罚，是根据实情决定是褒是贬，这不过是将刑与礼统一成一个标准即防止暴乱。假使调查清楚了事情的真假，考证了它的是非曲直，调查清楚它的原委，那么刑和礼在运用上的区别，就能明确区分了。为什么呢？如果元庆的父亲没有触犯国法，赵师韫诛杀他只是因为私人恩怨，为了逞官场上的威风，而虐杀无辜百姓，同时该州的长官不知道赵师韫的罪行，执法的长官对此事也不加过问，上下一起蒙蔽，对喊冤之声充耳不闻。而元庆将这不共戴天之仇视为极大的耻辱，认为枕着武器睡觉以便复仇是合乎礼仪的行为，并下定决心，要杀仇人而后快，他以礼克制自己，虽死无憾，这是合乎礼仪、践行仁义的行为。执法的长官也应当为此感到惭愧，要向元庆谢罪还来不及，又怎么能诛杀他呢？或许元庆的父亲真的触犯了刑罚，赵师韫诛杀他并不违背国法，他不是死在官吏手中，而是因触犯国法被处死。国法可以被仇视吗？仇视天子制定的法律，而杀害奉行国法的官吏，这是悖逆朝廷、欺凌君主的行为。执法的长官诛杀他，是为了严正国家的法典，又怎么能表彰他呢？

  且陈子昂在议状中说："人必定会有儿子，儿子也必定都有双亲，如果为了爱自己的双亲，彼此仇杀，那么这种混乱的局面靠谁来解救呢？"他如此说是太不理解礼了。礼法中所谓的仇杀，是因为极大的冤情得不到申诉，而不是指违法犯罪，以致最后陷入杀戮之罪。但陈子昂又说"他杀了人，我就可以杀他"，这是不分是非曲直，以暴力威胁弱者而已。这岂不是过分违背了圣人制定礼法的本意吗？

  《周礼》上说："调人的职责就是负责处理百姓之间的仇怨。""凡是杀人且符合正义的，规定不准复仇，如果复仇就是死罪。""如果有为复仇而杀人的，全国的百姓都会仇视他。"又怎么会让爱自己双亲的人之间彼此仇杀呢？

古文观止

唐文

驳复仇议

二二五

《春秋公羊传》中说："父亲不该处死却被处死，儿子可以为他复仇。如果父亲犯了死罪，儿子却为父亲复仇，这就会引起无穷尽的仇杀，虽然报了仇，却不能消除互相仇杀造成的祸害。"现在，如果以这种原则来评断徐、赵两方的彼此残杀，那么徐元庆的行为就是合乎礼仪的。

况且不忘记杀父之仇，是孝的体现；不惜生命，是义的体现。元庆能不越礼，遵从孝道、死于正义，他一定是通达事理且明白圣贤之道的人。

通达事理且明白圣贤之道的人，难道会仇视国法吗？陈子昂反而认为应当处死元庆，这是亵渎刑罚、践踏礼制的做法，不能将其载入国家的法典之中，这是显而易见的。

臣请颁准我的建议并且将其附于法令后面，告诉今后审理此类案件的人，不应当依照陈子昂的奏议断案。

谨以此提出建议。

【评析】

本文是议论文中的驳论文，论述透彻，语言精准，是柳宗元"峻洁廉悍"文风的典范之作。

在论述自己的观点时，柳宗元先从一桩杀人案入手，分析"礼""法"的区别和联系，然后逐层递进，驳斥陈子昂在这件案子上的谬论，引出自己的观点，论据翔实，分析到位，极具说服力。

柳宗元在论述中主要采用了演绎推理的方法。他先驳斥陈子昂的谬论。陈子昂认为"礼""法"相辅而成，不能有所偏颇，要做到二者兼顾。柳宗元针对这一观点，找出它的矛盾之处，然后指出这样做的危害。也就是说，他紧抓陈子昂观点的要害不放，驳斥"诛而后旌"的谬论。

柳宗元首先论证了"礼"和"刑"的辩证关系，指出他们虽然本质上相同，但针对的具体对象和发挥的作用并不一样，从而得出"旌"和"诛"不可同时使用，否则会亵渎法典和破坏礼仪。紧接着，柳宗元提出应该遵循圣人查明真相以定赏罚的原则，在辨明事情原委的基础上准确地进行表彰或惩处，以此批驳陈子昂的谬论，从而肯定徐庆元的行为。

柳宗元在文章中引用许多事理作为论据，还直接或间接地引用儒家经典来支持自己的观点，这样就增加了论据的分量，使文章更有说服力。为增强文章的气势，他在列举证据或进行论证后，经常用一句简洁的反诘句结束，这不仅可以启发读者的思考，更能加强语言的力度，营造一种逼人的气势。

箕子碑

柳宗元

【题解】

箕子，名胥余，因封国在箕（今山西太谷东北）、爵位为子，故称箕子。他是殷纣王的叔父，担任太师之职。纣王荒淫暴虐，他屡次进谏而不被采纳，乃披发佯狂为奴。

柳宗元曾追随王叔文进行政治革新，最终因此获罪，被贬到荒凉、偏僻的地方为官，其遭遇与箕子有相似之处。因此，柳宗元通过这篇碑文借古人之酒杯浇自己胸中块垒，借箕子寄托自己的政治理想。

【原文】

凡大人之道有三：一曰正蒙难，二曰法授圣，三曰化及民。殷有仁人曰箕子，实具兹道，以立于世，故孔子述六经之旨，尤殷勤①焉。

当纣之时，大道悖乱，天威之动不能戒，圣人之言无所用。进死以并命，诚仁矣，无益吾祀，故不为；委身以存祀，诚仁矣，与亡吾国，故不忍。具是二道，有行之者矣。是用保其明哲，与之俯仰，晦是谟范，辱于囚奴，昏而无邪，隤而不息。故在《易》曰："箕子之明夷。"正蒙难也。及天命既改，生人以正，乃出大法，用为圣师，周人得以序彝伦而立大典。故在《书》曰："以箕子归，作《洪范》。"法授圣也。及封朝鲜，推道训俗，唯德无陋，唯人无远，用广殷祀，俾夷为华，化及民也。率是大道，藂于厥躬，天地变化，我得其正，其大人欤？

於虖！当其周时未至，殷祀未殄，比干已死，微子已去，向使纣恶未稔而自毙，武庚念乱以图存，国无其人，谁与兴理？是固人事之或然者也。然则先生隐忍而为此，其有志于斯乎？

唐某年，作庙汲郡，岁时致祀，嘉先生独列于《易》象，作是颂云。

【注释】

①殷勤：情意恳切。

【译文】

通常情况下，历史上杰出人物的处世之道遵循三个原则：一是遭遇灾难时不改高尚的品性；二是教贤明的帝王正确统治天下的方法；三是教化百姓。生活在殷商的箕子同时具备这三方面的才能，在社会上享有贤圣之名。孔子在总结"六经"宗旨时，非常重视箕子的言行。

纣王治理国家时，违背圣君之道，天象的警告不能让他惊醒，贤能之人的劝导也不起作用。比干以死进谏，无愧于"仁人"的称号。但是这样做对宗族的繁衍没有好处，箕子没有这样做。微子远走他乡以保存宗族，也称得上是一位"仁人"，但帮助别人灭亡自己的国家，箕子不忍心这样做。上面两种道路，比干和微子都走过了。箕子则另辟蹊径而行之，他保持头脑的清醒，顺应动荡的社会，将自己治国的谋略隐藏起来，忍受囚犯般的屈辱生活。他看似糊涂，但不走邪道。外表柔弱，但内心坚强。所以《易经》中说："箕子能韬光养晦。"这真是在危机和困苦中依然挺拔直立的好品质啊。到天命发生变化后，百姓安居乐业，箕子才将自己的治国谋略献给贤明的君主，自己则成为天子的老师。周朝的人据此规范伦理道德，并制定国家法典和制度。所以在《尚书》中说："周朝能完成《洪范》是因为箕子的归顺啊。"这就是箕子将自己的治国谋略传授给贤明君主的事例。后箕子被册封到朝鲜，他广推仁义道德精神，以此教化当地百姓，让他们的言行和思想不再低下丑陋，人与人之间的距离拉近。箕子推广殷商的道德礼仪，使蛮夷之人也能像华夏那样发展，这就是开启民智，教化人民。箕子的身上集中了所有的高尚品德，在无常的变化中，能始终坚持正道，这就是高尚有品德的人啊！

　　啊！当那周朝的天命还没有到来，殷商的统治也没有彻底结束时，比干被杀死，微子远走他乡，如果纣王在恶贯满盈之前就死了，那么当武庚在动荡的社会中意图复兴国家时，而国家没有箕子这样的人，他与谁一起治理国家呢？这是人事变化中可能会出现的问题。如此看来，箕子忍受屈辱而保全自己，难道不是他早有这方面的打算吗？

　　唐朝某年，人们在汲郡修建了箕子庙，并在节日时拜祭他。我敬佩先生能列名于《易经》的象传中，于是写下这篇颂。

【评析】

　　这篇文章是柳宗元为箕子庙所写的碑文。碑是我国古时的一种文体，由前后两部分组成，前部分称"碑"，多用散文形式记事，后部分称"铭"或"颂"，多以韵文赞美。在这里，对《箕子碑》中的"颂"有所删减省略。

　　本文虽然主要是在议论，但整篇文章洋溢着对箕子的崇敬之情。柳宗元颂扬了箕子"保其明哲"的做法，认为他是"仁人"。

　　柳宗元开篇即明确地提出，历史上杰出的人物的处世之道遵循三个原则：遭遇灾难时不改高尚的品性；教贤明的帝王正确统治天下的方法；教化百姓。紧接着大力称颂箕子的忠诚与智慧：他在危机和困苦中韬光养晦，始终保持高洁的品性，到天命发生变化后，积极教导贤明的君王如何治理天下，并教化百姓。在文章的结尾，柳宗元点出箕子这样做的本意，表达了自己对箕子的尊崇之情。

　　本文条理清晰，对人物的分析精准而到位，是一篇不可多得的好文章。

捕蛇者说

柳宗元

【题解】

唐顺宗统治时期，盛唐的繁华已经不再，柳宗元怀抱济世抱负，投身到王叔文倡导的永贞革新运动中。革新运动失败后，柳宗元被贬到永州（今属湖南）为官。他在永州待了十年，广泛地接触到社会底层百姓的生活，写了大量反映民间疾苦的作品，《捕蛇者说》就是其中的代表作。

【原文】

永州之野产异蛇，黑质而白章，触草木尽死，以啮人，无御之者。然得而腊之以为饵，可以已大风[1]、挛踠、瘘、疠，去死肌，杀三虫[2]。其始，太医以王命聚之，岁赋其二。募有能捕之者，当其租入。永之人争奔走焉。

有蒋氏者，专其利三世矣。问之，则曰："吾祖死于是，吾父死于是，今吾嗣为之十二年，几死者数矣。"言之，貌若甚戚者。

余悲之，且曰："若毒之乎？余将告于莅事者，更若役，复若赋，则何如？"

蒋氏大戚，汪然出涕曰："君将哀而生之乎？则吾斯役之不幸，未若复吾赋不幸之甚也。向吾不为斯役，则久已病矣。自吾氏三世居是乡，积于今六十岁矣，而乡邻之生日蹙。殚其地之出，竭其庐之入，号呼而转徙，饥渴而顿踣，触风雨，犯寒暑，呼嘘毒疠，往往而死者相藉也。曩与吾祖居者，今其室十无一焉；与吾父居者，今其室十无二三焉；与吾居十二年者，今其室十无四五焉。非死则徙尔。而吾以捕蛇独存。悍吏之来吾乡，叫嚣乎东西，隳突乎南北，哗然而骇者，虽鸡狗不得宁焉。吾恂恂而起，视其缶，而吾蛇尚存，则弛然而卧。谨食之，时而献焉。退而甘食其土之有，以尽吾齿。盖一岁之犯死者二焉，其余则熙熙而乐，岂若吾乡邻之旦旦有是哉！今虽死乎此，比吾乡邻之死则已后矣，又安敢毒耶？"

余闻而愈悲。孔子曰："苛政猛于虎也。"吾尝疑乎是。今以蒋氏观之，犹信。呜呼！孰知赋敛之毒，有甚是蛇者乎！故为之说，以俟夫观人风[3]者得焉。

【注释】

①大风：麻风病。

②三虫：古时道家认为人的脑、胸、腹三部分有"三尸虫"，此虫作祟，有关部分就会得病。

③人风：民风。唐代为避唐太宗李世民的名讳，把"民"字都写成"人"字。

【译文】

　　永州的山野生长着一种奇怪的蛇,黑色的身子、白色的花纹,这种蛇碰到草木,草木就会枯死,咬了人,就没有药可以救治。但是捉到它并且晾干,用蛇肉干做成药丸,服用以后就能治愈麻风、手足痉挛、颈部肿痛以及毒疮等病,还能去掉腐烂的肌肉,杀死人体内的各种寄生虫。起初,太医奉皇帝的命令征集这种蛇,每年征收两次。官府招募能够捕捉这种蛇的人,允许他们用蛇抵去税收。永州的百姓都争先恐后地去干这差事。

　　有个姓蒋的人,家中三代人都靠着捕蛇的差事不纳税。我问起这件事,他回答:"我的祖父因捕蛇而死,我的父亲因捕蛇而死,现在我继承捕蛇这差事已经十二年了,好几次都险些送命。"他说这些话的时候,脸上的神色非常悲伤。

　　我同情他,便说:"你怨恨捕蛇的差事吗?我去告诉管事的人,让他给你换个差事,你重新纳税,怎么样?"

　　姓蒋的听了,更加伤心,眼泪几乎夺眶而出:"您这是可怜我,想让我活下去吗?那么我做这个差事的不幸,并不如恢复纳税的不幸严重。如果不做捕蛇这件差事,我现在早已经穷困潦倒了。我家三代住在这个地方,到今天已经六十多年了,可是乡亲们一天比一天穷。为了缴纳赋税,他们把地里生产的都拿出去,把家里收入的也都拿出去,实在活不下去了,只好哭喊着辗转迁移,路上又饥又渴,累得跌倒在地,顶着狂风暴雨,冒着严寒酷暑,呼吸着毒雾瘴气,死去的人经常积尸成堆。早年和我祖父同时居住在此的,现今十户人家里剩不到一家;和我父亲同时居住的,如今十家里剩不到两三家;和我同住十二年的,现在十家里也剩不到四五家。不是死了,就是迁移到别处去了。唯独我靠捕蛇这差事活了下来。凶暴的官差一到村里就吵嚷叫喊,四处骚扰。那种使人害怕的喧闹,连鸡狗也不得安宁。我提心吊胆地起来,看看那瓦缸,见我捕的蛇还在,才敢放心睡去。平时精心喂养,到规定的时候把它献出去,回家就能美美地享用土地上生产出来的东西,从而安度天年。我一年中只有两次受到死亡的威胁,其余的时间就能安乐地过日子,哪像我的乡亲们那样天天都有危险呢?我即使死在捕蛇上面,比起乡邻来说,也算死的晚了,又怎么敢怨恨呢?"

　　我听了愈加悲伤。孔子说:"苛酷的统治比老虎还要凶猛。"我曾经怀疑过这句话,如今从蒋家的遭遇来看,还真是可信。唉!谁知道苛捐杂税对老百姓的荼毒比毒蛇还厉害呢!所以我作了这篇"说",希望那些考察民情的官吏能看到它。

【评析】

　　唐贞元二十一年(805年),柳宗元参加"永贞革新"失败后被贬永州。在永州的十年中,他大量接触底层百姓,积极了解民间疾苦,写了大量揭露政治腐败、痛斥官吏横征暴敛、同情劳动人民的作品。名篇《捕蛇者说》就是其中之一。

本文语言生动、形象，富有表现力。文章开篇先写毒蛇，重点突出永州之蛇的特点。"触草木，尽死，以啮人，无御之者"，极力刻画蛇的毒性异常，令人闻之色变。接下来写蛇的医疗作用，"可以已大风、挛踠、瘘、疠，去死肌，杀三虫"。而正因为这种作用，官府以免除赋役为条件，吸引众多百姓去干捕蛇的差事。

之后，作者引入"专其利三世"的一个姓蒋的人，此人的祖父、父亲均死于捕蛇，本人也几次面临死亡的威胁，但他还是坚持捕蛇，不愿意纳税。蒋氏对"乡邻之生日蹙"的描述，对悍吏骚扰乡间的描述，给读者以强烈的震撼，使人感到无限的愤慨和沉痛，有力地强化了主题。

文章结尾是议论和抒情的完美结合，作者引用孔子的话，由"苛政猛于虎"类推出"孰知赋敛之毒，有甚是蛇者乎"这一结论，同时说出自己的写作目的："故为之说，以俟夫观人风者得焉。"从中也可以看出作者位卑权轻、无能为力的无奈。

种树郭橐驼传

柳宗元

【题解】

本文是一篇带有寓言性质的传记。柳宗元在文中记述了郭橐驼的种树之道，即"顺木之天，以致其性"才是"养树"的法则，并由此推出"养人"之道，即治理百姓不能"好烦其令"，而应让百姓休养生息。这体现了柳宗元关心百姓疾苦的情操，以及迫切希望改革弊政的愿望。

【原文】

郭橐驼①，不知始何名。病偻，隆然伏行，有类橐驼者，故乡人号之"驼"。驼闻之，曰："甚善。名我固当。"因舍其名，亦自谓"橐驼"云。其乡曰丰乐乡，在长安西。驼业种树，凡长安豪富人为观游及卖果者，皆争迎取养。视驼所种树，或移徙，无不活，且硕茂，蚤②实以蕃。他植者虽窥伺效慕，莫能如也。

有问之，对曰："橐驼非能使木寿且孳也，以能顺木之天，以致其性焉尔。凡植木之性，其本欲舒，其培欲平，其土欲故，其筑欲密。既然已，勿动勿虑，去不复顾。其莳③也若子，其置也若弃，则其天者全而其性得矣。故吾不害其长而已，非有能硕而茂之也；不抑耗其实而已，非有能蚤而蕃之也。他植者则不然，根拳而土易，其培之也，若不过焉则不及。苟有能反是者，则又爱之太殷，忧之太勤，旦视而暮抚，已去而复顾。甚者爪其肤以验其生枯，摇其本以观其疏密，而木之性日以离矣。虽曰爱之，其实害之；虽曰忧之，其实仇之，故不我若也，吾又何能为哉！"

问者曰："以子之道，移之官理可乎？"驼曰："我知种树而已，官理非吾业也。然吾居乡，见长人者好烦其令，若甚怜焉，而卒以祸。旦暮吏来而呼曰：'官命促尔耕，勖④尔植，督尔获，蚤②缫而绪，蚤织而缕，字而幼孩，遂而鸡豚！'鸣鼓而聚之，击木而召之。吾小人辍飧饔以劳吏者，且不得暇，又何以蕃吾生而安吾性邪？故病且怠。若是，则与吾业者其亦有类乎？"

问者嘻曰："不亦善夫！吾问养树，得养人术。"传其事以为官戒也。

【注释】

①橐驼：骆驼。橐，指盛物的袋子。因为骆驼主要用来背负重物，故称。
②蚤：同"早"。
③莳：栽种。
④勖：勉励，鼓励。

【译文】

郭橐驼这个人，人们不知道他原来的名字。他有佝偻病，因后背隆起，只好俯着身子走路，姿势像骆驼，因此乡人都称他"橐驼"。橐驼听到后，说："很好，这个名字和我很相符。"他放弃原名，也开始自称"橐驼"。橐驼的家乡丰乐乡位于长安城的西边。橐驼凭借种树维持生计，凡是长安的豪绅、富贵人家为观赏树木，或者商人为贩卖水果，都争着抢着要雇请他。人们看到橐驼种植或移栽的树木，没有不成活的，而且长势繁盛，结果时间早，果实数量多。其他以种树为业的人，虽然偷偷地学习他种树的技艺，但都不如他。

有人问他是什么原因让树木生长得如此之好，他的回答是："我没有特殊的本领让树活得时间长，或者使它快速繁殖。我只是遵循树木生长的规律，让它自然生长。一般而言，按照树木习性的要求应该做到：舒展树木根部，填土平整均匀，移植树木不丢弃根部的土壤，并将土拍打结实。树木种植完毕后，不要摇晃，也不必担忧它，离开后也不必再管它。栽种树木时要像看顾孩子一样细心周到，栽种完后就把它放在一边，好像将它丢弃一样。这样，树木就可以不受打扰，顺其天性而生长。所以我没有特殊的本领让树木长得壮硕，仅是做到不妨害它生长；我也没有非常手段能让树木结果早而且多，仅是做到不损伤它的果实。别人却不这样做，他们种树时让树根卷在一起，还将根部旧土更换为新土，培土也不均匀，要么多要么少。即使有做法相反的人，却又是对树木爱护得太过了，而且担忧得过了头，一大早就去看，晚上再去乱摸，离开后还要回头再看。更有甚者用手扒开树皮检查树是否活着，或摇晃树根检查树木栽种得是否结实。如此一来，树木的天性逐渐丧失。说是爱树，实则是害树；说是忧树，实则是仇树。基于以上几点，其他的种树人才不如我啊，我自己又有什么特殊本领呢？"

问他的人又说："将你种树的道理，放到做官上面行得通吗？"橐驼说："我只知道种树而已，做官治理百姓并不是我的职业。但我居住在乡下，看到做官的不厌其烦地颁布命令，看似体恤百姓，但最后给百姓造成灾难。官吏们一天到晚地到村中大呼小叫：'长官命令：督促你们耕田，鼓励你们种植，督促你们收获。尽早缫丝纺线。管理好年幼的孩子，饲养好鸡猪。'一会儿击鼓把百姓集合起来，一会儿又敲梆子把百姓召集起来。我们这些小百姓放下饭碗应酬官吏都没有空闲，又怎么能增加人口、安安稳稳过日子呢？所以我们既贫苦，又疲惫。从这个角度上来说，做官与我们种树也有大致的相似之处吧？"

接连发问的这个人很有感触地说："说得非常好，我询问养树之道，却得到治理百姓的方法。"于是，我记下这件事，让官吏们以此为鉴。

【评析】

《种树郭橐驼传》是一篇带有寓言性质的人物传记。在一篇文章中兼顾简练和生动并不容易，但柳宗元的这篇文章就做到了。简练是史传文体的要求，而生动则是文学的旨趣。柳宗元在介绍本篇文章主人公时只用了"隆然伏行"四个字，就使人物形象跃然纸上；他又用"甚善，名我固当"这句简单的话衬托出人物性格。这样，在柳宗元简练的叙述、生动的描写中，一个与众不同的"驼者"形象便展现在读者面前。柳宗元深厚的文学功底由此可见一斑。

出于寓言性质的需要，柳宗元在本篇中采用了大量的对比手法。比如以栽种树木类比治理百姓；栽种树木需"顺木之天，以致其性"，所以治理百姓要顺民之天，以致民之性；栽种树木要"其莳也若子"，而做官也要体恤百姓。在论述种树的道理时，也采取了对比手法，把郭橐驼和"他植者"相比较，写出了他们在种树原理、态度、方法等方面的不同。通过对比，道理不仅说得透彻，而且容易让人信服。

这篇文章是以故事的形式说明道理，必然会"婉约而多讽"。这种风格主要是通过人物的语言表现出来的，如第四段中驼者说自己"知种树而已"，想说但又有些犹豫，从而披露了当时政治的黑暗，很有讽刺的效果。诸如"官理非吾业也""若甚怜焉，而卒以祸""若是，则与吾业者其亦有类乎"，这些话既含蓄又风趣，含不尽之意于言外。

梓人传

柳宗元

【题解】

梓人是我国古代对工匠泛称，而本文所说的梓人类似于今天的建筑师、领班工头。在这篇文章中，柳宗元借梓人领导工匠盖房子的道理，阐述了作为宰相应该如何辅佐皇帝治理国家之一问题。

【原文】

裴封叔之第，在光德里。有梓人款其门，愿佣隙宇而处焉。所职寻引、规矩、绳墨，家不居砻斫之器。问其能，曰："吾善度材，视栋宇之制、高深、圆方、短长之宜，吾指使而群工役焉。舍我，众莫能就一宇。故食于官府，吾受禄三倍；作于私家，吾收其直大半焉。"他日，入其室，其床阙足而不能理，曰："将求他工。"余甚笑之，谓其无能而贪禄嗜货者。

其后，京兆尹将饰官署，余往过焉。委群材，会众工，或执斧斤，或执刀锯，皆环立向之。梓人左持引，右执杖，而中处焉。量栋宇之任，视木之能，举挥其杖，曰："斧！"彼执斧者奔而右；顾而指曰："锯！"彼执锯者趋而左。俄而斤者斫，刀者削，皆视其色，俟其言，莫敢自断者。其不胜任者，怒而退之，亦莫敢愠焉。画宫于堵，盈尺而曲尽其制，计其毫厘而构大厦，无进退①焉。既成，书于上栋曰："某年某月某日某建"，则其姓字也。凡执用之工不在列。余圜视大骇，然后知其术之工大矣。

继而叹曰："彼将舍其手艺，专其心智，而能知体要者欤？"吾闻劳心者役人，劳力者役于人，彼其劳心者欤？能者用而智者谋，彼其智者欤？是足为佐天子相天下法矣！物莫近乎此也。彼为天下者本于人。其执役者，为徒隶，为乡师、里胥；其上为下士，又其上为中士、为上士；又其上为大夫、为卿、为公。离而为六职，判而为百役。外薄四海，有方伯、连率。郡有守，邑有宰，皆有佐政。其下有胥吏，又其下皆有啬夫、版尹，以就役焉，犹众工之各有执技以食力也。

彼佐天子相天下者，举而加焉，指而使焉，条其纲纪而盈缩焉，齐其法制而整顿焉，犹梓人之有规矩、绳墨以定制也。择天下之士，使称其职；居天下之人，使安其业。视都知野，视野知国，视国知天下，其远迩细大，可手据其图而究焉，犹梓人画宫于堵而绩于成也。能者进而由之，使无所德；不能者退而休之，亦莫敢愠。不衒能，不矜名，不亲小劳，不侵众官，日与天下之英才讨论其大经，犹梓人之善运众工而不伐艺也。夫然后相道得而万国理矣。

相道既得，万国既理，天下举首而望曰："吾相之功也。"后之人循迹而慕曰："彼相之才也！"士或谈殷、周之理者，曰伊、傅、周、召。其百执事之勤劳而不得纪焉，犹梓人自名其功而执用者不列也。大哉相乎！通是道者，所谓相而已矣。其不知体要者反此。以恪勤为公，以簿书为尊，衒能矜名，亲小劳，侵众官，窃取六职百役之事，听听于府庭，而遗其大者、远者焉，所谓不通是道者也。犹梓人而不知绳墨之曲直、规矩之方圆、寻引之短长，姑夺众工之斧斤刀锯以佐其艺，又不能备其工，以至败绩，用而无所成也，不亦谬欤？

或曰："彼主为室者，傥或发其私智，牵制梓人之虑，夺其世守而道谋是用。虽不能成功，岂其罪耶？亦在任之而已！"余曰：不然。夫绳墨诚陈，规矩诚设，高者不可抑而下也，狭者不可张而广也。由我则固，不由我则圮。彼将乐去固而就圮也，则卷其术，默其智，悠尔[2]而去，不屈吾道，是诚良梓人耳。其或嗜其货利，忍而不能舍也，丧其制量，屈而不能守也，栋桡屋坏，则曰："非我罪也。"可乎哉？可乎哉？

余谓梓人之道类于相，故书而藏之。梓人，盖古之审曲面势者，今谓之"都料匠"云。余所遇者，杨氏，潜其名。

【注释】
①进退：出入。
②悠尔：自由自在。

【译文】
　　裴封叔的宅第位于长安光德里（今陕西西安西南）。有一天，一个木匠上门求见，想租住裴家一间空置的房屋。他干活的工具有度量的寻引、矫正方圆的规矩以及墨斗等，但家中不备磨刀石、斧头这样的工具。当询问他有什么本领时，他说："我精于测算建筑材料，能根据房子的样式、高深、圆方、长短选择最合适的材料，然后调配工匠干活。如果离开我，这些工匠一间房也无法造成。因此，当为官府干活，我拿到的工资是普通工匠的三倍；当为私人干活，我拿全部工钱的大部分。"一天，我到他的卧室去，看见他的床缺一条腿，他居然不能修好，说："我准备请其他的木匠来修。"我觉得这件事很可笑，认为他无能而贪财。

　　后来，京兆尹要修缮官署，我路过时发现那里堆积了很多建筑材料，许多工匠都汇集在一起。有的手持斧子，有的拿着刀锯，都围着木匠站成一圈。那个木匠左手拿量尺，右手握一根木杖，站在中央。他计算房屋的承重情况，又查看木材的性能以酌情使用，然后挥动着木杖说："斧子！"拿斧子的工匠马上跑去右边。他回过头说："锯子！"持锯的工匠马上跑去左边。随后，拿斧子的砍木料，持锯的削截木料，众工匠都看他的眼色，没有他的号令都不敢自作主张。无法胜任的工匠，被他斥退一旁，谁也不敢有所怨恨。木匠将建筑图样画在墙上，建筑图样只有一尺见方，但细致全面，根据他在图上标出的尺寸建造的房子完全符合设计，不多不少。建成后，他在正梁题写"某年某月某日某某造"，只写上了他自己的名字，而其他工匠都不列名。我绕房子一周查看情况，感到非常吃惊，这才知道他的技术非常精湛。

我随后感叹道："他可能是一个摒弃手艺，专意发挥智慧，从而能够掌握建筑要领的人吧！"我听说用脑力的人能指使他人，使用体力的人被人指使，他大概就是一个有智慧的人吧！这件事可以让辅佐皇帝治理天下的宰相来效法，再也没有比这二者更类似的了。那些辅佐皇帝的为相者治理国家，根本在于如何用人。那些具体执行工作的人是杂役，是乡师、里胥；他们上面有下士，再上面有中士和上士，再上面则是大夫、卿、公。从公到下士有六种官职，还可以细分成上百个小官职。京城到国家边境，还有方伯和连率。郡有郡守，县有县令，他们也都有辅佐自己的人。他们的下面有胥吏，再下面又有啬夫负责税收诉讼，版尹负责户籍版图，各司其职。这就如同众工匠，各有专长，凭技艺吃饭。

那个辅佐皇帝治理国家的宰相，推举人才并授以官职，指挥他们各司其职；整理治理国家的纲领，在使用时进行增减；统一国家的法令制度，并进行整顿。这就好比木匠用规矩绳墨来测量规格一样。挑选全国的人才，使他们能够称职；安顿国家的臣民，使他们能够安居乐业；视察了国都的情况，就了解了城郊的情形；了解了城郊的情形，就知道诸侯国是什么样的，从而知道天下的情况。远近大小的事情，都可以按照手中的图表进行研究，就像木匠将建筑图纸画在墙上，然后按图纸完工一样。提拔有能力之人，给他安排恰当的工作，使他不必有感恩之心；斥退没有能力的人，让他休息，使他不敢有所怨恨。不夸耀自己的才能，也不自夸名声，不做琐碎的小事，不干预官吏的工作，每天和天下的杰出人士讨论治理国家的根本道理。这就像木匠善于调配工匠，但并不炫耀自己的技艺。这样，宰相就得到治理国家的方法了，国家也就安定了。

宰相既然掌握了为相的方法，国家也就得到很好治理了。全国百姓都会抬头仰望说："这是我们宰相的功劳啊！"后人也会根据他的事迹而敬佩地说："他具备宰相的才华啊！"读书人有时提到商周盛世时，总会说起伊尹、傅说、周公、召公。对于在他们下面辛苦工作的众官吏，史书上都没有记载。这就好比木匠在完成的房子上只题写自己的名字，而其他的众工匠却不能列名。宰相的功劳真大啊！能掌握这个道理的人，就是真正的宰相了。那些没有抓住主要方面的人正好与此相反。他们认为整天忙碌就是一心为公；将抄写、审批公文看得很重要；炫耀才能，夸大名声；亲自做琐碎的事情，干涉众官吏行使职权；抢夺部下的事自己来做；在朝廷里争论不休，反而将重大的、长远的事情遗忘。这就是所谓不懂为相之道的人。这就像一个木匠不知道用绳墨定曲直，用规矩定方圆，用寻引定短长，而是抢夺其他工匠的斧头、刀锯来帮助他们干活。但他又不能将工作做得尽善尽美，以至工作失败，没有任何成绩，这不是很荒谬的事情吗？

有人说："如果房子的主人非要按照他自己的构想建造房屋，从而牵制木匠的设计，不用他世代相传的经验，而采用外行人的建议，使房子不能盖好，难道说这是木匠的错误吗？不过是那个任命他的人的过失罢了！"我说：不能这样说。绳墨、规矩都现实地摆在这里，不能将高的压低，也不能将狭小的加宽。照我的图纸建造房屋就会坚固，不遵照就可能会倒塌。如果房屋主人宁愿要可能使房屋倒塌的设计，也不采取使房屋坚固的设计，那么木匠就应该收起自己的技术，隐藏自己的智慧，自由自在地离开，不让自己的道义受到屈辱，这样才算真正的好木匠。如果因贪财好利，容忍主人的设计不离开，放弃建房的根本法则，迁就他人而不坚持，等到梁折屋塌，木匠就说："这不是我的过失啊！"可以这样吗？这样可以吗？

我认为木匠建房的道理和宰相治理国家的道理有相通之处，所以写下这篇文章留以后用。木匠就是古时专门测量材料曲直和形状的人，现在都叫他们"都料匠"。我遇见的那位，姓杨，名潜。

【评析】

柳宗元以一个梓人"善度材""善用众工"的故事，详细地阐述了身为宰相应如何治理国家的问题。

柳宗元从梓人盖房子入手，具体地描写了他盖房子的过程，然后着力分析此过程，并将其与治理国家相比，找出二者的相通之处。紧接着，柳宗元从反面论述违背规律的严重后果，引发读者的深思。文章的最后，提倡学习梓人的处事原则。

梓人"其不胜任者，怒而退之，亦莫敢愠焉"，而宰相"能者进而由之，使无所德；不能者退而休之，亦莫敢愠"，两种方法殊途同归。柳宗元还用"劳心者治人，劳力者治于人"论述社会分工不同，人们应各司其职。这是一个有进步意义的观点。

这篇文章的题目虽然是《梓人传》，但提到梓人之处并不多，大多是阐述作者自己的观点，这是因为作者的用意并不在于为梓人立传。作者写梓人，主要是为如何为相打下伏笔，而关于为相的描写，则处处与梓人相照应。

本文流畅自然，论据翔实，论证严密，文辞朴素，发人深思，是一篇经典散文。

钴𬭁潭西小丘记

柳宗元

【题解】

在柳宗元的文学作品中，不可忽视的一类文章就是山水游记。尤其是他因政治革新而被贬到永州为官时所写的《永州八记》，更是他游记中的典范之作。

《钴𬭁潭西小丘记》是《永州八记》的第三篇，描写了一座无名小山的美景，因柳宗元寓情于景，所以笔下的小山形象鲜明，颇具灵性。钴𬭁潭是永州山水之一。钴𬭁，熨斗的意思。因潭水形似熨斗而得名。

【原文】

得西山后八日，寻山口西北道二百步，又得钴𬭁潭。西二十五步，当湍而浚者为鱼梁。梁之上有丘焉，生竹树。其石之突怒偃蹇[①]，负土而出，争为奇状者，殆不可数。其嵚然相累而下者，若牛马之饮于溪；其冲然角列而上者，若熊罴之登于山。

丘之小不能一亩，可以笼而有之。问其主，曰："唐氏之弃地，货而不售。"问其价，曰："止四百。"予怜而售之。李深源、元克己时同游，皆大喜，出自意外。即更取器用，铲刈秽草，伐去恶木，烈火而焚之。嘉木立，美竹露，奇石显。由其中以望，则山之高，云之浮，溪之流，鸟兽之遨游，举熙熙然回巧献技，以效兹丘之下。枕席而卧，则清泠之状与目谋，潛潛之声与耳谋，悠然而虚者与神谋，渊然而静者与心谋。不匝旬而得异地者二，虽古好事之士，或未能至焉。

噫！以兹丘之胜，致之沣、镐、鄠、杜，则贵游之士争买者，日增千金而愈不可得。今弃是州也，农夫渔父过而陋之。价四百，连岁不能售。而我与深源、克己独喜得之，是其果有遭乎！书于石，所以贺兹丘之遭[②]也。

【注释】

①偃蹇：山石高低不平。
②遭：际遇，运气。

【译文】

找到西山后的第八天，沿着山口往西北走了两百步，又探寻到了钴𬭁潭。在离潭西二十五步水流湍急的地方有一道坝。坝上有一座小丘，上面生长着竹子和树木。小丘上的石头或耸立或横卧，破土而出，竞相显示奇怪的样子，多得几乎数不清。有的高耸而又相互叠在一起向下延伸，颇似牛马低着头在溪旁喝水；有的像兽角似的竞相直冲，犹如熊罴向山上攀登。

　　小丘小得不足一亩，几乎能将它装到笼子里。我打探谁是它的主人，有人说："这是唐家废弃之地，想出售而没有买主。"我询问它的售价，那人说："只需四百文。"我因喜欢这里而将它买下来。李深源、元克己与我同游，他们都感到高兴，认为这是意外的收获。我们相继拿起镰刀、锄头等工具，铲除杂草，砍去不好的树木，然后点火将它们焚烧掉。结果优美的树木挺立起来，好看的竹子显露出来，奇异的石头也呈现出来。站在小丘的中央远望四方，有陡峭的山峰，飘动的白云，淙淙的小溪，自在的鸟兽，它们都快乐而融洽地呈献自己的技艺，犹如在小丘之下表演。铺上席子，放上枕头，躺在小丘上，清爽宜人的景色映入眼帘，与眼相亲；清脆的流水声传入耳际，悠旷虚空的境界让人神往。我不到十天已得到两处美景，即使是古代嗜好胜景的人，也未必能实现啊！

　　唉！以小丘优美的景色，如果将它放到沣、镐、鄠、杜等地方，那些喜欢游玩的皇亲贵族一定会争相购买，就是每天加高价也未必能得到。如今小丘被弃置在偏远的永州，路过的农民、渔夫都看不上它，即使价钱只有四百文，也好几年都卖不出去。而我和深源、克己偏偏发现并得到了它，这也算是它的运气吧！我把得到小丘的经过写在石头上，以祝贺小丘交了好运。

【评析】

　　这篇文章言简意赅，隽永深刻，属于柳宗元山水游记中的一篇佳作。

　　柳宗元在文中把静物动态化，将没有生命的山、石、云、溪赋予灵性，似善解人意，给读者生动、难忘的印象。如文章开始对小丘上的石头的描写："负土而出，争为奇状"。"争为奇状"四个字就写出了这些石头竞相以各种形态争奇斗怪，一心突出自己的生气，这比泛泛地说石头"千姿百态、形状各异"要形象活泼得多。

　　这篇文章虽为游记，但并不只是描写景物，其中还穿插了一些议论和抒情，第一、二两段虽然以叙事、描写为主，但蕴含着作者自己的一些情绪。柳宗元是因为被贬才来到这偏僻的永州，而被人们废置于此的小丘和他有着相似的不幸遭遇，所以作者才会对它表示怜惜。柳宗元对小丘的描写充满了感情，因为他把自己也看成小丘，借此感慨自己怀才不遇。

　　本文语言简洁，达到了语不虚设的艺术境界。文章开篇即说"得西山后八日，寻山口西北道二百步，又得钴鉧潭"，与文中"不匝旬而得异地者二"，前后呼应，衔接紧凑。写小丘上石头的样子用"突怒偃蹇"来形容，为突出小丘的"小"用"笼而有之"来描述。这些词的巧妙运用，充分体现了作者在文字驾驭上的深厚功力，为全篇增色不少。

贺进士王参元失火书

柳宗元

【题解】

王参元，唐宪宗元和二年（807年）进士，家境富裕。一次，王家不幸发生火灾，财物都被烧毁。柳宗元得知消息后修书一封，却是道贺之词。他在信中仔细地描写了知道朋友遭受火灾后的心理变化，以及道贺的原因，言辞真挚，笔调明快，确为一篇"奇文"。

【原文】

得杨八书，知足下遇火灾，家无余储。仆始闻而骇，中而疑，终乃大喜，盖将吊而更以贺也。道远言略，犹未能究知其状。若果荡焉泯焉而悉无有，乃吾所以尤贺者也。

足下勤奉养，乐朝夕，唯恬安无事是望也。乃今有焚炀①赫列②之虞，以震骇左右，而脂膏滫瀡之具，或以不给，吾是以始而骇也。

凡人之言皆曰：盈虚倚伏，去来之不可常。或将大有为也，乃始厄困震悸，于是有水火之孽，有群小之愠，劳苦变动，而后能光明。古之人皆然。斯道辽阔诞漫③，虽圣人不能以是必信，是故中而疑也。

以足下读古人书，为文章，善小学，其为多能若是，而进不能出群士之上，以取显贵者，盖无他焉，京城人多言足下家有积货，士之好廉名者，皆畏忌不敢道足下之善，独自得之，心蓄之，衔忍而不出诸口，以公道之难明，而世之多嫌也。一出口，则嗤嗤者以为得重赂。仆自贞元十五年见足下之文章，蓄之者盖六七年未尝言。是仆私一身而负公道久矣，非特负足下也。及为御史尚书郎，自以幸为天子近臣，得奋其舌，思以发明足下之郁塞，然时称道于行列，犹有顾视而窃笑者，仆良恨修己之不亮，素誉之不立，而为世嫌之所加，常与孟几道言而痛之。

乃今幸为天火之所涤荡，凡众之疑虑，举为灰埃。黔其庐，赭其垣，以示其无有，而足下之才能，乃可以显白而不污。其实出矣，是祝融、回禄之相吾子也。则仆与几道十年之相知，不若兹火一夕之为足下誉也。宥而彰之，使夫蓄于心者，咸得开其喙，发策决科，授子而不栗，虽欲如向之蓄缩受侮，其可得乎？于兹吾有望于子！是以终乃大喜也。

古者列国有灾，同位者皆相吊。许不吊灾，君子恶之。今吾之所陈若是，有以异乎古，故将吊而更以贺也。颜、曾之养，其为乐也大矣，又何阙焉？

【注释】

①炀：焚烧。

②赫列：火势凶猛。

③诞漫：漫无边际。

【译文】

我收到杨八的书信，得知您家发生火灾，家里没有一点东西幸留下来。刚知道这件事时我非常吃惊，继而开始怀疑，最后非常高兴。我本打算慰问您，现在改成祝贺了。由于路途遥远，杨八的信又写得很简单，所以我还不能知道火灾的详情。如果您的家当真被烧得荡然无存，那这就是我特别祝贺您的原因。

您殷勤地奉养父母，每天过着快乐的日子，只期望日子恬静平安没有事故。如今竟遭火灾，让您震惊、恐慌，甚至连饭食的用料都可能缺乏，因此我刚得知这件事时才会惊诧。

人们都这样说：盛衰祸福相互依存、互动因果，来去不定，经常发生变化。有的人将要大有作为，开始会遭受苦难，比如会有水火的灾祸、小人的诽谤。历经困苦磨炼，而后才能见看见光明。古代贤人都是这样的。这个道理深奥精微，捉摸不定，连圣人也不敢肯定它是否可信，因此我继而产生了怀疑。

您善读古人的书，能做文章，深谙文字、音韵、训诂等学问，具有多方面的才能和技艺，然而您出仕为官后并没有超出一般士人，以获取显赫的地位。这里并没有别的原因，而是京城的人都认为您家中积有很多钱财，士大夫里那些喜好廉洁名声的人都顾忌别人会诽谤自己而不敢称颂您的才能，他们把话存在心中，而忍着不说出来。这都是公正的道理难以彰明、世人猜忌多疑的缘故。称颂的话说出来，那些好嘲讽他人的人就会认为说话的人接受了您很多贿赂。我自从贞元十五年阅读您的文章后，就将赞美的话憋在心里，已有六七年一直不敢说出来。这是我只顾一己之私而长时间地违背了公理，对不起的不只是您啊。等我担任御史、尚书等职位后，自以为有幸成为皇帝的亲近之臣就可以畅所欲言，于是想阐明您抑郁的心情。然而，当我在同僚中赞美您时，仍有相视而暗笑的人。我很恨自己的修养还未能被世人理解，良好的名声也没有确立，从而遭受世人猜忌。我经常和孟几道提起这些事，觉得十分痛心。

现在，幸运的是您家被一场大火烧得一干二净，世人所有的猜忌也随着这场火化为灰烬。房屋烧黑了，墙壁烧红了，正好显示出您身无长物，您的杰出才能就不至于因为您的财产而蒙上污点，您的才能终于有用武之地了。这场大火是祝融、回禄两位火神在扶助您啊！这样一来，我和孟几道十年来对您的了解，还敌不过这场大火在一夜之间给您带来的名声。之后，世人不仅谅解、表彰您，还会将藏于内心的话说出来；那些主持考试的官员，也敢授予您官职而没必要担心了。如此一来，您即使还想像过去那样心惊胆战地生活，受他人的猜忌，恐怕也不可能了吧？在这方面，我对您抱有很大的希望，因此才会因为您家着火而为您感到高兴。

古时，各国发生灾祸，与之同地位的诸侯都要慰问。许国没派遣使臣吊灾，遭到君子的憎恶。如今我提到的这些情况因与古时不同，所以将慰问更改为祝贺。像颜回、曾参奉养父母，是一件很大的乐事，比照他们，您还缺少什么呢？

【评析】

柳宗元的说理文往往化繁为简，立意和构思独到而巧妙，情感与事例都颇为有趣，而且二者结合得很好，使文章妙不可言，本文就是一个很好的例证。

"贺进士王参元失火书"，只看题目就觉得很吸引人。文章开篇亦是笔触惊人，立意独特："得杨八书，知足下遇火灾，家无余储。仆始闻而骇，中而疑，终乃大喜，盖将吊而更以贺也。道远言略，犹未能究知其状。若果荡焉泯焉而悉无有，乃吾所以尤贺者也。"这几句话写出了作者得知朋友家发生火灾后的心理变化，由骇到疑最终转喜，处处让读者称奇，为后文埋下伏笔。

紧接着，柳宗元开始解释自己心理变化的原因。他指出王参元虽然具有多方面的才能和技艺，但家中积有钱财，一些喜好廉洁名声的士大夫因有所顾忌而不敢公开称颂他，致使他杰出的才能为钱所累。然后柳宗元从自己说起，说自己十分了解他的才华，也曾在朝廷中赞扬他，但终被猜忌，遭受诽谤。而这次的大火使王家财产化为灰烬，这样，王参元的才华不再因钱财受连累，他反而有了发展的机会。王参元因祸得福，作者作为朋友自然应该向他道喜了。

柳宗元将社会痼疾融合在文章独特的立意中，虽然笔调风趣，但其中感慨颇多，值得读者反复咀嚼。

宋文

待漏院记

王禹偁

【题解】

　　王禹偁是北宋诗文革新运动的开拓者，推崇"韩柳文章李杜诗"，在文学理论和创作上都强调现实主义。他把自己的政治理想寄托在散文之中，写了许多短小精悍、文质兼美的作品。《待漏院记》就是其中的代表作。文章体现了他对"贤明吏治"的追求和向往。

【原文】

　　天道不言，而品物亨、岁功成者，何谓也？四时之吏，五行之佐，宣其气矣。圣人不言，而百姓亲、万邦宁者，何谓也？三公论道，六卿分职，张其教矣。是知君逸于上，臣劳于下，法乎天也。古之善相天下者，自咎、夔至房、魏，可数也，是不独有其德，亦皆务于勤耳，况夙兴夜寐，以事一人，卿大夫犹然，况宰相乎！

　　朝廷自国初因旧制，设宰臣待漏院于丹凤门之右，示勤政也。至若北阙向曙，东方未明，相君启行，煌煌火城，相君至止，哕哕銮声。金门未辟，玉漏犹滴。撤盖下车，于焉以息。待漏之际，相君其有思乎！

　　其或兆民未安，思所泰之；四夷未附，思所来之；兵革未息，何以弭之；田畴多芜，何以辟之；贤人在野，我将进之；佞臣立朝，我将斥之。六气不和，灾眚①荐至，愿避位以禳之；五刑未措，欺诈日生，请修德以厘之。忧心忡忡，待旦而入，九门既启，四聪甚迩。相君言焉，时君纳焉。皇风于是乎清夷，苍生以之而富庶。若然，则总百官，食万钱，非幸也，宜也。

　　其或私仇未复，思所逐之；旧恩未报，思所荣之；子女玉帛，何以致之；车马玩器，何以取之；奸人附势，我将陟②之；直士抗言，我将黜之；三时告灾，上有忧色，构巧词以悦之；群吏弄法，君闻怨言，进谄容以媚之。私心慆慆，假寐而坐，九门既开，重瞳屡回。相君言焉，时君惑焉，政柄于是乎隳③哉，帝位以之而危矣。若然，则下死狱，投远方，非不幸也，亦宜也。

　　是知一国之政，万人之命，悬于宰相，可不慎欤？复有无毁无誉，旅进旅退，窃位而苟禄，备员而全身者，亦无所取焉。

　　棘寺小吏王禹偁为文，请志院壁，用规于执政者。

【注释】

①眚：疾苦。
②陟：提升。

③斁：败坏。

【译文】

　　大自然不能说话，即使万物顺利生长，每年都有收成，这是什么原因呢？那是掌握四时、五行的官吏们疏通运行它的元气的结果。君王不说话，百姓却能和睦相亲，全国各地都和乐安宁，这是什么原因呢？那是三公讨论治国之道、六卿职责分明，弘扬了君王教化的结果。由此可知，国君在上闲适安逸，臣子在下操劳王事，这正是效法天道。古时候长于治国之道的宰相大臣，从皋陶、夔到房玄龄、魏徵，寥寥无几。这些人不仅具有高尚的道德，也都勤于政务。起得早、睡得晚，为国君效劳，连卿大夫都是这样，更何况宰相呢！

　　自建国之始，朝廷就因袭前代的旧制，在丹凤门右边为百官设立晨集准备朝拜的地方，即待漏院，以此作为辛勤料理政事的表现。当待漏院的方向刚刚见到一丝曙光，东方还没有大亮的时候，宰相就起身上朝，灯笼的光将全城都照得光亮通明。宰相的车驾到了待漏院，马车的铃铛发出清脆的声响。宫门尚未开启，计时的玉壶里的更漏水还在不停地下滴。宰相掀开轿帘走下车，在此短暂休息一下。在等待上朝的时间里，宰相在想什么呢？

　　他也许在想，百姓还没过上太平日子，要想办法使他们安居乐业；四方的少数民族还不服从统治，要想办法使他们归附；战争还不曾停歇，要想办法平息战火；田地荒芜，要想办法开垦；贤德的人没有得到任用，我要举荐他；奸臣当道，我要贬斥他。六气不能调和，灾祸接连不断，我愿意让出相位，以此祈求上天消灾解难；各种刑罚运用不当，欺诈行为每天都在发生，我请求加强道德修养来矫正它。满怀忧愁，等待天明上朝。宫门开启后，愿意听取各方面意见的皇帝离得非常近。宰相说出了自己考虑的内容，皇帝采纳了那些建议。国家此后政治清明，百姓也因此富庶而安乐。如果是这样，宰相总领百官、领取优厚的俸禄，并不是侥幸，而是他应得的。

　　他也许在想，尚有大仇未报，怎样才能把仇人赶走；还有恩情未报，怎样使恩人获得名誉地位。财物、美女，用什么手段能得到；车马、古董、器具、玩物，如何才能获取；奸佞之臣想依附我的权势，我要提拔重用他们；正直耿介之人高声直谏，我要罢免他们；春、夏、秋三季都有报告灾情的，皇上忧愁不安，我要用花言巧语来让他高兴；官员贪赃枉法，皇帝听到了抱怨的话，我要奉承献媚以讨他欢心。满脑子的杂念纷至沓来，坐着打瞌睡。宫门开启以后，皇帝不时环顾四周。宰相提出了他的建议，皇帝被迷惑，政治权力由此被毁坏，皇位也因此岌岌可危。如果是这样，那么宰相被打入死牢，或者流放到偏僻荒凉的地方，并不是不幸，而是他应得的下场。

　　从这里可以知道，一个国家的政权，数万百姓的生命，都悬于宰相一身，怎么能不谨慎呢？还有一种宰相，没有受到毁谤也没有得到赞誉，自己没有主张，跟别人一同进退，占着高位、贪图俸禄，滥竽充数，只想着如何保全自己，这种人也是不可取的。

　　大理寺小吏王禹偁撰写此文，请求把它刻在待漏院的墙壁上，用来劝诫那些执政的大臣。

【评析】

　　王禹偁，字元之，北宋诗人、散文家，诗文革新运动的奠基者。他的散文内容充实、语言晓畅，文学气息浓厚，寄寓着自己的政治理想。《待漏院记》是王禹偁的传世名作之一。宋时文人当政，宰相权力尤重。王禹偁有感于宰相在朝政中所起的举足轻重的作用，写了这篇充满政治色彩的"宰相论"。

　　文章开篇探究"天道"的运行规律、圣王的政治模式，以此引入宰相的重要性，从而顺理成章地将笔触转向宰相每日准备上朝的地方，也是他们辛勤料理政事的象征——待漏院。接下来，作者通过记述宰相上朝的时间等细节，将内容过渡到文章的重点，即宰相们的所思所想上面。

　　宰相上朝，场面庄严，但真正与国家利益密切相关的却是他们的内心世界。作者在描写宰相的心理活动时，运用对比的手法将其分为贤相、奸相、庸相三种类型，恰当地表现出他们对帝王、国家、百姓的影响。作者还为贤相和奸相构筑了截然不同的结局，表达出自己爱憎分明的立场。

　　文章结尾部分，作者提出"一国之政，万人之命，悬于宰相"的论题，义正词严地规劝统治者要勤政爱民，要在其位谋其政，而不能"窃位而苟禄，备员而全身"，很有时代特色。

　　本文笔触锋利，感情充沛。以四字句为基本句式，平易晓畅，读来朗朗上口；以"之"字收尾的一系列句式，均匀规整，极尽纡徐之致；个别段落用韵灵活，充满节奏感和韵律美。这些都显示出作者极佳的语言功底。

岳阳楼记

范仲淹

【题解】

　　范仲淹，字希文，北宋名臣，杰出的政治家、文学家。他从小读书刻苦，志向远大。不过出仕后一直比较坎坷，因直言进谏而多次被贬。范仲淹著述颇丰，

《岳阳楼记》是他的代表作。

滕子京和范仲淹的友情深厚。滕子京被诬告而遭贬，来到巴蜀。他重修岳阳楼，并请范仲淹作记。范仲淹遂写下此文。在文中，他写出了自己的人生理想和为人处世的原则，还鼓励滕子京向古人学习，做到"先天下之忧而忧，后天下之乐而乐"。

【原文】

庆历四年春，滕子京谪①守巴陵郡。越明年，政通人和，百废具兴。乃重修岳阳楼，增其旧制，刻唐贤、今人诗赋于其上，属予作文以记之。

予观夫巴陵胜状，在洞庭一湖。衔远山，吞长江，浩浩汤汤，横无际涯；朝晖夕阴，气象万千。此则岳阳楼之大观也。前人之述备矣。然则北通巫峡，南极潇湘，迁客骚人，多会于此，览物之情，得无异乎？

若夫霪雨②霏霏，连月不开，阴风怒号，浊浪排空，日星隐曜，山岳潜形，商旅不行，樯倾楫摧，薄暮冥冥，虎啸猿啼。登斯楼也，则有去国怀乡，忧谗畏讥，满目萧然，感极而悲者矣。

至若春和景明，波澜不惊，上下天光，一碧万顷，沙鸥翔集，锦鳞游泳，岸芷汀兰，郁郁青青。而或长烟一空，皓月千里，浮光跃金，静影沉璧，渔歌互答，此乐何极！登斯楼也，则有心旷神怡，宠辱皆忘，把酒临风，其喜洋洋者矣。

嗟夫！予尝求古仁人之心，或异二者之为。何哉？不以物喜，不以己悲。居庙堂之高，则忧其民；处江湖之远，则忧其君。是进亦忧，退亦忧。然则何时而乐耶？其必曰"先天下之忧而忧，后天下之乐而乐"欤！噫！微斯人，吾谁与归！

时六年九月十五日。

【注释】

①谪：被降职并调到边远地方做官。

②霪雨：同"淫雨"，指连绵不断的过量的雨。

【译文】

庆历四年（1046年）的春天，滕子京被贬为巴陵郡太守。到了第二年，政事顺利，百姓和乐，各种荒废的事业都兴办起来。于是再度修建岳阳楼，在原有的基础上扩大建筑规模，并把唐朝名人和当代人的诗赋刻在楼上，同时嘱咐我写篇文章来记述这件事。

我看巴陵郡的美景，全在洞庭湖上。洞庭湖包含远处的山脉，吞吐着长江的流水，浩浩荡荡，无边无际；每天从早到晚，天气阴晴变化不定，景象宏伟绚丽，非常壮观。这就是站在岳阳楼上所能看到的景象，前人对此的描述已经很详尽了。既然这样，那么此地北面通向巫峡，南面直到潇水、湘江，被贬职远调的官员和失意的诗人大多在这里聚会，他们观赏自然景观而引发的感情，会有所不同吗？

像那阴雨连绵，整月不放晴的时候，阴风狂吼，混浊的浪头冲向高空。日月星辰都失去了光辉，山岳也隐没了形迹，商人和旅客无法通行，桅杆倒了，船桨断了。傍晚时分，天色阴暗，只能听到老虎的咆哮和猿猴的悲啼。这时登上岳阳楼，就会产生离开国都、思念家乡、担心奸人诽谤、惧怕别人讥讽的心情。满眼都是萧条凄凉的景象，一定会极度感慨并且十分伤感了。

如果是春风和煦、阳光明媚的时节，湖面风平浪静，蓝天和水色相映，碧绿的水面广阔无边，成群的沙鸥时而飞翔时而停歇，美丽的鱼儿游来游去，岸上的小草，小洲上的兰花，香气扑鼻，郁郁葱葱。有时候大片烟雾完全消散，明月照耀着千里大地，浮动的月色闪耀着金光，静静的月影倒映在水中，如沉在水中的一块璧玉，渔夫们歌声相和，这样的快乐怎么会有尽头啊！此时登上岳阳楼，就会感到心胸旷达，精神愉悦，荣耀和耻辱全都忘了。端起酒杯在清风的吹拂下一饮而尽，那种心情真是舒畅极了。

唉！我曾经探求古代德行高尚的人的思想感情，或许不同于以上两种心情。为什么呢？因为他们不因外物的富有、缺失和个人的得失、荣辱而或喜或悲。在朝廷做官，就时时想着怎样让百姓生活得更好；不在朝中做官，则为国君忧心。这就是做官也忧虑，不做官也忧虑。既然这样，那么他们何时才能快乐起来呢？这些人一定会说："在天下人忧愁之前先忧愁，在天下人快乐之后再快乐。"啊！唉！除了这种人，我同谁一道呢？

庆历六年九月十五日。

【评析】

范仲淹自幼家境贫寒，但是勤奋好学，志向高远，为官后有直言敢谏之名，曾因多次上书批评宰相而三次遭贬，一生颠沛流离，令人唏嘘。《岳阳楼记》是范仲淹的传世名作，彰显了其崇高的思想境界。"先天下之忧而忧，后天下之乐而乐"，是范仲淹一生的行为准则。

宋仁宗庆历四年的春天，甘肃泾州知州滕子京遭奸人诬陷，被贬谪到巴陵郡（今湖南岳阳）任太守，次年重新修葺岳阳楼，并委托好友范仲淹作记。范仲淹由此借题发挥，通过描绘登上岳阳楼后所见之景，将写景与记事、抒情和议论交融在一起，抒写了自己的政治理想——"先天下之忧而忧，后天下之乐而乐"，以及为人处世的态度——"不以物喜，不以己悲"，以此与好友共勉。

本文叙事简洁委婉，写景入木三分，抒怀情真意切，不愧为一篇优秀的散文。值得一提的是，文中仅有的几句议论，字数虽然不多，却起到了统率全文的作用。

全文字里行间，均可见作者锤炼字句的功夫。"衔远山，吞长江"中的"衔""吞"二字，恰当地写出了洞庭湖恢宏的气势；"不以物喜，不以己悲""先天下之忧而忧，后天下之乐而乐"等传诵至今的名言警句，含义深远，可谓字字千金。另外，"日星隐曜，山岳潜形""沙鸥翔集，锦鳞游泳""长烟一空，皓月千里"等对偶句的使用，也大大增强了文章的感染力。

谏院题名记

司马光

【题解】

司马光，字君实，北宋杰出的史学家、文学家，世称涑水先生。他是宝元二年（1039年）的进士，曾任左仆射兼门下侍郎，后被封为太师、温国公。他主持编撰了一部大型编年体通史——《资治通鉴》，并留有《司马文正公集》。

这篇文章是司马光在谏院任职时写的。"谏院"是当时主管谏诤的机关，"题名"是指把过去谏官的名字刻在石头上。司马光想用把谏官姓名刻在石上这一方法警戒谏官，表现了他勇于进谏、尽忠职守、不为自己谋利益的高尚品格。

【原文】

古者谏无官，自公、卿、大夫，至于工、商，无不得谏者。汉兴以来始置官。夫以天下之政，四海之众，得失利病，萃于一官使言之，其为任亦重矣。居是官者，当志①其大，舍其细，先其急，后其缓，专利国家而不为身谋。彼汲汲②于名者，犹汲汲于利也，其间相去何远哉！

天禧初，真宗诏置谏官六员，责其职事。庆历中，钱君始书其名于版，光恐久而漫灭。嘉祐八年，刻著于石。后之人将历指其名而议之曰：某也忠，某也诈，某也直，某也曲。呜呼！可不惧哉？

【注释】

①志：记在心里，引申为不忘。

②汲汲：急切的样子。

【译文】

在古代并没有专门设立进谏的官职，从公、卿、大夫到工匠、商贩，没有不能向君主进谏的。直到汉朝兴盛后，才开始设置谏官。把整个国家的政务，天下的百姓，各种利弊得失，都放在谏官身上。谏官担负的责任太重了！担任这种官职的人应该将大事记住，抛弃琐碎的事情；首先考虑情况紧急的事，然后分析不紧急的事；一心为国家谋求利益，而不将自己的利益放在国家利益之前。那些急切追求名声的人，如同迫切追求私利的人一样，他们和真正的谏官相差太远了！

天禧初年，真宗皇帝下诏设置六名谏官，让他们主管不同的事项。庆历中期，钱君才开始把谏官们的名字书写在木板上。我担心时间长了字迹就会被磨掉，于是在嘉祐八年，将谏官们的名字刻在石头上。后人就能指着各个名字议论说：某某人忠贞，某某人奸佞，某某人耿介，某某人邪僻。哎，谏官们能不以之为戒吗？

【评析】

司马光这篇文章不仅立论深远，而且文字简练，读罢好比品尝了一杯好茶，让人回味无穷。

司马光开篇先以古论今，在古今对比中指出谏官责任重大。"古者谏无官"，因为人人能进谏，所以不设其职。从汉朝才开始设置谏官职位，"天下之政，四海之众，得失利病"都集中在谏官身上，他们的职责自然非同小可，所以需谨慎对待。

接下来，司马光先从"志其大，舍其细，先其急，后其缓"等方面详细论述如何谨慎对待谏官的职责，也就是说谏官对待问题应该抓大放小，先急后缓；之后，他再从"专利国家，而不为身谋"这个方面进一步阐述。谏官在行使职责时要把国家的利益放在第一位，而不能以自己的利益为重。在这里，司马光谈论的不仅仅是谏官职责，也是在描述一种理想的人格。

司马光在极短的篇幅内阐述了谏官的发展历史、职责，以及自己对谏官的态度和要求，既朴素又开阔。他要论述的主题虽然宏大，却没有浮夸的痕迹。其中篇末最出彩，司马光指出，世人都认为题名是一种荣誉，但自己却害怕被"题名"，一个"惧"字，将全篇的精华凝聚起来，起到了一词托全文的效果，从而揭示了作者题名于石的目的。

义田记

钱公辅

【题解】

钱公辅，字君倚，北宋人。范仲淹虽位高权重，却勤俭节约，用俸禄购置义田，扶助族人和贫穷的士子。钱公辅对范仲淹的这种行为进行了热情的讴歌，并对身边只顾一己之私的达官贵人进行了批判。

【原文】

范文正公，苏人也。平生好施与，择其亲而贫、疏而贤者，咸施之。

方贵显时，置负郭①常稔之田千亩，号曰"义田"，以养济群族之人。日有食，岁有衣，嫁娶凶葬皆有赡。择族之长而贤者主其计，而时其出纳焉。日食，人一升；岁衣，人一缣；嫁女者五十千，再嫁者三十千；娶妇者三十千，再娶者十五千；葬者如再嫁之数，葬幼者十千。族之聚者九十口，岁入给稻八百斛，以其所入，给其所聚，沛然有余而无穷。屏而家居俟代者与焉，仕而居官者罢其给。此其大较也。

初，公之未贵显也，尝有志于是矣，而力未逮者二十年。既而为西帅，及参大政，于是始有禄赐之入，而终其志。公既殁，后世子孙修其业，承其志，如公之存也。公虽位充禄厚，而贫终其身。殁之日，身无以为敛，子无以为丧。唯以施贫活族之义，遗其子而已。

昔晏平仲敝车羸马，桓子曰："是隐君之赐也。"晏子曰："自臣之贵，父之族，无不乘车者；母之族，无不足于衣食者；妻之族，无冻馁者；齐国之士，待臣而举火者三百余人。如此，而为隐君之赐乎？彰君之赐乎？"于是齐侯以晏子之觞，而觞桓子。予尝爱晏子好仁，齐侯知贤，而桓子服义也。又爱晏子之仁有等级，而言有次第也。先父族，次母族，次妻族，而后及其疏远之贤。孟子曰："亲亲而仁民，仁民而爱物。"晏子为近之。今观文正之义田，贤于平仲。其规模远举，又疑过之。

呜呼！世之都三公位，享万钟禄，其邸第之雄、车舆之饰、声色之多、妻孥之富，止乎一己而已，而族之人不得其门者，岂少也哉？况于施贤乎！其下为卿，为大夫，为士，廪稍之充，奉养之厚，止乎一己而已，而族之人，操壶瓢为沟中瘠②者，又岂少哉？况于它人乎！是皆公之罪人也。

公之忠义满朝廷，事业满边隅，功名满天下，后世必有史官书之者，予可无录也。独高其义，因以遗其世云。

【注释】

①负郭：近郊。负，这里有倚靠的意思。
②殍：瘦弱，此处指饿殍。

【译文】

范文正公（范仲淹），苏州人。平生喜好施舍，选择那些亲近而贫穷、关系疏远但贤良的人，给予帮助。

他刚显贵时，便购买了约千亩临近外城且年年丰收的良田，称其为"义田"，用它供养、救济同族的人。让他们每天有饭吃，每年有衣服穿；嫁女、娶妻、受灾、丧葬的人家都能得到补贴。选出同族中年龄较大而又贤明的人管理账目，定期结算、公布。供给每人每天一升米；供给每人每年一匹绢绸。嫁女发给五十千钱，再嫁则给三十千钱；娶妻发三十千钱，再娶则发十五千钱。丧葬的费用与再嫁数目一样，埋葬小孩发给十千钱。同族人聚集在一起的有九十来口，每年需要供给他们八百斛稻谷。用千亩良田的收入供养这些聚居的族人，绰卓有余裕而没有短缺的时候。辞工不作或者等待工作分配的人可以享受补贴；出仕为官的则停止供给。这就是义田的大致情况。

当初，范文正公还没有显贵之时，他曾立志做这件事情，可是由于没有财力，一直拖延了二十年。后来，他任陕西经略安抚副使，接着在朝廷参与国家政务，才开始有俸禄、赏赐等收入，自己的志向最终得以实现。范文正公去世后，他的后世子孙继续办义田，秉承他乐于施助的遗志，就像他在世那样。他虽然身居官位，俸禄优厚，但一生清贫。他去世之时，没有殡殓的衣服，子女们也没有为他办丧事的钱。他只是把救助穷人、供养族人的道义精神，留给子孙罢了。

从前，晏平仲使用破车弱马。桓子说："你这是隐瞒君主的赏赐啊！"晏子说："自从我显贵后，父亲的族人，外出没有不乘车的；母亲的族人，没有衣食不充足的；妻子的族人，没有挨饿受冻的；齐国还有三百多人等我救济才能生火做饭。像这样，是隐瞒君主的赏赐，还是彰明君主的赏赐呢？"齐侯听罢，把原本想罚晏子的酒罚桓子喝。我曾敬仰晏子乐施，齐侯能够辨别贤明，以及桓子信服道义。我还敬重晏子的仁爱有等级之分，说话次第分明。他先说父族，然后是母族，接着是妻族，最后才是关系疏远但贤良的人。孟子说："亲近同族，才能仁爱百姓，仁爱百姓，才能爱惜万物。"晏子的为人很接近这一点。如今看范文正公创办"义田"，比晏子还要贤明。他施行的规模之大，影响之深，似乎胜过晏子。

唉，世上高居三公之爵位、享用优厚俸禄的人，他们住宅的富丽堂皇，车辆的奢华精美，歌伎众多，妻儿富足，都是为满足他们一己的私欲而已。他们同族的亲人尚不能进门的，难道少吗？更何况是关系疏远的贤人呢？三公之下有卿、大夫、士，他们享用国家供给的粮食、优厚的俸禄，也只不过是满足自己一人的享乐罢了；而同族的人，手持葫芦瓢乞讨，饿死倒在沟渠中的人，难道还少吗？何况对其他的人呢？在文正公面前，他们都是罪人啊！

范文正公的忠义满朝皆知，他的功业遍布边疆，功名传遍全国，后世肯定有史官记录他的事迹，我就不必再写了。只是我敬仰他的道义精神，因而记述他的"义田"之举以留赠后人。

【评析】

这是一篇值得反复欣赏的好文章，结构安排具有创造性，在衔接上天衣无缝。

作者钱公辅开篇就详细地介绍了义田的作用、管理方法以及如何救济他人。看似繁杂的事情，在作者笔下都变得简单而有条理。从中我们也可以看出，范仲淹的确为义田倾注了大量的心血。

在第二段中，钱公辅对前一段的内容进行了补充，讲明了范仲淹办"义田"的志向及原因。当钱公辅写完范仲淹的子孙"承其志"后，笔锋一转，写出他"殁之日，身无以为敛，子无以为丧"，与之前的"葬者如再嫁之数，葬幼者十亓"形成鲜明对比。之后，作者以"唯以施贫活族之义，遗其子而已"两句，点出文章的主旨。

最后一段写范仲淹"忠义满朝廷，事业满边隅，功名满天下"，但钱公辅只选他兴办义田这一件事来写，将他一生的功绩与兴办义田这件小事进行比照，不仅突出范仲淹的光辉形象，也突出兴办"义田"这件事的意义。

文章中有三处对比：第一处是范仲淹的"虽位充禄厚，而贫终其身"与族人衣食充足、生活无忧的对比；第二处是他与古人晏婴的对比；第三处是他与吝啬、冷酷的当代公卿、大夫、士的对比。在对比之中，突显了范仲淹"好施予"的高尚品德，也使读者从中受到教育。

朋党论

欧阳修

【题解】

欧阳修，字永叔，号醉翁，又号六一居士。他是北宋诗文革新运动的领导者，"唐宋八大家"之一。他的散文成就颇高，叙事说理，平易流畅，感情充沛。

欧阳修性格刚直，勇于进谏，当主张革新的范仲淹与守旧派吕夷简争斗时，他坚决拥护范仲淹,因此被守旧派称为"党人"。欧阳修于是向宋仁宗上书论述"党人",这就是其作《朋党论》的缘由。

【原文】

臣闻朋党之说,自古有之,唯幸人君辨其君子小人而已。大凡君子与君子,以同道为朋,小人与小人,以同利为朋,此自然之理也。

然臣谓小人无朋,唯君子则有之,其故何哉?小人所好者,利禄也,所贪者财货也。当其同利之时,暂相党引以为朋者,伪也。及其见利而争先,或利尽而交疏,则反相贼害,虽其兄弟亲戚,不能相保。故臣谓小人无朋,其暂为朋者,伪也。君子则不然,所守者道义,所行者忠信,所惜者名节。以之修身,则同道而相益;以之事国,则同心而共济。始终如一,此君子之朋也。故为人君者,但当退小人之伪朋,用君子之真朋,则天下治矣。

尧之时,小人共工、驩兜等四人为一朋,君子八元[①]、八恺十六人为一朋。舜佐尧退,四凶小人之朋,而进元、恺君子之朋,尧之天下大治。及舜自为天子,而皋、夔、稷、契等二十二人并列于朝廷,更相称美,更相推让,凡二十二人为一朋,而舜皆用之,天下亦大治。《书》曰:"纣之臣亿万,唯亿万心;周有臣三千,唯一心。"纣之时,亿万人各异心,可谓不为朋矣,然纣以亡国。周武王之臣三千人为一大朋,而周用以兴。后汉献帝时,尽取天下名士囚禁之,目为党人。及黄巾贼起,汉室大乱,后方悔悟,尽解党人而释之,然已无救矣。唐之晚年,渐起朋党之论。及昭宗时,尽杀朝之名士,或投之黄河,曰:"此辈清流[②],可投浊流。"而唐遂亡矣。

夫前世之主,能使人人异心不为朋,莫如纣;能禁绝善人为朋,莫如汉献帝;能诛戮清流之朋,莫如唐昭宗之世。然皆乱亡其国。更相称美、推让而不自疑,莫如舜之二十二臣,舜亦不疑而皆用之。然而后世不诮舜为二十二人朋党所欺,而称舜为聪明之圣者,以能辨君子小人也。周武之世,举其国之臣三千人共为一朋,自古为朋之多且大莫如周,然周用此以兴者,善人虽多而不厌也。

嗟乎!治乱兴亡之迹,为人君者可以鉴矣!

【注释】

①元:善良。恺:忠诚。
②清流:清澈的流水,引申为洁身自好的高士。

【译文】

我知道朋党的说法,自古以来就有,只是希望君主能分辨出他们是君子还是小人而已。一般而言,君子间因为理想相同而结成朋党,小人间因共同私利才结成朋党，这是很自然的道理。

然而我以为小人之间不能形成朋党，只有君子之间才能。其中的原因是什么呢？小人所喜好的是高官厚禄，他们贪图的不过是财物。当他们之间有共同利益之时，就暂时结为一派，这种关系是虚假的。当有利可图之时，他们就会争先恐后地抢夺，或在无利可图之时就彼此疏远，甚至掉过头来相互残杀。即便是兄弟、亲戚也不会彼此照顾。所以我才说小人之间无朋党，那些暂时形成朋党的，关系也是虚假的。但君子之间就不这样，君子坚守的是道义，奉行的是忠信，爱惜的是名节。他们以这些准则来修身养性，就会因为志同道合而彼此获益；他们应用这些准则治理国家，就会协同一心，同舟共济。这就是君子之间的朋党。所以，身为君主，应当抛弃小人之间的虚假朋党，而用君子之间的真朋党。如此一来，天下就会被治理得很好。

唐尧在位之时，小人共工、驩兜等四个人结为朋党，君子八元、八恺等十六个人结为朋党。虞舜辅佐唐尧，废弃了这四个小人的朋党，而任用八元、八恺等人的朋党。结果，尧统治时期，天下治理得很好。到虞舜本人做天子时，皋、夔、稷、契等二十二人在朝为官，他们相互赞美、彼此谦让，二十二人结成朋党，舜都重用他们，天下也治理得很好。《尚书》说："商纣有亿万名臣子，却有亿万条心；周朝只有三千臣子，但只有一条心。"商纣在位时，亿万臣子各怀异心，可以说他们称不上朋党，但商纣却因此使国家灭亡了。周武王的臣子三千人组成一个大朋党，但是周朝却十分兴盛。汉献帝在位时期，将天下的有名之士都囚禁起来，视他们为朋党。等到发生黄巾暴乱，天下动荡，才醒悟过来，解除党禁，释放党人，但是已经无济于事了。唐朝晚年，关于朋党的议论渐渐兴起，到昭宗时，杀尽当朝名士，还将有的人投入黄河，说："这些人自称是清流，可以将他们投入浊流。"然而唐朝随后就灭亡了。

从前的那些君主，能让人人心怀异心而无法形成朋党的，谁都不如商纣；能彻底禁止贤善之人形成朋党的，谁都不如汉献帝；能杀戮清正廉洁的朋党的，谁都不如唐昭宗。然而，他们都因此而使国家灭亡了。相互称赞、彼此谦让而不猜忌的，谁都不如虞舜的二十二个臣子，舜也不猜疑且都重用他们。但后人也没有讥讽虞舜被二十二人形成的朋党欺骗，反而称赞虞舜是聪明的圣人，因为他能明辨君子、小人。周武王时，他让全国三千臣子结为一朋党，自古以来人数之多、规模之大的朋党，没有哪个能超过周朝的，然而周朝却因任用朋党而兴盛，这是因为贤善的人再多，君主也觉得不够的缘故。

唉！兴亡治乱的事件，君主可以从中借鉴。

【评析】

《朋党论》是一篇政论文，极富战斗力。本文很好地体现出了欧阳修"事信、意新、理通、语工"的行文特点,艺术性很强。

　　对比的论证方法贯穿文章始终,欧阳修环环相扣地列举事例、阐述观点,用道理来说服人。作者开篇就直截了当地说:"朋党之说,自古有之,唯幸人君辨其君子小人而已。"然后以君子的朋党和小人的朋党为中心展开论述。在第三段中,欧阳修以史实为据,深入对比,使论证更上一层。他从尧、舜时期说到唐朝末年,历数期间具有代表性的朝代兴衰史实,紧抓国家兴衰与朋党的密切关系,进行对比论证,把一个复杂的问题直白地呈现了出来,而且非常具有说服力。

　　本篇文章的语言和句式也很有特色。欧阳修大量使用转折句式,加强了对比的效果,也使文章的节奏舒缓下来。这样一来,整篇文章不仅显得流畅生动,而且含蓄隽永,颇有韵味,让人回味无穷。排比句式在文中也多次应用,突出了政论文的气势。总之,本文转折句与排比句交替使用,不仅使句式有长有短,活泼别致,也使节奏不紧不慢,张弛有致。

纵囚论

欧阳修

【题解】

　　贞观六年(632年),唐太宗释放国家的死囚,并与他们约好第二年秋到京接受刑罚。释放的死囚多达三百九十人,虽没有人监督和监视,但他们都如期回京,无一人逃亡。

　　这个故事出自《资治通鉴》,后人看法不一。有人赞成此举,认为唐太宗是一个仁义而有气度的明君;有人则持反对态度,以欧阳修为代表。为了阐明自己的观点,欧阳修专门撰写了《纵囚论》。

【原文】

　　信义行于君子,而刑戮施于小人。刑入于死者,乃罪大恶极,此又小人之尤甚者也。宁以义死,不苟幸生,而视死如归,此又君子之尤难者也。

　　方唐太宗之六年,录大辟①囚三百余人,纵使还家,约其自归以就死,是以君子之难能,期小人之尤者以必能也。其囚及期,而卒自归无后者,是君子之所难,而小人之所易也。此岂近于人情哉?

　　或曰:"罪大恶极,诚小人矣;及施恩德以临之,可使变而为君子。盖恩德入人之深,而移人之速,有如是者矣。"曰:太宗之为此,所以求此名也。然安知夫纵之去也,不意②其必来以冀免,所以纵之乎?又安知夫被纵而去也,不意其自归而必获免,所以复来乎?夫意其必来而纵之,是上贼③下之情也;意其必免而复来，是下贼上之心也。吾见上下交相贼以成此名也，乌有所谓施恩德与夫知信义者哉？不然，太宗施德于天下，于兹六年矣，不能使小人不为极恶大罪；而一日之恩，能使视死如归，而存信义，此又不通之论也。

然则何为而可？曰：纵而来归，杀之无赦。而又纵之，而又来，则可知为恩德之致尔。然此必无之事也。若夫纵而来归而赦之，可偶一为之耳，若屡为之，则杀人者皆不死，是可为天下之常法乎？不可为常者，其圣人之法乎？是以尧、舜、三王之治，必本于人情，不立异以为高，不逆情以干誉。

【注释】

①大辟：死刑，这里指最高刑罚。辟，法，刑法。
②意：估计。
③贼：这里作动词用，窃，私下行动，引申为窥测。

【译文】

信义在君子中施行，而刑罚施行于小人。被定死罪的人，罪大恶极，他们又是小人中十分凶恶的人。宁愿为正义而死，不苟且偷生，视死如归，这样的人是君子中很难得的。

贞观六年，唐太宗将被判处死刑的三百多犯人登记在册，然后放他们回家，让他们按约定好的日期自动回来接受死刑。这样的事君子都难以做到，而希望小人中最坏的人能做到。到了约定好的时间，那些犯人都自动回来而没有迟延的。君子不容易做到的事，小人却轻易做到了。这难道近于常情吗？

有人说：" 罪大恶极者确实是小人。如果用施以恩德的手段感化他们，就可以将他们变为君子。恩德越深入人心，就能越快地改变小人的品行，有过这样的事。" 我说：唐太宗之所以这样做，是为了得到一个好名声。怎么会知道太宗放囚犯回家，不是料想他们一定会回到狱中，以期望皇帝赦免其死罪，所以才放他们走的呢？又怎么会知道囚犯被放回家，不是料想到自己如约回到狱中，一定能得到皇帝的赦免，所以才回来的呢？如果料想到囚犯会回来才放他们回去，这是太宗骗取民心。如果囚犯料到皇帝会赦免他们的死罪才如约回来，这是犯人骗取皇帝的信任。我在这件事中看到皇帝和囚犯相互欺骗才有各自的好名声，哪里有皇帝对囚犯实施恩德感化他们，而囚犯遵守信义的事情呢？不然的话，从太宗在全国施行恩德感化到放囚犯回家已过六年，六年他都没有使小人不去犯罪；而一天的恩德感化，却让犯人视死如归，坚守信义，这是说不通的道理啊。

那么怎么做才可以呢？我说：将放回家又自动回来的囚犯按照法律杀之而不赦免。再放一批囚犯回家，他们依然回来，这才可知是皇帝的恩德感化了他们才会有这样的结果。然而，这必定是不会发生的事。释放囚犯回家，在他们自动回来后赦免他们的死罪，只可偶尔做一次。如果总是这样，那么杀人犯都不用去死，这能作为国家的常法吗？不能作为国家常法，难道能算是圣人之法吗？所以说，尧、舜、禹、汤、周文王和周武王治理国家，必定以合乎人情为标准，既不以标新立异为高明，也不违背情理沽名钓誉。

【评析】

《纵囚论》是欧阳修一篇著名的翻案文章，他对唐太宗释放囚犯的"美谈"翻案重论。文中批驳唐太宗释放囚犯是"施恩德"，提出纵囚是皇帝和囚犯相互欺骗以成全各自的名声。这篇文章以史立论，逐层深入，论证严密，极有说服力，体现了欧阳修的雄辩功力。

文章开篇即单刀直入，提出"信义行于君子，而刑戮施于小人"，为全文定下基调，也表明作者想要表达的观点。接着，欧阳修紧紧抓住唐太宗释放死囚这件事展开论述，将君子和小人进行比较，说明唐太宗这样做违背情理，不合法度，只是为了沽名钓誉。议论大气而深刻。

通过论证和比较，欧阳修提出皇帝和囚犯不过是"上下交相贼以成此名"，与"施恩德""知信义"无关，将事情的本质大白于天下。因此得出唐太宗这样做不能为"天下之常法"的结论，而认为正确的做法是效法"尧、舜、三王之治，必本于人情，不立异以为高，不逆情以干誉"。

这篇文章具有很强的逻辑性，文思缜密，论证透彻，发人深省。

梅圣俞诗集序

欧阳修

【题解】

梅尧臣，字圣俞，北宋初期的杰出诗人，他与欧阳修志趣相投，友谊深厚。梅尧臣一生都郁郁不得志，死后留下众多散诗，欧阳修将其整理成集，即《梅圣俞诗集》，并为诗集作序。在序言中，欧阳修提出了"穷而后工"的创作理论，在文学史上产生了重要影响。

【原文】

予闻世谓诗人少达而多穷①，夫岂然哉？盖世所传诗者，多出于古穷人之辞也。凡士之蕴其所有而不得施于世者，多喜自放②于山巅水涯之外，见虫鱼草木、风云鸟兽之状类，往往探其奇怪，内有忧思感愤之郁积，其兴于怨刺，以道羁臣寡妇之所叹，而写人情之难言，盖愈穷则愈工。然则非诗之能穷人，殆穷者而后工也。

予友梅圣俞，少以荫补为吏，累举进士，辄抑于有司，困于州县凡十余年。年今五十，犹从辟书，为人之佐，郁其所蓄不得奋见于事业。其家宛陵，幼习于诗，自为童子，出语已惊其长老；既长，学乎六经仁义之说，其为文章，简古纯粹，不求苟说于世。世之人徒知其诗而已。然时无贤愚，语诗者必求之圣俞；圣俞亦自以其不得志者，乐于诗而发之。故其平生所作，于诗尤多。世既知之矣，而未有荐于上者。昔王文康公尝见而叹曰："二百年无此作矣！"虽知之深，亦不果荐也。若使其幸得用于朝廷，作为"雅""颂"，以歌咏大宋之功德，荐之清庙，而追商、周、鲁颂之作者，岂不伟欤！奈何使其老不得志而为穷者之诗，乃徒发于虫鱼物类、羁愁感叹之言？世徒喜其工，不知其穷之久而将老也，可不惜哉！

圣俞诗既多，不自收拾。其妻之兄子谢景初，惧其多而易失也，取其自洛阳至于吴兴以来所作，次为十卷。予尝嗜圣俞诗，而患不能尽得之，遽③喜谢氏之能类次也，辄序而藏之。

其后十五年，圣俞以疾卒于京师，余既哭而铭之，因索于其家，得其遗稿千余篇，并旧所藏，掇其尤者六百七十七篇，为一十五卷。呜呼！吾于圣俞诗论之详矣，故不复云。

庐陵欧阳修序。

【注释】

①穷：困顿，在官场上困窘不得志。

②放：这里指游山玩水。

③遽：骤然，顿时。

【译文】

我常听世人说：诗人中仕途顺畅的少，困顿不得志的多。难道说真是这样吗？大概是因为流传于世的诗歌，多数出自古代困顿的诗人之手吧。凡是满腹才华而又无法在社会上大展拳脚的人，多喜欢寄情于山水之间，看见虫鱼草木、风云鸟兽等物，往往探索它们不寻常的地方。内心积满了忧虑和愤慨之情，生出不忿和嘲讽的想法，借被贬官员和丧偶寡妇的叹息，写出常人难以言传的感受。大概诗人越困顿写出的诗就越好。那么，诗人并不是因为写诗才不得志，而是在不得志后才写出好诗。

我的朋友梅圣俞，年轻时靠祖上功勋而补为一个小官。虽然多次被推荐前去考进士，但总受主考官员的打压，被困在州县上十多年。如今他已经五十多岁了，还要依靠聘书，去做他人的幕僚，才华被埋没，无法在事业上充分施展。他家乡在宛陵，自幼就学习作诗。儿童时所写的诗句已经让长辈深感震惊。长大后，他已经研习了六经、仁义方面的学问，写出的文章古朴自然，不求苟且地取悦世人。所以，一般人只知道他会写诗而已。然而，时人无论贤愚，讨论到诗歌一定会向圣俞求教。圣俞也把他不得志的抑郁心情通过作诗发泄出来。因此他平时的写作，以诗歌居多。时人都知道他了，可是没有人向朝廷举荐他。昔日王文康公看到过他的诗作，赞叹说："二百年都没有出过这样的作品了！"虽然对他了解很深，但最后还是没有推荐他。如果他幸运地得到朝廷的重用，写一些关于"雅""颂"的诗歌，用以歌颂大宋的功德，然后将这些诗作呈给宗庙，就可以追上《商颂》《周颂》《鲁颂》这样的巨作了，那不是很伟大吗？为什么让他直到晚年也不得志，只写困顿不得志的诗作，徒自在虫鱼之物、羁旅之愁上抒发感慨呢？世人只喜欢他诗作的精美，却不知他郁郁不得志已经很久了，就快老死了，这不让人痛惜吗？

　　圣俞作的诗很多，自己没有整理过。他的内侄谢景初因他的诗作太多而怕有所遗失，所以挑选了他从洛阳到吴兴这一阶段的作品，将其整理成十卷。我过去就喜欢圣俞的诗，还为得不到全部而忧虑。看到谢氏将这些诗分门别类地整理成卷，我非常喜悦，就写了序言并将诗作珍藏起来。

　　十五年之后，圣俞病死在京师。我痛哭着为他作了墓志铭后，便到他家索求，得到他一千多篇遗稿，加上我过去收藏的，从中选取了具有代表性的六百七十七篇，并将其分成十五卷。唉，我对圣俞的诗歌已做过详细的评论，因此就不再多说了。

　　庐陵欧阳修作序。

【评析】

　　《梅圣俞诗集序》是欧阳修文章中备受推崇的一篇，其原因不仅是本文提出了"穷而后工"的创作理论，而且文章本身用词简练，意境深远，富于变化，具有很高的艺术性。

　　文章的第一段首先从理论上阐述了"穷而后工"的创作理论，并将其贯穿文章的始终。接着，欧阳修交代了梅圣俞的生平和创作，写人紧抓"穷"，写他的创作时则紧扣"工"。欧阳修在最后两段交代了成书的过程，字里行间充溢着对诗人以及他的诗作的喜爱。这是从侧面肯定和赞扬梅圣俞的诗作，也是对"穷而后工"的进一步论述。序言这种文体因为涉及的内容繁多，所以结构容易松散。就本文来看，全文以"穷而后工"为主线，取得了形散神不散的效果，是欧阳修精于构思的体现。

　　这篇文章富于变化，丝毫不僵硬。欧阳修采用的是先设对立面的论说方法，开篇即提出"诗人少达而多穷"这一世俗的观点，然后论证其不正确性，通过深入论证，最终得出"穷者而后工"的创作理论。这种论述方法，使文章比较活泼。作者在描述梅圣俞诗作之"工"后，开始发出感慨，先虚设他"幸得用于朝廷"，则能建功立业，可谓"扬"；后实写"奈何使其老不得志"，可谓"抑"。在虚实对比之中，不仅使"穷而后工"的理论更加鲜明，也使读者为梅圣俞的遭遇唏嘘不已。

丰乐亭记

欧阳修

【题解】

这篇文章所要表现的主题是颂扬北宋初年统治者实行的与民休息的政策。在本文中，欧阳修采用夹叙夹议的手法，将过去动乱的场景与如今安定和乐的景象作对比，从而提醒世人，之所以能安享丰收之乐，是因为"幸生无事之时"。

【原文】

修既治滁之明年，夏，始饮滁水而甘。问诸滁人，得于州南百步之近。其上则丰山耸然而特立，下则幽谷窈然而深藏，中有清泉滃[1]然而仰出。俯仰左右，顾而乐之，于是疏泉凿石，辟地以为亭，而与滁人往游其间。

滁于五代干戈之际，用武之地也。昔太祖皇帝尝以周师破李景兵十五万于清流山下，生擒其将皇甫晖、姚凤于滁东门之外，遂以平滁。修尝考其山川，按其图记，升高以望清流之关，欲求晖、凤就擒之所，而故老皆无在者，盖天下之平久矣。自唐失其政，海内分裂，豪杰并起而争，所在为敌国者，何可胜数？及宋受天命，圣人出而四海一。向之凭恃险阻，划削消磨，百年之间，漠然徒见山高而水清。欲问其事，而遗老尽矣。今滁介于江淮之间，舟车商贾、四方宾客之所不至，民生不见外事而安于畎亩衣食，以乐生送死。而孰知上之功德，休养生息，涵煦百年之深也。

修之来此，乐其地僻而事简，又爱其俗之安闲。既得斯泉于山谷之间，乃日与滁人仰而望山，俯而听泉，掇幽芳而荫乔木，风霜冰雪，刻露清秀，四时之景无不可爱。又幸其民乐其岁物之丰成，而喜与予游也。因为本[2]其山川，道其丰俗之美，使民知所以安此丰年之乐者，幸生无事之时也。

夫宣上恩德，以与民共乐，刺史之事也。遂书以名其亭焉。

【注释】

①滃：云雾弥漫，引申为水势盛大。

②本：事物的主体、根基。

【译文】

我在滁州任职的第二年春天，才饮到滁州的泉水，感觉十分甘甜。于是向滁州人询问泉水在什么地方，得知它就在离滁州城南一百步的近处。泉水上面是丰山，高耸矗立；下面是深谷，幽暗莫测；中间有股清泉，水势澎湃，从上边汹涌而出。我上下左右打量这个地方，很喜欢这儿的风景。于是我请人疏通泉水，凿去石头，开辟出一块空地，在上面建造了一间亭子，与滁州人一起在这里游玩。

滁州在五代战乱之时，是一个战争频发的地区。昔日，太祖皇帝统领后周军队在清流山下击败（南唐主）李璟的十五万军队，并在滁州东门外生擒他的大将皇甫晖、姚凤，平息了滁州战乱。我曾考察了这一地区的山水，按照地图和书上的记载，登高眺望清流关，意图找到皇甫晖、姚凤被捉之地。可是，当时的人已不在人世了，这是由于天下太平的日子已经很长了。自从唐朝失去政权后，全国出现了割据分裂的局面，英雄豪杰纷起而争，称霸一方各为敌国，数目怎么数得清呢？等到大宋朝秉承天命，圣人出现而使天下得到统一。过去依靠险要关隘的割据势力都被铲除消灭。在一百年之中，所见到的只是寂静的高山和清澈的流水。想要问一问当年的状况，可是存活下来的父老都去世了。今天，滁州处于江淮之间，是一个乘船坐车的商贩和四面八方的宾客都不来的地方。百姓生来不知外面的事物，悠然自得地过着耕种的生活，自在地度过一生，去世后被人送入坟墓。而有谁知道这是皇帝的功德，才使百姓安定生活，恢复元气、滋润哺育长达一百年之久呢！

我来到这里，喜欢这个地方偏僻安静，政务简单，又喜欢当地风俗的安谧闲适。在山谷之间发现这股泉水后，我常同滁州人在这里仰望丰山，俯听泉声。春天采摘幽香的花草，夏天在大树下乘凉，秋冬风霜冰雪之后，山水更显出清秀之美，四季的风景，没有不可爱的。又幸逢当地百姓为这一年的丰收而高兴，乐意与我一起游玩。因此我以这里的山水为话题，谈论当地美好的风俗，使百姓知道安享丰收之乐的原因，是幸运地生活在太平盛世啊！

宣扬皇上的恩德，与百姓同欢乐，这是州官的职责。于是我便写下这篇文章给亭子命名。

【评析】

欧阳修的这篇散文，文字简练，不足五百字，但寓意深远，他从多方面写出了"丰乐亭"中"乐"的含义。

欧阳修开篇指出，他能饮到滁州的甘甜泉水，欣赏到当地的秀美景色，都是大自然的赏赐，此为乐。但他不愿独乐，也不愿只享有一时之乐，因此在大自然赏赐"乐"的基础上，又发挥人的能动性创造"乐"，丰富"乐"，"疏泉凿石，辟地以为亭，而与滁人往游其间"。可以说因"乐"而建亭，因亭又生"乐"。

只有"乐"之地，还不算"乐"，因为还需要具备"乐"之时。接着，欧阳修从安定年代、休养生息的政策、丰收的年景以及百姓感恩等四个方面来阐述这个问题。

身为滁州知州，如果只顾自己享乐，流连于山水之间，沉醉在美景之中，那不算真正的"乐"。真正的"乐"是在民间的民风民俗民愿民心里，即"与民同乐"。因此，欧阳修心系民情，关心百姓生活，把滁州治理得井井有条。所以，他与百姓相处得十分融洽，"乐"得痛快，"乐"得精彩！

本文构思巧妙，感情真挚，由"乐"开篇，以"乐"结尾，"乐"始终贯穿全文，其中蕴含的道理发人深省。

醉翁亭记

欧阳修

【题解】

欧阳修曾追随范仲淹进行政治革新，革新失败后被贬到滁州。他虽然仕途失意，但并没有消沉，而是寄情山水，与民同乐。《醉翁亭记》就是他在滁州任知州时所作的。

他在滁州时虽自号"醉翁"，但把这个地区整顿得吏治清明，百姓安居乐业。他的心思并不是只在山水间，更多地放在了一方百姓身上。他乐是因为百姓安乐，虽是"醉翁"，但始终清醒。

【原文】

环滁皆山也。其西南诸峰，林壑尤美。望之蔚然而深秀者，琅琊也。山行六七里，渐闻水声潺潺，而泻出于两峰之间者，酿泉也。峰回路转，有亭翼然临于泉上者，醉翁亭也。作亭者谁？山之僧智仙也。名之者谁？太守自谓也。太守与客来饮于此，饮少辄[1]醉，而年又最高，故自号曰醉翁也。醉翁之意不在酒，在乎山水之间也。山水之乐，得之心而寓之酒也。

若夫日出而林霏开，云归而岩穴暝，晦明变化者，山间之朝暮也。野芳发而幽香，佳木秀而繁阴，风霜高洁，水落而石出者，山间之四时也。朝而往，暮而归，四时之景不同，而乐亦无穷也。

至于负者歌于途，行者休于树，前者呼，后者应，伛偻提携，往来而不绝者，滁人游也。临溪而渔，溪深而鱼肥；酿泉为酒，泉香而酒洌。山肴野蔌，杂然而前陈者，太守宴也。宴酣之乐，非丝非竹，射者中，弈者胜，觥筹交错②，起坐而喧哗者，众宾欢也。苍颜白发，颓然乎其间者，太守醉也。

已而夕阳在山，人影散乱，太守归而宾客从也。树林阴翳，鸣声上下，游人去而禽鸟乐也。然而禽鸟知山林之乐，而不知人之乐；人知从太守游而乐，而不知太守之乐其乐也。醉能同其乐，醒能述以文者，太守也。太守谓谁？庐陵欧阳修也。

【注释】

①辄：总是，就。

②觥筹交错：形容许多人相聚饮酒的热闹场面。觥，古代用兽角做的酒器。筹，行酒令时用的筹码。

【译文】

滁州城四面都是山。它西南方向的几座山峰，树林和山谷尤其秀美。远远看去，草木茂盛、幽深秀丽的那座，是琅琊山。顺着山路前行六七里，渐渐能听到水缓缓流动的声音，接着就看到一股水流从两座山峰之间飞泻而出，这就是酿泉。峰峦重叠环绕，山路蜿蜒曲折，一座四角翘起、像鸟张开翅膀一样的亭子，紧紧靠在泉水边，这就是醉翁亭。这亭子是谁建的呢？是山里的和尚智仙。为它取名字的人又是谁呢？是太守用他的别号（醉翁）给它命名的。太守跟客人们到这里来喝酒，喝得很少就醉了，又因为年龄最长，所以自称"醉翁"。醉翁的心意不在酒上，而在秀丽的山水之间。欣赏山水的乐趣，领会在心里，寄托在酒上。

太阳升起，树林中的雾气逐渐散尽；暮云聚拢，山岩洞穴一片昏暗。这一明一暗、变化交替的景象，就是山中的清晨和傍晚。山野间百花齐放，散发出阵阵清香；挺拔的树木枝繁叶茂，树荫浓密；秋高气爽，霜露洁白；水落下去，水底的石头就露出来。这就是山间春、夏、秋、冬四季的景色。清晨进山，傍晚回城，四季的景色不一样，乐趣也是无穷无尽的。

至于背着行李物品的人在路上唱歌，行人在树荫下休息，前面的人喊着，后面的人应着，老人和孩子，来来往往不绝于路的，那是滁州百姓出游的情形。到溪边钓鱼，溪水深，鱼儿肥；用泉水酿酒，泉水香甜、酒色清澈。山中的野味和野菜，杂乱地在前面摆着，这是太守在大摆宴席。酒宴上畅饮的乐趣，不在于有人弹琴奏乐，投壶的人投中了，下棋的下赢了，酒杯和酒筹错杂地放着，人们时起时坐，大声喧哗，这是众宾客尽情欢乐的景象。一个面容苍老、满头白发的老翁，醉醺醺地倒在宾客中间——太守喝醉了。

不久，太阳即将下山，人影散乱，这是宾客们跟着太守回城了。树林逐渐变得昏暗，到处都是鸟的鸣叫声，这是游人离开，鸟儿在欢唱。然而，鸟儿知道山林中的乐趣，却不知道人的乐趣；宾客们知道跟着太守出游的乐趣，却不知道太守是以他们的快乐为乐趣。醉了能和别人一起快乐、醒了之后能用文章记述这种快乐的人，是太守。太守是谁呢？是庐陵人欧阳修。

【评析】

《醉翁亭记》是欧阳修的传世之作，语言清丽，别具格调，极富诗情画意，是我国古代散文中不可多得的精品。

仁宗庆历三年（1043年），欧阳修积极协助范仲淹、韩琦、富弼等人推行"庆历新政"。改革失败后，范仲淹等人相继遭到贬谪，欧阳修上疏为其辩解，触怒皇帝，因此被贬为滁州（今属安徽）太守。他一心为国，反遭嫉恨，只好寄情山水，遂作《醉翁亭记》，表达与民同乐的愉悦之情。

文章情景交融，意由境生。作者从山水相映、朝暮变化、四季变换、动静对比等几方面着墨，使山光、水色、人情、醉态等景象呈现在同一幅画卷上，情趣盎然。在行文过程中，作者将自己的感受，即醉中之"乐"作为主线，贯穿全文。文章的起承转合，无不统摄于这一主观感受中，作者借此表明自己失意却不消沉、以百姓之乐为乐的心境。

本文用词精确恰当，遣词造句婉转凝练。"醉翁之意不在酒""水落石出"等成语，至今仍被广泛使用，表现出了极强的生命力。另外，作者热衷于观察事物，擅长提取观察对象的本质特征。比如写晨昏景象各异时，仅用"日出而林霏开，云归而岩穴暝"一句，就将树林、岩穴、朝雾、暮云等山间常见之景全盘托出，显示出了绝佳的语言功底。

秋声赋

欧阳修

【题解】

《秋声赋》是欧阳修晚年的作品，当时他已位高权重，但回首坎坷的仕途，心中总会隐隐作痛。而此时的朝廷昏暗腐朽，改革无法实行，国力日渐衰微，也让他心怀忧虑，愁肠百结。《秋声赋》就是在这种情况下写就的。本文以悲秋为主题，抒发了世事艰辛、人生易老的感慨。

【原文】

欧阳子方夜读书，闻有声自西南来者，悚然而听之，曰："异哉！"初淅沥以萧飒，忽奔腾而砰湃，如波涛夜惊，风雨骤至。其触于物也，鏦鏦铮铮，金铁皆鸣；又如赴敌之兵，衔枚疾走，不闻号令，但闻人马之行声。余谓童子："此何声也？汝出视之。"童子曰："星月皎洁，明河在天，四无人声，声在树间。"

予曰："噫嘻，悲哉！此秋声也，胡为乎来哉？盖夫秋之为状也：其色惨淡，烟霏云敛；其容清明，天高日晶；其气栗冽，砭人肌骨；其意萧条，山川寂寥。故其为声也，凄凄切切，呼号奋发。丰草绿缛①而争茂，佳木葱茏而可悦。草拂之而色变，木遭之而叶脱。其所以摧败零落者，乃其一气之余烈。夫秋，刑官也，于时为阴；又兵象也，于行用金，是谓天地之义气，常以肃杀而心为。天之于物，春生秋实，故其在乐也，商声主西方之音，夷则为七月之律。商，伤也，物既老而悲伤；夷，戮也，物过盛而当杀。嗟夫！草木无情，有时飘零。人为动物，惟物之灵。百忧感其心，万事劳其形，有动乎中，必摇其精。而况思其力之所不及，忧其智之所不能！宜其渥②然丹者为槁木，黟③然黑者为星星。奈何以非金石之质，欲与草木而争荣？念谁为之戕贼，亦何恨乎秋声？"

童子莫对，垂头而睡。但闻四壁虫声唧唧，如助予之叹息。

【注释】

①缛：繁密。
②渥：湿润。
③黟：黑。

【译文】

我夜里正在读书，听见有声音从西南方传过来，我很惊惧地仔细一听，不禁说道："奇怪呀！"刚开始是淅淅沥沥的雨声夹杂着飒飒的风声，忽然就变得汹涌澎湃起来，如同波浪在夜间兴起，风雨骤然而来。像风吹到物体上，发出噌噌的金属撞击声；又像是奔赴战场的士兵，嘴里衔枚快跑，听不到任何号令，只听到士兵和马队行进的声音。我对童子说："这是什么声音？你出去观察一下。"童子回来告诉我说："星星和月亮都洁白明亮，银河也明晰可见，四处都没有人的声音，那声音像是从树林中传来的。"

我感叹道："哎呀，悲伤啊！这是秋天的声音呀。它为何而来呢？秋天的景象是这样的：天色阴暗，烟气飞散，云气密聚；它的形状清新明朗，天空高远而日色清透；天气寒冷，刺人筋骨；它的意境荒凉，山川江河都沉寂无声。因此秋天发出的声音有时凄惨悲凉，有时又呼号奔放。秋风未起，草绿而繁茂，树木青青而苍翠，秋风一来，草被秋风扫过立即变色，树木被秋风吹过树叶立即脱落；它之所以能吹败草木，只是因为它凭借一种肃杀之气的余威。秋天被看成刑官执法的季节，它的时令属阴；秋天又是用兵的季节，它在五行中属金。这就是所谓的天地之义气，常以肃杀为其本质。自然对于万物来说，让其春天生长而秋天结果。所以秋天在乐音五声中又属于商声，商声代表西方之音；十二律中的夷就是七月的律名。商，即'伤'的意思，指万物衰老而悲伤；夷，有杀戮的意思，指万物过于繁盛而必然走向衰败。唉，草木无情，也有衰败飘零的时候。人为动物，在万物中最有灵性，无穷尽的忧愁侵袭着他的心，无数烦恼之事使他的身体劳累，内心受到触动，必然消耗他的精神。更何况要思考办不到的事情，忧虑那些智慧所不能处理的问题！这样会使他红润的颜色变得枯槁，黑发变白发。为什么要用并非金石的身体，去与草木争荣斗艳呢？应该思考是谁给自己带来如此之多的磨难，又何必怨恨这秋声呢？"

童子无话可答，低头睡去了。我只听到四周有虫子唧唧鸣叫，像在附和我的叹息。

【评析】

《秋声赋》是宋代文赋的代表作。作者欧阳修，晚年虽身居高位，但是有感于自己一生在官场的起伏不定，再加上政治改革艰难，故心情苦闷，乃以"悲秋"为题，抒发人生的苦闷与感叹。

文章用第一人称的笔法来统领全篇，不仅容易将秋声的逼真之感形象绘出，而且有利于主观抒情，增添了文章的艺术感染力。

第一段写夜间读书时，忽然惊异地感受到夺人魂魄的秋夜奇声，之后作者借用风声、波涛、金铁、行军四个比喻，从不同侧面，由小到大、由远及近地描绘了秋声的状态，情感激昂，意境深邃，意象奇特。

第二段寻根溯源，探究秋声形成的缘由，从色、容、气、意四个方面展现了秋的肃杀之气。作者把秋比喻成"刑官"，很形象地表现了秋声的萧瑟；又通过草木在不同季节的转变，例如夏秋两季的对比，凸显秋的肃杀之气。接着，作者由秋声论及草木，由草木论及人生，抒发秋感，发出了世事艰难、人生易老的沉重感慨。该段巧妙运用对比、排比、比喻等多种修辞手法，将描写、抒情、议论结合起来，使文章摇曳生姿。

最后一段写作者从沉思冥想中醒来，重新面对萧瑟的秋夜，而童子已沉睡，唯有秋虫和鸣，更衬出作者孤独、悲凉的感受。

此赋骈散结合，铺陈渲染，文采不凡，是宋代文赋的典范。

泷冈阡表

欧阳修

【题解】

泷冈位于今江西永丰县的凤凰山，欧阳修的父亲去世后埋葬在此。这篇文章是欧阳修在父亲去世六十年后所写的墓表。在文中，他追思父德母训，表达了对父母的深切哀思。《泷冈阡表》是我国碑志文中一篇千古流传的优秀作品，文风淳朴，感情真挚，动人心弦。

【原文】

呜呼！唯我皇考崇公，卜吉于泷冈之六十年，其子修始克表于其阡①。非敢缓也，盖有待也。

修不幸，生四岁而孤。太夫人守节自誓，居穷自力于衣食，以长以教，俾至于成人。太夫人告之曰："汝父为吏，廉而好施与，喜宾客，其俸禄虽薄，常不使有余。曰：'毋以是为我累。'故其亡也，无一瓦之覆、一垄之植以庇而为生，吾何恃而能自守邪？吾于汝父，知其一二，以有待于汝也。自吾为汝家妇，不及事吾姑，然知汝父之能养也。汝孤而幼，吾不能知汝之必有立，然知汝父之必将有后也。吾之始归也，汝父免于母丧方逾年，岁时祭祀，则必涕泣曰：'祭而丰，不如养之薄也。'间御酒食，则又涕泣曰：'昔常不足，而今有余，其何及也！'吾始一二见之，以为新免于丧适然耳。既而其后常然，至其终身未尝不然。吾虽不及事姑，而以此知汝父之能养也。汝父为吏，尝夜烛治官书，屡废而叹。吾问之，则曰：'此死狱也，我求其生不得尔。'吾曰：'生可求乎？'曰：'求其生而不得，则死者与我皆无恨也。矧②求而有得耶，以其有得，则知不求而死者有恨也。夫常求其生，犹失之死，而世常求其死也。'回顾乳者抱汝而立于旁，因指而叹，曰：'术者谓我岁行在戌将死，使其言然，吾不及见儿之立也，后当以我语告之。'其平居教他子弟，常用此语，吾耳熟焉，故能详也。其施于外事，吾不能知。其居于家，无所矜饰③，而所为如此，是真发于中者耶！呜呼！其心厚于仁者耶！此吾知汝父之必将有后也。汝其勉之。夫养不必丰，要于孝；利虽不得博于物，要其心之厚于仁。吾不能教汝，此汝父之志也。"修泣而志之不敢忘。

先公少孤力学，咸平三年进士及第，为道州判官，泗、绵二州推官，又为泰州判官。享年五十有九，葬沙溪之泷冈。

太夫人姓郑氏，考讳德仪，世为江南名族。太夫人恭俭仁爱而有礼，初封福昌县太君，进封乐安、安康、彭城三郡太君。自其家少微时，治其家以俭约，其后常不使过之，曰："吾儿不能苟合于世，俭薄所以居患难也。"其后修贬夷陵，太夫人言笑自若，曰："汝家故贫贱也，吾处之有素矣。汝能安之，吾亦安矣。"

自先公之亡二十年，修始得禄而养。又十有二年，列官于朝，始得赠封其亲。又十年，修为龙图阁直学士、尚书吏部郎中，留守南京。太夫人以疾终于官舍，享年七十有二。又八年，修以非才入副枢密，遂参政事，又七年而罢。自登二府，天子推恩，褒其三世，盖自嘉祐以来，逢国大庆，必加宠锡。皇曾祖府君累赠金紫光禄大夫、太师、中书令；曾祖妣，累封楚国太夫人；皇祖府君，累赠金紫光禄大夫、太师、中书令兼尚书令；祖妣，累封吴国太夫人；皇考，崇公累赠金紫光禄大夫、太师、中书令兼尚书令；皇妣，累封越国太夫人。今上初郊，皇考赐爵为崇国公，太夫人进号魏国。

于是，小子修泣而言曰："呜呼！为善无不报，而迟速有时，此理之常也。唯我祖考，积善成德，宜享其隆。虽不克有于其躬，而赐爵受封，显荣褒大，实有三朝之锡命，是足以表见于后世，而庇赖其子孙矣。"乃列其世谱，具刻于碑。既又载我皇考崇公之遗训，太夫人之所以教而有待于修者，并揭[4]于阡。俾知夫小子修之德薄能鲜，遭时窃位，而幸全大节，不辱其先者，其来有自。

熙宁三年，岁次庚戌，四月辛酉朔，十有五日乙亥，男推诚、保德、崇仁、翊戴功臣，观文殿学士，特进，行兵部尚书，知青州军州事，兼管内劝农使，充京东东路安抚使，上柱国，乐安郡开国公，食邑四千三百户，食实封[5]一千二百户，修表。

【注释】

①阡：墓道，坟墓。
②矧：何况，况且。
③矜饰：指说的话或表现不够真实，有虚夸或掩饰的成分。
④揭：记载。
⑤食实封：指实封的食邑，实际上是宋朝皇帝对臣子的一种荣誉性的褒奖。

【译文】

唉！我的父亲崇国公，择吉日埋葬在泷冈六十年后，他的儿子欧阳修，才在他的坟墓上建立墓表。这并不是我敢拖延，而是有所等待。

我不幸，四岁时父亲去世，母亲发誓守节，因家里贫穷，她自力更生以维系生活，养我教我，使我能长大成人。母亲曾告诉我说："你父亲做官的时候，廉洁而好施于人，喜欢广交朋友。他的薪俸虽然很少，还经常没有剩余，他说：

'别让钱财成为我的累赘!'所以,他去世后,没有留下一间房、一垄地。我倚靠什么守节呢?我了解有关你父亲的一些事情,所以把希望放在你身上。自从我成为欧阳家的媳妇,没能侍候婆婆,可我知道你的父亲十分孝敬父母。你从小父亲去世,我不可能知道你将来定会取得功绩,可我知道你父亲必有后人。我嫁到欧阳家之时,你的父亲刚为他母亲守孝满一年。年末祭祀祖先时,他必泪流满面,说:'祭品再丰富,也比不上生前微薄的供养啊。'偶尔用些好的酒菜,他又会流着眼泪说:'过去衣食不足,现在衣食充足而有余,可是又来不及奉养母亲了!'开始我见到一两次,以为是刚服完丧时间不长才会有如此反应。可他后来一直如此,直至去世也没有改变。我虽没赶上伺候婆婆,可从这方面知道你父亲十分孝敬父母。你父亲在做官时,曾在夜里点蜡烛处理诉讼文书,他多次停下来叹息。我问他为什么叹息,他说:'这是一件罪犯被判死刑的案子,我想为他寻找条生路却无法办到。'我问:'可以为被判死刑的罪犯找生路吗?'他说:'我想为罪犯找寻生路却无法找到,那么,被判死刑的人和我就都无遗憾了,何况找寻生路而有时又能找到呢?正因为有时可以找寻到,才知道因为不去找寻而被处死的罪犯是有遗憾的啊。我虽常为罪犯找寻生路,但有时候还会错杀,更何况世上一些官员想将犯人置于死地呢?'你父亲回头看见乳母抱着你站在旁边,便指着你叹息道:'算命先生说我会在岁星运行到戌年时死去,如果他的话灵验了,我就无法见到儿子长大成人,以后你要把我的话告诉他。'你父亲平日里教导他的弟子,也常用这番话,我都听熟了,所以记得特别详细。他在外面做过的事,我不得而知,但他在家中,从不假装正经,他的行为表现就是这样,是从内心出发而这样做的!唉!他内心是多么仁厚啊!因此,我知道你的父亲一定有出色的后人。你要勉励自己啊。奉养父母不一定要丰厚,关键要孝敬;利益虽然不能遍及每一个人,关键在于有仁厚之心。我不能教你什么,这些都是你父亲的志向。"我哭着将这些教诲记在心中,不敢遗忘。

先父幼时丧父,但勤奋学习。咸平三年,父亲考中进士。他担任过道州判官,泗、绵二州推官,还任过泰州判官,享年五十九岁,安葬在沙溪泷冈。

先母姓郑,她的父亲叫德仪,世代都是江南的名门望族。母亲恭顺朴素,仁爱而知书达理,开始被封为福昌县太君,后来又被晋封为乐安、安康、彭城三郡太君。从家境贫寒时起,她就用勤俭节约这个原则治理家务,以后也不肯越过这个原则。她说:"我儿不能苟且为人以迎合世人,现在节俭是为以后过苦难日子做准备。"后来我被贬为夷陵令,母亲和平日里一样有说有笑:"你家本来就贫穷,我已习惯这种日子了,你安心于这种生活,我也能安心。"

先父死后二十年,我才因为官而得到俸禄供养母亲。又过了十二年,我到朝廷就职,才使父母得到皇上的封赠。又过了十年,我成为龙图阁直学士、尚书省吏部郎中，留守南京。母亲在官邸因为生病而去世，享年七十二岁。又过了八年，我以平庸的才能入枢密院，担任参知政事。又过了七年，我才罢去官职。自从我进入中书省和枢密院后，皇上推恩，褒奖我三世先人。所以从嘉祐年间以来，每逢国家大庆，我家族必得皇上的赐赏。曾祖父，被皇帝累封为金紫光禄大夫、太师、中书令；曾祖母，累封至楚国太夫人；祖父，累封为金紫光禄大夫、太师、中书令兼尚书令；祖母，累封至吴国太夫人；父亲崇国公，累封为金紫光禄大夫、太师、中书令兼尚书令；母亲，累封至越国太夫人。当今皇帝即位后，第一次进行祭祀时，就封父亲为崇国公，封母亲为魏国太夫人。

于是我哭着说："唉！做好事没有得不到回报的，只是时间上或慢或快，这是平常的道理。我的祖先与父亲，积累善行，形成美德，应该享有这种隆盛的回报。他们虽不能在生前亲自体验，但身后被赐爵受封，荣耀显赫，褒扬光大，有仁宗、英宗、神宗三朝皇上的诰命为证。这足以让他们的品性流传后世，庇护他们的子孙。"于是我排出家族的谱系，将其全部刻在碑上。然后又将先父崇国公的遗训，先母教导我、期望我的话，一并刻到阡表上。让世人明白我品德浅薄，能力也有限，不过是赶上清明的朝代才幸居高位的。而之所以能有幸保全大节，没有辱没自己的先祖，是有原因的。

熙宁三年，岁次庚戌，四月初一辛酉，十五日乙亥，儿子成为推诚、保德、崇仁、翊戴之功臣，观文殿学士，特进，兼兵部尚书，知青州军州事，兼管内劝农使，充京东东路安抚使，上柱国，乐安郡开国公，食邑四千三百户，食实封一千二百户，欧阳修谨慎撰写墓表。

【评析】

这篇文章平实淳朴，感情真挚，犹如闲话家常，是欧阳修的典范之作。

欧阳修幼年丧父，当时他只有四岁，对父亲的生平事迹知之甚少，这使他撰写本文很有困难。欧阳修在处理这一问题时，别出心裁地采用了以母之口写父亲生平的方法。他在文中大量地穿插母亲郑氏的语言，通过她的语言，从侧面写父亲的生平事迹。欧阳修在文中不仅追思和彰明了父亲的仁爱德政，同时还赞美了母亲的高尚品德，形象地刻画出一位贤淑仁爱的女性形象，让读者大为敬佩。

这正是本文的巧妙之处，即一碑双表，二水分流；明暗交叉，互衬互托。虽然这篇文章既写父又赞母，但二者有详有略，井然有序，显示了欧阳修深厚的文学素养。

不过，欧阳修在文中也流露出了"积善成德，宜享其隆""善无不报，迟速有时"的因果报应思想，从今时今日来看，具有一定的局限性。

管仲论

苏洵

【题解】

　　苏洵，字明允，号老泉，北宋著名散文家，"唐宋八大家"之一。他早年受欧阳修的赏识和提拔，文名盛极一时，后任秘书省校书郎。他与儿子苏轼、苏辙合称"三苏"。在他的文章中，政论文最为出色。

　　管仲，名夷吾，又名敬仲，字仲，春秋时期齐国杰出的政治家，在他的辅佐下，齐桓公终成春秋第一霸主。管仲也因此青史留名，被誉为"春秋第一相"。岂料他死后，齐国祸起萧墙，威风凛凛的齐桓公竟在五子争位的内乱中被活活饿死。从此，齐国一蹶不振，霸主地位也不保。齐国由衰及盛进而转衰，速度变化之快，令人瞠目结舌。究竟为什么会这样呢？苏洵在《管仲论》中阐述了自己的看法。

【原文】

　　管仲相威公①，霸诸侯，攘戎狄。终其身齐国富强，诸侯不叛。管仲死，竖刁、易牙、开方用，威公薨于乱，五公子争立，其祸蔓延，讫简公，齐无宁岁。夫功之成，非成于成之日，盖必有所由起；祸之作，不作于作之日，亦必有所由兆。则齐之治也，吾不曰管仲，而曰鲍叔。及其乱也，吾不曰竖刁、易牙、开方，而曰管仲。何则？竖刁、易牙、开方三子，彼固乱人国者，顾其用之者，威公也。夫有舜而后知放四凶，有仲尼而后知去少正卯。彼威公何人也？顾其使威公得用三子者，管仲也。

　　仲之疾也，公问之相。当是时也，吾意以仲且举天下之贤者以对。而其言乃不过曰：竖刁、易牙、开方三子，非人情，不可近而已。呜呼！仲以为威公果能不用三子矣乎？仲与威公处几年矣，亦知威公之为人矣乎？威公声不绝乎耳，色不绝乎目，而非三子者则无以遂其欲。彼其初之所以不用者徒以有仲焉耳。一日无仲，则三子者可以弹冠而相庆②矣。仲以为将死之言，可以絷③威公之手足耶？夫齐国不患有三子，而患无仲。有仲，则三子者，三匹夫耳。不然，天下岂少三子之徒哉？虽威公幸而听仲，诛此三人，而其余者，仲能悉数而去之耶？呜呼！仲可谓不知本者矣。因威公之问，举天下之贤者以自代，则仲虽死，而齐国未为无仲也，夫何患三子者？不言可也。

　　五伯莫盛于威、文。文公之才，不过威公，其臣又皆不及仲；灵公之虐，不如孝公之宽厚。文公死，诸侯不敢叛晋。晋袭文公之余威，尤得为诸侯之盟主者百有余年。何者？其君虽不肖，而尚有老成人焉。威公之薨也，一乱涂地，无惑也。彼独恃一管仲，而仲则死矣。夫天下未尝无贤者，盖有有臣而无君者矣。

威公在焉，而曰天下不复有管仲者，吾不信也。

仲之书，有记其将死论鲍叔、宾胥无之为人，且各疏其短，是其心以为是数子者皆不足以托国，而又逆知其将死，则其书诞谩不足信也。吾观史鳅，以不能进蘧伯玉，而退弥子瑕，故有身后之谏。萧何且死，举曹参以自代。大臣之用心，固宜如此也。夫国以一人兴，以一人亡。贤者不悲其身之死，而忧其国之衰，故必复有贤者，而后可以死。彼管仲者，何以死哉？

【注释】

①威公：即齐桓公。南宋传抄本文者因避宋钦宗赵桓讳，改桓公为威公。
②弹冠相庆：比喻因即将做官而互相庆贺，多用于贬义。
③絷：捆绑。

【译文】

在管仲的辅佐下，齐桓公称霸诸侯，对抗少数民族的攻击。直到管仲去世，齐国都很富有强大，诸侯不敢背叛。管仲去世后，竖刁、易牙、开方受到重用而乱政，齐桓公死于内乱之中，五个公子争抢王位。内乱的灾难一直蔓延至齐简公，这期间，齐国没有安宁的时候，国势一直衰微。论及功业的完成，并不是完成于成功之日，而是一定有它成功的缘由。灾祸的出现，并不是产生在发生之日，也必有它出现的征兆。因此，齐国的强大，我不认为是由于管仲的原因，而说是由于鲍叔牙。到了齐国内乱纷争不断，我不认为是由竖刁、易牙、开方三人引起的，而说是因为管仲。为什么这样说呢？竖刁、易牙、开方三人，他们固然是乱国之人，但看重并任用他们的人，是齐桓公！有了舜，才知要流放四凶。有了孔子，才知须除掉少正卯。那齐桓公是什么样的人呢？使齐桓公重用竖刁、易牙、开方三人的人，是管仲啊！

管仲病重之时，齐桓公询问他谁能成为国家之相。这时，我认为管仲在回答问题时，会举荐天下的贤能之人，可他的回答不过是竖刁、易牙、开方三人违反人情，不可接近这样的话罢了。唉！管仲以为齐桓公真的可以不重用这三个人吗？管仲与桓公相处好几年，对齐桓公的为人也应当有所了解？齐桓公的耳朵无法离开乐曲，眼睛无法离开女色，他如不重用这三个人，则不能满足自己的欲望。当初他不起用他们的原因是管仲在朝中。一旦朝中没有了管仲，这三人就会弹冠相庆。管仲以为凭他死前的话就能束缚住齐桓公的手脚吗？齐国不怕有这三人，而怕没有管仲。有管仲在，这三人就是三个匹夫罢了。难道天下还缺少如这三人一般的坏人吗？就算齐桓公侥幸地听了管仲的话，将这三人杀掉，但其他如这三人的坏人，管仲能全部数出来让齐桓公把他们都杀掉吗？唉！管仲可以说是不知问题本质的人！管仲应趁着齐桓公问自己的机会，举荐天下的贤能之人接替自己的职位，那么他死了，齐国也不能说是失去了管仲。如此一来，这三人有何可怕的呢？即使不对齐桓公说起（这三人）也没有关系。

五霸之中没有谁能超过齐桓公、晋文公。晋文公的才能，比不过齐桓公，他的大臣也比不过管仲。晋灵公为人残暴，不如齐孝公宽厚。晋文公死后，诸侯们不敢背叛晋国。晋国秉承晋文公的余威，还能够担当各诸侯的盟主长达一百多年。这是什么原因呢？因为晋国的国君虽比较平庸，但朝中还有品德高尚的老臣在。齐桓公去世后，齐国一败涂地，这是毫无疑问的事。因为齐国单靠管仲一人，而管仲已死。天下从来不会没有贤明的人，只是有了贤明的人却没有贤明的君主重用他。齐桓公在世之时，说天下再没有像管仲这样的人，我不相信。

《管子》中有这样的论载，他临死时，曾评论鲍叔牙、宾胥无的为人，并且指出他们各自的不足之处。也就是说，这几个人不足以让他把治理国家的重任交付给他们。可他又料到自己快要死了，可见他的书荒诞而不可信。我看到史鳅，因生前没能荐举蘧伯玉而斥退弥子瑕，因此死后以尸谏君。萧何临终之时，举荐曹参替代自己。大臣们的用心，本来就应如此。国家因某一个人而兴盛，因某一个人而衰亡。贤明的人不会为自己的死而悲痛，但会忧虑国家的衰落。所以，必须找贤明之人替代他，然后才会瞑目。那管仲，为何没有这样做就死了呢？

【评析】

这篇文章通过论述管仲对齐国兴衰的影响，指出"荐贤"对一个国家长期的安定有重要作用。苏洵认为，管仲去世前没有为齐桓公举荐贤能之人，才使国内小人有了可乘之机，为齐国内乱留下了祸根。

封建社会，权力往往集中在少数人手中。一个杰出政治家的去世，可能会给国家带来负面的甚至是灾难性的影响。从这个角度来说，苏洵在本文中阐述的"荐贤自代"观点，不仅新颖而且正确。

苏洵在文章的开头就提出了成功依赖积累的观点，他指出齐国的富强不是因为管仲，而是因为鲍叔（鲍叔举荐了管仲）。对于齐国发生内乱而导致衰弱，苏洵指出这是管仲之过。"贤者不悲其身之死，而忧其国之衰，故必复有贤者，而后可以死。"而当齐桓公在管仲临终之前询问政事时，管仲只让他小心竖刁、开方、易牙三人，而没有举荐贤臣替代自己，致使奸佞小人有机可乘。

"世有伯乐，然后有千里马。千里马常有，而伯乐不常有。"有鲍叔，才有管仲，然后才有春秋第一霸齐桓公。但管仲死后就没有继任者了。就算当时没有像管仲这样的人，但能人异士也不在少数，为什么管仲没有向齐桓公举荐呢？这不是管仲的失职吗？由此，苏洵认为齐国的衰亡起于管仲，的确有一定道理。

齐国衰落的历史教训就是倚靠管仲一个人，导致"以一人兴，以一人亡"的局面。这样的事在历史上并不少见，我们应从中汲取教训。

辨奸论

苏洵

【题解】

王安石是宋朝著名的政治家、文学家，声望颇高，但据说这位大人物竟然在很长时间内不换衣、不洗脸、不漱口、不洗澡。

当时的士大夫都争相结交王安石，结交则喜，反之则憾，对他在生活上的邋遢一般都表示理解。不过，苏洵对王安石的态度却与一般士大夫不同，他认为王安石是大奸之徒，朝廷若重用他，必然会"误天下苍生"。有学者认为，这篇《辨奸论》就是讥讽、挖苦王安石的作品。

【原文】

事有必至，理有固然。唯天下之静者，乃能见微而知著。月晕而风，础润而雨，人人知之。人事之推移，理势之相因，其疏阔而难知，变化而不可测者，孰与天地阴阳之事？而贤者有不知，其故何也？好恶乱其中，而利害夺其外也。

昔者，山巨源见王衍曰："误天下苍生者，必此人也！"郭汾阳见卢杞曰："此人得志，吾子孙无遗类矣。"自今而言之，其理固有可见者。以吾观之，王衍之为人，容貌言语，固有以欺世而盗名者，然不忮[①]不求，与物浮沉。使晋无惠帝，仅得中主，虽衍百千，何从而乱天下乎？卢杞之奸，固足以败国，然而不学无文，容貌不足以动人，言语不足以眩[②]世，非德宗之鄙暗，亦何从而用之？由是言之，二公之料二子，亦容有未必然也。

今有人，口诵孔、老之言，身履夷、齐之行，收召好名之士、不得志之人，相与造作言语，私立名字，以为颜渊、孟轲复出，而阴贼险狠，与人异趣，是王衍、卢杞合而为一人也，其祸岂可胜言哉？夫面垢不忘洗，衣垢不忘浣，此人之至情也。今也不然，衣臣虏之衣，食犬彘之食，囚首丧面，而谈诗书，此岂其情也哉？凡事之不近人情者，鲜不为大奸慝，竖刁、易牙、开方是也。以盖世之名，而济其未形之患，虽有愿治之主，好贤之相，犹将举而用之，则其为天下患，必然而无疑者，非特二子之比也。

孙子曰："善用兵者，无赫赫之功。"使斯人而不用也，则吾言为过，而斯人有不遇之叹，孰知祸之至于此哉？不然，天下将被其祸，而吾获知言之名，悲夫！

【注释】

①忮：嫉恨。

②眩：通"炫"，惑乱。

【译文】

　　事情的发展有它必定的结局，道理有它原本就应如此的规律。天下只有那些能冷静观察周围环境的人，才能从细微的迹象中预见日后将会产生的显著结果。月亮周围出现光晕预示将要刮风；房屋石柱返潮湿润则表示将要下雨，这是人人皆知的道理。人事的发展变化，情理、形势的因果联系，虽然它们抽象、空茫而难以了解，变化多端而不可预测，怎能和天地阴阳的变化相比？就算是贤能之人对此也有所不知，这是什么原因呢？这是因为喜好和憎恨扰乱了他们的内心，而利害得失又影响着他们的举动啊。

　　从前，山巨源看到王衍，说："将来贻误天下百姓的，一定是这个人！"汾阳王郭子仪看见卢杞，说："这个人一旦得志，我的子孙就会被他杀光而无所留。"如今分析他们所说的话，其中的道理是可以预料到一些的。依我看来，王衍这个人，在容貌和谈吐方面，他的确具备了欺骗世人、窃取名誉的条件。但他不妒忌，也不贪财，只是随波逐流。如果晋朝没有惠帝当朝，而是一个才能中等的君主当权，就算有成百上千个王衍这样的人，又怎能扰乱天下呢？卢杞的奸诈，的确足以亡国，但他不学无术，容貌也不能打动别人，言论不能惑乱社会，如果不是因为唐德宗昏庸鄙陋，他怎么可能得到重用呢？由此而言，山巨源和郭子仪对王衍和卢杞的预言，或许未必完全正确啊！

　　而现在有的人，口中背诵着孔子和老子的话，亲身实践伯夷、叔齐的行为，聚集了一批追求名声的读书人和不得志的人，他们相互制造舆论，私下竞相标榜，认为自己是颜渊、孟轲再世，然而他们阴狠凶残，与普通人的志趣相异。这是把王衍、卢杞合为一身，造成的灾难能说得完吗？脸上脏了而不忘洗脸，衣服脏了而不忘洗衣，这本是人之常情。如今他却不这样，穿罪犯、奴仆一样的衣服，吃猪狗一样的食物，头发乱得像囚犯，面目表情如同家中有人去世，可是却谈论《诗》《书》，难道这是他真实的性情吗？凡办事不近人情的人，很少不是大奸大恶之徒，竖刁、易牙、开方就是这种人。此人倚靠他在当世享有的盛名，掩饰他还没有形成气候的祸患。虽然有励精图治的皇帝和推崇贤能的宰相，他还是会被举荐并得到任用。这样，他将成为天下的祸患，是必定无疑的了，这不是王衍、卢杞等人所能比的。

　　孙子曾说过："善用兵者，无赫赫之功。"如果这个人没有被重用，那么我说的话就有些过了，而此人就会有怀才不遇的叹息。谁能知道祸患能达到我所说的这种地步呢？不然的话，天下将遭受他的祸害，而我也会得到有远见的名声，但那就很可悲了！

【评析】

苏洵认为王安石是"大奸"之人，并以此为论点展开论述。他指出，"事有必至，理有固然"，只有冷静地观察，才能"见微而知著"。人们对自然现象可以如此，但对社会现象往往不能做到这一点，根本原因是不能"静"，被"好恶""利害"左右着。苏洵还引用山巨源、郭子仪的事例，说明他们善于见微知著，但又指出，他们所作的预言也有一定的偶然性，因为晋惠帝、唐德宗"暗鄙"，这才使王衍、卢杞有机可乘。

苏洵从"今有人，口诵孔、老之言"写到"则其为天下患，必然而无疑者"，都是不道姓名地批判王安石。他批评王安石虚伪，虽"口诵孔、老之言，身履夷、齐之行"，自比颜回、孟子，实质上却是"阴贼险狠，与人异趣"。接着，他又揭露了王安石的"不近人情"，面垢不洗，衣垢不浣，"囚首丧面，而谈诗书"。最后，他指出王衍、卢杞等人虽恶，但仅仅是"与物浮沉""不学无文"，如果不是遇到"暗鄙"之主，则未必有机会施恶。但王安石就不一样了，他还未形成祸患但已有"盖世之名"，明君贤相也会"举而用之"。这种危害远在王衍、卢杞之上。

在文章的最后，苏洵又留有余地地表示自己的预言最好不要实现。如果说不中，人们只会觉得他的话有些过头了；如果说中，他虽有"知言之名"，但天下会"被其祸"，这是他所不希望的。

苏洵紧扣"误天下苍生者，必此人也"这个论断，再三强调"辨奸"，他指出王安石是"大奸"，朝廷要做到"见微而知著"，对他不能"举而用之"。当然，苏洵对王安石的看法有偏颇之处，这一点我们应该区分清楚。

刑赏忠厚之至论

苏轼

【题解】

苏轼，字子瞻，号东坡居士，北宋杰出的文学家、书画家。他博闻强识，才华横溢，在诗、文、书、画等领域都取得了卓越成就，对后世产生了深远影响。

《刑赏忠厚之至论》是苏轼1057年参加进士考试时的"考场作文"。虽然考题俗烂，苏轼却将它写得有声有色，既不刻板，也无逢迎之词，而且论述深刻，仿佛早已提前准备妥当，足见其文学功力之深厚。

【原文】

　　尧、舜、禹、汤、文、武、成、康之际，何其爱民之深，忧民之切，而待天下以君子长者之道也。有一善，从而赏之，又从而咏歌嗟叹之，所以乐其始而勉其终；有一不善，从而罚之，又从而哀矜惩创之，所以弃其旧而开其新。故其吁俞之声，欢休惨戚，见于虞、夏、商、周之书。成、康既没，穆王立而周道始衰，然犹命其臣吕侯，而告之以祥①刑。其言忧而不伤，威而不怒，慈爱而能断，恻然有哀怜无辜之心，故孔子犹有取焉。

　　传曰："赏疑从与，所以广恩也。罚疑从去，所以慎刑也。"当尧之时，皋陶为士。将杀人，皋陶曰杀之三。尧曰宥②之三。故天下畏皋陶执法之坚，而乐尧用刑之宽。四岳曰："鲧可用。"尧曰："不可。鲧方③命圮族。"既而曰："试之。"何尧之不听皋陶之杀人，而从四岳之用鲧也？然则圣人之意，盖亦可见矣。《书》曰："罪疑唯轻，功疑唯重。与其杀不辜，宁失不经。"呜呼！尽之矣！

　　可以赏，可以无赏，赏之过乎仁；可以罚，可以无罚，罚之过乎义。过乎仁，不失为君子；过乎义，则流而入于忍人。故仁可过也，义不可过也。古者赏不以爵禄，刑不以刀锯。赏之以爵禄，是赏之道行于爵禄之所加，而不行于爵禄之所不加也；刑以刀锯，是刑之威施于刀锯之所及，而不施于刀锯之所不及也。先王知天下之善不胜赏，而爵禄不足以劝④也；知天下之恶不胜刑，而刀锯不足以裁也。是故疑则举而归之于仁，以君子长者之道待天下，使天下相率⑤而归于君子长者之道，故曰忠厚之至也。

　　《诗》曰："君子如祉⑥，乱庶遄已。君子如怒，乱庶遄沮。"夫君子之已乱，岂有异术哉？时其喜怒，而无失乎仁而已矣。《春秋》之义，立法贵严而责人贵宽，因其褒贬之义以制赏罚，亦忠厚之至也。

【注释】

①祥：通"详"，仔细认真。
②宥：宽免，赦罪。
③方：违抗。
④劝：鼓励，提倡。
⑤相率：一个接着一个。
⑥祉：喜。

【译文】

　　唐尧、虞舜、夏禹、商汤、周文王、周武王、周成王、周康王在位期间，深厚地爱护百姓，急切地忧虑百姓，又用君子长者的态度对待天下百姓。有人做了一件好事，马上奖赏他，接着又用歌曲赞扬他，用这种方式表彰他有一个好开始，并鼓励他坚持到底。有人实施了不好的行为，马上惩罚他，接着又哀怜、警告他，为的是让他抛弃恶习而开始一段新的生活。所以，赞许与反对的声音，欢喜与悲伤的感情，在虞、夏、商、周的政治文献里都可以见到。成王、康王去世后，穆王继承王位，周朝的王道开始衰落。不过，穆王还命令他的大臣吕侯整理出《吕刑》，并告诫他要谨慎地使用刑罚。穆王的话忧愁而不伤感，威严而不愤怒，慈爱而能果断判决，悲伤而又有哀怜无罪之人的心情，因此孔子觉得他还有可取之处。

《尚书孔氏传》说："对是否加以奖赏存在疑虑时，应当给予奖赏。这是为了推广恩泽。对是否应施以惩罚存在疑问时，应当免于惩罚。这是为了谨慎使用刑罚。"尧在位时期，皋陶任刑官之职。对一个将要被处死的人，皋陶先后三次说杀。尧却先后三次说可以宽恕。所以天下百姓都害怕皋陶的严格执法，而夸赞唐尧的宽大用刑。四岳说："鲧可以任用。"尧说："不行，鲧违抗命令，杀害同族的人。"后来尧又说："试用一下吧。"为什么尧不采取皋陶处死罪犯的意见，而听从四岳的建议任用鲧呢？圣人的用意，从这里也就能看出来了。《尚书》说："罪行有疑问时，宁可从轻处置，功劳有疑问时，宁可从重奖励。与其错杀掉无辜的人，宁可承担执法错误的责任。"唉！这句话说得太精辟了！

在可以赏可以不赏的情况下，加以奖赏就显得过于仁厚；在可罚可不罚的情况下，实施惩罚就显得过于循理。过于仁厚，还不失为一个君子；过于循理，则会成为一个凶残的人。所以说，仁厚可以超越，但法理不能越过。古时的奖赏不是非用爵位和俸禄，刑罚也不是非用刀、锯之类的刑具。用爵位和俸禄奖赏，只能对得到爵位和俸禄的人产生作用，而不能推广到没有获得爵位和俸禄的人。用刀、锯等实施刑罚，只能对受刀、锯之刑的人产生威慑力，而无法对刀、锯没有触及的人产生作用。先王知道天下的善行奖赏不过来，仅靠爵位、俸禄难以奖赏全部善行；先王也知道天下罪恶的事情也惩罚不过来，仅靠刀、锯难以惩罚全部恶行。所以在赏与罚的问题上有疑问时，用君子、长者的忠厚德行对待天下的人，使天下的人相继回归到君子、长者的忠厚德行上，所以说，这才是忠厚到了极点。

《诗经》说："君子如喜欢贤者，祸乱就会平息；君子如对坏人愤怒，祸乱就会消失。"君子止息祸乱，怎么会有特殊的办法呢！他们只是在恰当的时候或表示喜，或表示恼，而不摒弃仁慈、宽大之心而已。《春秋》微言大义，指出立法贵在严厉，责罚贵在宽大。根据《春秋》褒、贬的道理制订赏罚的标准，也是忠厚之至啊！

【评析】

　　这篇文章是苏轼参加进士考试时创作的。当时的考题出自《尚书·大禹谟》伪孔安国的注文："刑疑付轻，赏疑从众，忠厚之至。"即要求考生论述仁政，推崇儒家思想，这不过是当时的陈词滥调而已。但苏轼却在紧扣主题的基础上，进行了精心构思，创作出了一篇见解独到、论述深刻的美文。

　　苏轼抓住儒家经典中的"疑"字，引用古时仁者施行刑赏以忠厚为本的事例，指出"忠厚之至"不全在刑与赏上面，根本在于用"君子长者之道"治理国家，从而论述了儒家的仁政思想。他在文中指出执法以仁厚为重，而施法以慎刑为重，有功就要赏，有过就要罚。针对"可以赏，可以无赏，可以罚，可以无罚"的情况，苏轼指出，应坚持忠厚之道，"罪疑唯轻，功疑唯重"。他的论述层层深入，所涉及的问题又非常周详，因此简明易懂，且颇有说服力。

　　这篇文章还体现了苏轼作品中"行于所当行，止于不可不止"的特色。比如，苏轼开篇即以"尧、舜、禹、汤、文、武、成、康"为例，这些都是享有盛誉的人物，所以开篇就有了一种真实、可信的气势。在第二段中，苏轼虚构尧与皋陶的故事，以其来支持文章的论点。文章的磅礴气势让这个瑕疵成为文坛千古流传的佳话。当时的主考官欧阳修不仅没有怀疑事例的真实性，还认为是自己记性欠佳。由此可见，苏轼的文章确有迫人而来、一泻千里的气势。

　　这篇文章只有短短几百字，但结构严密，观点精辟，语言平实流畅，具有"韩柳"的神韵，读起来如耳旁回响着青铜之音，余韵不绝。

范增论

苏轼

【题解】

　　范增是项羽的重要谋士，项羽十分尊重他，称他为"亚父"。公元前204年，项羽采纳范增的计谋，将刘邦困在荥阳。为脱身，刘邦使用陈平献上的反间计，最终使范增离开对自己有疑心的项羽。这篇文章就是苏轼对此事的评论，立意新颖，论证严谨，令人大开眼界。

【原文】

　　汉用陈平计，间疏楚君臣。项羽疑范增与汉有私，稍夺其权。增大怒曰："天下事大定矣，君王自为之，愿赐骸骨归卒伍。"归未至彭城，疽[1]发背死。苏子曰：增之去，善矣；不去，羽必杀增。独恨其不早尔。然则当以何事去？增劝羽杀沛公，羽不听，终以此失天下，当于是去耶？曰：否。增之欲杀沛公，人臣之分也。羽之不杀，犹有君人之度也。增曷为以此去哉？《易》曰："知几其神乎！"《诗》曰："如彼雨雪，先集为霰。"增之去，当于羽杀卿子冠军[2]时也。

陈涉之得民也，以项燕、扶苏。项氏之兴也，以立楚怀王孙心。而诸侯叛之也，以弑义帝。且义帝之立，增为谋主矣。义帝之存亡，岂独为楚之盛衰，亦增之所与同祸福也。未有义帝亡而增独能久存者也。羽之杀卿子冠军也，是弑义帝之兆也。其弑义帝，则疑增之本也，岂必待陈平哉？物必先腐也，而后虫生之；人必先疑也，而后谗入之。陈平虽智，安能间无疑之主哉？

吾尝论义帝天下之贤主也。独遣沛公入关，不遣项羽；识卿子冠军于稠人之中，而擢以为上将。不贤而能如是乎？羽既矫杀卿子冠军，义帝必不能堪，非羽弑帝，则帝杀羽，不待智者而后知也。增始劝项梁立义帝，诸侯以此服从；中道而弑之，非增之意也。夫岂独非其意，将必力争而不听也。不用其言而弑其所立，羽之疑增，必自是始矣。方羽杀卿子冠军，增与羽比肩而事义帝，君臣之分未定也。为增计者，力能诛羽则诛之，不能则去之，岂不毅然大丈夫也哉？增年已七十，合则留，不合即去，不以此时明去就之分，而欲依羽以成功名，陋矣！虽然，增，高帝之所畏也。增不去，项羽不亡。呜呼，增亦人杰也哉！

【注释】

①疽：结成块状的毒疮。
②卿子冠军：即宋义，楚怀王的上将军，因作战不力而被项羽所杀。卿子，对人的尊称。冠军，指上将军。

【译文】

汉王刘邦采用陈平的计策，离间楚国君臣之间的关系。项羽怀疑范增和汉王私下交往，于是逐渐疏远他，并剥夺他的权力。范增大怒，说："天下大事已成定局，君王您自己看着办吧。希望您能让我这把老骨头返回家乡。"回乡的路上，还没到彭城，他就因后背毒疮发作而去世。苏子说：范增离开是对的，他如果不离去，项羽必定会杀他。我只是对他没有尽早离开而感觉有些遗憾罢了。既然如此，那范增应当何时因何事离开呢？范增曾劝项羽杀掉沛公，项羽不听，最终因此而失掉天下，应当在这时离开吗？我说：不是。范增要杀沛公，这是身为臣子的职责；而项羽不杀，说明他还有君王的度量。范增怎么会因这件事离去呢？《易经》说："预先知道事物发生变化的征兆，大概算是神明吧。"《诗经》说："下大雪之前，必先降落小雪粒。"范增离去，应该在项羽杀死宋义的时候。

陈涉能得到百姓的拥护，是因为他以楚将项燕和公子扶苏的名义号召百姓。项家的兴起，因为拥立楚怀王的孙子熊心。之后，诸侯背叛他是因为项羽杀死义帝。况且义帝被拥立，范增是主谋人物。义帝的存亡，不仅关系到楚国的兴衰，也与范增的祸福密切相连，绝不会有义帝被杀而范增却能单独久生的道理。项羽杀死宋义，就是杀义帝的征兆。他谋杀义帝，就是怀疑范增的开始。哪里还需等到陈平使用反间计呢？物品一定是先腐烂了，然后才生出蛆虫；人一定是先有疑心，然后才使谗言乘虚而入。陈平虽然才智非凡，又怎能够离间没有疑心的君主呢？

　　我曾经评论过义帝，认为他是天下贤明的君主。他只派沛公入关作战，而不派项羽；能在众多的部下里面识别宋义，并提拔他为上将军。如果他不是贤明的君主，能做到这些吗？项羽既然假借君王的命令杀死宋义，义帝必定不能忍受。因此，不是项羽杀义帝，就是义帝杀项羽，这是不用等待智者指点就能明白的事情。范增当初劝项梁拥立义帝，因此诸侯才听项家的指挥。中途杀掉义帝，这不是范增的主意。这非但不是他的主意，他一定是力争但意见没有被接受。不采用范增的意见而杀死他主张拥立的人，项羽怀疑他，必定是从这时开始的。当项羽杀宋义的时候，他和范增并肩而立，同时伺候义帝，二人君臣的身份并没有确立。为范增考虑，他有能力杀掉项羽就将其杀掉，不能杀就离开，这样做岂不是一个刚毅果断的大丈夫吗？当时，范增已经是七十岁高龄了，和项羽意见合就留下来，意见不合就离开。他不在这时候确定去留的问题，还想依靠项羽成就功名，见识浅陋啊！尽管如此，范增还是汉高祖所畏惧的人。范增不离开，项羽也不会灭亡。唉，范增也算是人中豪杰啊！

【评析】

　　《范增论》最出彩的地方就是立意新颖。苏轼在文中并没有探讨范增的功过得失，他另辟蹊径，围绕范增应该于什么时机离开项羽这一问题展开论述，说明谋臣"明去就之分"的道理。苏轼指出，项羽杀范增的想法在范增提出离开之前就存在，而作为一个颇有才智的谋臣，范增应早就觉察出项羽的疑心，但他不仅没有察觉，反而想倚靠项羽成就功名，实在是太浅陋了。

　　在论证过程中，苏轼指出，范增应在项羽杀上将军宋义时离开。接着，他开始深入地分析这个问题，说明"羽之杀卿子冠军"是项羽对范增有疑心的征兆，以佐证"范增应于项羽杀卿子冠军时离开"这个观点。然后进一步说明项羽杀义帝是他怀疑范增的开始，进一步证明"范增应于项羽杀卿子冠军时离开"这个论点的正确性。最后，苏轼还评判范增不能"明去就之分，而欲依羽以成功名"是非常浅薄的。不过，在结尾，他也指出范增"亦人杰也哉"，不使文章的评论出现偏颇。

　　此外，文中或援引古语，或加入比喻，有时描写，有时抒情，虚实相间，张弛有度，使得这篇文章读起来妙趣横生，让人回味无穷。

贾谊论

苏轼

【题解】

贾谊生活在汉文帝时期，学识渊博，才华横溢，而且很有政治眼光。他曾向汉文帝提出众多有益的建议，但因触犯了朝中大臣绛侯和灌婴等人的利益，因此被排挤和打压，仕途一直坎坷，才华也被埋没，成为历史上的一位悲剧人物。人们一般同情他而指责文帝。

苏轼却反其道而论，他认为贾谊的死并非都是文帝的过错，而应从贾谊自身来找原因，他指出贾谊的性格才是导致悲剧发生的必然因素。苏轼还在文中指出，要想成就事业，不但要学会等待时机，更要能经受磨难。

【原文】

非才之难，所以自用者实难。惜乎！贾生，王者之佐，而不能自用其才也。夫君子之所取者远，则必有所待；所就者大，则必有所忍。古之贤人，皆负可致之才，而卒不能行其万一者，未必皆其时君之罪，或者其自取也。

愚观贾生之论，如其所言，虽三代何以远过？得君如汉文，犹且以不用死，然则是天下无尧、舜，终不可有所为耶？仲尼圣人，历试于天下，苟非大无道之国，皆欲勉强扶持，庶几一日得行其道。将之荆，先之以冉有，申之以子夏，君子之欲得其君，如此其勤也。孟子去[①]齐，三宿而后出昼，犹曰："王其庶几召我。"君子之不忍弃其君，如此其厚也。公孙丑问曰："夫子何为不豫？"孟子曰："方今天下，舍我其谁哉？而吾何为不豫？"君子之爱其身，如此其至也。夫如此而不用，然后知天下果不足与有为，而可以无憾矣。若贾生者，非汉文之不能用生，生之不能用汉文也。

夫绛侯亲握天子玺而授之文帝，灌婴连兵数十万，以决刘、吕之雌雄，又皆高帝之旧将。此其君臣相得之分，岂特父子骨肉手足哉？贾生，洛阳之少年[②]，欲使其一朝之间，尽弃其旧而谋其新，亦已难矣。为贾生者，上得其君，下得其大臣，如绛、灌之属，优游浸渍而深交之，使天子不疑，大臣不忌，然后举天下而唯吾之所欲为，不过十年，可以得志。安有立谈之间，而遽为人"痛哭"哉？观其过湘，为赋以吊屈原，萦纡郁闷，趯[③]然有远举之志。其后以自伤哭泣，至于夭绝，是亦不善处穷者也。夫谋之一不见用，则安知终不复用也？不知默默以待其变，而自残至此。呜呼！贾生志大而量小，才有余而识不足也。

古之人，有高世之才，必有遗俗之累。是故非聪明睿智不惑之主，则不能全其用。古今称苻坚得王猛于草茅之中，一朝尽斥去其旧臣，而与之谋。彼其匹夫略有天下之半，其以此哉！

愚深悲生之志，故备论之。亦使人君得如贾生之臣，则知其有狷介④之操，一不见用，则忧伤病沮，不能复振。而为贾生者，亦谨其所发哉！

【注释】

①去：离开。
②少年：指成年男子。
③趯：同"跃"，跳。
④狷介：洁身自爱。

【译文】

　　一个人具有才能并不难，如何发挥自己的才能才实在困难。可惜啊！贾谊是辅佐皇帝的人才，却不能发挥自己的才能。君子要实现长远的目标，就必须有所等待；要成就伟大的事业，就必须有所忍耐。古时的贤人，都有建功立业的才能，可是有些人最终也没能施展出自己才能的万分之一，这未必都是当时君主的过错，也许是他们自己造成的。

　　我读过贾谊的言论，按照他所规划出的目标，即便是夏、商、周三代的盛世又怎么能比得过呢？他遇到汉文帝这样的君主，竟然因不受重用忧郁而终，难道说天下没有尧舜那样贤明的君主，就永远也不能有所作为了吗？孔子这位圣人，曾周游列国尽力推行自己的治国方略，只要不是过于昏庸无道的国家，他都努力扶持，希望有一天能实行自己的治国之道。他在去楚国前，先派遣冉有去说明自己的观点，再派子夏前去重申。君子希望得到君主的任用，如此不厌其烦。孟子离开齐国时，在昼地等了三天后才离开，还说："齐王也许还会召我回去。"君子不忍离开自己的国君，情意如此深厚。公孙丑问孟子："先生为什么不高兴？"孟子说："如今的天下，除了我还有谁能把它治理好呢？我怎么会不高兴呢？"君子爱惜自己，是这样的细致周到。如果这样做还没有得到任用，就知道天下的确没有施展才华的地方，也就没有遗憾了。像贾谊这样的人，不是汉文帝不加以重用，而是他不能让汉文帝重用他。

　　绛侯亲自捧着天子的印玺交给文帝，灌婴曾联合几十万军队，决定过刘、吕两家的胜负，他们又都是汉高祖的旧将。这种君臣之间知遇的情分，难道仅仅是父子手足之间才能有的吗？贾谊，洛阳的一个青年，他想让皇帝在一天的时间里全部抛弃旧政，谋划使用他的新政，这太困难了！作为贾谊来说，他应该上获国君的信任，下得绛侯、灌婴这样大臣的拥护，沉着镇静地慢慢渗入其中而与他们结成深交，使皇帝不怀疑，大臣不嫉恨，然后按自己的规划治理天下，不到十年，就可以完成志愿。哪能站着说一两句话之后，就立刻呈现出痛哭流涕的心情呢？我看过他路经湘水时所作的一篇凭吊屈原的赋，文中反映出他悲伤、郁闷的心情，大有远走而退隐田园之心。之后，他整日为自己的怀才不遇伤感，哭泣不已，而致使英年早逝，可以说他不善于应付不利的环境。自己的谋略只是一时没被采用，怎么知道终生都不会被采用呢？不懂得默默等待形势发生变化，却自我摧残到这个地步！唉！贾谊志向远大，气量狭小，才能有余，但见识不足！

古时的人，若拥有高出世人的才能，必会因为鄙视世俗而给自己带来负担。所以，不是聪明、仁智、不受迷惑的君主，就不会充分地使用他。从古至今，人们都称颂苻坚在平民中得到王猛。苻坚随即将旧臣斥退不用，而与王猛一起谋划政务。王猛不过是一个凡夫俗子，却能占有半个天下，大概就是因为这个原因吧！

我对贾谊没有实现自己的志向十分同情，所以详尽地论述这件事。同时也想让国君明白，如果得到贾谊这样的大臣，应知道他们有洁身自爱的情操，一旦不被任用，就会颓废、哀伤，无法再振作！而对贾谊这样的人来说，他们也应谨慎对待自己的言行啊！

【评析】

本文论述清晰明了，段落衔接天衣无缝，结构紧凑，文气连贯。苏轼开篇即提出论点：一个人有才能并不难，难的是怎么获得发挥的机会。

接着，苏轼又指出，君子要施展抱负，必须"有所待""有所忍"。而古时贤人不得志，并不完全是因为君主不识贤能之人，也许是他们自身的原因造成的。此时，苏轼重点写出贾谊不被汉文帝重用，是他自身修养不够。文中不仅有"君子之所取者远，则必有所待；所就者大，则必有所忍"的正面描写，也有"未必皆其时君之罪，或者其自取也"的假设，以此说明贾谊的问题所在。

在第三段中，苏轼用史实论证贤能的人与皇帝之间的关系，指出贤人应先设法使"天子不疑，大臣不忌"，然后才能施展自己的抱负。他也提到了贤能的人应该有自信，而且要爱护自己。段末点出贾谊自身的缺点："志大而量小，才有余而识不足。"

紧接着，苏轼再次论述了君主与贤人之间的关系，指出千里马须有伯乐才不会被埋没，贤臣要有明君才能施展抱负。最后一段，苏轼表达了自己对贾谊没能实现抱负的深切同情，并点明像贾谊这样的人应谨慎对待自己的言行。

文章从贾谊在失意中去世说起，指出其中主要原因是他自己操之过急，无法应付困境。苏轼不仅对人物性格分析得十分透彻，对当时历史背景的剖析也十分成功。不过，他要把焦点放在贾谊身上，在选材上就很少顾及汉文帝与周勃、灌婴等人的关系，但正因为少了枝枝蔓蔓，文章才分外动人心魄。

晁错论

苏轼

【题解】

　　晁错是西汉杰出的政治家和政论家，曾担任景帝的御史大夫。他向景帝提出"削藩"的建议，景帝采纳而实行，由此引发了吴、楚等七国诸侯的叛乱。诸侯国以诛杀晁错为借口向都城发兵，景帝只好杀晁错，"以谢天下"。

　　苏轼虽然对晁错的削藩措施表示赞成，但他指出，晁错被杀，根本原因在于他自己，也就是"自祸"，而非景帝之错。

【原文】

　　天下之患，最不可为者，名为治平无事，而其实有不测之忧。坐观其变，而不为之所，则恐至于不可救。起而强为之，则天下狃①于治平之安，而不吾信。唯仁人君子豪杰之士，为能出身为天下犯大难，以求成大功。此固非勉强期月之间，而苟以求名者之所能也。

　　天下治平，无故而发大难之端。吾发之，吾能收之，然后有辞于天下。事至而循循②焉欲去之，使他人任其责，则天下之祸，必集于我。昔者晁错尽忠为汉，谋弱山东之诸侯。山东诸侯并起，以诛错为名。而天子不察，以错为说。天下悲错之以忠而受祸，不知错有以取之也。

　　古之立大事者，不唯有超世之才，亦必有坚忍不拔之志。昔禹之治水，凿龙门，决大河，而放之海。方其功之未成也，盖亦有溃冒冲突可畏之患。唯能前知其当然，事至不惧而徐为之图，是以得至于成功。

　　夫以七国之强，而骤削之，其为变岂足怪哉？错不于此时捐其身，为天下当大难之冲，而制吴、楚之命，乃为自全之计，欲使天子自将而己居守。且夫发七国之难者，谁乎？己欲求其名，安所逃其患？以自将之至危，与居守至安，己为难首，择其至安，而遣天子以其至危，此忠臣义士所以愤惋而不平者也。

　　当此之时，虽无袁盎，亦未免于祸。何者？己欲居守，而使人主自将。以情而言，天子固已难之矣，而重违③其议。是以袁盎之说得行于其间。使吴、楚反，错以身任其危，日夜淬砺④，东向而待之，使不至于累其君，则天子将恃之以为无恐，虽有百盎，可得而间哉？

　　嗟夫！世之君子欲求非常之功，则无务为自全之计。使错自将而讨吴、楚，未必无功。唯其欲自固其身，而天子不悦，奸臣得以乘其隙。错之所以自全者，乃其所以自祸欤！

【注释】

①狃：习惯。
②循循：按部就班，有条不紊。
③重违：由于某种原因难以违背。重，难，难以。
④淬砺：打磨，锻造兵器。

【译文】

　　天下的祸患，最难处理的是表面上看起来太平无事，但实际上却隐藏着不可预测的危机。如果坐等着任由它变化而不去管它，那么恐怕就会发展到不可挽救的地步。如立刻动手强行解决这些隐患，天下之人早已习惯于社会表面的安定而不会相信我们。只有那些仁人君子、豪杰人物才会挺身而出，为天下之事勇敢承担风险，以求取得伟大的功绩。这本来就不是靠个把月的时间，随便应付而又想博取功名的人所能做到的。

　　天下太平时，无故地促使一场大灾难的发生，就应当做到我能发动它，就能解决它，然后才能在天下人面前有话可说。如果惹出祸乱，自己却不慌不忙地走开，让他人承担这个责任，那么对这场祸乱的指责，必定会集中到自己身上。从前，晁错对汉朝一片忠心，想方设法筹谋如何削弱诸侯的势力。结果诸侯以诛杀晁错为借口，联合出兵。然而，皇帝没有察觉出他们的阴谋，便将晁错处死以取悦诸侯。天下人都对晁错因忠心朝廷而遭到这样的杀身之祸感到悲痛，却不知晁错被杀是由于他咎由自取。

　　古时成就伟大事业的人，不仅有超出世俗的才能，同时也需有坚忍不拔的意志。从前大禹治水，他凿开龙门，把黄河的水疏导到大海中去。在他这项功业没有成就时，大概也会有堤坝坍塌、洪水肆虐的可怕灾难发生。只是因为他在行动之前进行过慎重的思考，在事情来临后并不畏惧，而是从容不迫地解决，因而才获得最后的成功。

　　以七个诸侯国这样强大的势力而想骤然削弱它们，它们起兵造反有什么奇怪的？晁错在这个时候不为国捐躯，不为天下人站在抵抗祸乱的前列以击败吴、楚军队，却只为保全自己着想，想让景帝御驾亲征而自己留守国都。再说，挑起七国之乱的人又是谁呢？自己既想博取安定天下的名声，又怎么能推脱由此而来的祸乱呢？率兵亲征是最危险的事情，留守国都是最安全的事情，自己是引起这场祸乱的首要人物，却选了一条最安全的道路，而把极端危险的事情推给皇帝去做，这就是忠臣义士感到愤怒而无法忍受的原因。

　　这时，即使没有袁盎，晁错也难免杀身之祸。为什么这样说呢？因为他自己留守国都，而让皇帝率兵亲征去做危险的事。从情理上说，天子对这样的安排定会非常为难，又加上很多人不同意他的建议，所以袁盎的谗言在其中就起作用了。假如吴、楚两国叛乱时，晁错自己担负全部的责任，日夜操劳，面向东方严阵以待，不让这场祸乱连累到皇帝，那么皇帝就不会畏惧而倚靠他。在这种情况下，就算有一百个袁盎，他能找到离间皇帝和晁错的机会吗？

　　唉！世间的君子，你们要想建立不寻常的功业，就不要为保全自己而考虑。如果晁错亲自统率军队前去讨伐吴、楚等七国，未必就不能成功。但他只想如何保全自己，而使皇帝很不高兴，奸佞的大臣这才乘隙而入。晁错自我保全的举措，正是为他招来杀身之祸的原因啊！

【评析】

　　苏轼曾自嘲一肚皮的不合时宜，他一生屡遭流放，时运不济。不过，苏轼性格旷达，在逆境之中仍然阅读了大量书籍，并写下了不少文章，《晁错论》就是其中非常优秀的一篇史论文章。

　　在这篇文章中，苏轼提出了与世人迥异的观点，指出晁错的死与他自身有莫大的关系。天下太平时，晁错为建立"不世之功"，提出"削藩"，致使"山东七国之乱"。之后，他一心自保，让景帝御驾亲征，使景帝心中不满。这时，政敌袁盎乘隙而入，离间晁错和景帝的关系。最后，晁错被斩。

　　苏轼通过对晁错的描写，详细地阐述了"儒以文乱法"的观点，对一些沽名钓誉的文人士子进行了批判。他指出，这些人为一己之私，自找麻烦，在太平盛世"见小利而忘命"，在危难时刻则"遇大事而惜身"，这是他们一直具有的"软肋"。

　　在文中，苏轼还以大禹治水的英雄事迹为例，阐述"古之立大事者，不唯有超世之才，亦必有坚忍不拔之志"的观点，也表达出自己的理想人格。直至今天，仍具有积极的教育意义。

喜雨亭记

苏轼

【题解】

　　1061年，苏轼担任凤翔府签书判官。第二年，他在此地修建一亭子，正逢喜雨降临，因此将亭子命名为"喜雨亭"。苏轼在这篇《喜雨亭记》中讲述了建亭经过，以及给亭子命名的缘由，表达了人们久旱逢雨时的愉悦心情，这是苏轼重农、重民思想的体现。

【原文】

　　亭以雨名，志喜也。古者有喜，则以名物，示不忘也。周公得禾，以名其书；汉武得鼎，以名其年；叔孙胜狄，以名其子。其喜之大小不齐，其示不忘一也。

　　予至扶风之明年，始治官舍，为亭于堂之北，而凿池其南，引流种树，以为休息之所。是岁之春，雨麦于岐山之阳，其占为有年。既而弥月不雨，民方以为忧。越三月，乙卯乃雨，甲子又雨，民以为未足。丁卯大雨，三日乃止。官吏相与庆于庭，商贾相与歌于市，农夫相与忭于野，忧者以喜，病者以愈，而吾亭适成。

　　于是举酒于亭上，以属客而告之，曰："五日不雨可乎？"曰："五日不雨则无麦。""十日不雨可乎？"曰："十日不雨则无禾。""无麦无禾，岁且荐饥，狱讼繁兴，而盗贼滋炽[1]。则吾与二三子，虽欲优游以乐于此亭，其可得耶？今天不遗斯民，始旱而赐之以雨，使吾与二三子得相与优游而乐于亭者，皆雨之赐也。其又可忘邪？"

　　既以名亭，又从而歌之，曰："使天而雨珠，寒者不得以为襦[2]；使天而雨玉，饥者不得以为粟。一雨三日，伊谁之力？民曰太守。太守不有，归之天子。天子曰不然，归之造物。造物不自以为功，归之太空。太空冥冥，不可得而名。吾以名吾亭。"

【注释】

①滋炽：滋生得特别快、特别多。
②襦：短衣，短袄。

【译文】

　　亭子以雨命名，是为了纪念下雨的喜事。古人有喜事，就用喜事为事物命名，表示不忘的意思。周公得到成王赏赐的一株嘉禾，就以"嘉禾"作为自己文章的题目；汉武帝得到宝鼎，就以"元鼎"作为年号；叔孙战胜敌人，就用敌人首领的名字为自己的儿子命名。虽然他们的喜事大小不等，但用来表示不忘的意义却是一致的。

　　我到达扶风郡的第二年，开始修建官邸。我在正堂的北面建造了一座亭子，又在南面凿出一口池塘，引来流水，种上树木，作为办公之余休息的场所。这年的春天，岐山南面下了一场"麦雨"，经过占卜，得出今年是个丰收之年。之后，整整一个月没下雨，百姓开始担忧起来。过了三月，四月初二才下了一场雨，四月十一又下了一场雨，百姓认为下得还不够。四月十四天又降大雨，三天后才停止。官吏在衙门内互相庆贺，商贩在集市上欢唱，农民在田地里欢笑。忧愁的人转为欢喜，有疾病的人也康复了，而我建的亭子也恰好在这时竣工了。

　　于是我在亭子里举行酒宴，劝客人饮酒时说："五天不下雨可以吗？"大家说："五天不下雨就收不到麦子了。"我又问："十天不下雨可以吗？"大家说："十天不下雨就收不到稻子了。""收不到麦子和稻子，就会出现连续的饥荒，诉讼案件也会日益增加，盗贼也会逐渐猖狂。那么我和在座的各位就算想在这个亭子里聚会游乐，还能做得到吗？如今上天不遗弃这里的百姓，刚开始干旱就赏赐雨水，让我与各位悠然地在这里聚会欢乐，全靠这些雨水。这怎么能忘呢？"

　　用雨给亭子命名后，又作词歌唱道："即使天上降下珍珠，挨冻的人也无法把它当短袄；即使天上降下美玉，挨饿的人也无法把它当粮食。一连下了三天雨，是谁的力量呢？百姓说是太守。太守不具有这力量，功劳归于天子。天子说不是他的，归功于造物主。造物主也不认为这是自己的功劳，归功于太空，而太空深远，无法用它命名。所以，我用雨为我的亭子命名。"

【评析】

　　《喜雨亭记》是一篇值得反复欣赏的散文，具有很高的艺术性。无论是文章形式还是文中所体现的思想都给人一种美的享受。

　　苏轼开篇即说明亭子命名源于一场雨，与"喜"字紧密联系在一起。接着，苏轼列举了历史上的几件事来说明古人有喜事，常用喜事为事物命名以示不忘，期望将来喜事接连不断。这些事不仅和国家政治有关，还暗示着天与人的关系，为以雨志亭做了极好的铺垫。有了这些做基础，以后的叙述就更能让人信服。

　　文章的结尾也妙趣横生，既与开头相互呼应，又使人浮想联翩。苏轼具有儒、释、道三家合一的哲学思想，所以在他的著作中，经常对自然发问，由此凸现出他旷达的人生观和洒脱乐天的情怀。对于这场喜雨，应该感谢谁好呢？作者展开丰富的想象，从太守一直写到天子、造物主、太空，用一个亭子把造物主、天空、太守、百姓联系起来，体现了作者超凡的想象力和与民同乐的思想。文章遣词造句极具韵律美，"玉""粟"押韵，"日""力"押韵，"功""空"押韵，"冥""名"押韵，读起来有余音绕梁的美感。

凌虚台记

苏轼

【题解】

　　凤翔太守陈希亮在府内散步时，明明知道廊外有太白山、鸡峰山等山峰，却无法看到，于是筑一高台，并起名为"凌虚台"，以便登高远望，还请苏轼写下这篇文章来记述此事。

【原文】

　　国于南山之下，宜若起居饮食与山接也。四方之山，莫高于终南，而都邑之丽①山者，莫近于扶风。以至近求最高，其势必得。而太守之居，未尝知有山焉。虽非事之所以损益，而物理②有不当然者。此凌虚之所为筑也。

　　方其未筑也，太守陈公杖履逍遥于其下。见山之出于林木之上者，累累如人之旅行于墙外而见其髻也。曰："是必有异。"使工凿其前为方池，以其土筑台，高出于屋之檐而止。然后人之至于其上者，恍然不知台之高，而以为山之踊跃奋迅而出也。公曰："是宜名凌虚。"以告其从事苏轼，而求文以为记。

　　轼复于公曰："物之废兴成毁，不可得而知也。昔者荒草野田，霜露之所蒙翳③，狐虺之所窜伏。方是时，岂知有凌虚台耶？废兴成毁，相寻于无穷，则台之复为荒草野田，皆不可知也。尝试与公登台而望，其东则秦穆之祈年、橐泉也，其南则汉武之长杨、五柞，而其北则隋之仁寿、唐之九成也。计其一时之盛，宏杰诡丽，坚固而不可动者，岂特百倍于台而已哉！然而数世之后，欲求其仿佛，而破瓦颓垣无复存者，既已化为禾黍荆棘丘墟垄亩矣，而况于此台欤！夫台犹不足恃以长久，而况于人事之得丧、忽往而忽来者欤？而或者欲以夸世而自足，则过矣。盖世有足恃者，而不在乎台之存亡也。"

　　既以言于公，退而为之记。

【注释】

　　①丽：依靠，附着。
　　②物理：事物之理，情理。
　　③翳：遮蔽。

【译文】

　　建城于终南山之下，人们的起居饮食好像与山的接触要多一些。四面的山，没有比终南山更高的；而临近终南山的城邑，没有比扶风更近的。在最近的地方寻求终南山最高的山峰，从情理上讲必然能办到。可是扶风太守居住在这里，却感觉不到有山。这虽然对政务不会产生或好或坏的影响，但在情理上有些不合适。这就是修筑凌虚台的原因。

凌虚台还没有建造时，太守陈公手拄拐杖，脚穿便鞋，逍遥地在下边散步，看到高出林木之上的一些山峰，好像有人在墙外行走，但墙内只能看到他们的发髻。陈公便说："这里必有与众不同的美景。"便派了工匠在山前开凿出一个方形的池塘，将挖出的泥土筑成高台，高出屋檐之后才停工。人们登上高台后，恍惚中忘记高台的高度，还以为近处的山峦是奔腾跳跃着突然冒出地面而形成的。陈公说："这座台应命名为凌虚。"他把这个想法告诉他的属下苏轼，要他写篇文章记下此事。

苏轼答复陈公说："事物的兴废成毁，没有办法预先知道。之前，这里是荒草丛生的野地，覆盖着寒霜白露，盘踞着毒蛇狡狐。当时，谁会料到这里将会出现一个凌虚台呢？事物总是兴废成毁，相互交替而趋于无穷，如此一来，这座高台是否会再变回荒草丛生的野地，这都是无法预知的了。我曾与您登临高台远望，它的东面是秦穆公的祈年宫、橐泉宫，它的南面是汉武帝的长杨宫、五柞宫，它的北面是隋文帝的仁寿宫、唐太宗的九成宫。想象它们当年的盛况，规模宏大，奇异瑰丽，坚固而不可动摇，岂止超过这个土台百倍？但数代之后，想要寻求它们大致的样子，可连破瓦断墙都不复存在了。它们已经变成长满庄稼的农田和荆棘丛生的荒丘了，更何况这座土台呢！这样的土台都不能维持，更何况人事中的得与失，忽然来去而无法捉摸呢？如果有人想以当时的盛况向世人炫耀而觉得满足，那就错了。大概世上也有足以倚靠的东西，但不在于一个土台的存在或消失。"

我把这些话讲给陈公，回来后就写了这篇文章。

【评析】

苏轼写文章善于借题发挥，《凌虚台记》是这方面的一篇典范之作。他讲述了凌虚台修建的原因、过程以及名字的由来，由此引古证今，抒发感慨。整篇文章寓意深远，曲折委婉，值得反复咀嚼。

苏轼在文章的开头，先以山引出为什么要修凌虚台以及取这个名字的原因，从而展开论述。他用古今兴废成毁的历史，抒发对人事万物变化无常的感叹。他还指出，不能因为有点成就就"夸世而自足"，正确的做法是寻求可以永远依靠的东西。这番论述也显示出了苏轼永不满足、积极探索的精神，是他乐观的生活态度以及执着的理想信念的体现。与当时士大夫中盛行的消极颓废、悲古伤今的思想相比，显得难能可贵。

在文章的结尾，苏轼并没有直接说明"足恃"的东西，而是留给读者自己去思考，使文章"言已尽而意无穷"，耐人寻味。

放鹤亭记

苏轼

【题解】

文中的云龙山人是指宋朝的隐者张师厚，他隐居在徐州云龙山，所以得此号。他在东山建有一亭，因自己驯养的两只鹤出入山中常过此亭，于是起名"放鹤亭"。苏轼知徐州时，常与云龙山人饮酒游玩，于是作《放鹤亭记》。苏轼在文中引古论今，颂扬隐者的快乐生活，并含蓄地表达了自己官场失意的惆怅之情。

【原文】

熙宁十年秋，彭城大水。云龙山人张君之草堂，水及其半扉。明年春，水落，迁于故居之东，东山之麓。升高而望，得异境焉，作亭于其上。彭城之山，冈岭四合，隐然如大环，独缺其西一面。而山人之亭，适当其缺。春夏之交，草木际天，秋冬雪月，千里一色。风雨晦明之间，俯仰百变。山人有二鹤，甚驯而善飞。旦则望西山之缺而放焉，纵其所如，或立于陂①田，或翔于云表，暮则傃②东山而归，故名之曰"放鹤亭"。

郡守苏轼，时从宾佐僚吏往见山人，饮酒于斯亭而乐之。挹山人而告之曰："子知隐居之乐乎？虽南面之君，未可与易也。《易》曰：'鸣鹤在阴，其子和之。'《诗》曰：'鹤鸣于九皋，声闻于天。'盖其为物清远闲放，超然于尘埃之外，故《易》《诗》人以比贤人君子。隐德之士，狎而玩之，宜若有益而无损者，然卫懿公好鹤则亡其国。周公作《酒诰》，卫武公作《抑》戒，以为荒惑败乱，无若酒者，而刘伶、阮籍之徒，以此全其真而名后世。嗟夫！南面之君，虽清远闲放如鹤者，犹不得好，好之则亡其国。而山林遁世之士，虽荒惑败乱如酒者，犹不能为害，而况于鹤乎？由此观之，其为乐未可以同日而语也。"山人欣然而笑曰："有是哉？"乃作放鹤、招鹤之歌曰：

"鹤飞去兮西山之缺。高翔而下览兮择所适。翻然敛翼，宛将集兮，忽何所见，矫然而复击。独终日于涧谷之间兮，啄苍苔而履白石。鹤归来兮东山之阴。其下有人兮，黄冠草履，葛衣而鼓琴。躬耕而食兮，其余以汝饱。归来归来兮，西山不可以久留。"

【注释】

① 陂：水边。
② 傃：向。

【译文】

　　熙宁十年的秋天，彭城发生水灾，云龙山人张君的草堂，大水淹没了其大门的一半。第二年春天，大水退去，他便迁到故居东面的东山脚下。他登高远望，发现一处与众不同的风景，就在此地上修建了一座亭子。彭城的山脉、山冈、山岭围绕四周，隐约像个庞大的环，唯独西面缺一部分，而云龙山人修建的亭子正好对着缺口。春夏之交，草木生长繁茂，仿佛与天相连；秋冬时节，明月白雪，千里之地一片白色，每逢刮风下雨，天色阴晴不定之时，俯仰之间，景色瞬息百变。云龙山人喂养了两只白鹤，它们不仅驯服而且善于飞行。清晨，云龙山人向着西山缺口处把它们放出去，任其飞翔。白鹤有时站立在池塘边或稻田里，有时翱翔于高空，傍晚时便朝东山飞回来，因此，亭子得名"放鹤亭"。

　　徐州太守苏轼，常常带着宾客、下属，一起会见云龙山人，在放鹤亭上喝酒并把它当成乐事。苏轼于是给云龙山人倒酒，并对他说："你知道隐居的乐趣吗？即使对方是面南而坐的君王，也不愿意和他交换这种乐趣。《易经》上说：'鹤在清幽的地方鸣叫，它的小鹤便与它应和。'《诗经》上说：'鹤在沼泽深处鸣叫，声音能到达天上。'鹤这种飞禽，性格清高，远离世俗，超然于外物，所以《易经》《诗经》的作者都用它来比喻贤人君子。有德的隐居之士，亲近它并赏玩它，应该是有益无害的，但是卫懿公却因喜爱仙鹤而亡国。周公写过《酒诰》，卫武公写过《抑》戒，他们觉得能使人迷乱、荒废事业，没有比酒更厉害的了。但刘伶、阮籍这些人，却以酒保全自己的真性情而名传后世。唉！身为君王，就算是鹤这样清高超然的飞禽都不能喜爱，如果喜爱就会亡国。而那些隐居山林、远离世俗的人，即使是喜爱酒一般让人迷乱、荒废事业的东西，也没有损害，何况喜爱仙鹤呢？由此看来，君王的乐趣和隐士的乐趣是大大不同的。"云龙山人笑着说："真有这样的道理啊！"于是我便写了一首放鹤、招鹤歌：

　　"仙鹤飞去了啊，在那西山的缺口，高高飞翔向下望啊，选择一个合适的去处。一下子收起翅膀，似乎看到了什么，又矫健地展翅高飞。整日独自徘徊在山涧峡谷中啊，啄食青苔而脚踩白石。鹤飞回来了啊，在东山之北。山下有一人啊，戴着黄色的帽子而穿着草鞋，身着葛衣在弹着琴。他自己耕种自食其力啊，余下的粮食让你吃饱。回来啊回来啊，西山不可长久停留。"

【评析】

　　《放鹤亭记》是苏轼作品中一篇经典的小品文。他以大家手笔，把问题轻轻带过，巧妙议论，为我们呈献了一篇有情有理、文辞出色、千古传颂的好文章。

苏轼在文章的第一段进行了叙事和描写，由亭到景，再由景说到鹤，最后又返回亭，道出放鹤亭。虽然文章的题目是《放鹤亭记》，但重点描绘此地的美景，以及介绍云龙山人好鹤。不过，其中又蕴含天机，为下文的议论打下基础。整段的叙述看似繁杂，实则错落有致。

接下来，苏轼借题发挥，开始议鹤说酒。苏轼作品中像亭台楼记这类的文章，从来不是单纯为记，总是由记到论，抒发感慨，并且将叙述和议论结合起来，用叙述陪衬议论，以突出主题，本文也不例外。苏轼写自己登上放鹤亭品酒，纵目四望，心胸开阔，由此生出无限感慨，想起众多文史典故，于是借题发挥，纵情议论。

本文结构严谨，文辞隽永。在第二段议论完毕后，主题已经十分鲜明，文章可以到此结束了。不过苏轼意犹未尽，又别出心裁地"歌以咏志"，作放鹤、招鹤歌。在歌中，人与鹤浑然一体，鹤是人的精神，人是鹤的知己。他以回环往复的歌，抒发贤者隐居的乐趣，隐讳地表达了自己官场失意的惆怅心情。在读之、咏之、歌之、唱之的过程中，我们走入了苏轼的精神世界。

石钟山记

苏轼

【题解】

苏轼的文章潇洒旷达，别具一格。他教育子女的方法也与众不同。据说，他被贬到黄州后，经常与长子苏迈闲谈，一次谈起鄱阳湖东岸石钟山（在今江西湖口）这个名称的由来。虽然苏迈在《水经注》等古书中发现一些说法，但苏轼认为并不可信。当苏迈想继续翻查资料时，被他制止。苏轼指出，要想获取真知，须实地考察。于是父子夜访石钟山，实地勘察这个名称的由来。为让苏迈更加深刻地明白"求实"的重要性，苏轼写下此文。

【原文】

《水经》云："彭蠡之口有石钟山焉。"郦元以为下临深潭，微风鼓浪，水石相搏，声如洪钟。是说也，人常疑之。今以钟磬置水中，虽大风浪不能鸣也，而况石乎？至唐李渤，始访其遗踪，得双石于潭上。扣而聆之，南声函胡[①]，北音清越，桴止响腾，余韵徐歇。自以为得之矣。然是说也，余尤疑之。石之铿然有声者，所在皆是也，而此独以钟名，何哉？

元丰七年六月丁丑，余自齐安舟行适临汝，而长子迈将赴饶之德兴尉。送之至湖口，因得观所谓石钟者。寺僧使小童持斧，于乱石间择其一二扣之，硿硿然。余固笑而不信也。至其夜月明，独与迈乘小舟至绝壁下。大石侧立千尺，如猛兽奇鬼，森然欲搏人；而山上栖鹘，闻人声亦惊起，磔磔云霄间；又有若老人咳且笑于山谷中者，或曰，此鹳鹤也。余方心动欲还，而大声发于水上，噌吰如钟鼓不绝。舟人大恐。徐而察之，则山下皆石穴罅②，不知其浅深，微波入焉，涵澹③澎湃而为此也。舟回至两山间，将入港口，有大石当中流，可坐百人，空中而多窍，与风水相吞吐，有窾坎镗鞳之声，与向之噌吰者相应，如乐作焉。因笑谓迈曰："汝识之乎？噌吰者，周景王之无射也；窾坎镗鞳者，魏庄子之歌钟也。古之人不余欺也！"

事不目见耳闻而臆断其有无，可乎？郦元之所见闻殆与余同，而言之不详；士大夫终不肯以小舟夜泊绝壁之下，故莫能知；而渔工水师虽知而不能言，此世所以不传也。而陋者乃以斧斤考击④而求之，自以为得其实。余是以记之，盖叹郦元之简，而笑李渤之陋也。

【注释】

①函胡：同"含糊"。

②罅：缝隙。

③涵澹：水流迂回旋转。

④考击：敲打。考，击打。

【译文】

《水经注》说："鄱阳湖的出口，有一座石钟山。"郦道元认为这座山的下面是个深潭，微风掀起波浪，潭水和石头互相撞击，发出的声音好像大钟一般。这种说法，人们经常怀疑它。现在将钟和磬放在水里，即使大风大浪也不能让它们发出声响，更何况石头呢！到了唐代，李渤才去亲自探寻它的遗迹，在深潭边找到了两块石头，敲打它们听声音，南边的那块声音重浊而含混，北面的那块声音清脆而激越。鼓声停止敲击，声音还在传播，余音慢慢地消失。他自认为找到石钟山命名的原因了。然而这种说法，我还是怀疑它。被敲打时铿锵作响的石头，哪里都有，唯独这座山用"石钟"命名，为什么呢？

元丰七年六月初九，我从齐安乘船到临汝，大儿子苏迈将要去饶州德兴县任县尉之职。我送他到鄱阳湖湖口，于是能够看到这座被命名为"石钟"的山。寺里的和尚叫小童拿着斧子，在杂乱的石头间找一两处敲击它，发出硿硿的声音。我仍旧笑笑，并不相信。到了当天夜里，月色明亮，我独自和苏迈乘着小船来到绝壁之下。巨大的山石在旁边耸立着，高达千尺，活像凶猛的野兽和奇异的鬼怪，阴森森地想要扑过来抓人；山上栖息的鹘鸟，听到人声也受惊飞了起来，在云霄中磔磔地鸣叫；还有像老翁在山谷中边咳边笑的声音，有人说，这是鹳鹤。我正心惊，想要返回去，忽然，巨大的声音从水上发出，噌吰的声音像敲击钟鼓一样连续不断。船夫大为惊恐。我慢慢地观察，原来山脚下都是石头的洞穴和裂缝，不知道它们的深浅，微小的波浪涌到里面去，激荡撞击，便发出了这种声音。船划回两山之间，快要进入港口，有块大石头挡在水流的中央，上面大约可以坐一百个人，中间是空的，而且有许多窟窿，风吹浪打，吞进吞出，发出窾坎镗鞳的声音。与之前噌吰的声音相互应和，好像音乐演奏起来了一样。于是我笑着对苏迈说："你听出来了吗？发出噌吰的声音的，是周景王的无射钟；发出窾坎镗鞳的声音的，是魏庄子的歌钟。古人没有骗我们啊！"

事情没有亲眼看到、亲耳听到，就凭主观想象去推断它的有无，可以吗？郦道元看到的、听到的，大概与我一样，但是说得不详细；一般做官读书的人终究不愿意乘着小船深夜到这悬崖峭壁的下面探查究竟，所以无法得知真相；而渔夫船工们，即使知道也说不出其中的道理。这就是石钟山得名的原因不能流传于世的根源啊。而那些见识浅薄的人竟用斧头敲打山石的办法来寻求原因，还自认为找到了事情的真相呢。我因此记下这件事，既为郦道元记述过简而遗憾，也是嘲笑李渤的浅陋。

【评析】

本文因事说理，叙议结合。对于石钟山得名的原因，北魏地理学家郦道元的《水经注》以及唐代学者李渤的《辨石钟山记》都曾涉及，但是苏轼认为各种说法皆不可靠，他坚信想获得真相，不能人云亦云，必须进行仔细的实地考察。于是借送长子苏迈赴任的机会，夜探石钟山，一查究竟。

文章三个段落即为事情的三个步骤。第一段中，作者直言对郦道元、李渤等人说法的怀疑，且以钟磬为例，很具有说服力。

第二段是本文的重点，讲述了夜探石钟山的过程和收获。这一部分，有给人印象深刻的景物描写，如写"大石"，说其"如猛兽奇鬼，森然欲搏人"，鸟发出的声音也很奇怪，"若老人咳且笑于山谷中"。作者紧紧抓住景物的特色，写出自己的感受，绘形绘声，细腻、真切，有力地点染了当时的诡异气氛。

真正令作者不虚此行的是，他发现了两处声源："山下皆石穴罅""有大石当中流，可坐百人，空中而多窍"。至此他豁然开朗，释疑之后的轻松溢于言表，还和儿子打趣："汝识之乎？噌吰者，周景王之无射也；窾坎镗鞳者，魏庄子之歌钟也。"并发出了"古之人不余欺也"的感慨。

文章最后一段是典型的议论，作者得出了"事情如果没有亲眼看见、亲耳听到就不能凭主观臆测去推断它的有无"的结论，同时"叹郦元之简""笑李渤之陋"，与首段相呼应。

本文夹叙夹议，叙事详略得当、高潮迭起；议论深入浅出、前后照应，不愧为苏轼的传世名作。

前赤壁赋

苏轼

【题解】

1079年（宋神宗元丰二年），王安石变法已经失败，宋神宗正在改制。御史中丞李定、舒亶等人从苏轼《湖州谢上表》中摘取一些诗句，诬告他诽谤新政，并将他逮捕到御史台狱接受审讯。御史又称"乌台"，所以人们称这个案件为"乌台诗案"。"乌台诗案"后，苏轼被贬黄州。

1082年，苏轼曾两次游览黄州城外的赤壁，还写下两篇游记——《前赤壁赋》和《后赤壁赋》。他在文中借游览赤壁之事抒发被贬的苦闷，以及对宇宙、人生的感悟。

【原文】

壬戌之秋，七月既望①，苏子与客泛舟游于赤壁之下。清风徐来，水波不兴。举酒属客，诵《明月》之诗，歌《窈窕》之章。少焉，月出于东山之上，徘徊于斗牛②之间。白露横江，水光接天。纵一苇之所如，凌万顷之茫然。浩浩乎如冯虚御风，而不知其所止；飘飘乎如遗世独立，羽化而登仙。

于是饮酒乐甚，扣舷而歌之。歌曰："桂棹兮兰桨，击空明兮溯流光。渺渺兮予怀，望美人兮天一方。"客有吹洞箫者，倚歌而和之。其声呜呜然，如怨如慕，如泣如诉，余音袅袅，不绝如缕。舞幽壑之潜蛟，泣孤舟之嫠妇③。

苏子愀然，正襟危坐而问客曰："何为其然也？"客曰："'月明星稀，乌鹊南飞'，此非曹孟德之诗乎？西望夏口，东望武昌，山川相缪，郁乎苍苍，此非孟德之困于周郎乎？方其破荆州，下江陵，顺流而东也，舳舻千里，旌旗蔽空，酾酒临江，横槊赋诗，固一世之雄也！而今安在哉？况吾与子渔樵于江渚之上，侣鱼虾而友麋鹿。驾一叶之扁舟，举匏樽以相属，寄蜉蝣于天地，渺沧海之一粟。哀吾生之须臾，羡长江之无穷。挟飞仙以遨游，抱明月而长终。知不可乎骤得，托遗响于悲风。"

苏子曰："客亦知夫水与月乎？逝者如斯，而未尝往也；盈虚者如彼，而卒莫消长也。盖将自其变者而观之，则天地曾不能以一瞬；自其不变者而观之，则物与我皆无尽也，而又何羡乎？且夫天地之间，物各有主，苟非吾之所有，虽一毫而莫取。惟江上之清风，与山间之明月，耳得之而为声，目遇之而成色，取之无禁，用之不竭，是造物者之无尽藏也，而吾与子之所共适。"

客喜而笑，洗盏更酌。肴核既尽，杯盘狼藉。相与枕藉乎舟中，不知东方之既白。

【注释】

①既望：十六日。
②斗牛：北斗星和牵牛星。
③嫠妇：寡妇。

【译文】

元丰五年的秋天，七月十六日，我和客人划船在赤壁之下游览。清风缓缓地吹来，水面上的波纹没有大的动静。我举起酒杯邀请客人饮酒，口里诵读《明月》诗中《窈窕》这一章（指《诗经·月出》中"舒窈纠兮"一章）。不一会儿，月亮升起在东山之上，在斗牛两星宿间逗留徘徊。白色的雾气笼罩在江水之上，水天连成一片。任凭小船在漫无边际的江上漂流。江水多么浩渺啊！小船就像在天空里遨游，不知道它将要驶向何方；我们飘飘欲仙像要脱离尘世，直飞到仙境。

此刻我们饮酒饮得非常高兴，敲着船舷歌唱道："用兰桂木做成的船桨，用桨板划开澄明的江水！船儿在月光浮动的水面逆流而进。我的情思绵长啊，望着天边的美人。"客人里有吹洞箫的人，为我们的歌声伴奏。那箫声发出"呜呜"的声音，像怨愤、思慕的声音，又像哭泣、倾诉的声音，余音婉转悠长，如同丝缕一样绵绵不断。令藏在深渊里的蛟龙闻之起舞，撩得孤舟上的寡妇听后啜泣。

我脸色立刻改变，端正地坐起身来，问客人道："箫声为什么如此悲凉？"客人说："'月明星稀，乌鹊南飞'，这不是曹孟德的诗吗？向西看那是夏口，向东看那是武昌，山水相互环绕在一起，树林茂密，一片翠绿的颜色，这不是赤壁之战中曹孟德败于周瑜的地方吗？当时他占领荆州，攻破江陵，顺着长江向东奔流而下，战船相连千里，军旗遮掩长空。曹操站在江边饮酒，横槊赋诗，真是一代枭雄啊！而现在他在哪里呢？何况我和你在这江中小岛上过着渔樵的生活，和鱼虾为伴，与麋鹿为友，驾一只小船，举起酒杯相互对饮。人生短暂如同朝生暮死的小虫相比于天地之长久，生命渺小得如同茫茫大海中的一颗谷粒。悲叹我们生命的短暂，羡慕长江的长久无尽。希望能和仙人一起神游天地，和明月一样长此永存。我知道这种想法不可能成为现实，所以只好将希望寄托在悲凉的箫声之中。"

我对他说道："你了解江水和月亮吗？江水滚滚流去，而永不会停止；月亮虽然表面看去或圆或缺，却始终没有消失或增长。假如从变化的角度来看，天地万物用不了一瞬间就会改变；假如从不变的角度来看，那么万物与我都没有穷尽。还有什么好羡慕的呢？况且天地之间，万物都有自己的主宰，如果不是我的东西，即使分毫我也不会取用。只有江上的清风、山间的明月，耳朵能听到它的声音，眼睛能看到它的颜色，取用它们既没有人禁止也不会用尽，这是自然无穷无尽的宝藏，我和你都可以一起享用。"

客人愉快地笑了，洗了酒杯重新斟酒。菜肴和果品都已经吃完了，酒杯和盘子凌乱地摆着。我与客人相互靠着睡觉，不觉间东方已经亮了。

【评析】

此赋通过与客同游赤壁、饮酒赋诗和主客问答来组织全篇，抒发了作者政治失意后的苦闷之情。

文章借怀古之名，以与客同游赤壁开端，形神兼备地描绘了清风送爽、白露布江、水月相映等景象，表达了作者欲摆脱尘世烦恼的心情。

主客对答是本文最大的特色。主客对酌于舟中，赋诗而歌，客人吹出凄怆的洞箫声，苏子问何故，客人的回答表露了思古幽情和人生渺小之感，文章由情入理，进而以苏子的对答把全文的主旨彰显出来。

苏子对答是全文的高潮部分，他通过议论江水和明月的变与不变，说明宇宙万物与自我之间的关系，抒发了对宇宙、人生的感悟。作者的这种超逸情怀，反映出老庄思想在他身上发挥的作用。但作者看似超脱的背后，实则隐藏着巨大的忧伤和悲痛，可能正因为如此，才使得这篇文章意蕴丰厚，耐人咀嚼。

此赋骈散结合，四六句式兼用，语言清新流畅，韵律优美，其中间杂歌词、对话、写景、抒情、议论，浑然一体，描写不落俗套，说理自由洒脱，表现力极强，是文赋中的千古绝唱。

方山子传

苏轼

【题解】

文中的方山子是凤翔知府陈希亮的儿子陈慥的号。苏轼担任凤翔签判时曾和他结识，当时陈慥崇尚游侠，豪气冲天。十九年后，苏轼被贬到黄州担任团练副使，在途中与陈慥相遇，而此时的陈慥已归隐山林。苏轼有感于人世变迁，所以为他作传。

【原文】

　　方山子，光、黄间隐人也。少时慕朱家、郭解为人，闾里之侠皆宗之。稍壮，折节①读书，欲以此驰骋当世，然终不遇。晚乃遁于光、黄间，曰岐亭。庵居蔬食，不与世相闻。弃车马，毁冠服。徒步往来山中，人莫识也。见其所著帽，方耸而高，曰"此岂古方山冠之遗像乎！"因谓之方山子。

　　余谪居于黄，过岐亭，适见焉。曰："呜呼！此吾故人陈慥季常也，何为而在此？"方山子亦矍然②问余所以至此者。余告之故。俯而不答，仰而笑，呼余宿其家。环堵③萧然，而妻子奴婢皆有自得之意。

　　余既耸然异之。独念方山子少时，使酒好剑，用财如粪土。前十有九年，余在岐下，见方山子从两骑，挟二矢，游西山，鹊起于前，使骑逐而射之，不获。方山子怒④马独出，一发得之。因与余马上论用兵及古今成败，自谓一世豪士。今几日耳，精悍之色，犹见于眉间，而岂山中之人哉！

　　然方山子世有勋阀，当得官。使从事于其间，今已显闻。而其家在洛阳，园宅壮丽，与公侯等。河北有田，岁得帛千匹，亦足以富乐。皆弃不取，独来穷山中，此岂无得而然哉？

　　余闻光、黄间多异人，往往佯狂垢污，不可得而见。方山子傥见⑤之欤？

【注释】

①折节：改变平日志向。
②矍然：惊奇注视的样子。
③堵：墙壁。
④怒：兴奋、奋发，这里是使动用法。
⑤傥见：意料之外的见面。

【译文】

　　方山子，光州、黄州一带的隐士。他年轻时十分仰慕朱家、郭解等汉朝游侠的为人，乡里的侠士都很尊崇他。年龄稍大后，他才改变志向读书习文，想凭学识在世上大展拳脚，却一直没有遇到机会。晚年时，他在光州、黄州之间一个叫岐亭的地方隐居起来。他住茅屋，吃素食，不与世人往来。他还抛弃车马，除掉读书人的着装，徒步行走，山中没有人认识他。人们见他所戴的帽子呈方状而高耸着，就说："这不是古时方山冠的样式吗？"因此就称他为"方山子"。

　　我被贬去黄州，路过岐亭时，恰巧遇见他。我说："哎呀！这是我的老朋友陈慥陈季常啊！你为什么在这里呢？"方山子也惊奇地注视我，询问我来到这里的原因。我告诉他其中的缘由。他先是低头不语，而后仰天大笑，并招呼我去他家留宿。他家里空荡无物，但是妻子、儿女、仆人都有一种满足、快乐的神态。

　　我深感惊讶。回想方山子年少时，喜好饮酒，热衷剑术，并且挥金如土。十九年前，我在岐山时看见方山子身后跟着两名随从，身上挂着两袋箭，在西山游览打猎。一只喜鹊在前方飞过，他吩咐随从追着射击喜鹊，可惜未中。方山子独自跃马飞奔，一箭就射中猎物。于是他在马上与我畅谈如何用兵以及古今成败之事，自认为是一代豪杰。回忆往事如发生在几天前，他那股精明剽悍之气，依然在眉宇间可以看出来，怎么像山林中的隐士呢？

　　方山子家世代都有功勋，按照制度他可以得到官职。如果他在官场中活动，现在已是名声显赫了。他洛阳的老家，园林家宅都很壮丽，可和公侯的府邸相媲美。他家在黄河北岸还有田产，每年有千匹丝帛的收入，足以让他生活富足安乐。然而，他都抛弃不要，非要来到穷山僻谷之中，难道不是由于他独有会心之处才会这样做的吗？

　　我听说光州、黄州一带有很多奇人，他们往往假装疯狂、浑身肮脏，平常人是无法见到他们的。方山子或许见过他们吧？

【评析】

　　一般而言，作者因为对某个人有特别的兴趣才选择为他作传。在《方山子传》中，苏轼对方山子的"异"最感兴趣，所以，他精心布局谋篇，用简约的文辞将方山子的"异"生动而传神地表现了出来。

　　在写方山子时，苏轼先叙述了他与众不同的生活道路。方山子年少时向往游侠生活，血气方刚；年龄稍大后开始"折节读书，欲以此驰骋当世"；晚年时则在光、黄一带隐居。苏轼也描写了他生活态度的独特之处："庵居蔬食，不与世相闻。弃车马，毁冠服，徒步往来山中，人莫识也。见其所著帽，方耸而高"。从中不难发现，苏轼与方山子有着相似的遭遇。

　　在第二、三段中，苏轼回忆了他多年前和方山子交往的情景，与这次见面对比，指出方山子并不是寻常的隐居之人。而方山子听到苏轼的遭遇后，先是"俯而不答"，接着"仰而笑"，简单的两个神态不仅写出了方山子对社会黑暗的熟悉和内心的辛酸无奈，同时也表现了他对苏轼的理解和同情，以及对奸佞小人的鄙视。

　　苏轼在第四段中为读者呈现了方山子家的背景，写出了他放弃高官和家产，过着贫寒的生活，但又自得其乐的心态，突出他"异"于常人的地方。苏轼在此赞扬了方山子超凡脱俗的品德。

　　在文章的最后，苏轼用光、黄一带其他"佯狂垢污"的异人反衬方山子，隐晦地表达出自己对隐居生活的向往。

　　方山子抛弃功名富贵隐居山林的行为，深深触动了屡次被贬的苏轼，因此，他在为方山子作传时也融入了自己的情感和遭遇，正所谓借他人之酒浇自己胸中块垒。本文写方山子怀才不遇，也是苏轼在自悲不遇，是他在黄州时落寞心态的一种折射。

六国论

苏辙

【题解】

苏辙，字子由，晚年自号"颍滨遗老"，人称"小苏"，是苏洵之子，苏轼之弟。苏辙的文章以策论文最为精彩，在北宋自成一家。

《六国论》是苏辙策论文中的代表作，原名《六国》，"论"字是后世学者选文时添加的。

【原文】

尝读六国世家，窃怪天下之诸侯以五倍之地，十倍之众，发愤西向，以攻山西千里之秦，而不免于灭亡。常为之深思远虑，以为必有可以自安之计。盖未尝不咎其当时之士虑患之疏而见利之浅，且不知天下之势也。

夫秦之所与诸侯争天下者，不在齐、楚、燕、赵也，而在韩、魏之郊。诸侯之所与秦争天下者，不在齐、楚、燕、赵也，而在韩、魏之野。秦之有韩、魏，譬如人之有腹心之疾也。韩、魏塞秦之冲[①]，而蔽山东之诸侯，故夫天下之所重者，莫如韩、魏也。昔者范雎用于秦而收韩，商鞅用于秦而收魏。昭王未得韩、魏之心，而出兵以攻齐之刚、寿，而范雎以为忧，然则秦之所忌者可见矣。秦之用兵于燕、赵，秦之危事也。越韩过魏而攻人之国都，燕、赵拒之于前，而韩、魏乘之于后，此危道也。而秦之攻燕、赵，未尝有韩、魏之忧，则韩、魏之附秦故也。夫韩、魏，诸侯之障，而使秦人得出入于其间，此岂知天下之势耶？委区区之韩、魏，以当虎狼之秦，彼安得不折而入于秦哉？韩、魏折而入于秦，然后秦人得通其兵于东诸侯，而使天下遍受其祸。

夫韩、魏不能独当秦，而天下之诸侯藉之以蔽其西，故莫如厚韩亲魏以摈[②]秦，秦人不敢逾韩、魏以窥齐、楚、燕、赵之国，而齐、楚、燕、赵之国，因得以自完于其间矣。以四无事之国，佐当寇之韩、魏，使韩、魏无东顾之忧，而为天下出身以当秦兵。以二国委秦，而四国休息于内，以阴助其急。若此可以应夫无穷，彼秦者将何为哉？不知出此，而乃贪疆埸[③]尺寸之利，背盟败约，以自相屠灭，秦兵未出，而天下诸侯已自困矣。至使秦人得伺其隙，以取其国，可不悲哉！

【注释】

①冲：交通或军事要道。

②摈：弃掉，引申为抗拒。

③疆场：边界，疆界。

【译文】

　　我曾读过《史记》中六国的《世家》，心中感觉奇怪的是，当时的诸侯国有五倍于秦国的土地，十倍于秦国的人口，全力以赴向西进军，攻打崤山以西方圆千里的秦国，最终竟不免灭亡。我常对这个问题进行深入思考，认为必定有一个能让六国保全自己的策略。因此不得不责怪六国的那些谋士，他们考虑问题疏忽大意，只是目光短浅地谋求眼前利益，并且不知道天下的形势。

　　秦王与诸侯争夺天下的关键地区，不在齐、楚、燕、赵等地，而在韩、魏的国土上；诸侯与秦国争夺天下的关键地区，也不在齐、楚、燕、赵等地，而在韩、魏的领地上。对秦国来说，韩、魏的存在，就好像一个人有了心腹大患。韩、魏两国在地理位置上刚好阻塞来往秦国的交通要道，同时还掩蔽着崤山以东的各诸侯国，所以天下最重要的地区，都不如韩、魏两国位置重要。范雎在秦国受到重用时，曾主张收服韩国，商鞅在秦国受到重用时，曾主张收服魏国。秦昭王在没有得到韩、魏的归顺时，就出兵攻打齐国的刚、寿地带，范雎为此十分担忧。那么秦国顾忌什么，就可以一目了然了。秦国对燕、赵用兵，于自身来说是一件危险的事。因为要穿越韩、魏的领土去攻击他国的国都，不仅燕、赵会在前面抵抗，韩、魏也会在背后乘机偷袭，这是危险的用兵方法。不过秦国攻打燕、赵两国时，不曾担忧韩、魏在背后偷袭，这是因为韩、魏已归顺秦国。韩国、魏国是其他诸侯国的屏障，却让秦国军队在国土上随便出入，这能说是了解天下的形势吗？抛弃小小的韩、魏两国，让它们抵挡如虎狼一般的强大秦国，它们怎能不转身投入秦国的怀抱中呢？韩、魏两国转身投入秦国的怀抱，然后秦国就能在它们的国土上畅行无阻地攻击其他的诸侯国，从而使天下遭受战乱。

　　韩、魏国无法独自抵抗秦国，而天下的诸侯国却需要韩、魏作为自己西方的屏障，因此，不如以优厚的条件亲近韩、魏两国，从而抗拒秦国。秦国军队不敢越过韩、魏窥视齐、楚、燕、赵四国，齐、楚、燕、赵四国就能倚靠这种局面保全自己了。让四个没有战事的国家帮助面对强敌的韩、魏两国，使韩、魏没有东顾之忧，而能为天下的诸侯挺身而出，抵抗秦兵。由韩、魏两国对付秦国，而另外四国在后方休养生息，并且暗中帮助，解决韩、魏的急难问题。如果这样的话，就可以应付所有的情况，那秦国又有什么作为呢？不知道策划这样的谋略，却贪图边界上的寸尺小利，背弃盟约，甚至自相残杀。秦国军队还没有出发，而天下的诸侯已经将自己整得困顿不堪了。最终让秦国钻了空子，被秦军占领了国家，能不让人悲痛吗？

【评析】

　　诸侯不知"天下之势"是苏辙所要论述的重点。为此，他详细分析了当时的形势和六国诸侯所采用的自保计策。这篇文章议论大气，论点可信，论据翔实，充分体现了苏辙散文的风格特点。

　　在选材上，苏辙将重点放在当时的战略形势上，围绕"势"而选材，批判六国诸侯目光短浅，犯下贪图小利、自相残杀的错误。在这里，他并没有如史学家那样全面分析当时的情况，只是截取了一个历史层面进行论述，以起到以古鉴今的作用。

　　在布局谋篇上，苏辙从读六国《世家》入手，以"窃怪""深思"等词引出中心论点："虑患之疏而见利之浅，且不知天下之势也"。紧接着，他论述了韩、魏在抗秦图存中的重要地位，指出"秦之有韩、魏，譬如人之有腹心之疾也"，而齐、楚、燕、赵四国失去韩、魏，便失去了"当虎狼之强秦"的屏障。最后，他指出诸侯国要自立久安，就必须知"天下之势"而"厚韩亲魏以摈秦"。文章论述透彻，环环相扣，很有说服力。

　　此外，苏辙还用正反对比的论证方法加强文章的气势。具体而言，文中有秦"识势"和诸侯"不识势"的对比；范雎、商鞅"重韩魏"与昭王"轻韩魏"的对比；"厚韩亲魏"而"应夫无穷"与"贪疆场尺寸之利"导致"自相屠灭"的对比。在强烈的对比中，苏辙的爱憎之情十分鲜明地表现出来了。

　　不过应注意的是，古人的史论一般是择一层面而论，不一定完全符合所论时代的社会发展情况，对此须持正确的态度。

上枢密韩太尉书

苏辙

【题解】

文中的枢密韩太尉是指韩琦,他当时掌握国家军事大权,位高权重。苏辙中进士后,想进一步谋求发展,因此给韩琦写求见信,就是本文。信中,年仅十九岁的苏辙表现出了自己高雅脱俗的品格,以及强烈的上进心,使韩琦非常欣赏,而后欣然接见。

【原文】

太尉执事:

辙生好为文,思之至深。以为文者气之所形,然文不可以学而能,气可以养而致。孟子曰:"我善养吾浩然之气。"今观其文章,宽厚宏博,充乎天地之间,称其气之大小。太史公行天下,周览四海名山大川,与燕、赵间豪俊交游,故其文疏荡①,颇有奇气。此二子者,岂尝执笔学为如此之文哉?其气充乎其中,而溢乎其貌,动乎其言而见乎其文,而不自知也。

辙生十有九年矣,其居家所与游者,不过其邻里乡党之人;所见不过数百里之间,无高山大野可登览以自广;百氏之书,虽无所不读,然皆古人之陈迹,不足以激发其志气。恐遂汩没②,故决然舍去,求天下奇闻壮观,以知天地之广大。过秦、汉之故都,恣观终南、嵩、华之高,北顾黄河之奔流,慨然想见古之豪杰。至京师,仰观天子宫阙之壮,与仓廪、府库、城池、苑囿之富且大也,而后知天下之巨丽。见翰林欧阳公,听其议论之宏辩,观其容貌之秀伟,与其门人贤士大夫游,而后知天下之文章聚乎此也。

太尉以才略冠天下,天下之所恃以无忧,四夷之所惮以不敢发。入则周公、召公,出则方叔、召虎,而辙也未之见焉。且夫人之学也,不志③其大,虽多而何为?辙之来也,于山见终南、嵩、华之高,于水见黄河之大且深,于人见欧阳公,而犹以为未见太尉也,故愿得观贤人之光耀,闻一言以自壮,然后可以尽天下之大观而无憾者矣。

辙年少,未能通习吏事。向之来,非有取于升斗之禄,偶然得之,非其所乐。然幸得赐归待选,使得优游数年之间,将以益治其文,且学为政。太尉苟以为可教而辱教④之,又幸矣。

【注释】

①疏荡:形容文章的风格通畅奔放,富于变化。

②汩没：埋没，一生平庸而无所作为。
③志：有志于。
④辱教：降低自己的身份来指教别人。

【译文】
太尉执事：

　　我生性喜好写文章，曾对此进行过深入的思考。我认为文章是作者气质的外在表现，然而文章不是通过学习就能写好，气质却可以通过修养而得到。孟子说："我善于培养我的浩然正气。"现在看他的文章，宽厚宏博，充溢于天地之间，与他浩然正气的大小相称。太史公遍游天下，博览全国的名山大川，与燕、赵之地的豪杰志士交游，所以他的文章舒畅洒脱，很有雄奇的气势。他们二位难道是只靠执笔学习才能写出这样的文章吗？他们的气质充塞胸中而又流露于形体之外，反映在他们的言谈话语上而表现在文章之中，可他们自己并没有意识到。

　　我今年十九岁了，在家中交游的人，只是自己的邻里和同乡村民；所见到的不过是几百里的事物，没有高山旷野可登临以开胸襟；诸子百家的书，虽然没有不读的，然而其中记载的都是古人的陈迹，不足以激发我的志气。我怕就此埋没了自己，遂果断地离开家乡，去探求天下的奇闻壮观，以了解天地的广大。我到过秦、汉的故都，尽情观赏了终南山、华山、嵩山的崇高险峻，还曾北望黄河的奔腾流水，感慨地想起了古时的豪杰志士。到了京城，我瞻仰了宏伟壮丽的皇帝宫殿，以及富足粮仓、财库，广大的城池、苑囿，才知道天下是如此雄伟秀丽。我也拜访过翰林学士欧阳公，听到他雄辩的言论，看到他清秀而伟岸的容貌，又和他的门生交游，才知道天下出类拔萃的文章都聚集在这里。

　　太尉的雄才大略称雄天下，全国百姓依仗您而高枕无忧，四方各少数民族因对您畏惧而不敢进犯。在朝廷内，您如周公、召公，外出作战又好像方叔、召虎。可是我还不曾见到您啊。况且一个人研习学问，如不立志于学习最伟大的，学得再多又有什么用呢？我这次来京城，一路上游山见过终南山、嵩山、华山的高峻；观水看到了黄河是那样的宽广与深邃；拜访贤人，见过欧阳公，只是还没有见到太尉您。所以我很希望看到您这种贤德之人的风采，听到您的只言片语也足以激励自己。然后就可以说我已经览尽天下景观，不会有什么遗憾了。

　　我还年轻，不熟悉官场上的事务。先前来京城应试，不是为了谋取微薄的俸禄。偶然获得一官半职，也不是值得我高兴的事。而现在幸运地得到恩赐，让我回家等待朝廷选用。这样我就能在今后悠闲的几年中，继续研习写作，并学习如何从政。太尉如果认为我还可以教导，而屈尊指导我的话，我就不胜荣幸了。

【评析】

　　苏辙写这封请谒书时才十九岁,既年轻又无名,他怎样才能打动位高权重、名扬天下的韩琦呢?苏辙在文中表现出了自己的聪明才智,他没有恭维迎合韩琦,而是以写作文之道开篇,巧妙地将自己的请求之事放到文学范围中,高雅脱俗,使韩琦对他另眼相看。

　　苏辙开篇先从好文章取决于作者的精神气质谈起,指出"文者气之所形,然文不可以学而能,气可以养而致"。他肯定了"气"对于写作的重要性,并列举了孟子和司马迁的事迹佐证自己的观点。

　　之后,苏辙开始讲述自己是如何实践"文气说"的。他写自己离乡远游,遍览名山大川,以及京城的天子宫阙,不仅眼界大开,而且心胸也变得开阔。他还写自己见到欧阳修后的感受,表达了想向杰出之人请教的迫切心情,很自然地引出自己想见韩琦的愿望。

　　苏辙在最后谈到对韩琦的仰慕之情,但毫无奉承献媚之辞,而是实事求是地评价韩琦的功绩,并重申想拜见韩琦的迫切愿望,再次表明"生好为文"的志气,并以求教之语结尾,委婉大方。这篇文章在立意和构思方面都很精巧,一直深受好评,几百年来传诵不衰。

寄欧阳舍人书

曾巩

【题解】

　　曾巩,字子固,南丰(今江西境内)人,世称"南丰先生",北宋杰出的散文家。曾巩师从欧阳修,秉承了欧阳修"先道而后文"的古文创作理念。他长于议论,所作的政论文言辞朴素,立论精辟,文章波澜起伏而能尽显其意。

　　这篇文章写于1046年(宋仁宗庆历六年)。曾巩的祖父曾致尧去世后,时任中书舍人的欧阳修为他写了一篇墓志铭,曾巩为表感激之情,遂作此文。

【原文】

巩顿首再拜舍人先生:

　　去秋人还,蒙赐书及所撰先大父墓碑铭。反复观诵,感与惭并。

　　夫铭志之著于世,义近于史,而亦有与史异者。盖史之于善恶无所不书,而铭者,盖古之人有功德、材行、志义之美者,惧后世之不知,则必铭而见[①]之,或纳于庙,或存于墓,一也。苟其人之恶,则于铭乎何有?此其所以与史异也。其辞之作,所以使死者无有所憾,生者得致其严。而善人喜于见传,则勇于自立；恶人无有所纪，则以愧而惧。至于通材达识、义烈节士，嘉言善状，皆见于篇，则足为后法。警劝之道，非近乎史，其将安近？

及世之衰，为人之子孙者，一欲褒扬其亲而不本乎理。故虽恶人，皆务勒②铭以夸后世。立言者，既莫之拒而不为，又以其子孙之请也，书其恶焉，则人情之所不得，于是乎铭始不实。后之作铭者当观其人。苟托之非人，则书之非公与是，则不足以行世而传后。故千百年来，公卿大夫至于里巷之士莫不有铭，而传者盖少，其故非他，托之非人，书之非公与是故也。

然则孰为其人而能尽公与是欤？非畜③道德而能文章者无以为也。盖有道德者之于恶人则不受而铭之，于众人则能辨焉。而人之行，有情善而迹非，有意奸而外淑，有善恶相悬而不可以实指，有实大于名，有名侈于实。犹之用人，非畜道德者，恶能辨之不惑，议之不徇④？不惑不徇，则公且是矣。而其辞之不工，则世犹不传，于是又在其文章兼胜焉。故曰非畜道德而能文章者无以为也，岂非然哉？

然畜道德而能文章者，虽或并世而有，亦或数十年或一二百年而有之。其传之难如此，其遇之难又如此。若先生之道德文章，固所谓数百年而有者也。先祖之言行卓卓，幸遇而得铭其公与是，其传世行后无疑也。而世之学者，每观传记所书古人之事，至于所可感，则往往悲然⑤不知涕之流落也，况其子孙也哉？况巩也哉？其追睎⑥祖德而思所以传之之由，则知先生推一赐于巩而及其三世。其感与报，宜若何而图之？

抑又思若巩之浅薄滞拙而先生进之，先祖之屯蹶⑦否塞以死而先生显之，则世之魁闳⑧豪杰不世出之士，其谁不愿进于门？潜遁幽抑之士，其谁不有望于世？善谁不为，而恶谁不愧以惧？为人之父祖者，孰不欲教其子孙？为人之子孙者，孰不欲宠荣其父祖？此数美者，一归于先生。既拜赐之辱，且敢进其所以然。所谕世族之次，敢不承教而加详焉？

幸甚，不宣。巩再拜。

【注释】

①见：通"现"，表现。

②勒：镌刻，刻在石碑上。

③畜：通"蓄"，积聚。

④徇：偏袒，曲意顺从。

⑤悲（xì）然：伤心悲痛的样子。

⑥睎：期望，仰慕。

⑦屯蹶：遭受挫折。

⑧魁闳：超群的才能。

【译文】

曾巩顿首再拜舍人先生：

去年秋天派去向您请求写碑志的人回来了，承蒙您赐予的书信和为我祖父撰写的墓碑铭，我反复拜读，感动与羞愧之情一齐涌上心头。

碑铭之所以在世上有显著的地位，是因为它的作用与史书相近，但是也有与史书不同的地方。大概就在于史书对一个人的善恶均一一记载，而碑铭估计是古时候那些功勋显赫、才华横溢、有志向、有义气的人，唯恐后人不了解他，便一定要写一篇碑铭来让别人看见。有的把它放在家庙里，有的把它放在墓穴中，目的都是一样的。假如那人是个坏人，还有什么可以铭刻的呢？这就是碑铭和史书有所区别的地方。碑铭的写作，目的是让死者不留遗憾，活着的人也得以借机表达对死者的敬重。善良的人希望自己的善行被记录下来，就勇于自立；坏人没有什么值得记载的，就会感到羞愧和害怕。至于博学多才、见识练达的人，忠义节烈、品行高洁的人，他们那些有教育意义的好言语和好行为，都能在碑铭中一一展现，足以使他们成为后人效仿的榜样。碑铭警世劝勉的意义，不与史书相近，难道还会同别的什么相近吗？

到了世道衰败的时候，为人子孙的，都一心只想赞誉他们故去的亲人而不凭借事实和道理说话。因此即使是坏人，都力求撰写碑铭，以此向后世炫耀。写碑铭的人既然不能拒绝而不写，又因为死者的后人一再请求，要是写上死者的恶行，那么人情就无法顾全了，这样碑铭的记载就开始不真实了。后代想给逝者作碑铭的，应先了解一下作者的为人。倘若所托非人，铭文就会不公正、不符合事实，也就不能在世上流传并被后代知晓。所以千百年来，上至公卿大夫，下至小巷平民，死后都有碑铭，但能够流传于世的大概很少。其中没有别的原因，就是所托非人，铭文的记载不公正、不符合事实的缘故。

既然这样，那么谁是撰写碑铭能够完全做到公正与符合事实的人呢？不是有很高的道德修养而又擅长写文章的人是做不到的。大概道德修养高的人对坏人就不会接受请求为他撰写碑铭，对普通人也能正确辨别。就人的品行来说，有的人心地善良，行事却表现得不太好；有的人内心奸邪，在外面却表现得很善良；有的人善行和恶行相差悬殊，很难明确指出来；有的人实际表现超过他的名声；有的人名声超过他实际的表现。这与用人的道理类似，不是有很高道德修养的人怎么能正确分辨而不受迷惑，评论他而不掺杂私人感情呢？能够不被迷惑、不徇私情，就做到公正和符合事实了。如果撰写碑铭的人不擅文辞，那么碑铭在世间也还是不能流传，在这种情况下，就要求他的文章也要写得好。所以说，不是有很高的道德修养而又擅长写文章的人就不能写碑志铭文，难道不是这样吗？

然而道德修养很高而又擅长写文章的人，虽然也许在同一时代出现，也有可能隔数十年甚至一二百年才出现一个。这种人出现就如此困难，碰巧遇上他更是难上加难。像先生的道德文章，绝对是隔数百年才能出现的。先祖父的言语行为均卓然出众，有幸遇到先生，为其撰写公正而符合事实的碑铭，它将流传百世，这是毋庸置疑的。世上的读书人，每每阅读传记中记载的古人事迹，看到打动人的地方，就经常感到悲伤，在不知不觉中就流下了眼泪，何况读的人是事迹的主人公的子孙呢？又何况是我曾巩呢？我追慕先祖的德行，继而想到它能流传后世的原因，就可以知道先生施恩一次，可以泽及我的三代子孙。这份感激与希望回报的心情，我应该用什么表示出来呢？

我又想到像我这样浅薄、迟钝而又笨拙的人，先生却加以提携，先祖这样颠沛流离、命运多舛一直到死的人，先生却为他撰写碑铭，以此赞扬他。那么世上气宇不凡、才智出众、世间少有的人，谁不愿意拜倒在您的门下呢？隐居山林的人，谁不希望自己名传后世？谁不想做善事，谁不为做了坏事而惭愧、害怕呢？身为父亲、祖父，谁不想教导好自己的子孙？身为子孙，谁不想使祖父、父亲获得荣耀？这种种美行，全都应当归功于先生。我已经拜受了您的赏赐，就冒昧地陈述了请您撰写碑铭的原因。来信中谈到的先祖世系相传的问题，怎么敢不领受教诲而加以详细考查呢？

荣幸之至，不再赘言。曾巩再拜。

【评析】

在唐宋八大家中，曾巩是最重视作文章法的。本文行文流畅、周密有致，历来被看作曾巩最重要的代表作。

文章从墓志铭的社会价值以及流传条件着笔，层层递进，逐步深入，论述了墓志铭存在的社会意义，阐发"文以载道"的主张，表达了对品德与文章"兼胜"的向往和追求。同时也不留情面地批判了有些作者囿于人情、不能公正地评价死者的不良风气。

文章结构严谨，起承转合自然得体。虽是写感谢信，但作者开头却并不言谢，而是迂回曲折，慢慢道来，由古及今。通过述说墓志铭的写作之难，将话题引到欧阳修身上，不用庸俗的客套，不用空泛的溢美之词，既不着痕迹地赞颂了欧阳修的品德和学识，也使自己的感激之情得到了充分的抒发，显示出了极佳的行文能力。

本文从虚到实，言简而意深，语言看似平淡却意味深长。难怪沈德潜曾对本文作如此评价："纤层牵引，如春蚕吐丝，春山出云，不使人览而易尽。"

游褒禅山记

王安石

【题解】

王安石，字介甫，北宋著名政治家，神宗时官至宰相，曾掀起一场变法革新运动，但因遭到大官僚大地主的反对而失败。他还是北宋著名的思想家、文学家，文学成就很高，对后世有深远影响。

《游褒禅山记》写于宋仁宗至和元年（1054年），当时王安石在舒州（今安徽潜山）任通判。一日，他与人同游褒禅山，由进洞出洞的事情引发了许多感慨，遂作此文。

【原文】

褒禅山亦谓之华山。唐浮图慧褒始舍于其址，而卒葬之，以故其后名之曰褒禅。今所谓慧空禅院者，褒之庐冢也。距其院东五里，所谓华山洞者，以其乃华山之阳名之也。距洞百余步，有碑仆道，其文漫灭，独其为文犹可识，曰"花山"。今言"华"如"华实"之"华"者，盖音谬也。

其下平旷，有泉侧出，而记游者甚众，所谓前洞也。由山以上五六里，有穴窈然①，入之甚寒，问其深，则其好游者不能穷也，谓之后洞。予与四人拥火以入，入之愈深，其进愈难，而其见愈奇。有怠而欲出者，曰："不出，火且尽。"遂与之俱出。盖予所至，比好游者尚不能十一，然视其左右，来而记之者已少。盖其又深，则其至又加少矣。方是时，予之力尚足以入，火尚足以明也。既其出，则或咎其欲出者，而予亦悔其随之，而不得极乎游之乐也。

于是余有叹焉。古人之观于天地、山川、草木、虫鱼、鸟兽，往往有得，以其求思之深而无不在也。夫夷以近，则游者众；险以远，则至者少。而世之奇伟、瑰怪、非常之观，常在于险远，而人之所罕至焉，故非有志者不能至也。有志矣，不随以止也，然力不足者，亦不能至也。有志与力，而又不随以怠，至于幽暗昏惑而无物以相②之，亦不能至也。然力足以至焉，于人为可讥，而在己为有悔。尽吾志也而不能至者，可以无悔矣，其孰能讥之乎？此予之所得也。

予于仆碑，又以悲夫古书之不存，后世之谬其传③而莫能名者，何可胜④道也哉！此所以学者不可以不深思而慎取之也。

四人者：庐陵萧君圭君玉，长乐王回深父，余弟安国平父，安上纯父。

至和元年七月某日，临川王某记。

【注释】

①窈然：又深又暗的样子。
②相：帮助。
③传：流传的说法。
④胜：全部。

【译文】

　　褒禅山也称"华山"。唐朝时的和尚慧褒曾经在这里筑室而居，死后又葬在此地，有了这一层渊源，后人就将此山称作褒禅山。现在被称为慧空禅院的地方，就是慧褒和尚生前居住的屋舍和死后归葬的墓地。距离禅院东面五里，有个人称华山洞的山洞，是因为在华山的南面而被命名的。离华山洞一百多步的地方，有块石碑躺在路边，碑文腐蚀剥落，模糊不清，只有"花山"这样残存的字还可以勉强辨认。现在将"华"读作"华实"的"华"，大概是读错音了。

　　华山洞下平坦、空旷，有泉水从旁边涌出，到这里游览、题字的人非常多，这就是人们所说的"前洞"。沿着山洞往上走五六里，有个深远幽暗的洞穴，里面寒气袭人，要问它的深度，就是那些喜欢游山玩水的人也走不到尽头，这就是人们所说的"后洞"。我和同游的四个人举着火把往里走，进去越深，前行越难，见到的景物也越新奇。一个同游者疲倦了想退出去，便说："再不出洞，火把就要烧完了。"于是大家就跟他一起出去了。所到达的深度，同喜爱旅游的人相比，大概还不及其十分之一。可是看看左右的洞壁，到这里题字的人已经很少了。估计更深的地方，所到的游人就更少了。决定出去的时候，我还有足够的体力继续前进，火把也尚且能够照明。从洞内退出去以后，就有人责怪那个提议出洞的人，而我也很后悔跟着他们出来，以至于不能尽情享受在洞内游览的乐趣。

　　于是我对这种情况就有了感慨。古代的人观察天地、山川、草木、虫鱼、鸟兽的时候，往往都有心得体会，那是因为他们思考问题深刻而且非常全面。平坦宽阔并且路程近的地方，游览的人就很多；地势险峻并且路程较远的地方，游览的人就很少。然而世上奇特壮观、美丽而又不同寻常的景象，经常是在那些险峻、偏远而又人迹罕至的地方，因此，不是有志向的人是不能到达的。有志向、不盲目地随着别人停下来，但是体力却不够的人，也是不能到达的。有志向和足够的体力，并且不随着别人懈怠下来，到了幽深昏暗、令人神迷目乱的地方，却没有外物来辅助，也不能到达。然而，力量足够到达那里，结果却没有到，在别人看来是可笑的，对自己来说，也是应该感到懊悔的。尽了全部的努力也不能到达目的地的人，没有什么可后悔的了，谁还能取笑他呢？这就是我此次游山的心得。

我对于那块倒在路边的石碑,又因此感叹许多古籍没能保存下来,后世的人以讹传讹而无法明白真相的事情,哪里能说得完呢!这就是治学的人不能不深思熟虑并且谨慎援引资料的原因。

　　同游的四个人:庐陵人萧君圭,字君玉;长乐人王回,字深父;我的大弟安国,字平父;二弟安上,字纯父。

　　至和元年七月某日,临川人王某记。

【评析】

　　文章重点突出,选材精当,详略得当。第一段简单介绍褒禅山概况,对其称谓的由来以及变化的渊源则着墨较多;第二段比较详细地描述了游"后洞"的经过,对"前洞"和"后洞"的概况则是简要提及,两者相比,对"后洞"的描写又比"前洞"详细。

　　全文因事见理,夹叙夹议。从第三段开始,作者重点发表议论,读者可以发现,前文的记游均是后文议论的铺垫,后文的议论又紧扣前文的记游。如此前后呼应,使文章取得了结构谨严、明白易懂的效果,也赋予游记特定的思想内涵。另外,议论的内容也是有详有略,写游"后洞"的心得非常详细,对"仆碑"引发的感慨则是一语带过。

　　本文语言凝练、笔墨简洁,无一字之赘、无一句之废,恰当精确地表明了作者所要强调的主旨:"尽吾志""深思而慎取"。无论是治学还是处世,都需要顽强的毅力和坚定的决心,同时还要有深刻的思考和谨慎的态度。

明文

送天台陈庭学序

宋濂

【题解】

宋濂,字景濂,号潜溪,另号玄真子、玄真道士等。元顺帝曾召他任翰林院编修,但他以奉养父母为由而辞召。明朝初年,他担任江南儒学提举,给太子讲经,后奉皇帝命令编修《元史》。

宋濂与刘基、高启合称明初诗文三大家。宋濂的传记小品和记叙性散文最为出色,朱元璋赞誉他为"开国文臣之首"。《送天台陈庭学序》是一篇赠序,在《古文观止》中,是"明文卷"的第一篇。

【原文】

西南山水,惟川蜀最奇。然去中州万里,陆有剑阁栈道之险,水有瞿塘滟滪之虞。跨马行,则竹间山高者,累旬日不见其巅际。临上而俯视,绝壑万仞,杳①莫测其所穷,肝胆为之掉栗。水行,则江石悍利,波恶涡诡,舟一失势尺寸,辄糜碎土沉,下饱鱼鳖。其难至如此。故非仕有力者,不可以游;非材有文者,纵游无所得;非壮强者,多老死于其地。嗜奇之士恨焉。

天台陈君庭学,能为诗,由中书左司掾,屡从大将北征,有劳,擢四川都指挥司照磨,由水道至成都。成都,川蜀之要地,扬子云、司马相如、诸葛武侯之所居。英雄俊杰战攻驻守之迹,诗人文士游眺、饮射、赋咏、歌呼之所,庭学无不历览。既览必发为诗,以纪其景物时世之变,于是其诗益工。越三年,以例自免归,会予于京师,其气愈充,其语愈壮,其志意愈高,盖得于山水之助者侈矣。

予甚自愧,方予少时,尝有志于出游天下,顾以学未成而不暇。及年壮可出,而四方兵起,无所投足。逮今圣主兴而宇内定,极海之际,合为一家,而予齿益加耄矣。欲如庭学之游,尚可得乎?

然吾闻古之贤士,若颜回、原宪,皆坐守陋室,蓬蒿没户,而志意常充然,有若囊括于天地者,此其故何也?得无有出于山水之外者乎?庭学其试归而求焉?苟有所得,则以告予,予将不一愧而已也!

【注释】

①杳:在这里形容看不清楚。

【译文】

　　西南地区的山水，只有川蜀境内最为奇特。但那里距中原有万里之遥，陆路有剑阁、栈道这样的险阻；水路有瞿塘峡、滟滪堆那样的危境。骑马行走，沿路密麻的竹林遮蔽高山，一连十来天都看不到顶峰。登上山顶往下俯视，陡峭的山谷有万尺之深，迷迷茫茫而看不到谷底，令人肝胆俱颤，惊恐万分。乘船而行，江水中的礁石既坚硬又锐利，波涛险恶，旋涡变化不定，船只要稍微偏离航道，就会被撞得粉碎，像泥土般沉入江水，落水的人便成为江中鱼鳖的美食。那个地区行路竟然如此艰难。因此，除非是做官又有财力的人，否则是不能前去游览的；除非是博览群书又善于做文章的人，否则游览了也没有收获；除非是身强力壮的人，否则去了也大多老死在那里。因此，喜欢探寻奇山异水的人对此深感遗憾。

　　天台的陈庭学君，擅长写诗。他以中书左司掾的身份，多次跟随大将北征，并立下功劳，被擢升为四川都指挥司照磨，从水路到成都上任。成都是川蜀的重镇，也是扬雄、司马相如、诸葛亮等名人居住过的地方。只要是英雄豪杰征战、驻守的遗迹，文人墨客游览眺望、饮酒投壶、吟诗作赋、放声高歌之处，庭学没有不前往一一游览的。游览后，他必会写诗抒发感慨，描写景物和时世的变迁，于是他的诗歌越写越工妙。过了三年，庭学按照惯例辞官返乡，在京城和我会面时。他的精神愈加饱满，言谈更加豪迈，志向意趣更显高远，这大概是他在川蜀山水中获得很多益处的原因吧。

　　我感觉很惭愧，当我年轻时，曾经有外出游遍天下的志向，但因学业无成而没有空闲的时间。到壮年可以出游了，但天下战乱不断，无处可落脚。如今，圣明的皇帝兴起，平息战乱，四海之内合为一家，可我的年龄更大了，想像庭学君那样四处游览，还能做得到吗？

　　不过，我还听说古代的贤士，如颜回、原宪等人，都是坐守在简陋的屋子里，野草遮掩了门户，但他们的志向、意趣却总是很充沛，好像他们胸中充满了足以容纳天地万物的精神力量。这是什么原因呢？莫非他们的胸怀中有超出山水之外的东西存在？庭学君回乡之后是否会尝试着探索一下呢？如果有什么心得，请告诉我，那么，我将不会因为庭学曾游历川蜀而感觉惭愧了。

【评析】

　　这篇赠序文是宋濂文章中的名篇。在文中，宋濂既颂扬了陈庭学，又含蓄地劝诫他要进修德业，这是长辈对后辈的殷切希望。

　　宋濂开篇就写"西南山水，唯川蜀最奇"，接着描写了"山""水"如何惊险，入川蜀如何困难，由此引出游览川蜀必须具备的条件——"仕有力""材有文""壮强"，十分具体地写出游川蜀的困难。

在第二段中，宋濂荡开笔触，开始写陈庭学的经历。虽然别人无法游蜀，但陈庭学能；别人游也无所得，陈庭学能有所得，在对比之中，突出了陈庭学的才识和品德。

接着，宋濂又开始说自己的经历，为自己一直没能出游感到惋惜，更突出了陈庭学能游是件快事。最后，他用颜回、原宪的事例含蓄委婉地对陈庭学进行规劝：不要把游览名山大川作为提高自己的唯一途径。

这篇文章虽然寄托了作者对陈庭学的殷切期望，但表达得非常婉转，虽峰回路转，但结构紧凑，天衣无缝，是赠序中的经典之作。

阅江楼记

宋濂

【题解】

明太祖朱元璋一统天下后，在南京狮子山的山顶修建阅江楼，还亲自作了一篇《阅江楼记》，然后又令文臣每人作一篇。本文是由当时任大学士的宋濂创作的，也是众文中的佳作。

【原文】

金陵为帝王之州，自六朝迄于南唐，类皆偏据一方，无以应山川之王气。逮我皇帝，定鼎于兹，始足以当之。由是声教所暨，罔间朔南，存神穆清，与天同体。虽一豫①一游，亦可为天下后世法。

京城之西北，有狮子山，自卢龙蜿蜒而来，长江如虹贯，蟠绕其下。上以其地雄胜，诏建楼于巅，与民同游观之乐，遂锡②嘉名为"阅江"云。登览之顷，万象森列，千载之秘，一旦轩露③。岂非天造地设，以俟大一统之君，而开千万世之伟观者欤？

当风日清美，法驾幸临，升其崇椒，凭阑遥瞩，必悠然而动遐思。见江汉之朝宗，诸侯之述职，城池之高深，关阨之严固，必曰："此朕栉风沐雨、战胜攻取之所致也。"中夏之广，益思有以保之。见波涛之浩荡，风帆之上下，番舶接迹而来庭，蛮琛联肩而入贡，必曰："此朕德绥威服，覃及内外之所及也。"四陲之远，益思所以柔之。见两岸之间、四郊之上，耕人有炙肤皲足之烦，农女有捋桑行馌之勤，必曰："此朕拔诸水火，而登于衽席者也。"万方之民，益思有以安之。触类而推，不一而足。臣知斯楼之建，皇上所以发舒精神，因物兴感，无不寓其致治之思，奚止④阅夫长江而已哉？

彼临春、结绮，非不华矣；齐云、落星，非不高矣。不过乐管弦之淫响，藏燕、赵之艳姬。一旋踵间而感慨系之，臣不知其为何说也。虽然，长江发源岷山，委蛇七千余里而始入海，白涌碧翻。六朝之时，往往倚之为天堑。今则南北一家，视为安流，无所事乎战争矣。然则果谁之力欤？逢掖之士，有登斯楼而阅斯江者，当思帝德如天，荡荡难名，与神禹疏凿之功同一罔极。忠君报上之心，其有不油然而兴者耶？臣不敏，奉旨撰记。欲上推宵旰图治之功者，勒诸贞珉。他若留连光景之辞，皆略而不陈，惧亵也。

【注释】

①豫：与"游"同义，巡游。
②锡：通"赐"。
③轩露：高高呈现出。
④奚止：何止。

【译文】

金陵是帝王居住的地方，然而从六朝到南唐，大都偏安一方而治，无法与金陵呈现出来的王气相适应。直到我大明皇帝将国都定于此后，才开始与这种王气相当。从此之后，声威教化所到达的地方，不再因地分为南方和北方而有所隔，皇帝修身养性，和穆清平，与上天融为一体，即使是外出巡游，也可被天下后世所效法。

京城的西北方有座狮子山，从卢龙山蜿蜒地延伸而来，长江好像长虹盘绕着流过山脚。皇上因为这里雄伟壮观，于是下诏在山顶上修建一座楼，和百姓共享登临览胜的乐趣，还赐给它一个好听的名字"阅江"。登楼远眺的瞬间，万千景象次第罗列，千百年的秘密顷刻暴露无遗，这难道不是天地有意造就胜景以等待统一四海的明君，为他展现千秋万世的壮丽奇观吗？

在风和日丽时，皇上驾临此地，登上狮子山的顶峰，倚靠栏杆远眺，一定是神情悠然而产生遐想。见长江、汉江之水奔向大海，重臣要员奔赴京城述职，金陵城池高深，关隘防守严密稳固，皇帝一定会说："这是我栉风沐雨、战胜劲敌、攻城略地才获得的啊！"从而想到广阔的华夏大地，更要考虑如何保全它。看到波涛浩荡起伏、汹涌澎湃，帆船上下颠簸，外国船只相继朝见，宝物被争相进贡，皇帝一定会说："这是我用恩德感化、用威力震服，影响延及海内外才达到的啊！"从而想到四方僻远的边境，更要考虑如何安抚他们。看到大江两岸之间、四面田地之上，农民们有夏天炙烤皮肤、冬天手足冻裂的辛苦，农妇有采桑养蚕、田间送饭的劳累，皇帝一定会说："这是我把他们从水深火热中解救出来，才使他们过上无忧的生活啊！"从而想到天下的百姓，更要考虑如何让他们安居乐业。像这样触景生情的例子，真是数不胜数。我知道之所以修建这座楼，是皇上用来舒展精神的，凭不同的景象而产生的感慨，无不蕴含着他致力于天下大治的思想，哪里只是为观赏长江风景呢！

　　临春阁、结绮阁，不是不华美；齐云楼、落星楼，不是不高大。然而无非是演奏淫词艳曲、藏匿燕赵美女的场所，因此转瞬间便消逝了，令后人为之感慨，为臣不知道如何来解释它啊。虽然这样，长江发源于岷山，曲折蜿蜒了七千余里才向东流入大海，白浪汹涌、碧波翻腾，六朝时常倚靠它作为天然的险阻。如今南北一家，人们只把它看作一条平静的河流，它不再是战争上的需要了。那么，这究竟是谁的力量呢？儒士登临此楼观看长江，应当想到皇上恩德浩荡有如苍天，广阔得难以形容，和大禹凿山疏导洪水的功绩同样无穷无尽。忠君报国的心情，难道还不会自然而然地产生吗？我十分愚钝，奉皇上圣旨撰写这篇文章。在此只想将皇上昼夜辛劳、励精图治的功德刻在碑石之上。至于其他流连风光胜景的言辞，都略去不写，只是害怕亵渎了皇上的恩德。

【评析】

　　本文是作者奉皇帝旨意而作的，不可避免地带有歌功颂德的意味。不过整篇文章夹叙夹议，骈散结合，显示出了宋濂深厚的写作功力，值得我们细细品味。

　　宋濂开篇即介绍身为"帝王之州"的金陵，然后引出狮子山以及阅江楼的来历。因为皇帝见狮子山山势雄伟，便在山顶建楼，与百姓共享游览的乐趣，并赐楼名为"阅江"。

　　这篇文章的重点是借楼对朱元璋歌功颂德，于是宋濂进行了丰富的联想。他假设皇上在风和日丽的时候登上阅江楼，凭栏远望，"见波涛之浩荡，风帆之上下，番舶接迹而来庭，蛮琛联肩而入贡"，会说"此朕德绥威服，覃及内外之所及也"；看到"两岸之间、四郊之上，耕人有炙肤皲足之烦，农女有将桑行馌之勤"，会说"此朕拔诸水火，而登于衽席者也"等等，不仅展现了一幅太平盛世景象，也歌颂了皇上的功德，从而说明建楼是为寄托天下大治的思想，不只是为观赏风景。

　　文章在最后讲到"彼临春、结绮，非弗华矣；齐云、落星，非不高矣"，但这些地方不过是演奏淫词艳曲、藏匿燕赵美女的场所，所以转瞬就消失了。登上阅江楼，观览长江，自然会想到"帝德如天，荡荡难名，与神禹疏凿之功同一罔极"，如此一来，"忠君报上之心，其有不油然而兴者耶？"在此处，宋濂再次点明写此文的目的，即歌颂皇帝的功德。

卖柑者言

刘基

【题解】

刘基，字伯温，元末明初著名政治家、文学家。他是朱元璋身边的得力谋臣，助其统一天下，建立帝业。此外，刘基还精通天文地理，善于占卜，后世的占卜书籍都爱托名于他。

刘基借《卖柑者言》一文，披露了朝中大臣"金玉其外，败絮其中"的腐朽本质，语言犀利，形象生动。卖柑者以柑子嘲讽世事，而刘基借卖柑者表达自己的观点和思想。

【原文】

杭有卖果者，善藏柑，涉寒暑不溃，出之烨然，玉质而金色。剖其中，干若败絮。予怪而问之曰："若所市于人者，将以实笾豆①，奉祭祀，供宾客乎？将衒外以惑愚瞽也？甚矣哉为欺也。"

卖者笑曰："吾业是有年矣，吾赖是以食吾躯。吾售之，人取之，未尝有言，而独不足子所乎？世之为欺者不寡矣，而独我也乎？吾子未之思也。今夫佩虎符、坐皋比者，洸洸乎干城之具也，果能授孙吴之略耶？峨大冠、拖长绅者，昂昂乎庙堂之器也，果能建伊、皋之业耶？盗起而不知御，民困而不知救，吏奸而不知禁，法敩而不知理，坐糜廪粟而不知耻。观其坐高堂，骑大马，醉醇醴而饫肥鲜者，孰不巍巍乎可畏，赫赫乎可象也？又何往而不金玉其外，败絮其中也哉！今子是之不察，而以察吾柑！"

予默默无以应。退而思其言，类东方生②滑稽之流。岂其愤世疾邪者耶？而托于柑以讽耶？

【注释】

①笾豆：古代祭祀或宴会时盛果实、干肉的竹器。
②东方生：指汉代的东方朔。

【译文】

杭州有个卖水果的商贩，善于保存柑子，即使经历寒冬酷暑柑子也不会腐烂，拿出来还是光洁灿烂，质地如美玉一样，还透出金黄的色泽。把它剖开后，柑子里面干枯得像破烂的棉絮一般。我很诧异地问他："你卖给人家的柑子，是打算让人家放在容器中做祭品呢，还是用来招待宾客呢？或者只是炫耀它的外表，去迷惑、欺骗傻子和盲人呢？你这样骗人太过分了。"

卖柑子的人笑着说："我从事这种职业已经好多年了，靠着它养活自己。我卖柑子，人家买柑子，没有听到过别人的闲言碎语，为什么唯独不合您的心意呢？世上玩弄欺骗手段的人不少啊，难道只有我一个吗？您并没有思考过这个问题。如今那些佩戴虎符、坐在虎皮椅子上的武将，威风凛凛，像是在保家卫国，他们真的有孙武、吴起那样的韬略吗？那些头戴高帽、腰垂长带的文臣，气宇轩昂的像是国家的栋梁，他们真的能建立伊尹、皋陶那样的功业吗？盗贼纷起而他们不懂怎样防御，百姓困顿而他们不知怎样救济，官吏奸佞而他们不知道怎样查禁，法纪败坏而他们不知怎样整治，他们白白地拿着国家的俸禄而不知道羞耻。你看他们一个个都坐在高堂，骑着骏马，痛饮美酒，大吃鱼肉，哪个不是高贵得让人生畏，气势显赫得让人羡慕呢？他们哪个不是外表似金如玉，内里却是破棉败絮啊！现在您对这些视若无睹，反而专来批评我的柑子！"

我默默无言，无以回答。回来后仔细思索他的话，感觉他很像能言善辩的东方朔那一类的人。难道他真是个愤世嫉俗的人？他是借柑子讽刺时势吗？

【评析】

这篇文章是刘基所作的一篇寓言，从讲述杭州一卖水果的人善于收藏柑子，"涉寒暑不溃，出之烨然，玉质而金色"入手，以卖柑者的言谈，影射朝廷重臣以及社会弊政。

一般的寓言多将道理隐藏在故事中，读者读完故事后需要经过思考才能领悟得到。但这则寓言却并非如此。作者借卖柑者之口进行长篇大论，直接抨击当时吏治的腐败和朝廷的弊政，还在文章结尾点明"愤世疾邪""托柑以讽"的含义，使读者能够毫不费力地领悟其中的道理。

本文的构思也很精巧。为防止统治者的迫害，作者在写文章时似乎将自己隐藏了起来。但"予"又是故事中的人物，"予"发现买来的漂亮柑子竟然是劣质的，遂斥责卖柑者；而听完卖柑者的议论后，"予"又"默无以应"，也就是说"予"承认卖柑者说的是事实，这样作者又把自己暴露了出来。如此虚实相间，真假混合，使得布局谋篇非常巧妙。

豫让论

方孝孺

【题解】

　　方孝孺，字希直，另字希古，号逊志，人称正学先生。他曾为翰林侍讲，后又任文学博士。靖难之役后，朱棣登上皇帝宝座，让他写即位诏书，他坚辞不写，最后被诛杀十族（他的朋友、弟子算一族）。

　　豫让是我国古代一著名的刺客，世人一般都赞颂他的忠心和侠义。但方孝孺却持相反观点，认为豫让只是逞一时之勇而沽名钓誉，并不值得提倡。

【原文】

　　士君子立身事主，既名知己，则当竭尽智谋，忠告善道，销患于未形，保治于未然，俾身全而主安。生为名臣，死为上鬼，垂光百世，照耀简策，斯为美也。苟遇知己，不能扶危于未乱之先，而乃捐躯殒命于既败之后，钓名沽誉，眩世炫俗。由君子观之，皆所不取也。

　　盖尝因而论之。豫让臣事智伯，及赵襄子杀智伯，让为之报仇，声名烈烈，虽愚夫愚妇，莫不知其为忠臣义士也。呜呼！让之死固忠矣，惜乎处死之道有未忠者存焉！何也？观其漆身吞炭，谓其友曰："凡吾所为者极难，将以愧天下后世之为人臣而怀二心者也！"谓非忠可乎？及观斩衣三跃，襄子责以不死于中行氏，而独死于智伯，让应曰："中行氏以众人待我，我故以众人报之；智伯以国士待我，我故以国士报之。"即此而论，让有余憾矣！

　　段规之事韩康，任章之事魏献，未闻以国士待之也；而规也、章也，力劝其主从智伯之请，与之地以骄其志，而速其亡也。郄疵之事智伯，亦未尝以国士待之也，而疵能察韩、魏之情以谏智伯，虽不用其言以至灭亡，而疵之智谋忠告，已无愧于心也。让既自谓智伯待以国士矣，国士，济国之士也。当伯请地无厌之日，纵欲荒暴之时，为让者正宜陈力就列[①]，谆谆然而告之曰："诸侯大夫，各安分地，无相侵夺，古之制也。今无故而取地于人，人不与，而吾之忿心必生；与之，则吾之骄心以起。忿必争，争必败；骄必傲，傲必亡。"谆切恳至，谏不从，再谏之；再谏不从，三谏之；三谏不从，移其伏剑之死，死于是日。伯虽顽冥不灵，感其至诚，庶几复悟，和韩、魏，释赵围，保全智宗，守其祭祀。若然，则让虽死犹生也，岂不胜于斩衣而死乎？让于此时，曾无一语开悟主心，视伯之危亡，犹越人视秦人之肥瘠也，袖手旁观，坐待成败。国士之报，曾若是乎？智伯既死，而乃不胜血气之悻悻，甘自附于刺客之流，何足道哉！何足道哉！

虽然，以国士而论，豫让固不足以当矣。彼朝为仇敌，暮为君臣，靦然②而自得者，又让之罪人也。噫！

【注释】

①列：本职，职位。
②靦然：恬不知耻的样子。

【译文】

君子以身侍奉君主，既被称为知己，就应该用尽自己的智谋，给君主以忠告，将祸患消灭在没有形成之时，保证国家安定在动乱未发生之前，既使自身得以保全，也使君主平安。这样，活着时是名臣，死后是英灵，光辉闪耀百代，光照史册，这才是最美好的。如果遇到知己的君主，不能在发生动乱之前铲除危机，却在君主失败后牺牲生命，以此沽名钓誉，迷惑世俗之人，并夸耀自己，在君子看来，这是不足取的。

我曾经持这样的观点来评述豫让。他以家臣的身份来侍奉智伯，在赵襄子杀死智伯后，他一心为智伯复仇，名声由此显赫。就算愚昧无知的男子、妇女，都没有不知道他是忠臣义士的。唉！豫让的死的确表现了他的忠心，可惜他选择的处理死亡的方式还有不够忠心的地方。为什么呢？看他漆身吞炭后，对朋友说："我做的事都是非常艰难而难以办到的，我将用这件事使天下后世那些为人臣但怀有二心的人感到羞愧。"难道说他不够忠心吗？再看他拔剑三跃斩赵襄子的外衣时，赵襄子指责他不为中行氏死，却偏为智伯去死。豫让回答："中行氏用对待一般人的态度对待我，所以我就用一般人的态度回报他；智伯用对待国士的态度对待我，所以我要用国士的行为报答他。"从这点上分析，豫让的死有让人感到遗憾的地方。

段规侍候韩康子，任章侍候魏献子，并没有听说韩康子、魏献子用对待国士的态度对待他们。然而段规和任章都竭尽全力地劝说他们的君主答应智伯的要求，把土地割让给他使其骄横，从而加速智伯的灭亡。郗疵侍候智伯，智伯也不曾用对待国士的态度对待他，但是郗疵能觉察出韩、魏的实情并以此进谏智伯。虽然智伯最后没有采取他们的意见而导致灭亡，可郗疵的智谋和忠告已经能让他问心无愧了。豫让自己说智伯用对待国士的态度对待他，国士，就是济世安邦的人才啊！当智伯索要他人土地而贪得无厌之日，纵欲荒淫残暴之时，身为国士的豫让，正应该发挥自己的才智而站在应该站的位置上，诚恳地劝解智伯："诸侯、大夫都应各自安守自己的封地，不该互相侵犯而你争我夺，这是自古以来的规定。如今无故索要别人的土地，人家不给我们，我们必然会产生愤恨之心；人家给我们土地，我们必会产生骄横之心。愤恨会导致争斗，而争斗的结果就是失败。骄横会导致傲慢，而傲慢的结果是灭亡。"这样诚恳、关切地进行规劝，一次不被采纳就再次进谏，再谏还是不听，就第三次规劝他。三次都不成，就把事后"伏剑而死"改在此时进行。智伯再冥顽不灵，也会被他的忠诚感动，也许能醒悟过来，与韩、魏和好，解除赵国之围，保全智氏宗族，使其香火不断，世世都能祭祀祖先。如果真是这样，豫让虽死而犹生，难道不比斩赵襄子的衣服后再自杀更好吗？豫让当时没有一句规劝、开导君主的话，看着智伯处于生死存亡的关头，就好像越国人看秦国人的贫富一样。袖手旁观，坐等双方的成败，国士对君主的报答，是这样的吗？智伯死了，这才控制不住冲动、生气的心情，甘心将自己纳入刺客之流，这有什么值得称道的！这有什么值得称道的！

虽然如此，但是以"国士"衡量豫让，他还是担当不起的。那些早上还是仇敌，到晚上却成为君臣的人，既厚着脸皮又自鸣得意，这些又使豫让成为罪人了。唉！

【评析】

这篇史论文不仅文辞精彩，而且论述精辟，显示出作者的独到见解。虽然千百年来人们都称颂豫让的"义"，但方孝孺深刻分析后，却反其道而行之，对豫让进行了否定和批判。

对于豫让的行为和他选择死的方式，方孝孺予以坚决否定。为此，作者举出段规侍奉韩康子、任章侍奉魏献子、郄疵侍奉智伯的事例，在与豫让作对比后指出，君子侍奉君主，就应该尽自己全力出谋划策，消除祸患，保障安定，这样臣子才能保全名节，君主也能平安。反之，如"不能扶危于未乱之先，而乃捐躯殒命于既败之后"，则是沽名钓誉，为君子所不取。

方孝孺还指出，国士是济世安邦的人才，职责就是向君主陈述"善道"，并劝诫君主。他们应谆谆善诱而又十分耐心，一次进谏不被接受，就再次进谏，如还不被接受，就第三次进谏。三次都不被接受，就以死进谏，纵然智伯再愚昧，也会为他的忠诚打动，从而醒悟过来，国家才可能得以保全。这样豫让虽死犹生，大胜"斩衣而死"。

方孝孺在文章的最后再次点明"不能扶危于未乱""而捐躯于既败者"，称不上国士，与前文呼应，不仅使文章结构严谨，也增加了文章的说服力。

深虑论

方孝孺

【题解】

明朝建立后，明太祖朱元璋为了巩固统治，采取了一系列措施，经济逐渐得到恢复，并出现了一定的繁荣局面。在这种情况下，作者根据历朝历代盛衰存亡的教训，提出了一些使统治稳固的积极建议。

【原文】

虑天下者，常图其所难，而忽其所易；备其所可畏，而遗其所不疑。然而祸常发于所忽之中，而乱常起于不足疑之事。岂其虑之未周与？盖虑之所能及者，人事之宜然，而出于智力之所不及者，天道①也。

当秦之世，而灭六诸侯，一天下，而其心以为周之亡，在乎诸侯之强耳，变封建②而为郡县。方以为兵革可不复用，天子之位可以世守，而不知汉帝起陇亩之中，而卒亡秦之社稷。汉惩秦之孤立，于是大建庶孽③而为诸侯，以为同姓之亲可以相继而无变，而七国萌篡弑之谋。武、宣以后，稍剖析之而分其势，以为无事矣，而王莽卒移汉祚。光武之惩哀、平，魏之惩汉，晋之惩魏，各惩其所由亡而为之备，而其亡也，皆出其所备之外。唐太宗闻武氏之杀其子孙，求人于疑似之际而除之，而武氏日侍其左右而不悟。宋太祖见五代方镇之足以制其君，尽释其兵权，使力弱而易制，而不知子孙卒困于敌国。此其人皆有出人之智、盖世之才，其于治乱存亡之几，思之详而备之审矣。虑切于此而祸兴于彼，终至于乱亡者何哉？盖智可以谋人，而不可以谋天。良医之子多死于病，良巫之子多死于鬼。彼岂工于活人而拙于活己之子哉？乃工于谋人而拙于谋天也。

古之圣人，知天下后世之变非智虑之所能周，非法术之所能制，不敢肆其私谋诡计，而唯积至诚、用大德以结乎天心，使天眷其德，若慈母之保赤子④而不忍释。故其子孙虽有至愚不肖者足以亡国，而天卒不忍遽亡之，此虑之远者也。夫苟不能自结于天，而欲以区区之智笼络当世之务，而必后世之无危亡，此理之所必无者也，而岂天道哉！

【注释】

①天道：原指自然规律，其后内涵不断扩大，指支配人类命运的种种社会现象、社会规律。

②封建：指周朝建立后实行的分封制。

③庶孽：原指姬妾所生之子，这里泛指宗亲。

④赤子：婴儿，因婴儿初生时皮肤略呈赤色，故称。

【译文】

　　谋划治理天下的人，常常思考解决那些困难的事情，而忽略了那些容易解决的；防范那些所谓可怕的事情，却遗漏了那些所谓不需怀疑的事情。然而，灾祸常常发生在那些被忽略的环节上，而动乱常常发生在那些不需怀疑的事情上。难道是因为他们考虑问题不够周全吗？人们通常考虑问题时所能达到的深度、广度，是人事发展中应该出现的，而超出人们智力所能谋划的深度、广度，就是天道。

　　秦始皇灭掉了六国的诸侯，统一了天下。他认为，周朝灭亡的根源是诸侯势力的强大，于是变更周朝的分封制为郡县制。正当他以为这样就不会再有战乱，天子的尊位可以一代代世袭下去，却不知汉高祖崛起于田野之中，最终推翻了秦王朝的统治。汉高祖鉴于秦朝的灭亡是由于皇室的力量孤单，便大肆分封刘姓子弟为诸侯王，认为凭借同宗兄弟的血缘关系可以代代传承而不会发生叛乱。然而吴楚七国还是有了篡位弑君的谋划。汉武帝、宣帝以后，逐渐分割诸侯王的领地，削弱他们的势力，自认为这样就可以安享太平了，可是还是被王莽篡夺了汉室江山。东汉光武帝吸取哀帝、平帝的教训，曹魏吸取汉朝灭亡的教训，晋朝吸取曹魏灭亡的教训，都借鉴了前朝灭亡的原因而防患于未然，然而他们灭亡的原因却往往出于防患之外。唐太宗听说有个姓武的女人将来会杀掉他的子孙，便积极寻访那些可疑的人将他们除去，可是武则天每天侍奉在他的左右却没有被注意到。宋太祖看到五代时藩镇的势力足以与国君抗衡，便解除了开国武将的兵权，使他们的力量削弱从而更容易被控制，但却不知他的子孙因此遭到敌国的侵扰。以上所说的这些人都有过人的智慧，可谓盖世奇才，他们对于治乱存亡的预兆，考虑得非常周全而且防范得非常周密。但是这方面考虑周全了，另一方面却发生了祸患，最终导致灭亡，这是什么原因呢？这大概是因为人所能谋划的只是人事的因素，却无法预测天道的安排。名医的子女，大多死于疾病，名巫的子女，大多死于鬼祟。难道说他们善于救助别人而无法救护自己的子女吗？这是因为他们只善于谋划人事而对天道无能为力啊！

　　古代的圣君明主，知晓天下后世的变化，并不是人的智谋能考虑周全的，也不是法律权势所能控制的，因此不敢肆意运用阴谋诡计，而是积累至诚之心用大德来感动上天，使上天顾念他们的德行，好像慈母保护婴儿那样不忍心放手不管。所以，他们的子孙中纵然有非常愚笨、毫无治国才能而足以亡国的，上天却不忍心立刻使他亡国，这才是谋划长远的人。如果不能顺应天意，而想凭借自己的些微智力来驾驭世上的种种人事，还试图使自己的子孙后代没有亡国之忧，这在道理上是说不通的，难道天意会如此安排？

【评析】

　　作者一开篇就提出论点，即"祸常发于所忽之中，而乱常起于不足疑之事"，并进一步把这种现象与天道相联系。接着，在第二段中，作者列举了大量史实，来说明上述观点。这些史实具有很强的说服力，但具有讽刺意味的是，作者写就本文后不久，明朝就发生了著名的"靖难之役"，作者也因为不肯起草朱棣的即位诏书而被杀害。这也印证了作者的观点："大建庶孽而为诸侯，以为同姓之亲，可以相继而无变；而七国萌篡弑之谋。"第三段总结全篇，再次重申了论点。

　　整篇文章语言犀利坚定，说理透彻，是一篇很好的政论文。

象祠记

王守仁

【题解】

　　本文为王守仁贬谪贵州龙场驿丞时所作。象祠是为纪念舜的弟弟象而修建的祠堂。根据上古传说，象是舜的同父异母弟，他早年在父母的怂恿下，曾多次加害于舜，但皆未成功。后来，在舜的感化之下，象终于改过自新。舜即位后将其封到有鼻国（今湖南道县北）。在中国传统文化中，象是一个被批判、被否定的人物，唐宪宗道州刺使薛伯高曾毁掉象祠。但是，作者认为"天下无不可化之人"，象的改后自新，正是舜的道德修养感化的结果。这就是作者一贯倡导的"致良知"观点，也是本文的论点。

【原文】

　　灵博[①]之山，有象祠焉。其下诸苗夷之居者，咸神而祠之。宣慰[②]安君因诸苗夷之请，新其祠屋，而请记于予。予曰："毁之乎，其新之也？"曰："新之。""新之也，何居乎？"曰："斯祠之肇也，盖莫知其原。然吾诸蛮夷之居是者，自吾父吾祖溯曾高而上，皆尊奉而禋祀焉，举而不敢废也。"予曰："胡然乎？有鼻之祀，唐之人盖尝毁之。象之道，以为子则不孝，以为弟则傲。斥于唐，而犹存于今；坏于有鼻，而犹盛于兹土也，胡然乎？"

　　我知之矣！君子之爱若人也，推及于其屋之乌，而况于圣人之弟乎哉？然则祠者为舜，非为象也。意象之死，其在干羽[③]既格之后乎！不然，古之骜桀者岂少哉？而象之祠独延于世。吾于是盖有以见舜德之至，入人之深，而流泽之远且久也。

　　象之不仁，盖其始焉耳，又乌知其终之不见化于舜也？《书》不云乎："克谐以孝，烝烝乂，不格奸。"[④]"瞽瞍[⑤]亦允若。"则已化而为慈父。象犹不弟，不可以为谐。进治于善，则不至于恶；不底于奸，则必入于善。信乎象盖已化于舜矣！孟子曰："天子使吏治其国，象不得以有为也。"斯盖舜爱象之深而虑之详，所以扶持辅导之者之周也。不然，周公之圣，而管、蔡不免焉。斯可以见象之见化于舜，故能任贤使能而安于其位，泽加于其民，既死而人怀之也。诸侯之卿，命于天子，盖周官之制，其殆仿于舜之封象欤！吾于是盖有以信人性之善，天下无不可化之人也。

然则唐人之毁之也，据象之始也；今之诸苗之奉之也，承象之终也。斯义也，吾将以表于世。使知人之不善，虽若象焉，犹可以改；而君子之修德，及其至也，虽若象之不仁，而犹可以化之也。

【注释】

①灵博：山名，在今贵州黔西。

②宣慰：宣慰使，设立于少数民族地区的一种官职，一般由当地的土司世袭。

③干羽：指盾和雉尾，古代的两种舞具。《尚书》载，舜命禹前去征讨有苗，没有成功。舜便使人手执干羽而舞，用感化的方法使有苗归顺。

④"克谐"以下三句：出自《尚书·尧典》。烝烝：忠厚的样子。乂：善。

⑤瞽瞍：舜父之名。

【译文】

灵博山上，有座象的祠堂。山下居住的苗民，都把象当做神来祭祀。宣慰使安君根据苗民的请求，将象祠修缮一新，并请求我写一篇文章记述。我说："毁掉它呢，还是重修它呢？"他说："重修它。""重修它，是为了什么？"他说："起初建这座祠，谁也说不清原因。但是住在这里的苗民，从我们的父祖辈甚至曾祖、高祖以前，就虔诚地供奉和祭祀他，按时举行祭典从来没有废止过。"我说："这是为什么呢？有鼻那里的象祠，唐代的人曾经把它毁掉。象的为人处事，作为人子可说是忤逆不孝，作为弟弟可说是傲慢不逊。对他的祭祀在唐代就遭到排斥，然而今天还保留着；有鼻那里的象祠已经毁去，然而在这里兴盛发展，这是为什么呢？"

我明白了！君子如果喜欢一个人，就会连这个人居住的房子上的乌鸦也喜欢，何况是圣人舜的弟弟呢？这样说，人们祭祀的是舜，而不是象。我推测象死的时间，大约是在苗民归顺以后吧！不然的话，古代桀骜不驯的人还少吗？但却只有象的祠堂一直延续至今。我因此可以想象舜的德行的至高无上、深入人心，以至于他的恩泽影响如此久远。

象的不仁，大概是他早年的表现，又怎能知道他后来不会被舜感化呢？《尚书》中不是这样说道："舜的孝心使家庭和睦，使家人忠厚善良，不干坏事。"又说："舜的父亲也老实随和了。"这是说，舜的父亲已经被感化成慈父了。这时如果象还没有弟弟的样子，那也就称不上家庭和睦了。不断向好的方面发展，就不至于做出坏事；做不出坏事，就必然向好的方面发展。象的确已经被舜感化了！孟子说："天子派官吏管理象的封地，使他不能为所欲为。"这大概是因为舜对象爱护之深，因而替他考虑周详，用来扶持辅佐他的办法也面面俱到。否则，尽管有像周公那样的圣人，管叔、蔡叔还是因发动叛乱而获罪。从这里我们可以看出，象是被舜感化了，所以能够任用贤者而使自己安于职守，并且施恩泽于百姓，这样，在他死后，百姓还念念不忘他。诸侯下属的卿士，由天子来任命，这是周代的官制，大概就是效仿舜分封象的做法吧！我因此相信人的本性是善良的，普天之下没有不可以被感化的。

由此看来，唐代人之所以毁掉象祠，是依据象的早年表现；现在苗民供奉祭祀象，则是依据他的后来表现。这个道理，我打算把它公之于世。这样是为了使众人明白，即使是像象那样的恶人，还是可以改过自新的；而君子德行修养达到高深的境界时，即使是遇到像象那样的不仁之徒，也可以感化他们。

【评析】

本文主要论证了作者"致良知"的观点。作者从宣慰使安君修缮象祠写起，用两个"胡然乎"引领全文，采用逐层深入、水到渠成的写法正面论证"致良知"这一观点，结构严谨、论证严密。开篇作者就指出，人们建象祠祭祀象，是因为"爱屋及乌"，是为了纪念舜。接着，作者讲述了舜是如何感化象的（象早年的恶行在古代是耳熟能详的，所以作者没有具体列举），这就自然而然地得出了"天下无不可化之人"的观点。

王守仁的文章大多明白晓畅、通俗易懂，这也是宣传他的哲学思想的需要。此外，他还喜欢旁征博引，以增强文章的可读性与说服力。本文中，作者引证的古书就有《尚书》《孟子》，还用"管、蔡不免"的史实反衬舜的感化之功，进而说明道德修养的巨大作用。

报刘一丈书

宗臣

【题解】

宗臣，字子相，另字方城，明代"后七子"之一。《报刘一丈书》是宗臣写给刘一丈的回信。刘一丈，名玠，字国珍，是宗臣之父宗周的好朋友。"一"是刘玠在家中的排行，"丈"是古代对男性长者的尊称。宗臣在信中称他为"长者"。

宗臣写这封信时，正是严嵩父子专权时期，许多人都对他们大献殷勤，期望得到所谓的"赏识"。宗臣在信中揭露了严氏父子独断专行、胡作非为的罪行，还刻画了当时官僚的丑恶嘴脸，批判了他们的卑劣行径。

【原文】

数千里外，得长者时赐一书，以慰长想，即亦甚幸矣；何至更辱馈遗，则不才益将何以报焉？书中情意甚殷，即长者之不忘老父，知老父之念长者深也。

至以"上下相孚①、才德称位"语不才，则不才有深感焉。夫才德不称，固自知之矣。至于不孚之病，则尤不才为甚。

且今世之所谓孚者何哉？日夕策马候权者之门，门者故不入，则甘言媚词作妇人状，袖金以私之。即门者持刺入，而主人又不即出见，立厩中仆马之间，恶气袭衣袖，即饥寒毒热不可忍，不去也。抵暮，则前所受赠金者出，报客曰："相公倦，谢客矣，客请明日来。"即明日又不敢不来。夜披衣坐，闻鸡鸣即起盥栉②，走马推门。门者怒曰："为谁？"则曰："昨日之客来。"则又怒曰："何客之勤也！岂有相公此时出见客乎？"客心耻之，强忍而与言曰："亡奈何矣，姑容我入！"门者又得所赠金，则起而入之；又立向所立厩中。幸主者出，南面召见，则惊走匍匐阶下。主者曰："进！"则再拜，故迟不起，起则上所上寿金。主者故不受，则固请；主者故固不受，则又固请；然后命吏纳之，则又再拜，又故迟不起，起则五六揖。始出。出，揖门者曰："官人幸顾我，他日来，幸无阻我也！"门者答揖，大喜奔出。马上遇所交识即扬鞭语曰："适自相公家来，相公厚我，厚我！"且虚言状。即所交识亦心畏相公厚之矣。相公又稍稍语人曰："某也贤，某也贤。"闻者亦心计交赞也。此世所谓上下相孚也，长者谓仆能之乎？

前所谓权门者，自岁时伏腊一刺之外，即经年不往也。间道经其门，则亦掩耳闭目，跃马疾走过之，若有所追逐者。斯则仆人褊衷，以此长不见悦于长吏，仆则愈益不顾也。每大言曰："人生有命，吾惟守分而已！"长者闻此，得无厌其为迂乎？

乡园多故，不能不动客子之愁。至于长者之抱才而困，则又令我怆然有感。天之与先生者甚厚，亡论长者不欲轻弃之，即天意亦不欲长者之轻弃之也。幸宁心哉！

【注释】
①孚：信任。
②盥栉：洗漱，梳洗。

【译文】
　　远在数千里之外，还时常收到老前辈寄来的信，以慰藉我的思乡之情，这已是很荣幸了；更何况您赠送东西给我，我更不知如何报答您呢？信中情意非常诚恳，从老前辈对我的老父亲念念不忘，也可知我的老父亲也非常想念您啊。
　　您在信中说"上下要互相信任，才能和品德要与职位相称"，以此勉励我，这点我也深有感受。我的才德与职位不称，我自己知道；至于上下不能相互信任，在我的身上表现得最为严重。
　　您看如今社会上的上下信任是怎么一回事呢？有人一天从早到晚骑马奔波，恭候在权贵门前，守门人故意不去通报，他说着甜言蜜语，做出婢妾搔首弄姿的丑态，从袖筒中取出钱偷偷给守门人。即使守门人拿他的名帖进去，主人也不会马上出来接见他。他只有站在马棚里，夹杂在仆人和马匹中间，臭气直熏衣袖，即使饥寒、酷暑难以忍受，也不敢离去。天快黑时，接受他钱的守门人出来说："相公累了，不再见客，您明日再来。"第二天，他又不敢不来。半夜里即披衣而坐，一听到鸡叫马上起来洗漱，然后骑马跑到权贵门前敲门，守门人大怒，问："是谁？"他说："昨日来过的客人。"守门人怒气冲冲地说："您来得倒是勤快！难道相公会在这个时候见客吗？"客人听后心里顿感羞耻，强忍怒气对守门人说："我也没办法，就让我进去吧！"守门人再次拿到他的钱，才放他进去。他又站在昨日待过的马棚里。幸好主人出来了，面南坐着召见他，他诚惶诚恐地快跑过去，伏身在台阶下。主人说："前面来！"他便再次叩首，迟迟不肯起来，起来后献上送礼的金银。主人坚决不接受，他就恳求收下；主人还是坚决不接受，他就再次请求，然后主人让下人收下礼物。他又跪拜，故意迟迟不起来，站起来后又作了五六个揖才退下。出来时又对守门人作揖致谢，说："多蒙您关照我！下次我再来，希望您别阻挡。"守门人还礼作揖，这个人非常高兴地跑出大门。他骑着马遇见熟人，就扬起马鞭说："我刚从相公家出来，相公待我非常好，非常好！"还夸张地编造具体情况。因此认识他的人，都因为他和相公结交而敬畏他。相公又偶尔对别人说："某人好，某人好。"听到此话的人也在心中盘算着如何夸赞他。这就是世人所说的"上下要相互信任"。老前辈您说我能这样做吗？

前面所说的权贵人家，我除了在过年过节时投一个名帖外，便整年不去。偶尔经过他家门前，我便捂着耳朵，闭上眼睛，催马飞奔而过，就像后面有人追赶我似的。这就是我狭窄的胸怀，因此长期不受权贵喜爱，而我却愈加无所顾忌。我还常说："人生自有命运安排，我只要安守本分就行了！"老前辈听了这番话后，会厌烦我这种迂腐的性格吗？

家乡屡遭灾害，不能不触动羁旅在外的人的愁思。而且您怀才不遇，也让我感觉十分痛惜。上天给予您优厚的才德，不要说您不想轻易抛弃，就连上天也不愿让您轻易抛弃啊。希望老前辈耐心等待！

【评析】

这封书信的主要内容是作者宗臣与刘一丈谈论"上下相孚"的问题。值得一提的是，宗臣并没有正面说理以揭露社会的黑暗，而是塑造了两个"上下相孚"的典型人物形象，从而揭露"上下相孚"的真相，批判腐朽的封建官场。与正面论述相比，这样的安排既深刻又有战斗力。

为绘出典型的人物形象，宗臣细致入微地写出了一个小官僚如何用自尊与金钱向权贵自荐和献谄，从而得到所谓"上下相孚"的全过程，将人物刻画得栩栩如生。宗臣在人物处理上取其神而遗其貌，深入剖析人物的内心活动，因而十分传神。

同时，宗臣用笔还具有概括性的特点。他将小官僚拜访上级权贵的时间安排在清早和傍晚，这两个时间都需如此等待，其他时间就更不用说了。至于文中的小官僚和大相公，也只是两类人中的典型代表罢了。从中可以看出，本文极具概括力。

在宗臣大篇幅地写完"上下相孚"之后，调转笔触，写自己与"权门""长吏"不相孚，以自己耻于干谒、不向权贵低头的骨气，反衬那些专事干谒、溜须拍马的官僚，"两两相较，薰莸不同，清浊异质"。文章强烈的批判力量正蕴涵在这种对比之中。而宗臣本人的态度也在对比中表现得淋漓尽致。读者不仅会为小官僚的丑态而忍俊不禁，也会对作者的正气肃然起敬。

吴山图记

归有光

【题解】

　　归有光，字熙甫，号项脊生，人称"震川先生"，明朝中期散文家。他与王慎中、茅坤、唐顺之等人反对一味崇古的文风，提倡唐宋古文，所以被称为唐宋派。他的散文承袭了司马迁和"唐宋八大家"散文的优良传统，文章结构巧妙，文辞简练，意境动人。

【原文】

　　吴、长洲二县在郡治所，分境而治。而郡西诸山皆在吴县。其最高者，穹窿、阳山、邓尉、西脊、铜井；而灵岩，吴之故宫在焉，尚有西子之遗迹。若虎丘、剑池①及天平、尚方、支硎②，皆胜地也。而太湖汪洋三万六千顷，七十二峰沉浸其间，则海内之奇观矣。

　　余同年③友魏君用晦为吴县，未及三年，以高第④召入为给事中。君之为县有惠爱，百姓扳留之不能得，而君亦不忍于其民，由是好事者绘《吴山图》以为赠。

　　夫令之于民诚重矣。令诚贤也，其地之山川草木亦被其泽而有荣也；令诚不贤也，其地之山川草木亦被其殃而有辱也。君于吴之山川，盖增重矣。异时吾民将择胜于岩峦之间，尸祝⑤于浮屠、老子之宫也固宜；而君则亦既去矣，何复惓惓于此山哉？

　　昔苏子瞻称韩魏公去黄州四十余年，而思之不忘，至以为思黄州诗，子瞻为黄人刻之于石。然后知贤者于其所至，不独使其人之不忍忘而已，亦不能自忘于其人也。

　　君今去县已三年矣，一日与余同在内庭，出示此图，展玩太息，因命余记之。噫！君之于吾吴有情如此，如之何而使吾民能忘之也？

【注释】

①剑池：相传春秋时吴王阖庐曾葬于此地，以多种宝剑殉葬，故称。

②支硎（xíng）：相传东晋时高僧支硎曾在此隐居，故称。

③同年：古代在科举考试中同时被录取的人互称同年。

④高第：官吏考核时名列优等。

⑤尸祝：祭祀。尸，祭祀时的牌位（神主）或偶像。祝，主祭人。

【译文】

　　吴县、长洲两县，都属苏州府衙管辖，两县划定县境分别治理。苏州府西部的诸山，都归吴县管辖。其中最高的山峰有穹窿山、阳山、邓尉山、西脊山、铜井山；灵岩山曾是春秋时期吴国的王宫所在地，现在那里还有西施的遗迹。像虎丘、剑池以及天平山、尚方山、支硎山，都是名胜云集。太湖浩浩荡荡，面积三万六千顷，还有七十二峰沉浸其中，可算是天下奇观了。

　　我的同年好友魏用晦曾担任吴县县令，不到三年就因为考核优异而被召入京中做给事中了。他任职县令期间，广施恩泽于民，百姓想挽留他但没有成功，他也不舍得离开当地百姓，因此有位热心人画了一幅《吴山图》赠送给他。

　　县令对于百姓来说确实非常重要。如果县令确实为官贤良，那么当地的山川草木也会受到他的恩惠而感到荣耀；如果县令确实为官不贤，那么当地的山川草木也会因而遭殃而感到耻辱。魏君对于吴县的山川，可说是增添了荣耀了。今后，当地的百姓会在群山之中选择一处风水宝地，在佛寺或道观里祭拜他，这是应该的；可魏君既然已经离开吴县，为什么还对这里的山川那么眷恋呢？

　　从前，苏轼曾称赞说韩琦离开黄州四十多年了还念念不忘，甚至还写了怀念黄州的诗篇，苏轼替黄州人把诗篇刻在石碑上。由此人们明白，贤能之人到过的地方，不仅当地的人不忍心忘记他，他自己也不能忘记当地的人。

　　魏君离开吴县已经三年了。一天，他和我同在宫廷之内，拿出这幅图让我看。他一边欣赏，一边感叹，委托我记下这件事。唉！魏君对于我们吴县这么有感情，我们吴县的百姓又怎么会忘记他呢？

【评析】

　　归有光在当时可称是散文大家，这篇《吴山图记》虽然是一篇官场应酬之作，但全文构思巧妙，层次分明，抒情含蓄，歌颂了魏用晦与吴县百姓间的融洽关系，亦是一篇传世佳作。

　　纵观全文，前后衔接自然，环环紧扣。清人吴楚材评价说："因令赠图，因图作记，因赠图而知令之不能忘情于民，因记图而知民之不能忘情于令。"这也是本文之所以成功之处。

　　归有光的散文颇具唐宋风骨，如文章开篇先写环绕吴县的群山以及迷人的太湖风光，仅用寥寥数语便勾勒出了主要特征，这种写法在唐宋八大家的作品中非常常见，如欧阳修的《醉翁亭记》、王安石的《游褒禅山记》等。为了说明县令对百姓地方的重要性，作者运用了对比的手法："令诚贤也，其地之山川草木亦被其泽而有荣也；令诚不贤也，其地之山川草木亦被其殃而有辱也。"这也是唐宋散文家常用的方法。

沧浪亭记

归有光

【题解】

　　沧浪亭是苏州现存园林中历史最古老的，始建于北宋，由政治家、文学家苏舜钦修建，不过到明朝时已经荒废。明朝僧人文瑛又重修沧浪亭，还请归有光撰文记述此事，这就是本文的由来。

【原文】

　　浮图①文瑛居大云庵，环水，即苏子美沧浪亭之地也。亟②求余作《沧浪亭记》，曰："昔子美之记，记亭之胜也，请子记吾所以为亭者。"

　　余曰：昔吴越有国时，广陵王镇吴中，治南园于子城之西南，其外戚孙承佑，亦治园于其偏。迨淮海纳土，此园不废。苏子美始建沧浪亭，最后禅者居之，此沧浪亭为大云庵也。有庵以来二百年，文瑛寻古遗事，复子美之构于荒残灭没之余，此大云庵为沧浪亭也。

　　夫古今之变，朝市改易。尝登姑苏之台，望五湖之渺茫，群山之苍翠，太伯、虞仲之所建，阖闾、夫差之所争，子胥、种、蠡之所经营，今皆无有矣。庵与亭何为者哉？虽然，钱镠因乱攘窃，保有吴越，国富兵强，垂及四世，诸子姻戚，乘时奢僭，宫馆苑囿，极一时之盛。而子美之亭乃为释子所钦重如此。可以见士之欲垂名于千载不与其澌然③而俱尽者，则有在矣。

　　文瑛读书喜诗，与吾徒游，呼之为沧浪僧云。

【注释】

①浮图：和尚。
②亟：屡次。
③澌然：冰雪融化的样子。

【译文】

　　文瑛和尚居住在大云庵，那里流水环绕，以前是苏子美建造沧浪亭的地方。文瑛多次请求我写篇《沧浪亭记》，他说："以前苏子美作的《沧浪亭记》是描述沧浪亭的美景，如今请你记述我为什么要修复这个亭子吧。"

　　我说：五代时期吴越建国时，广陵王镇守吴中，在子城的西南方修建一座园林，他的外戚孙承佑也在旁边修建园林。到吴越献出国土归顺宋朝之时，这些园林还没有荒废。开始，苏子美在园中修建沧浪亭，后来僧人在这里居住了，这就是沧浪亭变为大云庵的过程。大云庵出现了大概二百年，文瑛寻访古人的遗迹，又在废墟上按照以前的结构重新修建沧浪亭，这就是大云庵又成为沧浪亭的过程。

  古往今来发生的变化，连朝代都在更替。我曾登上姑苏台，远眺浩渺的五湖，苍翠的群山，太伯、虞仲所建立的吴国，阖闾、夫差所争夺的土地，伍子胥、文种、范蠡所经营的事业，如今都已荡然无存，大云庵和沧浪亭又算什么呢？虽然钱镠趁天下大乱占据吴越地区，国富兵强，政权传到第四代，他的子孙亲属趁机肆意挥霍，修建的宫馆苑囿都盛极一时。但苏子美建造的沧浪亭，却被僧人如此看重。可见士人想名垂千古，不像冰块那样片刻间溶化，是有内在道理的！

  文瑛和尚喜欢读书，又爱作诗，常和我们一起游玩，大家称呼他沧浪僧。

【评析】

  在归有光写这篇文章之前，已经有苏舜钦所作的《沧浪亭记》，为避免拾人牙慧，他不能照着苏舜钦的思路再作一篇类似的传记。因此，归有光另辟蹊径，不再写景，而是怀古，更以怀古为基础，提出怎样才能"垂名于千载"这一问题。

  在文章开始，作者先交代了为什么写这篇文章，然后以流畅简洁的文字记述了沧浪亭的历史变迁。接着他用开阔的笔触写登临沧浪亭的种种感受，气势雄伟，让人叹服。盛极一时的"宫馆苑囿"随着岁月的流逝已经烟消云散，人们怀念的不过是一座小小的沧浪亭，而且僧人还要在旧址上重修。这是为什么呢？归有光没有直接回答，只是说"可以见士之欲垂名于千载之后，不与其澌然而俱尽者，则有在矣"。留给读者无限的想象空间。

  本文质朴自然，语言简练，寓意深远，是归有光文章中的典型代表，备受后人推崇。

蔺相如完璧归赵论

王世贞

【题解】

  王世贞，字符美，号凤洲，另号弇州山人，明朝杰出的文学家，与李攀龙齐名，合称"王李"。

  关于蔺相如完璧归赵这件事，人们称颂的较多，但也有不少文人学者写文章提出不同的观点，其中流传甚广的当属本文。此文虽然是以贬为主，但论证严密，论据翔实，很有说服力。

【原文】

　　蔺相如之完璧，人皆称之，予未敢以为信也。

　　夫秦以十五城之空名，诈赵而胁其璧。是时言取璧者情①也，非欲以窥赵也。赵得其情则弗予，不得其情则予；得其情而畏之则予，得其情而弗畏之则弗予。此两言决耳，奈之何既畏而复挑其怒也！

　　且夫秦欲璧，赵弗予璧，两无所曲直也。入璧而秦弗予城，曲在秦；秦出城而璧归，曲在赵。欲使曲在秦，则莫如弃璧；畏弃璧，则莫如弗予。夫秦王既按图以予城，又设九宾，斋而受璧，其势不得不予城。璧入而城弗予，相如则前请曰："臣固知大王之弗予城也。夫璧非赵璧乎？而十五城秦宝也。今使大王以璧故，而亡其十五城，十五城之子弟，皆厚怨大王以弃我如草芥也。大王弗与城而绐②赵璧，以一璧故而失信于天下。臣请就死于国，以明大王之失信。"秦王未必不返璧也。今奈何使舍人怀而逃之，而归直于秦！是时秦意未欲与赵绝耳。令秦王怒而僇相如于市，武安君十万众压邯郸，而责璧与信，一胜而相如族，再胜而璧终入秦矣。

　　吾故曰，蔺相如之获全于璧也，天也！若其劲渑池，柔廉颇，则愈出而愈妙于用。所以能完赵者，天固曲全之哉！

【注释】

　　①情：原来的想法，本意。

　　②绐：欺骗、哄骗。

【译文】

　　蔺相如完璧归赵，人人都称道他，我却不认同这个观点。

　　秦国用十五座城池的空话，欺骗赵国并胁迫它交出和氏璧。此时秦国本意是得到和氏璧，而不是窥视赵国领土。如果赵国知道秦国的实情就不给它，如果不知道就给它；知道实情但又害怕秦国就给它，不知道实情但不怕就不给它。这件事只需两句话就可以解决，为什么既怕它又激怒它呢？

　　秦国想得到和氏璧，但赵国不愿给它，双方没有孰是孰非。如果赵国将和氏璧给秦国，而秦国不给城，则秦国理亏；如果秦国给赵国城池而赵国不给和氏璧，则赵国理亏。要想使秦国理亏，赵国不如放弃和氏璧；如果担心失去和氏璧，就不如不给秦国。秦王已经指着地图说明要给赵国哪些城池，又设九宾之礼，自己斋戒之后再接受和氏璧，这种形势下，他不得不交出城池。如果他得到和氏璧而不给赵国城池，蔺相如就可上前陈述，说："我早就知道大王不会给十五城。和氏璧不是赵国的宝物吗？十五座城池也是秦国的宝物。现在由于大王想要一块璧，而抛弃十五座城池以及其中的百姓，百姓都会十分怨恨大王，认为您把他们如草芥一般丢掉。大王不给城而骗去赵国的和氏璧，您就会因为一块璧而失信于天下。我请求死在秦国，以表明大王的失信行为。"秦王听完后未必不归还和氏璧。蔺相如为什么让人携璧潜逃回国而让秦国理直气壮啊！当时秦国还不想与赵国绝交啊。如果秦王发怒，将蔺相如在闹市斩首，并派武安君统领十万大军进攻邯郸，追回和氏璧并谴责赵国的失信，一次胜仗就会使蔺相如有灭族的灾难，两次胜利就会使和氏璧最终落入秦王之手。

因此我说，蔺相如完璧归赵是天意如此啊！他在渑池会上对秦国的强硬态度，对廉颇采取怀柔政策，其计策越来越显得高明了。而他能保全赵国，确实是上天在偏袒他啊！

【评析】

在这篇文章中，作者王世贞对传统的肯定"蔺相如完璧归赵"的观点进行了批判，匠心独运，成就了一篇古文佳作。

王世贞开篇即写"蔺相如之完璧，人皆称之，予未敢以为信也"，亮出自己的观点和态度。

接着，王世贞从当时的形势入手分析这个问题。他从情与理两方面剖析秦、赵两国的外交：秦国以十五城池与赵国交换和氏璧，为表诚心，秦王设九宾之礼款待蔺相如，可见秦国是有诚意的；而蔺相如却让门客携璧潜逃回赵国，致使赵国理亏，最终很可能会为赵国引来灾难。而秦国之所以没有与赵国为敌，使蔺相如得以完璧归赵，完全是"天固曲全之哉"。

本文虽然只有寥寥数百字，但部分道理说得明白透彻，逻辑上也很有条理，而且论述严密，能自成一家之言。尤其是假设论证部分，具有很强的说服力。

从整体上看，文中有一些消极的观点，例如作者把历史上发生的事件归于天意，这是其思想局限性的体现，在阅读时应加以注意。不过，王世贞对一些史论不盲从，勇于提出自己的观点，并能加以论证说明，这种创新精神值得我们提倡和学习。

徐文长传

袁宏道

【题解】

　　袁宏道，字中郎，"公安派"的领袖，与哥哥袁宗道、弟弟袁中道一起被誉为"公安三袁"。他指出，作品需"从真情实境中流出"，要具有真情实感。

　　徐文长，即徐渭，明朝著名诗人、戏曲家、画家、书法家，在我国文学史和美术史上占有重要的地位。他一生曲折坎坷，死后逐渐被世人忘记。后来，袁宏道发现了他的诗文、字画，为他刻印文集，并写此文为他立传。这位杰出的大人物才终于显露于世，得到后人的肯定。

【原文】

　　徐渭，字文长，为山阴①诸生，声名籍甚。薛公蕙校越时，奇其才，有国士之目。然数奇②，屡试辄蹶③。中丞胡公宗宪闻之，客诸幕④。文长每见，则葛衣乌巾，纵谈天下事，胡公大喜。是时，公督数边兵，威震东南，介胄之士，膝语蛇行，不敢举头，而文长以部下一诸生傲之，议者方之刘真长、杜少陵云。会得白鹿，属文长作表。表上，永陵喜。公以是益奇之，一切疏记皆出其手。

　　文长自负才略，好奇计，谈兵多中，视一世事无可当意者。然竟不偶。文长既已不得志于有司，遂乃放浪麹糵⑤，恣情山水，走齐、鲁、燕、赵之地，穷览朔漠，其所见山奔海立、沙起雷行、风鸣树偃、幽谷大都、人物鱼鸟，一切可惊可愕之状，一一皆达之于诗。其胸中又有勃然不可磨灭之气，英雄失路托足无门之悲。故其为诗，如嗔如笑，如水鸣峡，如种出土，如寡妇之夜哭，羁人⑥之寒起。虽其体格，时有卑者，然匠心独出，有王者气，非彼巾帼而事人者所敢望也。文有卓识，气沉而法严，不以模拟损才，不以议论伤格，韩、曾⑦之流亚也。文长既雅不与时调合，当时所谓骚坛主盟者，文长皆叱而怒之，故其名不出于越，悲夫！喜作书，笔意奔放如其诗，苍劲中恣媚跃出，欧阳公所谓"妖韶女老自有余态"者也。间以其余，旁溢为花鸟，皆超逸有致。卒以疑杀其继室，下狱论死。张太史元汴力解，乃得出。晚年愤益深，佯狂益甚，显者至门，或拒不纳。时携钱至酒肆，呼下隶与饮。或自持斧击破其头，血流被面，头骨皆折，揉之有声。或以利锥锥其两耳，深入寸余，竟不得死。

　　周望言：晚岁诗文益奇，无刻本，集藏于家。余同年有官越者，托以抄录，今未至。余所见者，《徐文长集》《阙编》二种而已。然文长竟以不得志于时，抱愤而卒。

　　石公⑧曰：先生数奇不已，遂为狂疾。狂疾不已，遂为囹圄⑨。古今文人，牢骚困苦未有若先生者也。虽然，胡公间世豪杰，永陵英主。幕中礼数异等，是胡公知有先生矣；表上，人主悦，是人主知有先生矣。独身未贵耳。先生诗文崛起，一扫近代芜秽之习，百世而下，自有定论，胡为不遇哉！梅客生⑩尝寄余书曰："文长吾老友，病奇于人，人奇于诗。"余谓文长无之而不奇者也。无之而不奇，斯无之而不奇也。悲夫！

【注释】
①山阴：今浙江绍兴。
②数奇：遭遇不顺，运气不好。
③蹶：挫折，失败。
④幕：幕僚，是地方军政方面的官员会请的负责参谋的人。
⑤麴糵：酒母，此处代表酒的意思。
⑥羁人：寄居在外做客的人。
⑦韩、曾：指韩愈、曾巩。
⑧石公：这里是作者自称。
⑨囹圄：监狱。
⑩梅客生：指梅国桢，是作者的朋友。

【译文】
　　徐渭，字文长，是山阴的秀才，他的名声很大。薛公蕙在当学官的时候，非常欣赏他的才能，认为他是国家的杰出人才。但是徐渭的际遇不好，多次参加乡试都失败了。中丞胡公宗宪听说他的遭遇之后，就请他做幕宾。而文长每次见胡公宗宪的时候，就会穿着粗布衣服，带着黑头巾，对于天下的事情畅所欲言，高谈阔论。胡公听到后很高兴。当时，胡公宗宪统领着多支巩固边疆的军队，威名远扬整个东南地区。头戴盔甲的将士见他都要跪着说话，弯着腰行走，没有人敢抬头，但是文长却以胡公宗宪部下的一个生员的身份而对他比较傲视，谈论他的人都将文长比作刘镇北杜少陵之类的人。有一次，胡公宗宪狩猎时得到一头白鹿，于是胡公宗宪让文长写一篇文章上奏皇上。文章传到了皇帝那里，嘉靖皇帝看了非常高兴。自此，胡公因为文长的才能而更加的器重他，今后所有的疏奏、簿记都让他来写。

　　文长对于自己的才能和计谋很是得意，他擅长运用奇特的谋划，讨论兵法策略都能抓住要害，他对所看到的事情都感到不满意，但是他却从没遇到过好的机会。文长既然不能够让考官满意，就沉溺于饮酒，钟情于山水，他游览了齐、鲁、燕、赵等地，看遍了塞外的沙漠。他将自己所看到的是高山奔腾，海水狂啸，黄沙陡起，云彩莫测，狂风肆虐，山谷幽暗，城池雄伟，以及各色人物、鱼虫鸟兽等一切让人称奇的景象，一一呈现在自己所做的诗文中。他的胸中有一种向上而不可磨灭的气概，以及英雄失意、无处立足的悲愤。所以他的诗篇，似嗔似笑，如江水经过峡谷时发出的轰鸣，又像种子破土萌芽，如寡妇在夜里哀泣，又像游子寒夜里起床。虽然说文长的诗歌在体裁和格律上有所不足，但是却独具匠心，有王者的气概，不是那些柔声柔气的为了讨好他人而做的诗歌所能相比的。其文章见解深刻，言语稳重，但逻辑严密，不会去模仿他人而有损于自己的才能，不会因文中的议论而破坏文章的风格，从这点上来说，他与韩愈和曾巩一样。文长向来不与当时的主流合拍，那时候所谓的主导人物，文长都怒斥他，所以他的名声传不出越地。悲哀啊！文长还喜欢书法，他的字奔放豪迈，就像他的诗一样，苍劲有力但却透露着妩媚，欧阳修称作"妖娆的女子到老的时候还风韵犹存"。偶尔在空闲的时候，文长还为花鸟作画，而且都生动有趣，不同凡响。后来，文长却因为产生疑心，而杀掉自己的续配妻子，被关进监狱处以死刑。张太史元汴竭尽全力的解救，文长才得以出狱。到了晚年的时候，他的愤恨之心愈加强烈，更加的狂妄疯癫。地位显赫之人登门时，有些时候他将其拒之门外；经常带着钱去酒店里，叫来一些仆人与他一起喝酒；有时候自己拿着斧子砍破自己的头，血流满面，头骨都被砍断了，用手揉，就会发出声响。有时候他拿着锋利的锥子锥自己的两个耳朵，深达好几寸，却还都没有死。

周望说：徐渭晚年所做的诗文更加奇特，没有刻本，都存放在家中。我有个同年的朋友在绍兴当官，我托他帮我抄回来。现在还没拿到。我所看过的只有《徐文长文集》《阙编》两种而已。然而他却因为在现世不得志，怀着悲愤之情而死。

石公说：文长不顺心的事情接二连三，因此感染上疾病；疯病还没有治好，又进了监狱。古之文人，困顿不得志的，没有能与他相比的。然而，胡公宗宪是世间的豪杰人物，嘉靖帝又是英明的君主。文长做幕宾时所得到的特殊礼遇，说明胡公宗宪了解先生的才能；他撰写表文呈给皇帝，皇帝很高兴，说明皇帝也了解先生的才能。只不过文长没有担任官职而已。文长诗文崛起，一扫近期文学领域荒芜污秽之风，千百年后自有后世定论，怎么说他没有遇到好的时机啊！梅客生曾寄给我一封信说："文长是我的老友，他的怪病比他这个人本身还要奇特，而他这个人比他的诗还要奇特。"我却认为，文长就没有不奇特的地方。正是因为他没有一处不奇特才使得他处处不得意。悲哀啊！

【评析】

徐文长既是一个悲剧式的人，也是一位奇人。而袁宏道写的这篇《徐文长传》也可称为一篇奇文。在文中，袁宏道重点突出了徐文长的奇，有数处都用"奇"字，比如"奇其才""益奇之""好奇计""诗文益奇""病奇于人，人奇于诗""无之而不奇，斯无之而不奇也"等。因为徐文长的一生本就不平凡，突出他的"奇"，也就抓住了他的为人和行事的特征。

当然，袁宏道作这篇传记的目的并不是只写徐文长的"奇"，而是在"奇"中，写出他的"雅不与时调和"。他的科举并不顺利，"屡试屡蹶"，终生都只是一个秀才，"不得志于有司"。由于长期无法发挥自己的才智，实现自己的抱负，徐文长逐渐成为一个失意的人。从这个角度来分析，袁宏道写此文的宗旨是描写一个怀才不遇的读书人，写他的狂傲与悲愤，以及他用生命与世俗抗衡的悲剧命运。

袁宏道在文中不仅把徐文长描写得淋漓尽致，也把自己融入了其中，体现了作者"文中有我"的艺术特色和创作追求。袁宏道开篇写出自己与石篑阅读徐文长诗集《阙编》的惊喜与欢欣雀跃的心情，恨与徐文长相识之晚。作者这种发自内心的欢喜，能极大地感染读者的情绪。

《徐文长传》文笔疏放，写意传神，形神兼备，读起来骨意森然，有一种内外交融的魅力。清代林云铭评价这篇文章："悲壮淋漓，文如其人，且令天下后世负才不遇者读之，一齐下泪。"